Erwin Jaeckle · Die Idee Europa

ERWIN JAECKLE

Die Idee Europa

PROPYLÄEN

Inhalt

Anregungen

Hubertus Friedrich zu Löwenstein
zum
Gedenken

Vorbesinnung

Ein solches Buch mit siebenundsiebzig Jahren anzugehn, zeugt gleichermaßen von einem unbelehrbaren Übermut wie von einer unabdingbaren Leidenschaft. Funken zu schlagen, läßt aber Feuer erhoffen. Diese Erwartung ist selbst für bescheidene Kräfte gebieterisch.

Zürich, den 1. September 1986

»Ein Denker ist ein Mensch, dem es bestimmt war, durch das eigene Schauen und Verstehen die Zeit symbolisch darzustellen. Er hat keine Wahl. Er denkt, wie er denken muß, und wahr ist zuletzt für ihn, was als Bild seiner Welt in ihm geboren wurde. Es ist das, was er nicht erfindet, sondern in sich entdeckt ... Nur dieses Symbolische ist notwendig, Gefäß und Ausdruck menschlicher Geschichte.«

Oswald Spengler, 1922

Vorgaben

Die geistige Rodung

Europa hat weder als Erdteil noch als Kulturgemeinschaft einen klaren Umriß. Es ist weder dort noch hier eine Tatsache, sondern als währender Entwurf eine wachsende Gesinnung. Wer von Europa spricht, besinnt sich auf Europa, und diese Besinnung begrenzt es und bezeugt es. Sie ist ebenso uralt und kommend wie gegenwärtig zugleich. Sie tritt stiftend in ein Erbe ein; sie sichtet und wahrt es. Darin ist Europa ebensosehr ein überliefertes Anliegen wie ein künftiger Auftrag. So geartet, ist es nicht und nichts, es bedeutet aber viel: unser Abendland als Schicksal und als Werk. Uralt gehorcht es seiner Geschichte, zukünftig seiner Idee, gegenwärtig aber der notwendigen Tat.

Die zeitgenössischen Nachschlagewerke umreißen im Sinne Paul Valérys (1871–1945) unseren Erdteil vor dem Atlantischen Ozean im Westen als geringes Kap Asiens. Wir gedenken stolz und erschüttert der weltumspannenden Kulturentfaltung eines so kleinen Kontinents, der – Asien vorgelagert – Eurasien zugehört, das im Osten vom Stillen Ozean, im Norden vom Eismeer, im Süden vom Indischen Ozean, dem Persischen Golf und dem Mittelmeer begrenzt wird. Europa sei eine tief gegliederte westliche Halbinsel Asiens, die jedoch auf Grund ihrer geschichtlichen Rolle als selbständiger Kontinent betrachtet werde und die einschließlich der abendländischen Teile Rußlands und der Türkei als viertgrößter, seiner Bevölkerung nach aber als zweitgrößter Erdteil zu gelten habe, werden wir heute belehrt. Sie werde seit dem 18. Jahrhundert durch den Ural, den Fluß des gleichen Namens, das Kaspische Meer, die Manytsch-Niederung und das Schwarze Meer von Asien geschieden. Der Freiherr von Lichtenstern ordnet in seinem »Allgemeinen deutschen Sach-Wörterbuch aller menschlichen Kenntnisse und Fertigkeiten« von 1836 Europa mitsamt seinen Inseln unter den fünf Weltteilen als fünften ein, würdigt ihn aber als ersten »an Bevölkerung, Macht und Cultur«.

Europa hat an der Barents-See, den westskandinavischen Fjorden und Felsstürzen, den Britischen Inseln, den portugiesischen Ufern der Iberischen Halbinsel, aber auch der markanten Mittelmeerküste seinen klaren Umriß. Es verfließt jedoch im Osteuropäischen Tiefland vor dem gewaltigen Stau des Uralgebirges in der kratogenen Urscholle der sedimentüberlagerten Russischen Tafel in unabsehbaren Gebieten großer Sommerregen und sehr kalter Winter, so daß seine Bevölkerungsdichte erlischt. Das Westsibirische Tiefland liegt jenseits der magmatischen Urgesteinsfaltung; es begrenzt als asiatisch das Abendland.

Doch wie bescheiden begann das Selbstbewußtsein des Westens. Vorerst war es der im Weltmeer schwimmenden Erdscheibe der frühesten Weltkarte aus dem sechsten oder fünften babylonischen Jahrhundert beiläufig eingelagert. Völkerwanderungen kreuzten sich damals auf süddeutschen und mittelrheinischen Böden. Der Mensch begann sich seiner ferneren Umgebungen zu bemächtigen. Die Abenteurer wurden zu sichernden Kartenzeichnern. In der Karte von Muzi erschien das ganze babylonische Reich mitsamt dem Euphrat, der in den Persischen Golf mündete.

Die Ägypter zogen dann mit Kriegswagnissen, Handelsausgriffen, Forschungsreisen in die Welt. Sie gelangten von 1493 bis 1492 v. Chr. nach dem Lande Punt an der afrikanischen Somali-Küste. Die Königin Hatschepsut ließ ihre Fahrten nach Weihrauch, Harzen und Edelhölzern an der Pfeilerwand des Tempels von Deir el-Bahari aufzeichnen. Herodot (um 490–etwa 425/20 v. Chr.) bewunderte die Expeditionen des Pharao Necho ([610]–595 v. Chr.) nach Süden, zum Roten Meer und, um Afrika herum, nach der Meerenge von Gibraltar. Doch verspottete er wie später Aristoteles (384–322 v. Chr.) die ersten griechischen Kartographen von wirklichkeitsfremden philosophischen Vorstellungen her, und noch wenige Jahrhunderte vor unserer Zeitrechnung wurde die Erdkunde als Geisteswissenschaft verstanden. Aber schon nahmen die ionischen Gelehrten an, daß der erdumfließende Okeanos die vier Meerbusen des Kaspischen, des Arabischen Meeres, den Persischen Golf und das Mittelmeer einschließe. Der Ozean erschien als Strom, in dessen Mitte Olympos, Delphi, Athen und Kreta zu orten waren. Hinter den Säulen des Herakles leuchtete Elysium auf, und Asia minor drohte mit Troja.

So etwa sah die Welt zur Zeit Homers – also um das Jahr 800 v. Chr. – aus. Die Griechen besiedelten die erschließbaren Küstenplätze von Spanien, Kreta wurde von den Dorern besetzt, und die Etrusker wanderten in Italien ein. Noch regierte in Theben eine Hohepriesterin als Gemahlin des Amon. Die griechische Kunst bemächtigte sich der linearen und pflanzlichen Ornamente der asiatischen Völker. Die Fünfplaneten-Tonarten wurden von den siebenstufigen abgelöst. Doch wüteten hinter dem oberen Okeanos immer noch die furchtbaren Riesen, wie im Westen Sirenen und die Skylla walteten. Europa ist – bei Homer – im Gegensatz zum Peloponnes und zur Inselhorde das griechische Festland. Die Ionier ließen dann den Namen für ein weites mittleres Hellas gelten.

Als erster soll Anaximander von Milet (610–546 v. Chr.) eine Weltkarte entworfen haben. Doch wird erst Dikaiarchos (350–290 v. Chr.) als Peripatetiker und Schüler des Aristoteles zu den großen Geographen gerechnet. Er stammte aus dem sizilischen Messene und verbrachte einen Teil seines Lebens auf dem Peloponnes. Dort führte er an den Bergen Höhenmessungen durch, doch soll er sich auch des Pelions und des Olymps angenommen haben. Er ordnete die bekannte Welt von West nach Ost, von Gibraltar nach Rhodos, und begriff die Erde als vollkommene Kugel. Da er zuzeiten die Bibliothek von Alexandria verwaltet hat, war er Herr aller Kenntnisse.

Pytheas von Massilia faßte dann das Wissen des Altertums über die Küstenränder und die Seefahrt nach 347 v. Chr. zusammen. Er selbst reiste mit wacher Leidenschaft zur Nordküste Iberiens, zum Ostimnier-Land, dem Vorgebirge Kabaion, zur Südküste Britanniens bis etwa auf die Höhe der Insel Wight, erreichte Kap North Foreland in Kent, die Mündung der Elbe und vielleicht die Völker von Thule. Er hatte aber auch von Irland, Schottland, Jütland gehört, und seine Schilderungen beschreiben die Sonnenwende unter dem Polarkreis genau. Er versuchte auf Grund seiner Erfahrungen und der Gerüchte neue geographische Ortungen und bestimmte nach den Methoden des Eudoxos von Knidos (4. Jahrhundert v. Chr.) die Breiten von Massalia, Britannien, Ouessant, der keltischen Parokeanitis, von Irland und Thule. Er setzte darüber hinaus mittels der archaischen Vorstellungen des Tanais, jenes großen Flusses von Skythien und Sarmatien, der in die Maiotis mündet, die Grenze zwischen Asien und Europa fest. Er behauptete ferner, daß die Oikumene Herodots, die Orient und Okzident gesellt, eine Insel im Ozean sei, den er als »Fessel des Kosmos« verstand. Sein Erdbild herrschte Jahrhunderte lang.

Um das Jahr 16 v. Chr. hatte Tiberius (42 v. Chr. [14]–37) die Donau-Quelle entdeckt, und wenig später verfaßte Agrippa (63–12 v. Chr.) seine »Descriptio orbis«. Im 2. Jahrhundert stellten griechische Kaufleute die Verbindung mit China her, und zur gleichen Zeit verzeichnete Claudius Ptolemäus (um 100–nach 160) in Alexandria die Namen der bekannten Länder. Er vermaß ihre Breite und Länge und erstellte einen Atlas, der als »Anleitung zur Kartenzeichnung der Erde« verstanden werden sollte. Dieser Kartenspiegel war auf sechsundzwanzig Karten angelegt, von denen zehn Europa, vier Afrika und zwölf Asien darzustellen hatten. Doch soll erst Agathodaimon von Alexandrien sowohl die zweite Ausgabe der länderkundlichen Bücher als auch die Karten verfaßt haben. So wurde die Erde nach und nach entschleiert, das noch unsichtbare Europa entdeckt, im Geiste gerodet und sieghaft besiedelt.

Das kreisrunde Erdbild der Ionier erhielt sich bis zum 15. Jahrhundert, doch glaubten zwischen Beda Venerabilis (um 672–735) und Lambert de Saint-Omer (um 1100) manche an die vollrunde Sphäre. Leitend aber blieb der geniale geographische Wurf des Ptolemäus, dem die Küstenstriche der kleinasiatischen, der griechischen und der italischen Inselwelt überaus vertraut waren. Der Mönch Maximos Planudes, der, um 1260 in Nikomedeia geboren, um 1310 in Konstantinopel gestorben, der byzantinischen Oberschicht angehörte und der die griechischen Autoren von Hesiod bis Arethas bewältigt hatte und ihre Weisheit epigrammatisch zu verdichten verstand, sollte dann zum fördernden Wiederentdecker der ptolemäischen »Geographie« werden. Er hat diesen Fund in Hexametern besungen und den Abschluß seines Kartenwerks, das später in allen Handschriften des Alexandriners wiederkehrte, dichterisch gewürdigt.

Wie das Altertum nicht zu eindeutigen Grenzbestimmungen unseres Erdteils im Nordosten und im Osten durchfand, blieb auch dessen Name schwebend mythisch verhaftet. Zwar hatte Herodots Unterscheidung von Orient und Okzident klärend gewirkt, doch blieb im Bewußtsein die mittelmeerische Oikumene herrschend. Erst die Reichsteilung nach dem Tode Theodosius' des Großen (347[379]–395) förderte die Grenzsetzungen nachhaltig; Kristallisationspunkt der Sonderungen in der mittelmeerischen Gesittungsgemeinschaft wurde die Ecclesia des Westens, denn im 4. Jahrhundert ging die Christenheit zur lateinischen Liturgiesprache über. Die Namen der Okeaniden Asie und Europe blieben den Erdteilen zwar erhalten, aber schon Herodot empfand die Bezeichnung unseres Kontinents als rätselhaft. Die Herleitung des Namens Europa ist denn auch unsicher genug. Noch zur Zeit Goethes verstand man ihn ungeklärt als »schimmelig oder düster«, was ebenso fragwürdig ist wie die Ableitung von »weithin schallend oder blickend«.

Was bleibt ist der Mythos: In Boiotia war Europa eine Erdgöttin, die Zeus in einer Höhle verborgen hielt und die schon früh mit der von Zeus entführten Mutter des kretischen Minos verbunden wurde. Auch der Beiname der Demeter als Europe, den sie in Lebadaia trug, zeugt von einem tiefher dämmernden Kult.

Die Sage von der Entführung der am phoinikischen Strand Blüten pflückenden Königstochter ist oft zum Gegenstand der Künste geworden. Auch Aischylos (525–456 v. Chr.) soll sich ihrer angenommen haben, und am Schatzhaus von Delphoi findet sich in den Metopen die Entführungsszene. Moschos von Syrakus (2. Jahrhundert v. Chr.) stellte sie dar und ebenso das zweite Buch der »Metamorphosen«. Sie geht zweifellos auf minoische Weistümer zurück und bringt die Jungfrau mit Stieropfern, Spielen und dem Himmelstier zusammen, aber auch mit der ungebärdigen Gewalt des Meeres. Europa ist die meergebannte Hörige und Begehrte eines göttlichen Schicksals. Mehr ist wohl zu ihrem Namen, dem Namen unseres Erdteils, nicht zu sagen. Er bleibt dunkel wie die Herkunft der unerhörten mittelmeerischen Kultur.

War das Bewußtsein von den ersten bekannten drei Erdteilen zunächst unbiblisch, so wurde es doch in der Noachidenkarte alttestamentlich erhärtet. Diese teilte die Welt unter die drei Söhne Noahs auf. Asien trug den Namen Sems, Afrika den Chams und Europa jenen Japhets. Noch im Mittelalter galt die Meinung Esras, der zufolge sechs Siebentel Land von einem Siebentel Wasser umschlossen waren. Dennoch war das Mittelmeerbild der Hebräer, so wie es sich etwa um 950 v. Chr. im Buch der Jubiläen dargestellt hatte, verhältnismäßig genau. Es setzte in einer kreisrunden ozeanischen Randzeichnung das Mittelmeer zwischen einen fernen Westberg und einen Ostberg, dem Babel vorgelagert war; es kannte die ägäischen Inselsplitter, aber auch hinter der syrisch-jordanischen Küste Zion und den Sinai. Selbst der Sinus Arabiens ragte in die Kreisfläche hinein.

Isidoros (600/01–636), Bischof in Sevilla, bildete diesen Entwurf weiter. Er, der letzte abendländische Kirchenvater, war Enzyklopädist von hohem Rang, der sich auch der Geschichte der Westgoten angenommen hatte. Er umriß seine Welt dem Brauche gemäß im Kreis, den er um Jerusalem herum auffächerte, wobei er das Paradies in den hohen Norden versetzte und unter ihm Babylon ortete, so daß die obere Hälfte der Kreisfläche, selbst wenn sie die Amazonen mit ihrem Reich außerhalb auf dieselbe Höhe versetzte, christlich bestimmt war, während die untere Hälfte, durch den Radius senkrecht geteilt, westlich Rom und östlich Karthago verzeichnen konnte. So war die Kreisrunde in der oberen Hälfte asiatisch und in den beiden unteren Vierteln im Westen europäisch und im Osten afrikanisch. Das wiederholte die Zugeständnisse der Noachidenkarte und gab verfeinert den Kartenentwürfen des 12. und 13. Jahrhunderts Gerüst und Gestalt.

Die mittelalterliche Weltkarte war demnach inmitten der Kreisfläche durch den Buchstaben T gekennzeichnet. Der querstehende Balken des Kreisdurchmessers unterfing den oberen Halbkreis, während der senkrechte Halbmesser, der vom Mittelpunkt ausging, das untere Feld in seine Viertel teilte. War Osten oben und umriß der obere Halbkreis Asien, so wurde das westliche untere Flächenviertel Europas vom halben Oberbalken des Buchstabens T als dem Don begrenzt, während der senkrechte T-Stamm das Mittelmeer vorstellte. Afrika mußte dann südlich vom Oberbalken des Nils gegen Asien abgeschlossen werden.

Immer noch war die Noachidenkarte erkennbar, doch wurde bald das große Weltenmeer der Kreisaußenfläche von Fischen und Schiffen belebt, und selbst die Leuchttürme von Alexandrien und Britannien erschienen auf einzelnen Blättern. Nachdem Jerusalem in die Mitte des Kartenkreuzes gerückt war, so wie das Paradies im obersten Osten verheißen wurde, ist die Geographie des Mittelalters aus der philosophischen Deutung in eine vergegenwärtigende Theologie übergegangen. Diese schied die christliche Welt von der barbarischen und heidnischen. Doch ehrte noch der Kanoniker von Saint-Omer zwischen 1090 und 1120 seinen »Liber Floridus« mit der Miniatur des Kaisers Augustus (63 v. Chr.–14) auf dem Throne. Dieser hielt in der Rechten das Schwert, in der Linken die Erdkugel und galt so noch spät als Herrscher der Oikumene. Die Wertungen der römischen Antike verloren sich jedoch bald. Gott wurde als Schöpfer zum Herrn der Erde, deren Mitte nach Ezechiel Jerusalem war, und so wurde denn in der Folge die Welt als Leib Christi verstanden. Der Gekreuzigte wurde dem Bildnis des Erdenrunds unterlegt und die Karte wurde zur Meditationskarte. Auch Hildegard von Bingen (1098–1179) verstand sie so.

Diese Entwicklung ist durch zwei großartige Zeugnisse erhärtet: die Ebstorfer und die Hereforder Weltkarte. Beiden liegt die christliche Weltchronik zugrunde. Doch wurden die Provinzen des antiken Staates Kaiser Otto IV. (um 1175 oder 1182 [1198]–1218) unterstellt. Das Dogma verwehrte nämlich keineswegs, die römisch-griechischen Kartenvorstellungen zu übernehmen. Die Topographie aber wurde christianisiert.

Die Karte von Ebstorf in der Lüneburger Heide ist wohl im 14. Jahrhundert entstanden. Sie wurde wie die Hereforder Karte hinter dem Altar, also im Umkreis der heiligen Handlung aufgehängt. Sie war lateinisch beschriftet, doch brachen schon manche

Ortsnamen in den niederdeutschen, mitteldeutschen und normannisch-altfranzösischen Landessprachen in ein heimischeres Erleben durch. Sie richtete sich nach den Unterlagen des älteren Plinius (23/24–79), nach Solinus (um 250) und Isidoros von Sevilla und war von den Wundern der Alexanderzüge, aber auch der Kreuzzugslegenden geschmückt, da Gott ja sein Erdenrund hielt.

Die Weltkarte der Kathedrale von Hereford, die oben das Jüngste Gericht unter dem Thron Christi vergegenwärtigte, verhieß das Paradies und vermerkte die zwölf Winde. Auch sie ist um Jerusalem geordnet. Die Ebstorfer Karte erinnerte sich noch in einer Begleitinschrift des Jupiterraubs. Dennoch verzeichnet sie schon um die neunhundert Städte, die sie über den Gekreuzigten legt. Immer brechen aber noch in phantastischen Pflanzen und Tieren, sagenhaften Menschenrassen mit Hundeköpfen, gewaltigen Ohren oder Füßen, ja mit Pferdehufen Urwelten in die christliche Kartenwelt ein. Die christliche Topographie gibt im Erdbild den Heilsweg der Seele wieder. Auf den dreißig Pergamentblättern des Lüneburger Benediktinerklosters etwa wird der geistige Weg zu Gott als Wallfahrt der Imitatio Christi gezeigt. An anderen Orten wird die Glaubensversicherung durch Herrscherbilder, Wappenschmuck, Widmungen, Städteansichten, schwankende Schiffe und drohende Seeungeheuer erhöht.

In späteren Karten wird Rom zur Weltmitte. Die Kirche herrscht Urbi et Orbi. Den Radkarten um die Nabe Jerusalem fehlte die ganze künftige Welt, die unser eigen ist. Orbis terrarum umspannte das römisch-deutsche Imperium. Es reichte von Schleswig bis Rom, von Flandern bis Mähren, blieb dem außerirdischen Paradies, der mittelmeerischen Väterzeit zugeordnet und meinte die allverflochtene geordnete Civitas, die jedem Ding hierarchisch seinen vermessenen Ort zuspricht. Die Karte ist das wegeweisende Gleichnis der irdisch gewordenen universalen himmlischen Ordnung, in der der Kaiser sein priesterliches Königtum von Gottes Gnaden ausübt.

Die Römer dagegen – Sallust, Juvenal, Lukian, Cicero – kannten ihre Straßen und verzeichneten sie auf einer Karte, die das Marsfeld zierte. Sie mußten also ausgebildete Geometer besessen haben. Noch der Humanist Konrad Peutinger (1465–1547), der sich einer

Karte, die Nikolaus von Kues (1401–1464) gezeichnet hatte, in Italien zu bemächtigen vermochte, besaß die Rolle einer alten römischen Straßenkarte, die Tabula Peutingeriana, von der er 1536 eine Kopie erstellen ließ.

So kann es uns denn nicht wundern, wenn wir lesen, daß Karl der Große (742 [768]–814) viele Karten hortete, neben Weltkarten im Rahmen der »totius mundi descriptio« in christlicher Fassung nüchterne Stadtpläne von Rom und Konstantinopel. Der Kaiser selbst soll sogar im Lateran eine Weltkarte mit dem stolzen Hinweis »orbi terrarum descriptionem depinxit« gemalt haben. Das hatte mit den überlieferten Seekarten sehr viel, mit den Heilskarten aber wenig zu tun. Die geistige Rodung hatte sich der Länder und Städte bemächtigt. Britannia, Ispania, Gallia, Italia, Macedonia, Armenia, India, Antiocia, Aegyptus, Libia, Afrika waren bekannt; Rhone, Rhein, der Nil wurden verzeichnet, Ravenna, Rom, Troia, Cartago, Bapillonia, ja selbst die Arabische Wüste wurden nicht vergessen.

Die Kartenwerke mehrten sich. Theologische wurden von vermessenen abgelöst. Verwaltung, Verkehr, Pilgerschaft und Handel bedurften der fördernden Beschreibungen. Europa geriet kartographisch in den Griff der Herrscher. Die »loca in quibus res geste sunt« (Hugo von St. Victor, um 1100–1141) riefen nach der »descriptio« und der »pictura«; die Weltchronik der Seele wurde zur Weltbewältigung der Tat.

Dieser Entwicklung kam außerhalb des christlich-abendländischen Bereichs der unbeschwerte Forschungseifer und die geistvolle Geschicklichkeit der Araber entgegen. Die islamische Kartographie war früh unter den Einfluß von Ptolemäus geraten, und sie wurde in der normannischen Begegnung überaus fruchtbar. Schon während der Jahre um 772 hatte der Kalif al-Mansur (712–775) den Auftrag gegeben, astronomische Tabellen zu schaffen. Eine Gruppe von Gelehrten besuchte Byzanz und kaufte viele griechische Manuskripte auf. Ptolemäus, dessen Würdigung seines Lehrmeisters Hipparchos von Nikaia (Mitte des 2. Jahrhunderts v. Chr.) noch im 19. Jahrhundert der Ire William Rowan Hamilton (1805–1865) bewundern sollte, hatte zur Zeit des zweiten nachchristlichen Jahrhunderts in den acht Büchern seiner »Geographie« mehr als achttausend Orte der bekannten Oikumene astronomisch vermessen. Alfraganus hatte dann das Werk bekannt gemacht. Um 900 nahm Ibn Khurdādbah (825–912) sein »Buch der Wege und Provinzen«, das er den Postmeistern zudachte, in Angriff. Im elften Jahrhundert zogen die normannischen Eroberer unter Roger II. von Sizilien (1095 [1130]–1154) Seefahrer, Kaufleute, Kreuzritter und Gelehrte in Palermo zusammen, und so gelang 1154 dem maurischen Fürstensohn Idrisi (1100–1165/66) der großartige Wurf einer bis ins 18. Jahrhundert hinein vorbildlichen Weltkarte.

Idrisi, in Centa geboren, hatte England, Frankreich, Konstantinopel und Zentralasien besucht und in Cordoba studiert. Er ließ sich im Auftrag Rogers II. von Zeichnern, die er in verschiedene Länder entsandt hatte, zahlreiche Unterlagen beschaffen. Seine Arbeiten zogen sich über fünfzehn Jahre hin, und ihr Werk wurde von Roger als »Nuzhat al Mushfak« bezeichnet, aber nach dem Willen von Idrisi als »Kitab al Rudjar« – Buch des Roger – bekannt. Um 1161 erarbeitete Idrisi für Rogers Erben Wilhelm II. ([1154]–1189) ein noch breiter angelegtes Werk: »Die Gärten der Bildung und der Trost der Seele«, das eine noch genauere Karte enthalten sollte. Wir besitzen als »Garten der Freuden« nur eine verkürzte Fassung von 1192, die dreiundsiebzig Kartenbilder vorlegt.

Wenn auch Idrisi ohne Kenntnis von Ptolemäus vorging, gelang es ihm dennoch, eine große Tradition einzuleiten, die sich in Tunesien bis zum 16. Jahrhundert zu behaupten vermochte. Seine Weltkarte von 1154 hatte Spanien, Frankreich, Italien, die Adria, Albanien, den Peloponnes, Makedonien, Konstantinopel, Serbien, Deutschland, England, Dänemark, Norwegen, die Ostsee, Schweden, Finnland, Kurland, den Ladogasee, den Don und Bulgarien umrissen. Diese Leistung sollte dann an der Seite der mittelalterlichen Küstenkarten die abendländische Geographie entdogmatisieren. Anleitungen zur Navigation zwischen den Häfen und auf hoher See, die durch Segelanweisungen ergänzt wurden, dienten keinem Seelenweg mehr. Selbst Portolane wurden in die Radkarten eingearbeitet, und so wurde auch die Weltkarte des Kardinals Stephan Borgia enttheologisiert. Wohl die letzte kirchliche Karte hat Fra Mauro (gestorben 1460) geschaffen, der als Kamaldulenser

Ordensbruder um die Mitte des 15. Jahrhunderts auf Murano lebte und wirkte.

Doch noch immer blieben die mittelalterlichen Kartenwerke ptolemäisch bestimmt. Um 1475 erschien die erste lateinische Fassung seiner »Geographie« ohne Karten in Vicenza, 1477 mit Kartenrissen zu Bologna. Man ging der winkeltreuen zylindrischen Mercatorprojektion von 1568 entgegen und hielt sich zahlreiche Itinerarien. So wurde 1511 in vier Holzschnitten eine Carta Itineraria Europae vorgelegt. Sie bot bewußt den ganzen Umriß des Erdteils. Eine Karte, die derselbe Verfasser, Martin Waldseemüller (1470–um 1520) schon 1507 veröffentlicht hatte, war auf zwölf Blättern seinem Buch »Cosmographiae Introductio« mitgegeben.

Aber noch das barocke Europa bot keinen erstarrten Raum. In Westfrankreich wurde zu Beginn des Ministeriums Colbert und späterhin nach 1750 Neuland gewonnen. Die holländischen Polder wurden angelegt, die Sümpfe von Poitou, in Spanien die Despoblados im Ebro-Tal und in der Sierra Morena urbar gemacht. Dennoch konnte man eine Trennlinie ziehen, die von Lübeck bis Fiume reichte und Europa zweiteilte. Sie folgte etwa der Elbe, den Sudeten, schloß Böhmen ein, aber die türkische Slowakei aus; westlich lagen bis 1683 die Gebiete des christlichen Ungarns, dessen andere nach Kahlenberg östlich der Linie liegen. Nur das westliche Europa gab sich einigermaßen geschlossen. Jenseits der Trennlinie aber blieb Europa offen. Seine Begrenzung wanderte nach Osten und verlor sich in unabsehbaren Wäldern.

Was also ist Europa? Nach den Berliner Vorlesungen des Geographen Carl Ritter (1779–1859), die 1863 erschienen sind und in einer Anthropogeographie der geschichtlich gewerteten Räume gipfelten, war Europa »unstreitig auf dem gegenwärtigen Standpunkte der Menschengeschichte der herrschende Teil des Erdplaneten«. Die räumliche Beschränkung der Erdgestalt und ein glückliches Klima hätten dem Erdteil eine »größere historische Einheit und Harmonie« mitgegeben. Europa sei ein Kulturgarten, ein pädagogischer Kontinent von inniger Mitgift und hoher geistiger Ausstattung der Völkergeschlechter. Das hebe ihn kontrastreich ab, gewähre den räumlichen Erscheinungen eine größere Geschlossenheit, selbst eine solche der Organisation. So werde der kleinste der Erdteile zum Herrscher der übrigen. Als geistige Mitte bilde Europa den Erdteil katexochen. Allein seine Ostgrenzen, berücksichtige man Völker-, Staaten- und Naturgrenzen, seien »nur relativer, nicht absoluter Art«.

Zu solchen Gedanken schrieb Ernst Robert Curtius (1886–1956) 1948, daß nur umfassendere Geschichtskörper als Kulturen Ganzheiten des Geschichtsverlaufes zu bieten hätten; Europa bleibe nur ein Name, ein geographischer Ausdruck. Seine Geschichtsschreibung habe es willkürlich in Raum- und Zeitstücke zerlegt, und so gelte es denn eine echte »Europäisierung des Geschichtsbildes« zu fordern und zu leisten. Europa meint demnach den geistigen Auftrag einer Sinneinheit, die es zu werden hat und die es erst zu stiften gilt.

Die hyperboreische Mitgift

Die Erde atmet auf eigene Weise. Sie zieht nach strengem Gesetz um die Sonne, dreht sich um sich selbst und schlingert gefaßt um ihre Achse. Die Weltzeitalter gehen wie die Jahres- und Tageszeiten ebenso vermeßbar wie verändert über sie hinweg. Zudem faltet und verzieht sie sich unter Stauungen und Durchbrüchen innerer Gewalten. Erdmassen und Naturabläufe schweben und haften. Der Frühlingspunkt des Sonnenaufgangs schreitet durch die Tierkreiszeichen rhythmisch voran, und er bestreicht sie alle während des großen platonischen Jahres von 25.700 irdischen Jahren. Demnach wächst die Erde und wandelt sie sich in bedeutungsvollen Metamorphosen.

Unter solchen Voraussetzungen hat man auch die Phasen der Menschheitsgeschichte gesondert, eingestuft und unterteilt; auf ein lemurisches Zeitalter, in dem eine zwischen Vorderindien und Madagaskar gelagerte Landmasse versunken sein soll, habe im Westen ein atlantisches Erdreich, das ebenfalls absacken sollte, geherrscht. Die Urgeschichte des Menschen, die im kosmischen Dasein unseres Planeten wenige Minuten umspannt, muß damit unvermeidbar in gewagten Denkentwürfen angegangen werden. Die Geschichte der Frühmenschheit läßt sich den spärlichen fossilen Spuren selten gesichert gesellen, und von etwa einer halben Million Jahren gehören nur etwa ihrer sechs- oder siebentausend einer lichteren Geschichte an; aber auch diese bleibt rätselhaft genug, und ihre Blöcke bedürfen der mythenkundlichen Deutung.

Sicher bleibt nur, daß sich der Menschengeist, so wie wir ihn verstehen, wachsend öffnet, wobei sich der Vorgang einer zuversichtlichen Wertung entzieht. Die Anthropodynamik der irdischen Abläufe ist den Vermutungen zugänglicher als der Einsicht. Doch bleiben die Entwicklungen an Räume gebunden, diese aber wandeln sich, und über etliche gehen vier Vereisungen hinweg. Die Küstengesteine driften und bilden Kammerscheiden; es heben sich Platten und Schollen, sie schichten sich um. Lebenslandschaften schmelzen ab, verlagern sich und mischen die Völker. Glaubens- und Wirtschaftseinheiten pendeln übereinander; sie suchen und fliehen sich. So bleibt denn vieles unkenntlich Brandung.

In solchen Forschungszusammenhängen hat man immerhin mittels der Pollenanalyse erhärtet, daß während des 9. und 8. Jahrtausends v. Chr. in Skandinavien Birken und Kiefern, hernach Erlen und Buchen verbreitet waren, und daß zur mittleren Steinzeit der Vereisung in Südfinnland Spuren von Menschen gesichert werden konnten, ergänzt unsere Einblicke. Es tauchen unter den Rassentypen Asiens auch sibirische Trümmer einer Varietas Homo sapiens hyperboreus auf. Die Menschen auf jenem Boden waren wohl kaum mongoloid, sie sollen aber kleinwüchsig gewesen sein. Ihre Augen waren hell oder grau.

So läßt denn Egon Freiherr von Eichstedt (1892–1965) Europa biologisch am Altai beginnen, womit der Ural als Randgebirge erscheint. Wir kennen sibirische Funde menschlicher Zeugnisse bis ins 2. Jahrtausend v. Chr. zurück. Die Bronzekultur reichte mit ihrem Westflügel zu den Skythen hin, und sie waren es, die über Rassen hinweg einen vielfältig gesicherten Sonnenkult ausbildeten. Doch lebten die Nordleute vorindoeurasisch und noch indogermanisch unter Klimastürzen, so daß viele Stämme Welle um Welle nach Süden abflockten. Die Urslawenschädel sind nordisch und osteuropid.

Skandinavien muß eine Kraftmitte von besonderer Eigenart gewesen sein. So lagen älteste Kulte in Island und Grönland. Da die Umrisse des Mittelmeers erst nach der alpinen Gebirgsfaltung erstarrten, ist die mediterrane Kultur spät. Sie bildete sich vorab unter Randresten von Alteuropäern des nordischen Ostens. Dem ist auch die Indogermanen-Frage verzahnt, die für das Steinzeitalter eine Vieh- und Ackerkultur bezeugt und Reitervölker, die ihre Steinaxt kannten, vorstellt. Gewiß ist, daß vor knapp viertausend Jahren indogermanische Kultverbindungen nach Hellas ausstrahlten. So wären denn die kulturellen Entwicklungen des festländischen Erdteils trotz einer bodenständigen Eigenbesiedelung von einem fernen Nordosten her bestimmt. Sie nahmen Umwege über den Südosten und erreichten Kreta erst spät.

Die folgenreichste Bewegung des Erdmantels zerbrach den Urkontinent Pangäa zu Erdteilen, die allmählich auseinanderdrifteten. Schon um 1620 hatte Francis Bacon (1561–1626) erwogen, ob nicht Nord- und Südamerika einst mit Europa und Afrika eins gewesen seien. Auch Alexander von Humboldt (1768–1859) war von der Übereinstimmung der Küsten von Ostsüdamerika und Westafrika überrascht. Im Jahre 1858 erkannte Antonio Snider in seinem Werk über »La Création et Ses Mystères Dévoilés« die überraschenden Ähnlichkeiten der amerikanischen und europäischen Pflanzenfossilien, doch erst Alfred Wegener (1880–1930) war 1912 so kühn, die Trennung der Kontinente und deren Verschiebung theoretisch zu unterfangen. Er wurde der Erdteilkonturen vorab im Kontinentalschelf augenfällig inne. Seiner Lehre zufolge bildeten sich vor zweihundertfünfzig Millionen Jahren unsere Erdteile aus dem Superkontinent einer geborstenen Erdmasse, deren Schollen auf dem heißen und flüssigen Erdmantel auseinanderglitten. Da Wegener die Kräfte der Drift nicht befriedigend zu erklären vermochte, fiel seine Theorie heftigem Widerspruch und eisigem Schweigen anheim. Zwar kannte man die Thermodynamik der Atmosphäre und vertraute der Wandelbarkeit der Arten, wie sie Charles Darwin (1809–1882) ertastet hatte, doch wies man ähnlich wirkende Erdkräfte zurück.

Wegener hatte seine Einsichten beim Studium des großen Andree gewonnen und 1911 an seine Frau geschrieben: »Sehen Sie sich doch bitte einmal die Weltkarte an: Paßt nicht die Ostküste Südamerikas genau an die Westküste Afrikas, als ob sie früher zusammengehangen hätten?« Die Umrisse der Tiefenkarte bestätigten ihm dann die Vermutung nachdrücklich. Schon ein Jahr vor Antonio Snider hatte W. L. Green von Segmenten gesprochen, die auf dem flüssigen Erdkern »schwimmen«, und der Amerikaner Frank Buntey Taylor hat die Bildung der Faltengebirge als Folge der Kontinentalverschiebungen enträtselt. Wegener erkannte dann in den verhältnismäßig leichten Gesteinsmassen die Erdteile als silicium- und aluminiumreich. Sein »Sial« schwamm daher auf einer zäheren Grundmasse von Silicium und Magnesium, dem »Sigma«, so daß sich die Sialplatten verformten und infolge der Polflucht der Kontinente, der Erddrehung in Richtung des Äquators also, Kräfte auf Kräfte stießen.

Dennoch erklärten die Gewalten dieser Vorgänge keineswegs alle Erscheinungen. Nach seinen frühen Mitteilungen von 1912 erschien Wegeners »Entstehung der Kontinente und Ozeane« 1915. Schon damals hatte er eine einheitliche Flora seiner Pangäa vorausgesetzt und die Gesteinsverwandtschaft der auseinandergebrochenen Kontinente gesichtet. Seither hat die moderne Plattentektonik die Driften geklärt und in den Erkenntnissen der ediakarischen Fauna der Meeresböden und der frühesten Vorfahren von Schalentieren und Muscheln erhebliche Deutungshilfen gewonnen.

Trägt man die Fundorte auf der mutmaßlichen Karte vor sechshundert Millionen Jahren ein, so waren die Meere um den einen Kontinent von ediakarischen Fischen, jene um den andern von Urschalentieren bewohnt, doch wurden aus allen Südkontinenten vor zweihundertdreißig Millionen Jahren Fossilien der gleichen Pflanzen und Landtiere beigebracht. Die Landbrücken der früheren Einheit sind gesichert. Farnartige Glossopteris finden sich in den Kohleflözen Südamerikas, Südafrikas, Indiens und Australiens. Auch hatte Abraham Gottlob Werner (1749–1817), Lehrer des Novalis (1772–1801) und Vorbild des Bergrats Werner im »Heinrich von Ofterdingen«, recht, wenn er mit den Neptunisten Goethes die Erde aus einem Urozean hervorgehen ließ. Das schloß einen gefügigen Plutonismus nicht aus. Selbst die Bebengürtel zwischen Kalifornien, Italien, der Türkei und Japan fügen sich den Entwürfen Wegeners ein.

Zusammenfassend läßt sich sagen, daß die Kontinentalverschiebungen nach heutiger Lehre vor etwa zweihundert Millionen Jahren einsetzten; Kontinentalplatten vermochten aufeinanderzuprallen, sich zu entgleiten, aneinanderzuhaften. Südamerika und Afrika besaßen allerdings andere Driftachsen. Weitere Drehungen wurden mit vermessen; die iberische Halbinsel verzeichnet eine eigene Rotation. Stauungsgebiete bildeten Ausflußwirbel, und man hat angenommen, daß der Westalpenbogen einen solchen anzeige. Europa trägt das Gesicht der Erdvorgänge, durch sie wurde es abgesondert und eigengestaltet.

Daß solchen Wandlungen der Lauf des Golfstroms mitverfangen war, ist selbstverständlich. Strömungsrichtungen und -geschwindigkeiten wechseln, die Temperaturen schwanken. Heute verläßt der gewaltige Meeresstrom die nordamerikanische Küste und strebt mäandrisch gewunden Europa zu, wo er die britische und norwegische Küste teilweise streift. Ein anderer Arm fließt die nordafrikanische Küste entlang und beginnt als Nordäquatorialstrom einen neuen Kreislauf. Hier wie dort geht es um einen einzigen großen Wirbel ohne Wasseraustausch. Stromkarten dessen waren schon früh bekannt. So zeigt etwa die Karte von Happelius von 1685 zwei sich kreuzende Oberflächenströmungen und einen großen Wirbel vor den norwegischen Lofoten, den Mahlstrom, der 1595 erstmals als Gezeitenwirbel genannt worden war. Ergiebigere Ergebnisse der Forschung sind aber weit jünger. Es geht um eine nordatlantische Zirkulation, die große Wärme verschiebt und deren Mäander keineswegs beständig sind. Sie haben ihr Eigenleben. Auch lösen sich Wirbel von Wirbeln und vereinigen sich wieder. Selbst die Theorien darüber sind im Fluß.

Gewiß ist, daß der Golfstrom in Gemeinschaft mit allen Erdverschiebungen seine Geschichte hat. Zu seiner Entstehungszeit brach er zwischen den Erdteilen Nordamerika und Afrika nach Norden durch und umfing Grönland, das mit Nordeuropa breit verbunden war. Er floß dann durch ein Meer, das Asien von Europa schied, an den alpinen Aufwürfen vorbei, wiederum nach Atlantis zurück. So hatten denn die Abriegelungen im Westen die Folge, daß der Golfstrom nach Norden und Osten geleitet wurde, Grönland umgriff und Nordeuropa bis zur Uralgegend erwärmte. Sibirien und Rußland waren noch nicht gehoben.

Das geschlossene Stromgebiet, das durch die Fauna des frühen Tertiär als erwärmt erwiesen ist, schuf auf solche Weise ein Evolutionszentrum, dessen Hauptstadt Thule in einem hyperboreischen Bereich lag, den eine südliche Pflanzenwelt auszeichnete. Bei einer völlig anderen Verteilung des Festlandes, der Küsten und der Meere können diese Gegenden nicht verläßlich geortet werden. Doch bleibt vieles eingängig genug, dies auch, wenn – neben Grönland und Island – selbst Irland, Skandinavien und Nordeuropa zusammenhängen.

Nach der Kunde des Altertums lag Hyperborea, wie sein Name sagt, »jenseits des Nordwinds«. Es ist die arktische Heimat vieler Völker, und es unterstand den Gestirngesetzen des Nordpols. Es wurde stets als paradiesisch und daher überaus wohnlich geschildert, es gilt voller Bewunderung als Garten der Hesperiden und der Iduna, die ihre Äpfel hütete. Heimat des Apfels seien die hyperboreischen Himmelsstriche. Pflanzenkundliche Angaben gestehen zu, daß Prunus pumilla von den asiatischen Arten im Kaukasus und im Altai herkommt und daß Prunus pumifolia in Sibirien beheimatet ist. Der Holzapfel ist heute noch in Norwegen bis zum 63. Breitengrad bezeugt.

Man hat die Frage, ob die Hyperboreer als verbürgtes Volk hingenommen werden müssen, ebenso oft belächelt, wie man bestätigte, daß es mit den Griechen in kultischem Einverständnis gestanden habe. Der Mythos jedenfalls machte Hyperborea zu einem Land des Friedens, des Lichtes, der Seligkeit, in das sich der delische Apoll in den Wintermonaten zurückzog.

Wenn Karl Kerényi (1897–1973) von den Schneefeldern Hyperboreas spricht, die den Gott jährlich nach Süden entlassen hätten, ist er unverkennbar begeistert. Apollon, sagt er, »ist der reine, heilige, läuternde Gott. Doch der Heros Apollon, die ›morgendliche Gottheit‹« – so nannte ihn Orpheus –, »ist, als ihm die Argonauten auf einer verlassenen Insel im Augenblick des ersten Morgengrauens begegneten, nicht der Nahende, sondern der Scheidende. Die ferne Gottheit ist er, deren Orakelsprüche aus der Ferne treffen, und aus der Ferne sirren auch seine Pfeile mit sicherem Tod. Der Hyperboreer entferntes Geisterland ›jenseits der Berge‹ ... ist sein Reich. Das ist das Heim des vollkommenen Daseins und der Euthanasia, des seligen Sterbens, wo die Lebenssatten sich, fröhlich bekränzt, von einem Felsen ins Meer stürzen. Die Griechen erkannten diese apollinische Welt im Schneeglühen nördlicher Landschaften wieder. Von dort kam Apollon jedes Jahr mit weißem Schwanengespann in sein delphisches Heiligtum.« – Der Flug Apollons zu den Hyperboreern wird von einem im Donau-Raum von Dupljaja gefundenen Tonmodell eines Schwanenwagens bezeugt. – »Er kam zur Mittsommerzeit, in einem der großen Todesaugenblicke der griechischen Natur, wenn, hinter dem Vogelgezwitscher gleichsam verborgen, die alles tötende Hitze auf den durchgeistigt glühenden Bergrücken ihren Höhepunkt erreicht.«

Die Stunde Apolls wurde, wie Semos (spätes 3. Jahrhundert v. Chr.) berichtet, in beschwörenden Paianen von eigener Geschichte begangen. Der lockende Chor der Deliaden war ein Frauenchor, der von einer Flötenspielerin angeführt wurde. Zum Vorbild dienten die mythischen, aber keineswegs unwirklichen Hyperboreer, die nach Hekataios von Abdera (um 300 v. Chr.) ihre Apollon-Hymnen, ohne je einzuhalten, gesungen haben sollen; ein Reich des vollkommenen Daseins mußte einfach als vorbildlich gesehen werden. Hekataios hat sich dessen in seiner überschwenglichen Schilderung versichert. Vorbild aller Nachfolger blieb Antiphanes mit seinen »unglaubwürdigen Reisegeschichten«, und zur Höhe der Gattung gelangte Iambulos, dessen Roman in der ersten Hälfte des 1. Jahrhunderts v. Chr. geschrieben worden sein dürfte.

Das geheimnisvolle Volk der Hyperboreer feierte das ungeheure Schauspiel der Sonnenwende. Die sommerliche Sonne ging neun Tage wohl nieder, doch nicht unter. Sie hob ihre Bahn während der kommenden neun Tage an. Während der Wintersonnenwende blieb das Gestirn demnach achtzehn Tage unter dem Horizont, und so bedurfte man, es wiederzugewinnen, der Beschwörungen. Ein Volk solchen Erlebens war den Lichtwelten aufgeschlossen, und es brachte während der Jahre der Übervölkerung seine Seligkeiten nach Süden mit. Titan sagte Herakles voraus, daß er von seiner Lebenswanderung zur Zierde des olympischen Siegeskranzes die hyperboreischen Zweige des wilden Ölbaums mit sich bringe. Auch Perseus soll bei den Hyperboreern geschmaust haben.

Wie aber steht es um die schriftlichen Zeugnisse der hyperboreischen Wanderschaften? An ihrem Eingang wird von einem priesterlichen Hyperboreer namens Abaris gesprochen, der, wenn sein Name nicht für eine ganze Tradition steht, wohl schon vor dem 6. Jahrhundert v. Chr. gelebt haben müßte. Herodot spricht ihm Beziehungen zum delphischen Apollon zu. Er habe den Pfeil des Gottes um die ganze Erde getragen, ohne irgendwelcher Speisen zu benötigen, klingt sagenhaft, aber auch Lykurgos wähnt ihn mit dem Apollonkult verbunden. Der Ritt des Abaris auf den göttlichen Pfeilstrahlen der Sonne gehörte zu den Lichtvorstellungen der Hellenen. So ist es denn nicht verwunderlich, wenn die Neupythagoreer sich seiner bemächtigten und ihn zum Lehrer des Pythagoras (um 570–497/96 v. Chr.) erhoben. Doch dies alles bleibt apokryph.

Zeugniskräftig dagegen ist Aristeas von Prokonnesos mitsamt all jenen, die ihn bezeugen. Er hat zwischen der Mitte des 7. und dem Ende des 6. Jahrhunderts v. Chr. gelebt. Aus seiner »Arismaspeia« sind uns einige Verse erhalten:

»Zierde der Issidonen (Volk asiatischer Herkunft, d. Verf.) sind
  wallende, fliegende Haare.
Nachbarn weiter gen Norden sind ihnen noch andere Menschen,
Ähnlich ihnen und volkreich und überaus wackere Krieger,
Reich an mancherlei Tieren, an Pferden, Schafen und Rindern;
Jeder hat nur ein Aug in der wohlgebildeten Stirne,
Zottig sind sie an Haar und von allen Menschen die Stärksten.«

Auch Aischylos spricht von dem rossegewandten Volk der einäugigen Arismaspoi, und Herodot bezeugt Aristeas als Dichter, der von Phoibos begeistert zu den Issidonen durchgefunden habe. Jenseits ihrer hätten die Arismaspoi, Männer mit einem Auge, dann die goldhütenden Greifen und letztlich die Hyperboreer gewohnt, deren Wohnsitze am Meer gelegen hätten. Nur die Hyperboreer hätten ihre Nachbarn nie bekriegt. Die Issidonen seien dagegen von den Arismaspoi außer Landes getrieben worden, und so hätten denn jene auf die »Skythen« und diese auf die an der Südküste wohnenden Kimmerier zurückgeschlagen. Aristeas, meint Herodot, hätte aber nur vom Hörensagen berichtet. Er sei wohl vom Pontus auf dem Landwege zu den Issidonen gelangt, wo ihm dann die Greuelberichte von den Nachbarvölkern erzählt worden seien. Noch Johann Heinrich Voß (1751–1826) hat diese Reise für glaubwürdig gehalten.

Im 5. Jahrhundert v. Chr. hält Damastes von Sigeion, Verfasser einer Erdkarte, fest, daß die Issidonen jenseits der Skythen und der noch ferneren Arismaspoi gewohnt hätten. Die Hyperboreer sollen über dem rhipäischen Gebirge, von dem der Nordwind niederfahre, angesiedelt gewesen sein. Plinius hat dann die rauhe Art der rhipäischen Gebirge bestätigt, doch hatte er seinen Herodot und seinen Aristeas gelesen.

Man hat in der Mongolei südlich des Baikalsees eine Reihe von Grabhügeln erschlossen und darin antike Gewebe gefunden, die aus den Kolonialstädten des Pontus stammten. Auch Darstellungen berittener Skythen auf lebensechten Pferden und in ihrer Tracht wurden entdeckt. Der skythisch-sibirische Kulturkreis muß bis nach China hin bekannt gewesen sein. Schon die griechischen Handelsbeziehungen zum Ural können kaum später als gegen das Jahr 700 v. Chr. ausgebaut worden sein, obzwar die griechischen Kolonien am Pontus damals noch nicht errichtet waren. Auch die Prähistorie setzt an der Wolga-Mündung der Kama um das Jahr 1000 v. Chr. ein bedeutendes Handelszentrum der ostrussischen Bronzezeit an.

Wo aber ist der Wohnsitz der Issidonen des Aristeas einzuzirkeln? Ptolemäus kann bei der Beantwortung dieser Frage kaum mithelfen. Ferdinand von Richthofen (1833–1905) suchte das Volk im Innersten Asiens. Ein weiterer Forscher hielt sie gar für Bewohner Tibets. Den vorgeschichtlichen Funden gemäß, muß aber die Wohnstatt der Issidonen in den Ural versetzt werden. Dort haben sie wohl nomadisierend gelebt, bis sie sich in der Nähe des Urals in Westsibirien ansiedelten. Das verträgt sich mit dem Bericht des Aristeas.

Während des ersten Jahrtausends muß das Minussinkergebiet mit Skythien in regster Verbindung gestanden haben. Vorchristliche Handelsbeziehungen spannten sich zwischen der nördlichen Mongolei und dem Schwarzen Meer. Aristeas befuhr den Weg, den man noch im Mittelalter benutzte, um in den Besitz der sibirischen

Pelze zu kommen. So haben denn die Issidonen dem Ob-Irtysch-Gebiet zugehört und dem wichtigsten Paßübergang des Urals nahe gewohnt. Demnach wird Aristeas über den Ural nach Westsibirien gekommen sein. Goldverheißungen waren wohl leitend. Er blieb aber im Bereich des Zwischenhandels bei den Issidonen. Der Name der Skythen muß als Sammelbegriff etlicher Völker verschiedener Kulturen angenommen werden. Gerade deshalb hat vielleicht Herodot an der Wirklichkeit der Hyperboreer gezweifelt.

Hekataios von Milet, der etwa um die Mitte des 6. Jahrhunderts v. Chr. altadelig geboren worden war und von beträchtlicher Bildung zu den ältesten griechischen Prosaikern gehört, hat nach weiten Reisen seine Beobachtungen in seinem ionischen Dialekt festgehalten. Wir wissen aus seinen Fragmenten nicht, ob er den Iran und Südrußland besucht hat. Er hat aber als Schüler Anaximanders dessen Erdkarte berichtigt und ihr eine Erdbeschreibung beigefügt, die er als »Periodos« bezeichnet, womit eine Umfahrung der damals bekannten Erde angedeutet wird. Das Werk ist als würdiges Zeugnis des ionischen Seefahrertums einzustufen. Seine kreisrunde Karte krönt Europa, das beinah die ganze obere Hälfte der Scheibe einnimmt und dessen Mittelmeerküste zwischen dem kaspischen Golf und den Säulen des Herakles kenntnisreich ausgegliedert erscheint, über nahezu die völlige Breite hin mit Hyperborea.

Ein weiterer Bürge, Euphemeros von Messene, gehört der Wende zum 2. Jahrhundert v. Chr. an. Ihm danken wir einen Reiseroman zur utopischen Insel Panchaia. Euphemeros stand während der Jahre 311–298 v. Chr. im Dienst des Königs Kassandros von Makedonien (um 355–297 v. Chr.). Er entwarf seine Fahrt in ein östliches Weltmeer, auf dessen Inseln er in Panchaia einen Staat entdeckt haben will, der sein Grundgesetz auf einer goldenen Stele festgehalten habe. Ou topos war kein Ort, wenn nicht ein solcher von der Seligkeit des hyperboreischen Alltags. Die gesteuerte Planwirtschaft des Euphemeros war ein Nirgendland von verlockender Art.

Die größten Kenntnisse aber besaß Pytheas von Massilia. Der berühmte Seefahrer und Geograph hatte selbst die Grenzscheiden Europas gegen Asien hin bereist. Er wußte um Thule und wohl auch um Island. Von ihm stammt eine genaue Schilderung der Polarsonnenwende, und er war sich gewiß, daß er die Skythen bei den Guiones erreicht habe.

Auch Hekataios von Abdera, der im Übergang zum Hellenismus gelebt hat, hinterließ einen Staatsroman, der langehin gelten sollte. Er stand in den Diensten von Ptolemaios I. (um 367–283 v. Chr.) und hat die Hyperboreer als Verehrer Apollons beschrieben und sie am äußersten Erdrand auf dem Idealeiland Helixoia dem Keltenland gegenüber angesiedelt. Die Hyperboreer galten ihm als Volk des Wunsch- und Götterlandes jenseits des Boreas.

Diodoros, der aus dem sizilischen Agyrion stammte und im ersten vorchristlichen Jahrhundert in klarem hellenistischen Stil geschrieben hat, dessen Sprachbewußtsein selbst dem Hiatus abhold war, hat sich ebenfalls mit den Skythen beschäftigt und die Wiederkehr Apollons nach den astronomischen Angaben des Atheners Meton (um 432 v. Chr.) verstanden.

Umschlagplatz aller Kenntnisse war Delos, das schon zu mykenischer Zeit durch mehrere kleinere Heiligtümer ausgezeichnet war. In deren Mitte stand ein Vegetations- und Fruchtbarkeitskult. Mykenisch oder schon vormykenisch war auch der Kult an den »Gräbern der hyperboreischen Jungfrauen«. Apollon ist wohl erst um das Jahr 1000 v. Chr. als Gott der ionischen Griechen dort heimisch geworden. Seine ersten würdigen Tempel entstanden um das Jahr 700 v. Chr.

Delos wurde dann Sitz des delisch-attischen Seebundes und Heiligtum der Inselgriechen. Es ist die Pflanzstätte des Lichtglaubens, auch jenes nordischer Herkunft, so daß die Sonnenspirale vertieften Sinn erfuhr. Ihr begegnen wir noch in sämtlichen Trojaspielen zwischen Vergil und heutigen Bräuchen im dalmatinischen Korčula. Trojas Untergang meinte das Hyperboreerschicksal mit, und die Reigenfeste brachten Völkererinnerungen mit den Sonnenmysterien zusammen. Seneca (um 4 v. Chr.–65) sieht auf Hintergründe solcher Art zurück, wenn er in später Zeit ein Weltalter ansetzt, in dem der Ozean die Bande der Dinge löse und das Meer mit ungeheurer offener Weite neue Länder enthülle, so daß Thule nicht mehr das Ende der Welt sei. Auch Cicero (106–43 v. Chr.)

wußte, daß Apoll, der Sohn des Jupiter und der Leto, von den Hyperboreern nach Delphi gekommen sei. Und Pausanias (111/15 bis um 180) berichtet, daß das Orakel von Delphi Apollon zu Ehren von Männern gestiftet worden sei. Der Gott habe aus Hyperborea hergefunden und sei der erste gewesen, der in Hexametern zu dichten verstanden hätte.

So verwurzelt strahlt die hyperboreische Botschaft über viele Jahrhunderte hin. Die Weltkarte des Heinrich von Mainz (gestorben 1153) aus dem Jahre 1110 setzt im hohen Norden den Ort der »Gens yperborea beatissima sine morbo et discordia« an. Die Psalterkarte von London, die dem 13. Jahrhundert angehört, spricht sogar von den »Montes« der Hyperborei. Petrus de Alliaco (1350–1420), dessen Kartenwerk um 1410 in der Handschrift vorlag, gedenkt der Ypborei ebenfalls, und die späte Ausfertigung der Weltkarte des Claudius Ptolemäus von 1540 setzt seinen Oceanus Hyperboreus unter das Siebengestirn des großen Bären. Das Weltbild des Fra Mauro verzeichnet in einer Radkarte oberhalb »Sibir« die »Montes Hyperborei«. Dabei ist es nicht ohne Sinn, wenn einzelne der Karten Hyperborea unmittelbar auf dieselbe Höhe und in die Nähe des Paradieses stellen. Der Friede der Seligkeit und das Apfelgeheimnis ist beiden eigen.

Mit alldem wurden mancherlei Kenntnisse überliefert; glühende Visionen pflegten zu allen Zeitaltern den Sonnenstaat vorzustellen. Selbst späteste Zeugnisse sind großartig genug. So war Theodor Däubler (1876–1934) mit seinem lyrischen Epos »Das Nordlicht«, das ihn mehr als zwanzig Jahre beschäftigte und schließlich dreißigtausend Verse umfaßte, ein echter Hüter der unverlorenen Überlieferungen. Von der abendländischen Welt des Mittelmeerraumes tief berührt, fing er dessen Geist in eine großartige Mythe ein, die den Menschenweg zum Nordlicht, der Wiedervereinigung der Erde mit der Sonne im Geist, zur Versternung des Erdballs geleitete. Es ging Däubler um den Geist des Lichts, den Geist selbst also. Die Ekstatik dieser »sich selbst rettenden Menschheit« ist trunken in die üppigen Verse des Dichters eingegangen.

Vier Jahre nach der Veröffentlichung der abschließenden Genfer Ausgabe von 1921 hat sich Däubler seines Entwurfs noch einmal in einem neunzigseitigen Essay angenommen, der in Rudolf Pechels »Deutscher Rundschau« erschien. Die großartige Arbeit trägt den Titel »Delos«. Däubler will seinen Apollon als Gott aus den fernen Himmeln der Hyperboreer verstanden wissen, und diese als Heimat von Herkunft und Hingang. Er als Herr der Hyperboreer habe deshalb die Heiterkeit aller Ursprünge verkündet und jede Gemeinschaft mit mißglückten Menschen von sich gewiesen. Gerade deshalb habe sich sein Wesen mit der christlichen Botschaft zusammengefunden. Die Sonnigkeit des Lebens stehe am Beginn und Ende allen Begreifens. Es gelte die Verkündigung des Johannes vom Licht der Welt. Doch sei Apollon Apollon wie Christus Christus. Jener, obwohl letztlich aus Iran stammend, habe die Hellenen berufen und Delos zum Nabel der Welt gemacht. Er sei Herr jeder erleuchtenden Bildung. Sei er auch vieldeutig, so umwölkten ihn doch stets die goldenen Flechten des Nordlichts. Dies weise über Meere hinweg, erfülle die Künste, gewähre jegliche Freiheit und erfülle die asiatischen Botschaften hellenisch, erwahre den anderen Lichtgott, jenen aus Nazareth. Christus allein aber habe das Eigengestirn überwunden, und so nur sei die aufrichtigste Sybille auf der Decke der Sixtinischen Kapelle als Botin Raphaels zu verstehen. Apollon selbst sei Europa. Ebenso habe er die Vollkommenheit des ausgeglichenen Menschen in Platons Staat hyperboreisch begleitet, und so habe sich denn Apollon an vielen Wegkreuzen des Abendlandes liebevoll lächelnd wiedergefunden. Er lebe immer noch, wie er seit Hyperborea lebte. Immer noch seien die Götter am Weltgeschehen beteiligt, und ihr Weltgestirn komme. Sei die Sonne von Geist, müsse sie nur noch in den Herzen aufgehen. Das Zutrauen der Völker in das Sonnenreich sei begründet, der Aufbruch geboten.

Mit derselben Leidenschaft hat Rudolf Pannwitz (1881–1969) seine dreißigtausend apollinischen Hexameter der »Heiligen Gesänge der Hyperboräer« gedichtet und gesprochen. Er hat ihnen bis zu einer letzten Überarbeitung von 1963 siebenmal sieben Jahre gewidmet. Das Werk endet nach den Büchern der hyperboreischen Weisheit und der Gesetze, nach den Büchern der Milde mit dem Buch der Stiftung und der Vollendung. Es dient dem Apollonkult auf eigene Weise, indem es in dessen Geist alle Zeitalter der menschlichen Herkunft zum »alleswissenden Glauben« des hyperboreischen Sonnenstaats erhöht. Es geht um die Weihnacht der irdischen Geschichte, die heilige Gemeinschaft des Ehgesellten, den Mythos des Menschengeistes als Menschenwerk. Wahr ist nur das Ganze: unsere unverlorene Kultur, die Zukunft aller Vergangenheiten. Die Anamnese erst wird den Menschen um- und neuschaffen. Pannwitz hat sein Werk deshalb als Werk der Werke hochgehalten und es trotz der wiederholten Überarbeitungen nie abgeschlossen.

»Kam auch
unseres stammes ahn hyperion sohn von der sonne
... von dem himmel und lebt auf erden unter den menschen,«

so waren doch die Hyperboreer in ewiger Wiederkunft sowohl erste wie künftige:

»Ehmals waren wir auch ein volk wie andere völker
Siedelten fern an den glücklichen plätzen und liebten die heimat
Hyperboräa / ja wir sahen damals den bären
Südlich wie jetzt die meisten von uns den jäger der weihnacht.
Sonne war immer / unendlicher glanz und selige heitre
So auch das jahr / es begann niemals es endete niemals.
Wir wir hatten die länder der nahe kreisenden sonne
Alle inne / des untergangs und des aufgangs / beide
Und es gebrach uns nichts.«

Doch sei das kleine Volk zum ewigen Volke geworden, zum

»Volk der völker und werden siegen zuletzt auf erden /
Alle art wird unsere art / wir sind die befreier.«

So lautet der dichterische Ruf in unsere undichterische Welt.

Pannwitz versteht die Hyperboreer als Urvolk, das den Völkern der griechischen Welt mehr geworden war, als es zu bieten hatte, und das für uns zu ewiger Zeugenschaft aufgerufen ist. Die Seligkeit, die man Hyperborea nachsagte, müßte uns zur herausfordernden Stiftung werden, zur Stiftung des lauteren und schlichten Menschentums. Waren die utopischen Träume leuchtende Gespinste, so sind sie heute nur noch in unserer alltäglichen und arbeitsamen Bereitschaft erträglich. Der Mensch werde zum Werk des Menschen, zu seiner eigenen Erfüllung und zur Erfüllung des Eigensten. So wie Delos und die Alten Hyperborea verstanden, waren die Gerüchte von einer heilen Welt eben Entwürfe der heilen Welt und als solche einzulösende Gebote. Das apollinische Hyperborea kann nur vor unserer Tür liegen. Es wurde daher über zwei Jahrtausende hinweg zum Fackelwurf der einzigartigen Idee Europa. Jeder Augenblick der abendländischen Geschichte rang auch dann um sie, wenn sie diese verriet. So ist das Licht noch nicht zu sich gekommen. Europa ist noch nicht Europa.

Evokationen wie solche von Däubler und Pannwitz können nicht als Bildungserinnerungen vom Entscheid geschoben werden. Eine geistige Wahrheit ist eine geistige Wahrheit und als solche zeitlos; sie gilt, wie sie galt. Daß dem tatsächlich so ist, hat uns das unsterbliche Erbe Griechenlands bewiesen.

Gemeinschaft im Austausch

Die Verkehrs- und Handelswege des Abendlandes verknoten die europäische Gemeinschaft innerhalb der Gebirgsschranken um die großen Stromstraßen. Rhone und Donau wurden von den Kelten über kürzere Strecken hin befahren, und der Rhein war auf seiner ganzen Länge Handelsachse. Die Donau-Länder verbanden gar die Südostküste der Ostsee mit dem Mittelmeer. Auch manche der mächtigen Zuflüsse waren früh schiffbar oder aber für den Austausch richtungweisend. Die Römer unterstellten dann dieses Netz ihrer ordnenden Zentralgewalt. In ihm blieb der Rhein von Basel nach Utrecht Hauptader. Ihr Herz war Köln.

Europa verwaldete am Ural; der Kaukasus türmte sich zwischen das Schwarze und das Kaspische Meer und die Pyrenäen verschlossen mit den Meeren zusammen das eigene Schicksal der Iberischen Halbinsel. Überschritt auch Hannibal (247/46–183 v. Chr.) um 218 v. Chr. mit fünfzigtausend Mann, neuntausend Reitern und siebenunddreißig Kampfelefanten die Landwege von Spanien nach Italien, von den Ligurern zu den Allobrogern also, und erreichte er noch mit sechsundzwanzigtausend Mann die Alpen, so waren doch die Verkehrswege zwischen Italien und Deutschland überaus beschwerlich. Sie führten über den Mont Cenis, den Großen St. Bernhard, den Septimer mit der Schlüsselstadt Chur und hatten überdies noch viele Ödlandhindernisse zu bezwingen. Dennoch waren die Alpenübergänge seit dem 2. Jahrhundert v. Chr. durch die transalpine Politik der Römer erschlossen und begehbar.

Der Nahhandel verschob lebenswichtige Güter wie Landeserzeugnisse, Feuerstein und Salz, zumeist in Tauschgeschäften. Wurden die Salze nicht aus dem Meer gewonnen, so wurden sie wie im Salzkammergut und in Hallein gegraben. Sie wurden im Vertrieb besteuert und dienten selbst zu Reinigungsopfern. Schonen versorgte Schweden mit Feuerstein, und Tongräber bezeugen nicht nur den heimischen Handel, sondern auch Fernimporte. Diese brachten vorab Luxusgüter außer Landes. Neben Vieh und Lebensmitteln also Geräte und Schmuck. Pelze gelangten aus Schweden zum Mittelmeer, und seit der Gründung Aquilejas inmitten ergiebiger Goldminen erreichte der römische Handel um 183 v. Chr. neben Gallien auch den Osten. Bernstein, Wein und Erze bevorzugten geeignete Straßen. Sie machen die wachsende europäische Gemeinschaft sichtbar. Alte Tausch- und Völkerwege hatten schon längst durch die Wetterau nach Thüringen und ins Gebiet der Elbe geführt.

Eindrücklich sind die Straßen, die der Bernstein genommen hat. Schon die Prähistorie kennt deren Spuren. Der Rhein dürfte im Laufe des sechsten vorchristlichen Jahrhunderts von massiliotischen Händlern entdeckt worden sein. Ihr Handelsweg zum Bernsteinland führte von der Rhone an den Genfer See, durch das Aare-Tal oder die Burgundische Pforte zum Oberrhein und rheinabwärts in die Gegend von Duisburg. Von hier weg wurde der Landweg zur Porta Westfalica und zur Unterelbe eingeschlagen.

Der Bernstein ist ein Gemenge von mehreren fossilen Harzen. Er schließt häufig Tiere, vor allem Insekten, aber auch Pflanzenteile ein. Hellgelb bis schwarzbraun und rötlich, durchsichtig oder milchig durchscheinend, wie er ist, eignet er sich vorzüglich zu Schmuckstücken: Knöpfen, Anhängern, Halsketten, Spangen, Nadeln, Einlagen von Schwertern, ja selbst zu Kleinplastiken. Gelbe Ambra wurde als heilkräftig verehrt und in Kinderamuletten beschworen. Sie stammt von den Nadelbäumen des Tertiär, wurde in Meerlagern ausgelaugt und diluvialen wie alluvialen Schichten eingelagert. Kleinere Vorkommen wurden in Schlesien, Sachsen, Westfalen, Dänemark, Galizien, Rumänien, in der Ukraine, aber auch Holland, Schweden, England, selbst in Sizilien ausgebeutet. In größerer Menge aber fiel er schon zur Altsteinzeit in der Ostsee an. Seit der Bronzezeit ist er von solch nordöstlicher Herkunft über ganz Europa verbreitet.

Die Bernsteinstraßen sind bekannt. Sie führen auch von der Elbe-

Mündung nach Skandinavien und dem Mittelmeer, von Germanien nach Päonien und zu den Venetern. Prähistorische Handelsunternehmen nutzten den Mittelrhein und die Rhone. Frühe Bernsteinstraßen erreichten den Bodensee und die Schweiz. Bernstein wurde demnach im Samland, den sandigen Lehmen Ostpreußens, gewonnen und erbaggert. Er wurde aber auch mit Netzen gefischt. Plinius nennt die Inseln des Nordmeers als Ursprungsland. Später – um 1394 – regelte der Deutsche Orden mit seinen Besitzergreifungen die Niederlassung von Bernsteinfischern, Schleifern, Drehern, Schnitzern in Zugeständnissen und Verboten. Um 1302 hatte Brügge die Bernsteindreher zur Zunft zusammengeschlossen, und um 1480 folgte Danzig. Im Jahre 1525 übernahm Albrecht von Brandenburg (1490–1568), Hochmeister des Deutschen Ordens, zugleich mit der Herzogwürde in Preußen das Bernsteinregal seines Ordens.

Köstlich wie der Bernstein war, wurde er in griechischer Deutung zu den Tränen der um ihren Bruder weinenden und in Bäume verwandelten Heliaden. Die lateinischen Dichter wußten darum und machten auf seine Zauber aufmerksam: nulla mulier praesumat succinos ad collum dependere, meint eine besondere Schätzung. So ist denn die Geschichte des Bernsteins uralt. Erste Bodenfunde kennen wir seit dem 1. Jahrtausend v. Chr. Noch römische Ritter brachten Fuder von Bernstein zu den Festspielen Neros (37[54]–68) nach Rom. Im 6. Jahrhundert ließen die Bewohner von Samland, »ehrbar« wie ihr Name als Aisten besagt, die baltischen Stämme der Litauer, Letten und Preußen also, dem Ostgotenkönig Theoderich (um 453[474]–526) durch Gesandte Bernsteinschätze überbringen.

Ähnliches gilt von den Straßen, die Erz und Wein verbreiteten. Sie gelangten ins Innere Germaniens. Italische Bronzewaren wurden rhoneaufwärts verschifft. Schweizerische Erzhändler fuhren bis Mainz. Waffen, Pferdegeschirre, Bronzegefäße südlicher Herkunft finden sich am Mittelrhein. Die Sueven begehrten neben Kupfer und Bronzemischungen zu ihrem Schmuck Silber. Wein wurde nach Biska am Mälarsee gebracht; Pelze waren schon zur Eisenzeit völkerweit verbreitet. Südliche Muscheln wurden in Mitteleuropa gehandelt, italienische fanden über die Rhone nach dem Westen. Später kamen auch Korallen dazu. Diodoros berichtet, daß die Eingeborenen Britanniens Zinn gewonnen hätten. Dieses sei in würfelförmigen Barren nach Gallien gebracht worden, »zuletzt befördern sie es in Pferdelasten auf dem Landwege durch Gallien und in dreißig Tagen zur Rhone-Mündung«, hält er genau fest.

In den frühmittelalterlichen Jahrhunderten wurden, vornehmlich über das römische Straßennetz, die Handelsplätze der Städte ausgebaut und gesichert. Fähren trugen über die Flüsse: um 983 bei Bingen, um 1019 bei Ehrenbreitstein, um 1032 bei Würzburg, um 1062 bei Regensburg und Passau. Unter den Gesetzen der Könige planten die Städte Verkehr und Handel. Sendungen etwa von Marmorschmuck und Kupferzierden gingen über geschützte Umschlagplätze, die an den Hauptstraßen des Goldes und der Münzstätten lagen.

Schon die Kelten horteten Goldschätze und die minoischen und mykenischen Orte waren an Goldlagern reich. Die Waren wurden immer häufiger in Gold und Silber gehandelt, und der Caupo – der Schenkwirt der römischen Lager – wurde zum Kaufmann in eigener Innung. Überall waren die Caupones unterwegs; sie besuchten selbst den Hof Marbods (gestorben 36/37) im nordwestlichen Böhmen. Gesicherte Übergänge wurden zu Zollgrenzen des Binnenhandels und des Fernverkehrs. So gelangten in Capua gefertigte Bronzeeimer mit gewundenen Kannelüren während des 2. Jahrhunderts in den deutschen Norden. Der Handel der Hermunduren zu beiden Seiten der Elbe reichte bis in das römische Rätien und überquerte die Donau. Carnutum, das römische Heerlager an der Donau in Pannonien, bündelte die Handelsstraßen zwischen Italien und der Ostsee mit den anderen der Donau-Achse. So waren die mährische Pforte, Oberschlesien, die Weichselgegend dem Süden erschlossen. Schiffergesellschaften, Handelsinnungen und Zollbehörden flochten im Dienste ihrer Herren die regsten Beziehungen.

Karl der Große hatte nach den Sachsenzügen Europa erweitert. Ein neues Verkehrsreich war im Wachsen. Selbst der Sklavenhandel verband die Völker wie je zuvor. Syrier kamen mit der Einfuhr syrischer, ägyptischer, italienischer, spanischer Waren im Osthandel nach Westfrankreich und wurden zu Bankiers. Friesen beherrschten zuzeiten den Rhein-Handel mit Mainz als Zentrum. Bozener Weine wurden über den Lukmanier gebracht. Unter Ludwig dem Frommen (778[813/14]–840) reichten die alten Handelsfreundschaften nach Sachsen und Dänemark. Schon Karl der Große hatte seine Heerstraße vom Rhein zur Elbe hin vorgetrieben. Auch der Küstenverkehr reichte von den Britischen Inseln über fränkische Häfen nach Rom. So wurden die Kampf- und Beutewege der Herrscher zu Handelspfaden, die Reichshöfe zu Kaufplätzen. Märkte wurden zugestanden, verordnet, Pfalzen und Dingstätten erlangten Handelsrang. Sie waren überwacht, und die Schutzgewalt gewährte einträgliche Freiheiten.

Wir kennen im 10. Jahrhundert die Marktplätze von Magdeburg, Merseburg, Dortmund, Mainz, Köln, Konstanz, Rorschach, Radolfzell, Zürich, aber auch jene von Worms, Utrecht, Bremen, Augsburg und Regensburg. Venedig verschränkte den Osten mit dem Westen. Ekkehard erzählt um 917 von Kaufleuten aus Italien, die in Konstanz Handel trieben. Sie wurden zu Vorreitern der ansässigen Kawerzen und der Ravensburger Handelsgesellschaft. Der Kaufmannstand war mit Würde neben den Adel getreten. Königsurkunden sicherten neben den Pflichten die Rechte. Wochen- und Jahrmärkte ließen Münzen, Bräuche und Sagen wandern.

Im Geflecht aller Werte nahm Massalia eine Sonderstellung ein. Es war um 600 v. Chr. von ionischen Phokaiern gegründet worden. Sein Hafen war windgeschützt und vorzüglich zu verteidigen. Neben den Schiffswerften und Theatern herrschte Apollon Delphinios an der Seite von Artemis in ihren Tempeln. Schon die Kelten hatten in Massalia Münzen geschlagen, und später weilten vornehme Römer zum Studium in der Stadt; sie gingen nicht mehr nach Athen. Der Ort verflocht Welten: Spanien mit Gallien und dem Rheingebiet, die Ägäis und Griechenland mit Mitteleuropa. Pytheas reiste um 325 an die Nordsee und nach Thule, das in Norwegen geortet werden muß, und er war es auch, der als erster die Flut des Meeres dem zunehmenden, die Ebbe dem abnehmenden Mond zugeschrieben hat. Massalia ist seit dem 2. Jahrhundert mitsamt den vorgelagerten Inseln christlich und mit Lerinum Umschlagplatz der abendländischen Bildung und Gesinnung. Hier trafen sich die Sendboten von Ephesus und der koptischen Klöster mit den irischen Mönchen, die das europäische Festland nach der römischen Christianisierung abermals und mit einer eigenen Botschaft missionieren sollten. Griechische Denkweisen verfugten sich gallischen und irisch-keltischen. Massalia ist neben Delos von europäischer Würde.

Die griechische Entelechie

Der Kern Europas liegt im östlichen Mittelmeer, das schon im 3. und 2. Jahrhundert v. Chr. eine Schicksalsgemeinschaft von Völkern zusammenschloß. Dem entsprach später die hellenistische Kultur und zuletzt das byzantinische Imperium unter der Hohen Pforte, entsprach aber auch der kleinasiatische Thiasos einer Philosophie, die uns in ihren Vorwegnahmen noch heute erregt, entsprach die ephesische Botschaft des johanneischen Christentums. All dies geschah in einem Grenzland zu Asien und Ägypten hin. Es verdichtete im Austausch seine Weisheit zu Stadtkulturen. Kreta und nachher Mykene standen mit Kleinasien im Sog dieses kulturellen Wirbels ägäischer Begegnungen. Vor dem 2. Jahrtausend war da kaum etwas indogermanisch. Erst um 1950 v. Chr. schichtete eine fremde Brandung die früh seßhaften Völkerschaften um, und hernach taten Hetiter und andere Arier das ihre. Unter solchem Weltatem wurden die urbanen Ordnungen reich.

Kreta verschloß sich dem langehin stolz. Die minoische Gesittung hatte aus Lybien megalitische Gesinnungen übernommen und aus Ägypten Anregungen zur Bilderschrift empfangen. Geschnittene Siegel und der unendliche Rapport gingen in Lebensspirale und Mäanderbesinnlichkeit ein. Kreta erwies sich als bereitwilliger Umschlagplatz vieler Kulturen. Das machte seine Sonderart aus. Die fürstliche Urbanität besaß einen spätzeitlichen Charakter. Der Palast von Knossos stand inmitten einer herrschaftlichen Landschaft, und die Dienste schufen ihre Vororte. Frieden wurde erwartet und geboten. Die Flotte verstand ihn zu wahren. Die Paläste der großen Zeit wurden zu Beginn des 2. Jahrtausends v. Chr. kaum befestigt. Der Handel mit Gold, Alabaster, Elfenbein, Papyros blühte. Minoischer Purpur und Safran gingen in die Welt. So wurden denn selbst verheerende Erdbeben überstanden. Doch war die Insel unter solch harten Schlägen verwundbar geworden. So vermochten denn Plünderer einzubrechen.

Der minoische Niedergang rettete jedoch seine geistigen Schätze in die Spenden an kommende Erben. Unter ihren Händen erwies sich eine alte Baukunst als wandlungsfähig; viele Gegenstände des täglichen Gebrauchs wurden den Eroberern nützlich. Selbst die große Erdmutter vermochte bis zu den späten Demeter- und Artemiskulturen hin ihre Rechte ungeschmälert zu wahren. Das kultische Gebot blieb ihr treu. So ist Kreta im 15. Jahrhundert v. Chr. dem griechischen Sog erlegen. Die griechische Sprache war für alle Werte aufnahmebereit. Die Achaier erwiesen sich als dankbare Sieger. Poseidon fügte sich der Erdmutter auf seine Weise. Die Fruchtbarkeitskulte blieben gewandelt ägäisch. Die darauf folgende mykenische Kultur schuf Griechenland, indem es das Erbe umschuf. Griechisch aber wurde zur Verwaltungssprache des achaiischen Reiches auf Kreta, dies in einer äolischen Form.

Um 1200 v. Chr. brachen indogermanische Horden aus balkanischen und südungarischen Regionen in diesen Kulturkreis ein. Auch sie fügten sich sieghaft der hohen Kultur, die sie vorfanden. Sechshundert Jahre später drängten dann aus dem Vorderen Orient neue Impulse in diesen Raum ein: Die Achaimeniden wurden nach Kyros ([559]–529 v. Chr.) zu den Mitstiftern der griechischen Hochkultur. Ihre arische Religion wurde weitherzig dienstbar. Der asiatische Hellenismus wurde zur Keimzelle Europas.

Die griechischen Städte dankten ihre Gründung der See, und sie blieben dem Wasser verbunden. Sie bedurften der Küstenwälder, ihres Holzes, des Pechs. An der thrakischen und der makedonischen Küste entstanden griechische Fernsiedlungen. Makedonien war seinerseits dem Schwarzen Meer und der Donau-Mündung verbunden. Die Völker waren sich nahe. Alexander I. ([494]–454 v. Chr.) sah sich der griechischen Kulturgemeinschaft gegenübergestellt, und er hatte seine bestätigende Anerkennung der Königswürde durch die Heeresversammlung der demokratischen Polis zu vergleichen. Archelaos ([413]–399 v. Chr.) wurde in Larisa ausdrücklich als Barbar bezeichnet, als man ihm das Bürgerrecht verlieh.

Dennoch – oder vielleicht deshalb – ließ er sich seinen Palast in der neuen Königsresidenz von Pella von dem berühmten griechischen Maler Zeuxis ausstatten, und er legte Wert darauf, Epiker wie Choirilos von Samos, Musiker wie Timotheos, Tragiker wie Agathon, ja selbst Euripides an seinen Hof zu ziehen.

Auf solche Weise wuchs der griechische Ruhm, dies um so mehr, als sich Alexander der Große (356[336]–323 v. Chr.) am persischen Imperium aufreiben sollte. Doch er hatte auch den aufstrebenden griechischen Geist bis in den indischen Raum bekannt gemacht, und seine unbewußten Stiftungen pflegten in Eroberungszügen die aufkeimende abendländische Wissenschaft. Sie förderten geographische, ethnographische, biologische Erkenntnisse und bereicherten die mathematischen und astronomischen Einsichten.

Im Vorderen Orient begegneten sich Welten, und sie wirkten, so verschränkt, auf ihre Herkunftsländer zurück. Unter solchen Umständen reiften die Küstenlandschaften des mittleren Ostbeckens in der aufgeschlossenen Bereitschaft des griechischen Wesens heran. Alexander war Großkönig Persiens und Hegemon des Hellenischen Bundes. Das zeigte sich als überaus fruchtbar. Das Gleichgewicht westlicher und östlicher Räume förderte in deren Öffnung die Eigenart und steigerte sie bereichert.

In der Folge entstanden phönikische Kolonien auf Sizilien. Wohl beherrschte Karthago die Straße von Sizilien, doch vermochte es die Ost-West-Verbindungen nicht abzuschnüren. Es gab selbst jenseits von Gibraltar im Algarve Portugals und im atlantischen Andalusien punische Fischer und Pökler. Kyme wurde zur ältesten griechischen Kolonie in Italien und richtete seine Handelsbeziehungen nach den Erzlagerstätten Sardiniens, Elbas und der Toskana aus.

Mit solchen Ausweitungen des Hellenismus wuchs die europäische Kristallisation der antiken Welt heran. Die Ionier von Chalkis begannen die westlichen Meere zu befahren und übernahmen zwischen Kyme und den Ländern von Hellas wirtschaftliche Botendienste. So wurde denn schließlich das Mittelmeer kolonial gesichert zu einem griechischen Gewässer. An der Küste von Süditalien hatten die Achaier aus dem nördlichen Peloponnes schon um das Jahr 721 v. Chr. die Kolonien von Sybaris im Golf von Tarent gegründet. Wir verdanken Thukydides (um 460–nach 400 v. Chr.) zahlreiche Aufschlüsse über den Seehandel seiner Zeit.

Auch die homerische Kultur hatte frühzeitig einen unerhörten Siegeszug angetreten. Ihre olympische Heiterkeit ertrug jeden Scherz, und die Unterweltfahrten rührten an die Seelengeheimnisse aller. Zudem schwemmten die Schiffermären der Odyssee allgültige Vorzeiten in den Alltag. Die heroische Stilisierung entsprach einem allgemeinen Heldenideal der Zeit. Die Dichter riefen zur kriegerischen Tat auf. Die Chorlyrik aber feierte das Leben und den hyperboreischen Frieden. Der mythische Schmuck ehrte, wie er verehrte. Er gebot und verwies; so gelangte er zur Sentenz. Dies am Rande eines dithyrambischen Lebensgefühls. Dabei war das Chorlied der Tragödie eingebaut, so daß das Tod-Leben-Geheimnis eindrücklich wurde, und dies um so mehr, als es magischen Mächten diente. Dem stellte sich der einzelne profiliert im wachsenden Bewußtsein der vorsokratischen Entwürfe. Die Tragödie wurde zum Seelendrama, der Heros Held und – Mensch.

All dem trugen die politischen Komödien und die Bildungsstücke Rechnung. Die Göttergestalten erstarrten im Marmor; sie verflüchtigten sich aber auch vom Bild zum Begriff hin. Die Inspiration gab der Forschung Raum, und die Göttergeschicke deuteten Geschichtsabgründe. Mit der Redefertigkeit gedieh die Kunst des Widerspruchs. Der sokratische Platon (427–347 v. Chr.) lehrte die ganze Wissensfülle als eigen. Die Vorsokratiker wurden in Athen zu Metöken, und viele entdeckten Pythagoras in vielem.

Zu hellenistischer Zeit wurden die Götter mit den alexandrinischen Taten irdisch; irdisch wurde auch, wer sich der Weisheit verschrieb und der Polis diente. Kallimachos (um 305–240 v. Chr.) fügte sich dem niederen Hinkjambus, und die Mimen bedienten sich zu Moralpredigten von großer Gebärde der gemeinen Chorjamben. Lehren gingen in Gedichte ein, und Himmelserscheinungen fanden zu Versen durch. All dies wurde zum keimfähigen Ackerland Europas.

Im Hellenismus gelangen Völker völlig verschiedener Herkunft zur gemeinsamen Kulturschöpfung. Diese kennzeichnet die Zeit zwischen dem Tode Alexanders und der Schlacht von Actium. So besitzt sie vielfältige Wurzeln und greift in hellere Lichter. Wie der Orient vergriechte, so wurde das Griechentum latinisiert. Gespannte Gegensätze fanden sich über drei Jahrhunderte hin zur eigenständigen Blüte zusammen. Die Winde der Agora trugen die Möglichkeit einer weltweiten Kultur schon in sich. Mutterstädte und überseeische Kolonien bildeten einen attischen Geistbund. Fernen und heimatliche Enge wurden eins. Blieb auch die alte Polis erhalten, so schloß sie doch größere Räume nicht aus. Panhellenistische Witterungen führten dem Herd neue Lüfte zu, und die stolze Eigenart wurde erschlossen duldsam. Man wußte, daß viele Städte ein Hellas ausmachten, und der Grieche fühle sich zugleich als Mensch, meinte Thales von Milet (um 650–um 560 v. Chr.).

Einzelne Heiligtümer überstrahlten Himmelsstriche: Delos und Delphoi. Das zog auch der Barbarei gegenüber Grenzen: Medea war für Euripides (485/84 oder um 480–406 v. Chr.) keineswegs eine Griechin. Doch es war nicht die griechische Überlegenheit, die Xerxes (um 519 [486]–465 v. Chr.) fällte. Als die Griechen in Ägypten einmarschierten, begegneten sie Vertrautem. Orpheus, Musaios, Homer, Pythagoras, Thales und Demokritos, Herodot und Platon sollen in Ägypten gewesen sein. Das verschob Grenzen und verwischte andere. Der Barbar konnte griechische Gesittung vertreten; so in Xenophons »Kyropaideia«. Die griechische Denkweise verschrieb sich keinen Äußerlichkeiten. Der Zeus mit Widderhörnern machte aber kyreneische Zugeständnisse. Das Zeus-Ammon-Bild wurde in Delphoi verehrt, und Pindar (522 oder 518–nach 446 v. Chr.) hat seinen Kult in Boiotia angesiedelt, so daß er auch Arkadien und die Chalkidike erreichen konnte. Selbst Pausanias hatte sich lange vor Alexander persisch gekleidet.

Alles Königliche hatte in der Polis und ihrer Demokratie sakralen Klang, erinnerte an eigene Vorzeiten und fremde Vorbilder. Es führte zu den hellenistischen Monarchien und spottete beim Zusammenbruch des attischen Staates nach dem Peloponnesischen Krieg der Demokratie. Auch das griechische Söldnertum schlug Brücken. Im 4. Jahrhundert v. Chr. bedienten sich die Barbaren in ihren Kämpfen der Griechen, und zogen sie gegen Griechen, so auch mit Griechen.

Jedoch selbst in Südgallien war Großgriechenland nicht machtlos. Tarentinische Goldmünzen des 4. Jahrhunderts v. Chr. finden sich auch im Rhone-Tal. Die Wege führten wiederum über Massalia. Dieses erschloß sich auch die spanische Küste, den Rhone-Saône-Seine-Weg; es griff nach England aus, und im Mündungsgebiet von Loire und Garonne setzten sich die massaliotischen Handelshöfe fest. In den alten phokaiischen Kolonien sind bis heute griechische Wörter in die provenzalische Sprache eingebettet. Die Homer-Verehrung gar erobert sich die ganze westliche Welt, und Euripides folgte ihr nach. Dort und hier war eine erhellte Menschlichkeit eingängig und wirksam. Euripides war es, der die Leidensbereitschaft vor Augen führte. Das mutet zutiefst vorchristlich an. Überdies verwandelte eine bacchische Welt Wasser in Wein. Herakles wurde für viele unter den eleusinischen Weihen zum Todesüberwinder; er geht durch den Hades wie Spätere durch die Hölle.

Dann erleuchtete Platon die so erschlossene Welt. Auch er dachte großgriechisch und darüber hinaus geistweit. Die unerfüllte Sehnsucht seiner Eroskonzeption sollte unendliche Folgen haben. Sein »Timaios« führte alle Urweisheiten und Erkenntnisse mit sich und verkündigte einen Kosmos, der nichts ausschloß. Auch Herodot dachte kosmopolitisch. Antisthenes (geboren um 440 v. Chr.) wurde zum Wortführer aller Geschundenen. Aristoteles erwies sich vielen fremden Deutungen als offen; er war nicht auszuschöpfen. Die Platonisierungen Alexandreias verachteten die Hyle zugunsten einer Seele, die sich auf einen neuen Psychopompos, Christus, vorbereitete. Das alles schuf den Menschen um, machte ihn zum künftigen Europäer. Die griechische Weinkultur tat dabei das ihre. Auch die Kelten waren der athenischen Agora nicht fremd.

Der hellenische Mensch wurde vorbildlich. Er war als Grieche eigen und als Mensch brüderlich. Das galt panhellenisch. Aller Griechen Vaterland wurde für Herakles zur einzigen Burg, griechische Vielfalt zum gehorteten Reichtum. Man sprach von Philipp (um 382 [359]–336 v. Chr.) als dem Führer ganz Griechenlands, und der Hellenenbund trat zu einem Synedrion zusammen. Selbst der Perserkrieg wurde zum griechischen Krieg.

Grieche zu sein, war allerdings ein Bildungsgebot und kein bürgerlicher Ausweis. Homer galt. Überall. Das reifte unter der Selbstkritik der Denker, der Selbsterkenntnis der Weisen. Es entwarf unter den Völkern ein Volk des Geistes. Damit waren Verdikte ausgesprochen, denn die Werte waren errichtet, Theophrastos' (371–287 v. Chr.) »Charaktere« waren möglich, und in einer scharfsinnigen Symptomatik meldeten sich die Lehren und Nutzanwendungen. »Polytropos« war das hellenische Ideal, und es galt als menschliches Freiheitsgebot, das sich dem Kunstwerk der Ordnungen zu fügen verstand. Der Kosmos sollte Gestalt haben. Gestalt der Gemeinschaft aber war die Gerechtigkeit, und die Gerechtigkeit stärkte die Persönlichkeit.

Sichtbar wurde all dies an den Übersteigerungen, dem Wagemut, der Artistik der künstlerischen Formen, selbst der Metrik. Das wies allerdings wiederum auf die Beschränkung zurück und adelte die schmerzlose Armut. Der griechische Mensch war sich dieser Spannungen bewußt; er suchte sie zu bündeln, auch spielerisch, im Scherz, im ausgelassenen Gelächter. Die Terrakottenbildnerei ist voller Späße. Sie kennt aber auch das Lächeln. Sie gehört der hellenistischen Größe mit an und bezeugt bei aller Lebensfreude tiefsinnige Heiterkeit, die auch Verdüsterungen nicht scheut. Jung stürben die Götterlieblinge, gab Menandros (341–290 v. Chr.) zu bedenken, und noch Goethe erinnerte sich dessen, wenn er von Byron sprach. Vor dem Schicksal sind sich Freie und Sklaven gleich, gegenseitig ist Hilfe geboten. Freundschaften wurzeln in echter Gemeinschaft. Pylades und Theseus gingen durch die Straßen der Hellenen. Menandros pries das Freundeswort. Solche Hellenismen huldigten dem hyperboreischen Zuruf, dem lebensträchtigen Frieden des Volkes und der Völker. Diese Kultur erwuchs wohl lebensnah, doch fügte sie sich Vorbildern. Beides zusammen erwies sich fruchtbar.

Damit leuchtete auch eine neue Wertschätzung der Frau vor. Klytaimnestra, Antigone und Elektra wurden verehrt, und Sappho (um 600 v. Chr.) ehrte sich selbst. So kam es denn zu einer frühen Ritterlichkeit des Umgangs. Euripides wurde ihr Bahnbrecher. Seine Alkestis überzeugt durch ihre schlichte leidende Liebe, Medea durch ihre gebannte Kraft. War auch Alexanders Mutter in den Kulten von Samothrake von wilder Leidenschaft – ihr hielt die Schwester Alexanders, Kleopatra (gestorben 309 v. Chr.), in ptolemäischen Verschattungen gebunden, die Treue –, so leuchtete doch das Vorbild der ägyptischen Arsinoe II. (um 316–270 v. Chr.) weit in die griechische Inselwelt hinüber. Kallimachos hat sie nach ihrem Tod festlich geehrt. Selbst Philosophinnen fanden Gehör – Hipparchia –, Lyrikerinnen machte man den Rang nicht streitig: Anyte von Tegea (um 300 v. Chr.) und Nossis von Lokris (Anfang des 3. Jahrhunderts v. Chr.). Die Mütter, die Gattinnen wurden geachtet und innig beschützt. Grabinschriften zeugen davon. Man ließ sie als Hüterinnen des Geschmacks gelten. Dem hatte sich die Liebesbegegnung zu fügen. Der Vergleich der Rose mit der Geliebten ist hellenistisch. So befand man sich denn auf dem Wege zu christlichen Zugeständnissen und zu mittelalterlichen Hofbräuchen. Schützten die Götter die Keuschheit, so unterwarfen sich die Männer dieser Gesinnung.

Das verfeinerte die Würde der Sprache. Die Götter selbst sprachen ja griechisch. Die Höflichkeit wählte ihre Worte, die Dichtung erhöhte sie, und die Wissenschaft verlieh ihr neues Ansehen. Damit wurde die Koiné eine verbindliche Sprache von gestaltender Kraft. Gestaltet wurde der umgängliche Mensch. Sprachreinheit war geboten. So behütet, konnten sich die gültigen Zitate der Bildung stellen. Der Hof von Pella sprach Attisch. Daher ging Attisch den kleinasiatisch-ionischen Dialekten voran, obwohl diese im Dienste des Handels zur Weltsprache hin unterwegs waren. Die Koiné wurde einer wachsenden Welt gerecht. Lehn- und Fremdwörter aus ihrem Bestand finden sich in iranischen, indischen, keltischen Sprachen. Die Römer suchten mit anderer Bildung zu den lateinischen Begriffen das angemessene Wort und verschoben oft den griechischen Wortsinn. Doch war die Koiné, vielschichtig wie sie war, fügsam; sie gehörte der Straße wie dem gewählten Brauch von Denkern an, und darin besaß sie unvergleichliche Reichtümer. Sie hörte auf die Rhythmen, vermied den Hiatus und bewegte sich in eleganten Satzgelenken.

Solche Entwicklungen bedurften der erzieherischen Unterstützung, beginnend mit der Wahl des Gesindes. Man ehrte die Generationen, regelte den Umgang und errichtete vorbildliche Schulen. Das hellenistische Gymnasion wurde Ausdruck einer selbstbewußten Bürgerschaft. Erziehungswerke aller Art wurden geschaffen, und ihre Leistungen wurden gehütet. Der Geist der Epheben sollte wohl den Traditionen Genüge tun, und der Besuch der Volksversammlungen kam dem entgegen, doch trug man der Tatsache Rechnung, daß die Bildungsgüter Weltgeltung besitzen sollten.

Die Einweihungen in die Mysterien verliehen dem Tiefe. Der Grammatikos schwur bei Apollon und den Musen. Versinkende Wörter wurden behutsam ins Bewußtsein gehoben und wiederholbaren schlanken Rhythmen anvertraut. Öffentliche Prüfungen stärkten den Bildungseifer, der zu jenen Zeiten eine neue Sprache zu schaffen hatte, weil die neuen Naturerkenntnisse dazu ermunterten. Erste Landschaftsgärten und Bergbesteigungen förderten die Naturliebe. Der Ertrag war groß. Er war aber auch heiter einzubringen: Blumenfeste und Kranzgedichte waren von unbeschwerter Fröhlichkeit. Sorgsame Gärtner pflegten Veilchen, Levkojen, Krokus und Narzissen, standen mit ihnen in mythischem Gespräch. Eichen, Lorbeer, Ölbaum und Myrthe galten als heimatlich beseelt. Ovid und Vergil stehen im Nachklang dessen. Hellenistisch war der Alltag zugleich festlich.

War Athen »Griechenlands Griechenland«, so wurde auch die nähere sowie die weitere Welt allmählich zu einem Griechenland von geistiger Art. Holte man Lehrer und Zofen aus der Polis ins Ausland, so wirkten sie griechisch und höfisch. Makedonien, Ägypten, Pergamon, Rhodos, Bithynien und Armenien warben um das griechische Licht. Rom ist ohne Griechenland nicht zu denken. Vergil bezeugt es. Die Ehrfurcht der Ausländer bewahrte die griechischen Sprachbräuche und liebte die Handschriften. So wurden die Araber zu ihren Rettern. Athen wurde zur Zuflucht einer utopisch offenen Hoffnung, und es erfüllte diese mit seinen hyperboreischen Erinnerungen.

Auch Delos wurde erneut vielbedeutend. Nach der Zerstörung von Korinth begaben sich die Kaufleute aller Welt nach der zollfreien Insel. Delos wurde zum Umschlagplatz zwischen Italien und Asien. So belebt, kannte es seine Schätze, hütete es sie und verzeichnete sie in zahlreichen und genau geführten Inventaren. Seine Mitte blieb der heilige Bereich Apollons. In ihm versammelten sich bei Festen Menschen aus aller Welt. Poseidon war deren Schiffsherr und Zeus der Herrscher der günstigen Winde. Es fanden sich aber auch ägyptische Kultstätten. Drei Serapis- und ein Isis-Tempel zeugen neben einer Sphinx-Allee davon. Ein syrischer Tempelbezirk schloß sich nördlich dem ägyptischen an, und andere Götter noch wurden auf Delos heimisch.

Alexanders Plan, Arabien zu umschiffen, weist auf dessen märchenhafte Reichtümer hin. Die hellenistische Kultur reicht vom ptolemäischen Ägypten und vom synophoinikischen wie vom seleukidischen Zwischenstromland zu solch entfernten Gebieten. Unteritalien lag vor den Pforten Griechenlands, Tarent und Sizilien stehen dafür. In der Arethusa-Quelle von Ortygia spiegelte sich die Statue der Artemis. Syrakus pflegte die hellenistischen Wissenschaften einer aufstrebenden Naturerkenntnis. Archimedes (um 285–212 v. Chr.), dessen Vater Pheidias ein bekannter Astronom war, ging von Syrakus nach Alexandreia und übte sich in den Lehren des Eukleides (4./3. Jahrhundert v. Chr.).

Massalia war auch zu hellenistischer Zeit Herberge der durchziehenden Geister. Es war im Westen für Rom, was im Osten für Rhodos galt. Die Stadt blühte unter den griechischen Anregungen auf. Apollon war auch ihr Schutzherr, Artemis Herrin. Sie zu verehren wurde hier wie anderswo zum Gebot. So war die Verfassung der Stadt griechisch. Die Funde des Hellenismus, die sich in der Schweiz nachweisen lassen, Bronzen, Spielmarken, gelangten über die Rhone nach Norden. Ampurias, das Emporion Spaniens, war ebenfalls massaliotischer Gründung und von hellenistischem Geist.

Man sagt, der Hellenismus sei eine Epoche großer Schiffe gewesen, und so wurde er denn auch zu einem Zeitalter seemännischer Entdeckungen. Wir kennen die Fahrten des Nearchos und diejenigen des Hippalos, auch das vor Zypern gefundene Wrack eines Handelsschiffes aus der Zeit Alexanders des Großen, das, vor wenigen Jahren konserviert und rekonstruiert, im Museum von

Kyrenia zu besichtigen ist. Der massaliotische Hafen des Altertums, der über Jahrtausende hin genutzt werden sollte, war eine hellenistische Schöpfung. Zu jener Zeit segelte man von Alexandreia nach Rhodos in vier bis fünf Tagen und erreichte Kyrene in sechs bis sieben Tagen. Auf der Straße von Massalia über den Rhone-Saône-Weg war man einen Monat unterwegs. Man segelte unter den Mahnungen des Thukydides bei fehlendem Seerecht, aber harten Hafenkontrollen, die zu Schauergeschichten und Mären aller Art Anlaß boten. Ächzten die Kielschweine, so redeten sie. Nur Geweihte sollten ein Schiff besteigen. War man geweiht – die Mysterienstätten der Hafenorte trugen den Wünschen willfährig Rechnung –, so konnte man Reisen um der eigenen Erfahrung willen wagen. Es gab unterwegs wohl zuweilen Kurgaststätten, doch war man zumeist Kneipenabenden ausgesetzt. Zudem lagen viele Gasthöfe außerhalb der Stadttore.

Die hellenistische Dichtung, Philosophie und Naturwissenschaften, Religion und Recht, Musik und bildende Künste wurden weltweit sieghaft. Der Späthellenismus trug seine Hoffnungen bis in die vierte Ekloge und in die Septuaginta-Interpretation weiter. Die »Pax Augustis« erinnert sich der hellenistischen Friedfertigkeit, und die kynische wie die stoische Ethik blieben unvergessen. Nur die Griechen dachten mitmenschlich und nahmen sich der Bedürftigen an. Das wurde zur frühen Keimzelle einer unvergleichlichen Menschlichkeit. Alles, was an europäischer Gesittung verehrungswürdig ist, hat das Abendland dem Hellenismus und seiner Begegnung mit dem Christentum zu danken. Paulus von Tarsos war dessen voll, und er anerkannte die erlösende Kraft des sterbenden Gottes.

Die erste christliche Universität entstand im hellenistischen Alexandreia. Auch die Florentiner Akademie dachte hellenistisch, die Renaissance ist es. Melanchthon (1497–1560) hat sich in seiner Wittenberger Antrittsvorlesung zum Hellenismus seiner Lehrer bekannt. Winckelmann (1717–1768) lernte am Torso von Belvedere Griechenland sehen, Lessing (1729–1781) erhob seinen Laokoon zum Lehrstück, und Klopstock (1724–1803) erneuerte die griechischen Strophenformen mit brüderlichem Atem. Hölderlin (1770 bis 1843) gab seinem hyperboreischen Erdenwandler alles Herzblut. Johann Gustav Droysen (1808–1884) und Rohde haben den Hellenismus nachromantisch wiederentdeckt, Walter F. Otto und Karl Kerényi die Götter in unsere Seele heimgeholt. Die abendländische Philosophie ist selbst noch nach der Schwelle ihrer neuesten physikalischen Begründung wenig mehr als eine großartige und überaus schöpferische Exegese der vorsokratischen.

Griechenland hat die Leitgestalten eines goldenen Überlebens der abendländischen Geschichte mitgegeben. Homer sandte seinen Odysseus nach dem Zehnjahreskampf von Troia und den zehn Jahren einer seelischen Irrfahrt an der Seite des Aineias zu Johann Heinrich Voß (1781) und Johann Jakob Bodmer (1778), zu Thassilo von Scheffer (1913/1918) und Rudolf Alexander Schröder (1910). Kratinos (gestorben um 420) hatte ihn dem Spott ausgesetzt. Doch hatte sich schon Odysseus bei Homer den mannhaften Helden der »Ilias« entfremdet und menschlichere Gestade aufgesucht. Seine schalkhafte Klugheit wurde sieghaft und damit europäisch. Der Held gab sich wohl erfindungsreich, aber auch duldsam. Er trägt selbst als Fürst das Bettlerkleid. Damit wird er Erster unter Gleichen. Er schließt in Italien mit Aineias Waffenbrüderschaft und wird so nach einer Weissagung des Teiresias westlich und wahrhaft abendländisch. So kann er professoral in den »Prometeo« des Ramon Pérez de Ayala (1881–1962) eingehen.

Aischylos hat den ungerecht leidenden Prometheus, dessen Schicksal dem Wechsel der Götterdynastien verfangen ist und das, das Menschenwerk zu heiligen, eingegangen werden mußte, zur Tat befreit. Herder (1744–1803) hat einen »Entfesselten Prometheus« entworfen und Goethe (1749–1832) ihn seinen Sturmbrüdern vorangestellt. Carl Orff hat das griechische Wort seinen Tonwundern anheimgegeben (1920). Zuvor hatte Odysseus bei Percy Bysshe Shelley (1820) und bei Carl Spitteler (1880) Einkehr gehalten.

Der wahnsinnige Herakles, der das Abenteuer schlechthin bestehen sollte, wurde, nachdem ihn die Pythagoreer zum sittlichen Dulder gemacht hatten, über Euripides, Sophokles, Seneca zu Wieland, Klinger, Wedekind, Ezra Pound und Dürrenmatt hin entlassen. Auch Bodmer hatte die Herakliden in sein Epos »Makaria« aufgenommen. Der tölpelhafte Erlöser nur vermag die Welt zu säubern, er, der sterblich und hinfällig bleibt und darin seiner Grenzen inne wird. So stellte auch Christoph Martin Wieland (1733–1813) an seinem Beispiel die urtümlichste Frage, jene nach dem Wesen des Menschen, die Seneca zwischen dem Individuum und Gott aufgeworfen hatte. Wielands Held ist unter christlichen Einflüsterungen in zwei Seelen gespalten, und er preist, entgegen Seneca, der die Selbsterlösung des Überirdischen gefeiert hatte, die irdische Menschheitstat. Friedrich Maximilian Klinger (1752–1831) nimmt sich dann vertieft des göttlichen Wesens an. Frank Wedekind (1864–1918) kehrt, um die Allgewalt der Erotik bereichert, zu den antiken Finsternissen zurück, und Friedrich Dürrenmatt (geboren 1921) drechselt seine Tragödie ironisierend. Dort und hier bleibt aber der menschliche Ausgriff dem Urbild verbunden. Wie immer auch Herakles über die Zeiten erschien, blieb er doch unverloren eigen.

Ähnlichen Gesetzen gehorcht auch die Medea des Euripides, die als zauberkräftige Helferin Iasons den Raub des Goldenen Vlieses förderte. Spät, bei John Robinson Jeffers (1887–1962), sollte sie die Wendezeit des heimatlosen Menschen – unser Zeitalter also – vergegenwärtigen. Ihr Vernichtungsdrang kennzeichnet alle Übertritte. In solchen Gedankengängen hat Gerhart Hauptmann (1862 bis 1946) Himmel und Hölle ihren gnadenlosen Händen überantwortet. Luigi Cherubini (1760–1842) blieb dieser ursprünglichen Vision treu. Mit eigenstem Sinn triumphiert Medea urtümlich über ihre Feinde. Meinte Euripides die Geheimnisse eines abgründigen Gestirngötterkults, so senkte Hans Henny Jahnn (1894–1959) den Menschen in Leidenschaften, die das Unerträgliche zur erlösenden Tat verwandeln. Pierre Corneille (1606–1684), Franz Grillparzer (1791–1872), Jean Anouilh (1910–1987) und Matthias Braun (geboren 1933) sind versöhnlicher. Ein schlaffer Mut vermöge nichts gegen Medea, meint Corneille; daß man zu tragen habe, was uns treffe, lehrt Grillparzer. Nur Matthias Braun geht wiederum an die Grenzen, wenn er Medea danach lechzen läßt, Iasons Gesicht zu sehen, wenn sie ihm den Tod seiner Kinder verkündige. Entmenscht nur werde das Menschenantlitz erkennbar.

Elektra ist nach Euripides neben Orestes die große Rächerin, der sich 1903 und 1909 Hugo von Hofmannsthal (1874–1929) in Gemeinschaft mit Richard Strauss (1864–1949) annahm. Seine Elektra lebt im Gedanken an den ungesühnten Mord ausgestoßen und erniedrigt in erstrebter und zugleich verabscheuter Einsamkeit, ist zutiefst Mänade, Flucht und Treue gleichermaßen verfallen. Demnach gibt Klytaimnestras Ende Elektras Leben Sinn und mit ihm den Tod. Crébillon père (1674–1762), Voltaire (1694–1778) und Bodmer haben sich in ihr Schicksal versenkt, Eugene O'Neill (1888–1953), Jean Giraudoux (1882–1944) und Gerhart Hauptmann es dramatisch bewältigt. Jener tat es schonungslos, indem er der Tiefenpsychologie vertraute. Giraudoux erlöste alle Härten mittels Ironie und – der Liebe, die nur tragisch enden kann. Hauptmann aber verstand seine Elektra im Blick auf Goethe als Gegenwelt der Iphigenie und – 1940 – als Gleichnis des deutschen Schicksals.

Auch Antigone geht auf eine Tragödie von Sophokles zurück, und auch sie schritt die europäische Geistesgeschichte ab. Der unvergleichliche Erfolg des Vorwurfs ehrt vorab die Gestalt der jungen Heldin, die sich sowohl dem göttlichen Gebot wie der menschlichen Pflicht gleichermaßen bedingungslos verschreibt. Damit gilt sie als Urverkörperung der abendländischen Humanität, dies besonders in ihrem Bekenntnis, daß es ihr Teil sei, mitzulieben und nicht mitzuhassen. Doch trägt Antigone das Stigma der antiken Hybris, indem sie ihre Natur sprengt. Jean Racine (1639–1699) hat die Überlieferung in seine süßen Rhythmen eingeschmolzen und damit zu einem Geschenk völlig anderer Art verfremdet, war aber den »Phoinissai« des Euripides kaum gewachsen. Immerhin blieb antikisch, daß sich der Gewalttäter Kreon in Antigone verliebte. Das war ein Wurf, der nur mittels der Ironie erträglich werden konnte.

Hölderlin sollte dann in seiner befremdlich eigenen Sophoklesübertragung den antiken Dichter als »Sonne der Athenerinnen« feiern und das Freudigste in der Trauer begehen, denn »nichts ist gewaltiger, als der Mensch«. Sein Lob galt den Jungfrauen von herrscherlicher Art. Doch kann sich der Gott dem Körper nicht angemessen mitteilen. Orffs Vertonung von 1951 erneuert dann vor allem die griechische Totenklage.

Walter Hasenclever (1890–1940) entrückte dann die antike Gebärde 1917 in eine expressionistische Hymnik gegen den Krieg und die Massenbeherrschung. Antigone führt das »Volk« gegen Kreon ins Feld, und die jungen Erben werden sieghaft. Jean Anouilh, dessen »Antigone« 1946 auf deutsch erschien, setzt die Griechinnen unter die Zuschauer und kleidet sie, wie diese gekleidet sind. Kreon denkt demgemäß hemdärmelig. Doch wahrt der Dichter die Einheiten von Zeit und Ort. Das unerbittliche Schicksal aber wird gottfremd persönlich. Kreon hängt dem Leben an; er will Antigone vernichtet sehen. Das Stück wurde langehin als »Résistance-Drama« mißverstanden, doch ist das Leben, gegen das Antigone todsüchtig antritt, keineswegs eine billige Staatsräson. Dennoch wurde Antigone als »große Figur des Widerstands im antiken Drama« gefeiert. Bertolt Brecht (1898–1956) war ihr Wortführer, während Jean Cocteau (1889–1963) versuchte, seine Antigone zu verinnerlichen. Er hielt sich an Sophokles, entschleierte aber vieles. In allen Gesprächen der Kunst lebt und überlebt die Heldin.

Die beglückendsten Verwandlungen aber hat Iphigenie erfahren. Sie galt als »große Göttin« und Priesterin der Artemis. In Aulis geopfert, sei sie zur Hekate gemacht worden, wird überliefert, Hermione habe sie verehrt, und in Aigeira habe ihr Bild im Artemis-Tempel gestanden. Später wurde sie als Tochter Agamemnons und der Klytaimnestra begrüßt, jedoch auch oft als Kind von Theseus und Helena von Aphidna ausgegeben. Immer aber blieb sie Artemis verbunden. Euripides hat sie zur griechischen Frau katexochen erhoben und dem Leid des Orestes verbunden. Dabei fand der große dramatische Dithyrambiker zur Freude des geschwisterlichen Wiedersehens und der sehnsüchtigen Heimatliebe sieghafte Worte, die das hohe Spiel tragen. Davon zeugt die fernere Aufnahme der Tragödie, der Racines fragmentarische Bearbeitung eine edle Zukunft zu sichern vermochte. François Louis Le Blanc du Roullet hat sie für sein Libretto zu Christoph Willibald Glucks (1714–1787) »Iphigenie in Aulis« (1774) verwertet.

Unvergleichlich sollte Goethes Iphigenien-Tragödie werden. Ihre Frühfassung entstand als höfisches Festspiel, in dem Goethe selbst den Orest darstellte und durch die »Vereinigung physischer und geistiger Vollkommenheit und Schönheit« auffiel. Er hielt sich an Euripides' »Iphigenie bei den Taurern« und erhöhte den untragischen Ausgang zum Weltverständnis der reinen Menschlichkeit. Die Entsagung wird zum Schlüsselwort der irdischen Existenz. Die stets gefährdete Humanität bedarf der tätigen Unschuld. So ist Goethes Iphigenie als Priesterin lichtvoll.

Archaisch dunkel dagegen sah sie Gerhart Hauptmann. Er gab sie ihrer verschatteten Göttlichkeit zurück. Die chthonische Schau sollte sich als Schreckensgemälde unserer Zeit erweisen.

Ein besonderes Schicksal widerfuhr Oidipus. Er, der Hauptheld des thebanischen Sagenkreises, mißverstand sein Orakel, löste das Rätsel der Sphinx und befreite Theben von den herrschenden Todesopfern. So gewinnt er die Hand der Königin – seiner Mutter. Das sollte zu seinem europäischen Schicksal werden. Karl Kerényi schreibt ihm eine phallisch-daktylische Natur zu.

Wiederum war es Sophokles, der den Vatermörder und Muttergatten in die Mißverständnisse der europäischen Geistesgeschichte entließ. Seneca treibt den wider sein Wissen Frevelnden aus Scham und Verzweiflung in den Selbstmord. Er hält dem Oidipus tyrannos des Griechen, der auf das Rad eines unausweichlichen Schicksals geflochten ist, einen verbissenen und machtgierigen König entgegen, der sein Orakel Lügen strafen möchte. Der sophokleische Held ist zum Intriganten abgesunken.

Corneille verformte den Stoff mittels einer Nebenhandlung nach dem Geschmack der Zeit. Er würdigte aber seinen Vorwurf über alle Zugeständnisse hinaus, indem er Oidipus im Dienst seines Volkes als freiwilliges Opfer der Sühne entgegenführt. Es ging ihm vor allem um den Lobpreis der schicksalsbindenden Willensfreiheit. Voltaire hat diese Deutung voll übernommen. Er stimmte auch den Verdikten des Orakelglaubens und der Prädestinationslehre zu.

August Graf von Platen (1796–1835) hat 1827/28 seinen »Romantischen Oedipus« geschaffen und der Tragödie aristophanisch die Wendung zur Komödie hin ermöglicht. Sein Satyrspiel gehorchte einer folgerichtigen Deductio ad absurdum und widerspricht mittels einer gebildeten Intelligenz den Schicksalsdüsternissen.

André Gide (1869–1957) anerkennt nach ihm wiederum einen festen Ordnungswillen über einem edlen Glücksbegriff, der den unbehausten Menschen auszeichnet. Sein Oidipus ist ein »Sohn der Trunkenheit« und als solcher Sohn der Freiheit. Sigmund Freud (1856–1939) hat hernach Oidipus für vieles haftbar gemacht. Er glaubte an den paradigmatischen Charakter des Tragödieninhaltes Inzest als Niederlage aller sittlichen Regungen.

Eine andere Gestalt noch besaß – jenseits der Mythe – eine besondere Lebenskraft: Sappho, die Adelige aus Mytilene. Sie muß als unanfechtbare Dichterin verehrt werden; sie selbst unterwirft sich in ihrem einzigen vollständig erhaltenen Lied der Aphrodite. Ihr Aiolisch klingt in eigenen Zaubern süß-bitter. Hat sich auch früh die Komödie ihrer reinen Gestalt bemächtigt, so hat sie doch Franz Grillparzer als Herrin der Kunst ausgezeichnet. Er versuchte mit ihr die »heitren Blütentäler / Mit sanft bezwingender Gewalt« in das niedere Leben »herabzuziehn«. Doch wurde in solcher Spätzeit echte Dichtung nicht mehr erdenheimisch. Überlebten in den großen griechischen Frauengestalten mythische Mächte, so wurde in Grillparzers Dichtung noch einmal eine antike Frau angerufen. Jene wie diese besaßen über Jahrtausende hin eine unerhörte Lebenskraft.

Die Renaissance suchte sich der ganzen Garbe der antiken Werte zu bemächtigen. Jules Michelet (1798–1874), dem die Geschichte zur »Auferweckung des Vergangenen« wurde, und Jacob Burckhardt (1818–1897) gestanden ihr zu, daß sie die Welt und den Menschen aus den harten Geschirren der Scholastik befreit habe. So sprach man denn gern von einer Wiedergeburt der unmittelbaren Menschlichkeit und gedachte dabei der Griechen. Die karolingischen und die ottonischen Rückgriffe waren vergessen.

Der Gedanke der Wiedergeburt entstammte einer neu erweckten Religiosität, und diese mündete in kirchliche Reformen, auch jene der Reformation, die sich nicht anders verstand. Man bestätigte überzeugt und dankbar, daß das europäische Schicksal ohne seine antiken und frühchristlichen Wurzeln undenkbar sei. Jacob Burckhardts Begriff von »Alteuropa« und die Stellung des Paracelsus

(1493–1541) zwischen Erbe und Stiftung kennzeichnen Umwälzung und Übergang.

Die italienische Renaissance konnte dank ihrer Nähe zur antiken Lebenshaltung europäische Geltung erlangen, wobei die Ernte der Gotik durchaus erhalten blieb. Nur war die geistliche und ritterliche Bildungswelt allzusehr erstarrt. So griff denn ein erneuertes Daseinsgefühl über die Libri scolares und eine in die Trinkstuben und Festsäle abgesunkene manieristische Liedkunst hinaus und wandte sich vermehrt den antiken Autoren und Kunstvorbildern zu.

Die Philosophie, die scholastisch Dienerin der Theologie war, begann eigenständig zu werden. War langehin der unvereinbare Gegensatz von Glaube und Erkenntnis letztes metaphysisches Zugeständnis, so wurden sie nun in kühnen Entwürfen verbunden. Eine völlig unkirchliche Aristoteles-Deutung der Welt und die kuriale Anstaltskirche wurden in ihrer Ausschließlichkeit unglaubwürdig. Strömungen, die von Plotin (um 205–270) und Ramón Lull (1235–1316) herkamen, drängten den Geheimlehren der paracelsischen Bewegung zu. Innerlichkeit und plastische Augenfeste wirkten gleichermaßen befreiend. Verfeinerte Gefühle brachen auf.

Bei all dem wurde der aristokratische Handelscharakter des italienischen Stadtstaates führend. Dies, weil er dem europäischen Fernverkehr vorstand und darin ausgreifende Finanzgeschäfte ermöglichte. So ist es denn nicht verwunderlich, daß die geistigen Umbrüche zuerst in Florenz einsetzten.

Francesco Petrarca (1304–1374), der Begründer des Humanismus – wenn man diesen in persönlichen Stiftungen gelten lassen will –, lebte ohne höhere Weihen an der Kurie von Avignon. Er war der Sohn eines florentinischen Verbannten. Mit Avignon war der Kulturrang der Kirche als Institution verblichen, und so wandte sich denn Petrarca einer gesicherten ungeistlichen Bildungswelt zu: der ewigen Antike. Mit seinem Epos »Africa« (1338–1342), das den Zweiten Punischen Krieg zum Vorwurf hat und den endgültigen Sieg der lateinischen Kultur über die karthagische Barbarei feiert, und der Dichterkrönung auf dem Kapitol ging der ungebrochene christliche Geist in seine klassisch-römische Bewältigung ein. Eine echt humanistische Dichtung rühmte ihren »Ennius alter«.

Scipio Africanus (um 235–183 v. Chr.) hat man die Erhöhung der griechischen Paideia zur Humanitas zugeschrieben. Die Studia humanitatis sollten zu ihr hinführen. Das erregte einen bisher benommenen Bildungswillen. Der Hofmeister gelangte zu Ehren. Selbst die griechische Agrarliteratur stieg über die lateinische Bukolik zum Rang einer Lehre auf. Dabei wurden inmitten reicher Besitzungen die Fürstenhöfe führend. Die Bildungsbereiche wurden universell und der geistige Umgang gefügig. Damit war der Schritt zum Honnête homme und zum Gentleman vorbereitet. Der Konsensus der Sittlichkeit wurde gesellig. Gesellig aber, fügte er sich ästhetischen Wertungen.

Leitend wurde der Homo divino. Dies seit etwa 1470. Karls- und Rolandssagen wurden der ernsthaften Dichtung zurückgewonnen, das klassische Epos der Renaissance geschaffen: Ludovico Ariosto (1474–1533). Hirtenroman und Zeitsatire wurden erneuert; das antike Trauerspiel war entwertet. Doch wurden die alten Autoren eifrig studiert; sie wurden in die humanistische Terminologie übertragen und öffneten den Zugang zu den griechischen Quellen. Ihre Welt wurde vorbildlich.

Die Studia humanitatis drängten die kirchliche Autorität zurück. Nicht mehr der dogmatisch verfugte Sinn galt, das Wort selbst herrschte, die Sache. Die Sprachpflege, nicht das rechte Bekenntnis verjüngte das Denken. Zudem lieferte die Geschichtsschreibung der Antike die Exempla der Tugenden und der Laster. Das berichtigte die kirchliche Übung und widersprach ihr zuweilen. Für Petrarca wurde die Historie zum Forum der Virtus Romana. Mit Michelangelo (1475–1564) erreichte das heroische Ideal des Menschen seine Divinationshöhe. »Die mich die Kunst zur Gottheit ließ erheben«, schrieb er in seinen Sonetten der Imitatio Christi zum Trotz. An der Decke der Sixtinischen Kapelle wird die Schöpfung gefeiert, auf dem Altarbild das Jüngste Gericht dargestellt. Die Erlösungsgeheimnisse fehlen der Folge. Schon Leonardo da Vinci (1452–1519) nahm sich der Wirbelbewegungen, der Flugmechanismen, geschichteter Felsen an.

Ein humanistisch gesättigter Reformkatholizismus war vonnöten und hatte seine Kühnheit in der Gegenreformation aufzufangen. Dies um so mehr, als die erneuerte Antike in einer unerhörten Blüte der Künste vor Augen stand. Die Erschaffung Adams in der Sixtina pries Körper und Ebenmaß der göttlichen Geschöpfe. Wohl war der nackte Leib Gottes, doch er war irdisch. Die Pietà wurde zur Mutter, David zum Jüngling, der heilige Georg (gestorben um 303) zum Helden, Bartolommeo Colleoni (1400–1475) zum Herrscher. Über die weltlichen Evokationen schlugen Filippo Brunelleschi (1377–1446) und Bramante (1444–1514) gemäß den Lehren des Vitruvius Pollio (um 30 v. Chr.) ihre Räume und Kuppeln nach den Maßen des menschlichen Körpers, den kosmischen Gleichgewichten, den Zirkeln der griechischen Vorbilder, der pythagoreischen Kunde. Die Bildnisbüste einer Dame, die Francesco Laurana (um 1430–1502) um 1473 geschaffen hat, ist in ihrer vollkommenen Innerlichkeit eines der schönsten humanistischen Bekenntnisse. Tullio Lombardos (um 1455–1532) Adam offenbart sich in seiner freudigen griechischen Leibhaftigkeit, und der David Michelangelos ist der vollkommene Mensch schlechthin.

Es war Johann Joachim Winckelmann, der rund zweihundert Jahre später die Schwergewichte, die von der Renaissance vor allem der römischen Antike zugestanden worden waren, mit Leidenschaft auf die Beschwörung der griechischen Leistungen übertrug. Die Prägekraft seiner Sprache und seiner Bilder war ebenso groß wie seine ungewöhnliche Gelehrsamkeit. Er sah nicht nur das einzelne Kunstwerk in seiner vollen leiblichen Gegenwart, sondern er verstand es, dieses einsichtig und kenntnisreich einzuordnen. Damit begründete er mit einer eigenständigen archäologischen Wissenschaft auch die vergleichende Kunstgeschichte. Er war aber weniger ein Neuerer als ein fündiger Wiedererwecker der Impulse, die seit den gültigen Werken der Renaissance lebendig geblieben waren. Er »schmeckte« die reinen Quellen der Kunst; seine sinnliche Leidenschaft ist noch erregender als die fördernden Einsichten seiner Deutungen. So gestanden denn die Zeitgenossen dem Manne »eine antike Natur« zu, und man stand nicht an, zu versichern, er habe – was der Gilde versagt geblieben sei – den Geist der Alten wiedererweckt. Er sei zum wahrhaft »göttlichen Ausleger« geworden. Durch ihn sei es uns gegeben, »mit klarem Auge und durch keine Umnebelung verhindert« die großen Sterne zu erkennen.

Darüber hinaus habe er der Würde des Gegenstandes die Würde der Sprache geschenkt, weshalb man ihn zu den vorbildlichen Prosaikern im Deutschen rechnete. Dieser Ruhm ist ihm geblieben. Er war es auch, der den kommenden Dichtern eine neue Augenwelt erschloß und ihr das plastische Wort verlieh. Damit warf er Zaubernetze aus, die noch andere Ernten einbrachten. Dies war nur möglich, indem die Kunstschau Winckelmanns den Menschen enthüllte, in einem eigenen Humanismus also. Deshalb »betete« er seine »Gleichnisse aus Homer«. In solchen Gebeten erreichte er die heiteren Höhen seines Bekenntnisses, das sich in seiner Erstlingsschrift »Über die Nachahmung der alten Kunstwerke« von 1756 unmittelbar vor seiner Laokoonevokation findet: »Das allgemeine Kennzeichen der griechischen Meisterstücke ist endlich eine edle Einfalt, und eine stille Größe, sowohl in der Stellung als im Ausdruck. So wie die Tiefe des Meeres allezeit ruhig bleibt, die Oberfläche mag noch so wüten, eben so zeiget der Ausdruck in den Figuren der Griechen bei allen Leidenschaften eine große und gesetzte Seele. Diese Seele schildert sich in dem Gesichte des Laocoons, und nicht in dem Gesichte allein, bey dem heftigsten Leiden.«

Die »Gedanken über die Nachahmung der griechischen Werke in der Malerei und Bildhauerkunst« waren das Werk eines Mannes, der bis zu seinem achtunddreißigsten Lebensjahr geschwiegen hatte und der sein großes Rom-Erlebnis noch vor sich hatte. Die Schrift muß daher als Entwurf seiner innigsten Hoffnungen verstanden werden, dies um so mehr, als die Arbeit jenseits aller Facheitelkeiten für einen kleinen Dresdener Buchhändler niedergeschrieben wurde. Sie sollte sogar anonym erscheinen. Die Freiheit des Verfassers war so gewährleistet, und sie konnte ungehemmt das Eigenste fördern. Die Schrift wurde aber am ersten Pfingstfeiertag König August III. (1696[1733]–1763) vorgelegt, und dieser war so hellsichtigen Geistes, daß er gesagt haben soll: »Dieser Fisch soll in sein rechtes Wasser kommen!« Ein Augenblicksentschluß, der Bestand hatte. Es war die Zeit, von der Voltaire geschrieben hat: »Ganz Europa hatte keine schöneren Tage gesehen, als die Tage nach dem

Aachener Frieden (1748) bis zum Jahre 1755 (vor dem Ausbruch des Siebenjährigen Krieges).«

In den »Gedanken«, die ohne die Erläuterungen kaum hundertunddreißig lockere Seiten beanspruchen, hat Winckelmann den Laokoon für viele entdeckt. Er schildert die Gruppe im Blick auf Vergil überaus genau, und er bewertet Bewegungen und Massenverteilungen an den Vermessungen seiner künstlerischen Schau. Dabei gestand er dem griechischen Künstler zu: »Die Weisheit reichte der Kunst die Hand, und blies den Figuren derselben mehr als gemeine Leben ein.« Bedeutend und edel wirkte deren Einheit in ihrer bewegten Ruhe.

In dieses Gespräch trat dann Gotthold Ephraim Lessing ein. Seine Arbeit »Über die Spuren der Mahlerey und Poesie« erschien 1766. Sie greift die Streitfrage der zeitgenössischen Ästhetik auf, die er zuvor schon in Briefen an Moses Mendelssohn (1729–1786) erörtert hatte. Viele vor ihm hatten die bildenden Künste zum Vorbild der Dichtung erhoben. Lessing dagegen hielt sich an seinen Plutarch (um 46–um 120) und wollte die Künste in Stoff und Darstellung unterschieden wissen. So geht denn auch er von der spätantiken Laokoongruppe aus und vergleicht sie mit der Erzählung Vergils. Dieser darf sich dem Schrei des Gemarterten zuwenden, während der Plastiker nur den verhalten erträglichen Schmerz sichtbar zu machen hat, wie es die Eigenart der geschiedenen Künste erfordert. Der Raum der Plastik gehorcht anderen Gesetzen als die Zeit der wörtlichen Beschwörung. Die sichtbare Koexistenz des Körpers widerspricht der konsekutiven Rede. Das war zwar nicht neu, doch wurde es mit höheren Geistesgaben vorgetragen. Diese Geisteskraft wurde in ihrer überzeugenden Schärfe auch jenseits des besonderen Gegenstandes vorbildlich. Sie hatte in den Ergebnissen die abstrakt deduzierende Regelei der handwerklichen Kunstübung durchbrochen und einer schöpferischen Ästhetik den Weg bereitet. Das befreite eine ganze Generation, Goethe vor vielen anderen, der in »Dichtung und Wahrheit« zugestehen mußte, die Schrift Lessings habe ihn »aus der Region eines kümmerlichen Anschauens in die freien Gefilde des Gedankens« entführt. Der ewige Geist Griechenlands lebte.

Er lebte auch in der Dichtung Friedrich Klopstocks. Zwar hatte er in seiner »Beurteilung der Winckelmannischen Gedanken über die Nachahmung der griechischen Werke« die Behauptung des Autors, der einzige Weg unnachahmlich zu werden, bleibe die Nachahmung der Alten, mit der Einschränkung zurückgewiesen, unsere Vorstellungen überschritten jene der Griechen beträchtlich. Dennoch blieb Klopstock des Glaubens, daß wir die Welt der Antike in griechischer Zucht zu erweitern und damit zu retten hätten. Er tat es, indem er sich zwar der antiken Strophen wie kaum ein zweiter bediente, sie aber nach seinen Bedürfnissen abwandelte und eigene Strophenformen schuf, die griechisch waren, aber ihr griechisches Wesen verwandelt überstiegen, indem er seinen Strophen eigene Gesetze gab. In solchem Zugriff entstanden seine schönsten Gedichte, so »Die frühen Gräber« und »Der Eislauf«. Auch darin blieb er Grieche: verwandelt. Silben- und Taktfolgen hatten wie die Gewichtsordnungen ihr eigenes Griechentum gefunden, in geregelter Freiheit.

Klopstock war davon ausgegangen, daß er sich der antiken Lyrikformen atemnah bemächtigte. Er dichtete die ersten Gesänge seines »Messias«, den zu schreiben sich der Fünfzehnjährige in Schulpforta vorgenommen hatte, in überaus leidenschaftlichen und mitreißenden Hexametern, deren deutschen Langvers er dann in seiner Lyrik so aufbrach, daß seine unmittelbare Kraft in die Oden eingehen konnte. Darin wurde er nach dem Urteil Lessings zum Erzdichter seiner Zeit. Sein schöpferischer Auftrag war ihm ein und alles; er verzichtete auf jeden bürgerlichen Beruf. Die Wirkung seiner Gesänge war ungeheuer, und selbst Gluck veranstaltete in Augsburg mit großem Erfolg Lesestunden.

Die Sprache Klopstocks war verheißungsvoll neu, neu war sein Vers, sein Satz. Diese Befreiung gelang um so eher, als der Dichter auf den Reim, den Reimvers und das Reimgedicht, das sich in der poetischen Tradition festgeleiert hatte, verzichtete. Ein neuer Enthusiasmus besaß einen jugendlichen Atem, und die angerufenen Sphären verwirklichten in Perioden und Inversionen, die sich ossianisch gaben, ehe die MacPhersonschen Dichtungen vorlagen, nie gehörte Sprachentfaltungen. Der Langvers war reich an Takten und Silben, und er reihte sich unter herrschenden Akzenten um Kola und Zäsuren. Das bot den ausgegliederten Odenversen bunte Möglichkeiten und erfüllte sich in kühnen freien Rhythmen.

Auf diesen Wegen gelangte dann Goethe zu seinen Sturm-und-Drang-Hymnen, und noch der alternde Hölderlin, der sich seinerseits ein eigenes Griechentum erworben hatte, las auf und ab schreitend in seinem Tübinger Turm die Oden des Dichters, der seiner Jugend und einer ganzen Generation vorgeleuchtet hatte. Weder der Faust-Prolog noch des Novalis' »Hymnen an die Nacht« sind ohne die Landnahme Klopstocks denkbar. »In der Tat gibt es seit Luther niemanden, der eine solche Macht über die Sprache ausgeübt hätte, wie er es tat«, urteilt der wortgewaltige Lyriker Friedrich Georg Jünger (1898–1977). Die Anakreontik lateinischer Übung war durch die griechische Sprachfrische überwunden. Das griechische Kunstbewußtsein erwies sich als genau und plastisch. Spielerische Möglichkeiten hatten darin kaum Raum; die Willkür fügte sich Gesetzen. Der Wohlklang besaß einen apollinischen Leib. Wortakzent und Silbenfülle gesellten sich.

Das Sprachverständnis Klopstocks erwies sich auch in den zugehörigen poetologischen Abhandlungen als gründlich und erfahrungsreich. Klopstock, der um seine Handgriffe wußte, meisterte seine Alkäen; er läßt sich durch die Wiederkehr der adonischen Klausel nicht beirren und rühmt den männlichen Gang des Anapäst. Der Choriambus eroberte sich seine würdigen Rechte zurück; die statische Metrik wurde dynamisch aufgebrochen. Der deutschsprachige Wortakzent schmolz die griechischen Quanten ein. Klopstock wurde darin zum Meister; er dichtete mit Ohr und Leib und bemächtigte sich der poetischen Perioden Homers. Auf diese Weise brachte er seine klanghafte Lautwelt in neuen Konstellationen zum Sternengang seiner innersten Aussagen. So wurden denn die griechischen Vorbilder mit neuem Leben begabt; deutsch-vollkommene Lösungen gingen in vollkommene Gebilde ein. Das Ohr erzwang faßbare Einheiten, doch bewältigte der Wuchs der Strophe die Fülle. Die Choriamben waren für Klopstock zu den Lieblingen Apollons geworden. Stürzten sie davon, so offenbarten sie sich in einer nie gehörten Macht der Perioden.

»Ich hab' ihn heller blitzen gesehn,
Den erhabnen, goldnen, lyrischen Stab.«

Das sollte noch im Umkreis Hölderlins wirksam bleiben und Goethe zur Größe geleiten. Klopstocks Schaffen hatte »das Gemäuer der Lehre« weggeschwemmt, urteilt der Germanist Andreas Heusler (1865–1940), und er fährt fort: »Von Klopstock bis Platen, drei Menschenalter durch hat es kaum ein Meister verschmäht, bei den Griechenkennern anzufragen, wie er seine Verse zu bauen habe.« Tief sei der grundsätzliche Unterschied Klopstocks von der bisherigen Dichtung. »Erst als Klopstock seine Feuerseele in die Form ergoß, trat sie aus dem Regelbuch ins Leben. Zugleich wehte der Atem des Altertums spürbarer herüber.« Klopstocks Verdienste können nicht hoch genug eingestuft werden.

Auch Goethe sollte sich der griechischen Güter annehmen. Die Antike wurde ihm lebenlang zur unerschöpflichen Geistesmacht. Sein Auge war in Sicht und Schau griechisch. Ihm ging es jedoch nicht um Liebhaberei und Übung, die Begegnung mit der Antike war schicksalsträchtig. Homer wurde Orakel und Führung, seine Sprache vorbildlich. Goethe hat in solchen Belangen auch kaum eine Forschungseinsicht seiner Zeit übergangen. Er bemächtigte sich der ganzen römisch-griechischen Tradition des Wortes und der bildenden Künste. So kann es uns nicht verwundern, daß er »Hermann und Dorothea« besonders gern in der lateinischen Übersetzung las. Homer wurde ihm zur alles überstrahlenden Sonne, und der Umgang mit den drei attischen Tragikern wurde ihm zum unabdingbaren Bedürfnis. Die Sachverhalte vergegenwärtigten eine bildhafte Urphilosophie, und selbst die Naturbetrachtung besaß ihr vorsokratisches Ethos. Gebilde und Bilder hatten für Goethe eine leuchtende Symbolkraft, und die Tempel begannen dem, der sein Griechenland mit der Seele suchte, zu singen. Die Kunstbetrachtung in Rom half einer fiebernden Naturforschung, wie diese jener Sinne lieh. Das Kunstwerk besaß für Goethe eine innere Gestaltkraft und ließ einen tieferen Sinn erahnen. Sinnlich wurde es tätig, lebendig anschaulich, ganz gegenwärtig, faßlich erquickend, klar heilsam, wahr reinigend, bedeutend befreiend. Goethe war

»auf seine Art« ein Grieche geworden. Das Geheimnis gab sich hautnah; es war leibhaft zugegen und wirksam. Der Augenblick war heil, die Gegenwart besaß Einsicht und Fernsicht. Die Vollkommenheit wurde auf diese Weise zum Gebot des Alltags.

Sich dessen zu versichern, rief Goethe die plastische Ganzheit in die unerhörte Spiegelung seiner Helena. Sie verkörperte den Purpur seiner Farbenlehre als geistige Schau; die bewegliche Ordnung vergegenwärtigte sich in der Vision. Das Wahre wurde seiend, das Vollkommene wirklich. Im Helena-Akt durchdringen sich deshalb Räume und Zeiten; der Augenblick wird zur Ewigkeit, die Ewigkeit in der Begegnung Kairos. Diese Vereinigung ist so leibhaft wie innerlich. In Helena ist die Gestaltenfülle der klassischen Walpurgisnacht zur vollkommenen Vergegenwärtigung ganz geworden: Leib. Die Abgründe der Erinnerung erfüllen sich in der Schönheit. Das Leben wird zur Kunst, die Gegenwart leibhaft Antike. Euphorion ist die Frucht dieser Welt; der Genius ist es.

Goethe war des festen Glaubens, daß der Helena-Akt drei Jahrtausende in sich fasse. »Der Vorwelt silberne Gestalten« atmeten. Sie gelangten zur Wiedergeburt. Unterbrochene Träume schienen wiedergefunden; der Ursprung vergegenwärtigte sich magisch. Damit wurde die wahre Geschichte über die Verdoppelung Helenas wesentlich. Die Spiegelproblematik von Urbild und Abbild wurde zu einer Realität der Gegenwart, die beharrende Schönheit geschichtlich und ewig zugleich. Helena ist die echte Griechin, aber auch die wahrhaftige Griechin. Das macht die arkadische Freiheit aus, die sie schenkt. Im wonnevollen Bleiben des einen Augenblicks geht es um die Akmé des Lebens schlechthin. »Der Sinn und das Bestreben der Griechen ist, die Menschen zu vergöttern.«

Die griechische Entelechie hat von der Zeit Goethes an unter den Wünschelrutengängen der Romantik auch einen philologischen Strang, der sich nicht nur einer Fülle von Stoffen, sondern in ihr vermehrt den Abgründen der antiken Mythen verknüpft. Er setzt mit dem Heidelberger Georg Friedrich Creuzer (1771–1858) ein und gehorcht der Überzeugung, daß die Altertumswissenschaft deshalb beispielhaft sei, weil sie sich einer Überlieferung stelle, »die in Form und Inhalt, aber auch in Gedanken und Vortrag ewige Muster alles Denkens und aller Rede« biete. »Diesen Werth legt ihnen das übereinstimmende Zeugnis der einsichtsvollsten Menschen aller Zeiten bei und nennt sie classisch. Sie sind die gereiften Früchte von der Bildung der Alten, welche nicht zufällig, nicht individuell, wie die Bildung der Neuen in so mancher Beziehung ist, vielmehr in freier Notwendigkeit, ein Werk der Natur erscheint. So sind nun auch jene Werke nothwendig gebildet nach dem unwandelbaren Gesetze der Schönheit, frei von dem Manierirten, Interessanten, Charakteristischen. Darum heißen sie classisch; wobei man demnach eben so wohl auf die Bestimmtheit und Richtigkeit der Gedanken, auf die Schärfe und Feinheit des Urteils, auf den Tiefsinn und die Universalität des unbewußt wirkenden Genius sieht, als auf das Gewand, worin er seine Gedanken hüllt, die reine Form des Vortrags, die schöne Einfalt, die plastische Gediegenheit und die sich selbst vergessende Unschuld und stille Größe eines Ausdrucks.«

Creuzer hat in seiner »Symbolik und Mythologie der alten Völker, besonders der Griechen«, die von 1837 bis 1842 in Leipzig und Darmstadt verbessert erschienen ist, über die »Naturgeschichte der ethnischen Religionen« und der alten heidnischen Religionen geschrieben, und er hat sich auch der altitalischen Religionen angenommen. Er hat nach Herodot von den Geschenken der Hyperboreer an Dodona und Delos berichtet, und er wußte nach Pausanias um ein altes delphisches Tempelchen, »das die Bienen aus Wachs und Federn kunstreich bereitet haben sollen und das auf Apollos Geheiß als Geschenk den Hyperboreern zugeschickt ward«.

Vor allem aber verfolgte Creuzer die Züge der Religionsideen aus Oberasien her. Mit Oberasien bezeichnete er den Sitz der medisch-persischen Religion. »Die nächste Verpflanzung geschah von den Küstenländern des schwarzen Meeres her. Davon zeugt die im Ephesischen Cultus so häufige Erwähnung der Amazonen. Das waren die ersten Hyperboreerinnen, die die erste Kunde von diesem Glauben des Morgenlandes gebracht ... hatten.« Wenn sich Creuzer dabei auf Kallimachos beruft, so muß man zugestehen, daß dieser in solchen Zusammenhängen wohl die Amazonen, nicht aber die Hyperboreer erwähnt. Doch selbst viele Unkenntnisse und Mißdeutungen, die wir Creuzer anlasten, besitzen ihre griechische Glut. Er beruft sich deshalb sinnvoll auf Herodot und Pausanias, wenn er beteuert, Apollon habe sich, vom südlichen Kleinasien herkommend, als ältester Sänger auf Delos niedergelassen. Dem entspricht, daß der halbmythische Musiker aus Lykien, Olen, nach Delos kam und die Hymnen dichtete, die dort von urher gesungen wurden. Olen soll auf die Mutter des Eros, die Geburtshelferin Letos auf Delos, Hymnen gedichtet haben. Mit ihm ist auch die Erfindung des Hexameters verknüpft. »Er sang die Geburt des Apollo und der Artemis, und wie der kreißenden Leto die Hyperboreerin Eilithyia beigestanden habe. Nach einem Delischen Festgesange der Sängerin Böo war dieser Priesterpoet selbst ein Hyperboreer.«

Der ersten Religionsverpflanzung aus dem Nordosten folgte ein zweiter Zug. Mit ihm »kamen, so rühmten die Delier, die Gottheiten Artemis und Apollo aus dem Hyperboreerlande«. Dann berichtet Creuzer von den heiligen Gaben, die, in Garben gewickelt, von den Hyperboreern her ein Volk nach dem andern bis nach Delos beförderte. Eilithyia sei die hilfreiche Hyperboreerin gewesen, die sich durch das Geschenk eines neun Ellen langen goldenen Bandes überreden ließ, die Geburtshelferin der Leto zu werden. So hätten sich denn auch delische Mädchen hyperboreische Dienerinnen gehalten. Diese hätten die Webkünste mit sich gebracht. »Hier sehen wir ... die Ideen Eilithyia, Artemis, Persephone, in bezug auf jene bedeutsame Spinnerei, einander gegenseitig durchdringen.« Mit der Geheimlehre der Proserpina als der ersten großen Weberin sei Eilithyia »aus dem hellen Kreise der griechischen Olympierinnen in die hyperboreische Nacht« zurückgetreten. »Sie ist die Urnacht selbst, aus der alle Dinge geboren sind ... wie Parmenides, Hesiodus und andere dem alten Olen nachgesungen haben.« Damit bezieht sich Creuzer auf Platon. So geartet, ist die gute Spur seiner Darstellung unverkennbar. »Gewiß ist, daß seit undenklichen Zeiten auch nach Ephesus hyperboreische heilige Jungfrauen mit der Religion der großen Gebährerin und Mutter gekommen waren. Sie also selbst Hyperboreerinnen.« Olen habe daher seine Hymnen zu Recht gesungen.

War Creuzer auf der Stufe seiner Zeit nicht in allen seinen Angaben und Ansichten ein fündiger Forscher, so war er doch ein empfindsamer Pendler über den verschütteten Adern einer großen Tradition. Auch Friedrich von Schelling (1775–1854) war es, wenn er 1815 im Nachgang seiner »Weltalter« den »Gottheiten von Samothrace« nachspürte.

Johann Jakob Bachofen (1815–1887) verfolgte diese Spuren weiter, vorab in seinem »Mutterrecht« (1861). Seine intuitive Mytheninterpretation ergänzte die wissenschaftlichen Wege der philologisch-historischen Methode zuweilen erstaunlich. Er war der Meinung, daß einem patriarchalischen Denken der abendländischen Völker eine matriarchalische Weltdeutung vorangegangen sei. Die Menschheitsgenese bedürfe mittels einer zulänglichen Interpretation der ältesten mythischen Quellen noch der entscheidenden Klärungen. Das Mutterrecht der Ursprünge gehöre dabei nicht einem bestimmten Volke, sondern einer Kulturstufe an. Diese habe den Mond vor der Sonne verehrt. Das kennzeichne die chthonische Religion, die ihr matriarchalisches Recht geschaffen habe. Erst in den »Eumeniden« des Aischylos habe Apollon über die finstere Schar der Erinnyen gesiegt und dem Vatertum seine Zukunftsrechte verliehen, die durch die Staatsidee der Römer endgültig in Führung gegangen seien. Das erlebe jeder in seinen Seelentiefen, bekannte Bachofen. So führt denn eine ungebrochene Linie von Schellings Philosophie der Nacht zum Mutterrecht. Für Bachofen wurde der Mythos zur Exegese des Symbols, also mittels der Symbole deutbar.

Friedrich Nietzsche (1844–1900) gelangte in seiner »Geburt der Tragödie aus dem Geiste der Musik«, die 1876 erschien, auf eigenen Wegen zu vergleichbaren Ergebnissen. An die Stelle der Intuition Bachofens trat die künstlerische Optik Nietzsches, die das Leben ästhetisch rechtfertigte. Damit wurden die Dionysien und rauschhaften Lebensregungen zu einem bisher kaum gesehenen Rang erhoben. Die Individuation Apolls trat in die ewige Daseinslust des Dionysos ein. Diese erschien als Urgrund der geistigen Hybris menschlicher Existenz. Die apollinische Weltsicht erhob sich über den verhüllten Untergrund des Leidens. Demgemäß ließ Nietzsche die Tragödie aus der dithyrambischen Chorlyrik hervorgehen. Die apollinische Vision wurzelte in finsteren Abgründen. Die Individuation wurde zum Urgrund der Übel, bis hin zu Ludwig Klages (1872–1956) und seinem »Geist als Widersacher der Seele« (1929 bis 1932).

Euripides habe die dionysische Welt verraten, meinte Nietzsche. Der Zerfall der Tragödie kennzeichne die Gefährdung des Lebens. Die Vernunft, gelange sie zur Herrschaft, verarme die Seele. Mit solchen Erkenntnissen wurde die griechische Entelechie neben der edeln und lichten Welt Winckelmanns um Tiefen bereichert, die unerhört fruchtbar werden sollten. Ergänzt wurde dieses Bild der Antike durch die religionswissenschaftliche Arbeit Erwin Rohdes (1845–1898), die er in seiner »Psyche« von 1890 bis 1894 als Darstellung der griechischen Seelenkultur und ihrer Unsterblichkeitslehre vorlegte. Sein Animismus stellt den Heroenkult an die Seite der chthonischen Götter und deutet die Mysterien von Eleusis und des Dionysos auf eigene Weise. Orpheus wurde bis zu Rainer Maria Rilke (1875–1926) hin leidenschaftlich verehrt. Für Rohde war Platon führend. Er verstand es, eine bedeutende wissenschaftliche Stoffülle mit ihrer künstlerischen Bewältigung zu verbinden. Er setzte die Akzente anders als sein Freund Nietzsche, verfiel jedoch als Spätling klassizistischen Gedankengängen.

In voller Kenntnis dieses reichen Erbes arbeitete Walter F. Otto (1874–1958), der zwischen seiner ersten Schrift über den »Geist der Antike und die christliche Welt« und seinem Spätwerk von 1954, »Die Musen und der göttliche Ursprung des Singens und Sagens«, mit echter Tübinger Weite und einer unvergleichlich beharrenden Leidenschaft unsere begriffene Wahrheit um die geschaute Wahrheit zu ergänzen und zu vertiefen hoffte. Auch er hatte wie Nietzsche zuzeiten eine ordentliche Professur in Basel inne.

In der Mitte zahlreicher visionärer Schriften, aber auch der bemühten Kärrnerei am »Thesaurus Linguae Latinae« steht das Werk, das seinen Titel Schiller verdankt: »Die Götter Griechenlands«. Es erschien 1929 und bot der Vorkriegszeit ein erlösendes Selbstverständnis. Walter F. Otto richtete sich an den Menschen in uns, indem er uns den griechischen Menschen erschloß. Er verstand dabei das Dasein als ontische Möglichkeit des Seinsverständnisses. Urphänomene waren und sind verbindlich. Auf diesem Wege enthüllte Otto die Götter als »Gestalten des Seins«. Die Gestalt selbst war ihm das Sein; sie offenbarte auch das Sein in den Dingen. »Da wird es offenbar, daß das Sein, das sich in der Gestalt erschließen will, das Göttliche ist.« So sah Otto in der altgriechischen Gottesverehrung die »religiöse Idee des europäischen Geistes«, er wußte sie von allen anderen religiösen Kulturwerten um Abgründe geschieden. Die homerische Anschauung habe ihren Wahrheitsgehalt bis auf unsere Tage erwiesen. Das Göttliche war für Otto erfahrbar, und diese Erfahrbarkeit bot sich in Fühlbarkeit und Entrückung als allgegenwärtig; »die selig Entrückten sind die Immernahen, Allwirkenden«, verkündete er. Immer nah sei der selig Entrückte. Damit war das Göttliche kein ganz Anderes, es war vielmehr transparente Wirklichkeit. Es wird in der Helligkeit unserer Sinne und unseres Geistes Gestalt. »Es ist überall da.« Der Mythos ist uns unabweisbar eingeboren. Er gibt sich in der gültigen Entschleierung des Seins, verschleiert nämlich. »Mythos ist gar nichts anderes als offenbar gewordene Urerfahrung, die auch das rationale Denken erst möglich macht.« Deshalb bietet er nicht wie die Ratio einen Teil, sondern »das Ganze der Weltwirklichkeit«. Er ist »das Schöpferische im höheren Dasein des Menschen überhaupt«. Es geht also beim Mythos nicht um eine Denkweise, sondern in der Selbstoffenbarung des Seins um den ganzen Menschen und die Gestalt seiner Daseinshaltung. Darin wird der Mythos zum Wort. Weiter ist auch Martin Heidegger (1889–1976) nicht vorgestoßen.

> »Voll Verdienst, doch dichterisch wohnet
> Der Mensch auf dieser Erde.«

Das galt für Hölderlin als Mahnung. Wo sich die Spur des Wahren zeigt, begegnen wir dem Mythos, denn wir leben weder in Begriffen noch in Gesetzen, sondern nach Vorbildern. Nach Platon sind alle Mythen von Dichtern erfaßt. So ist denn die Sprache selbst Mythos und der Mythos Dichtersprache. Otto verstand dies als europäisch. Das Griechentum habe sich mit seiner neuen Welthaltung der ganzen geistigen Welt, also auch jener des Orients entgegengesetzt. »Der griechische Mensch und seine Schöpfungen haben die Kultur des Abendlandes begründet, und sie leben in uns fort«, meinte Otto als Wortführer der Besten inmitten der geschändeten Welt seiner Tage.

Als Karl Kerényi in diese Überlieferung eintrat, fühlte er sich zwischen seinen wissenschaftlichen und musischen Neigungen tief unsicher. So fragte er denn nach seinem Erstling über »Die griechisch-orientalische Romanliteratur in religionsgeschichtlicher Beleuchtung« von 1927 in seinem nächsten Werk – dem »Apollon« von 1937 –, ob Altertumswissenschaft überhaupt möglich sei. »Sind wir imstande, im Fluß des europäischen Denkens, in dem wir leben, das wahrhaft Antike immer noch wiederzuerkennen und es aus der ewig sich verändernden ›unsinnlichen Tradition‹ herauszuheben?« Da Kerényi seine philologische Arbeit, so sauber er auch verfuhr, zu jenen Zeiten, wie später unter bewußterer Lenkung, meditativ anging, begriff er zu Recht die Altertumswissenschaft »als die Wissenschaft der antiken Form des menschlichen Daseins«, so daß er sich den antiken Formen wie den Geheimnissen des Lebens gleichzeitig zuzuwenden und sie übereinzubringen hatte. Philologische Methoden hatten sich also mit geistigen Haltungen zu verständigen. In den antiken Texten hatten die unverlierbaren Wirklichkeiten Ort.

Kerényi gelangte in solchen Gedankengängen zu phänomenologischen und morphologischen Betrachtungsweisen. Die Meditation, wenn sie nur keusch verfuhr, vermochte zwischen den so geschiedenen Welten zu vermitteln. Ihr ging es um die »Wiederaufnahme längst verlorener Möglichkeiten des Lebens« wie gleichzeitig um das Weltverständnis. Das bedurfte einer Wissenschaft von den Realitäten der Seele. Ihr hatte die Philologie den geschichtlichen Stoff zu liefern. Apollon wurde wiederum zum Gott des geistigen Menschen und des Geistes. Damit war der Mensch im

Philologen »ergriffen«. Nur der Ergriffene begreift. So hatte der Forscher das denkbare Buch in eigene Seelentiefen »zurückzuschreiben«. Das neue Verständnis sollte seinen alten Text erst heben und ihm gerecht werden. Daher schrieb Kerényi: »Der historische Sinn setzt ... voraus, daß man nicht nur das Vergangensein der Vergangenheit, sondern auch ihr Gegenwärtigsein deutlich spüre.« Dabei erfährt die Gegenwart eine wesenhafte Umwandlung aus dem Geiste der Vergangenheit. Es geht in der philologischen Arbeit und in ihrer Rückwendung und Einheit um die Metamorphose der Antike. So hatte man, doch weniger begründet, schon zuvor den klassischen Philologen als Philologen des europäischen Selbstbewußtseins verstanden.

Der morphologische Sinn vergegenwärtigte das Altertum zulänglich: »Das antike ›Leben‹ in seinem besonderen Stil als die antike Art der menschlichen Existenz« war nicht nur gedanklich zu fassen, es sollte vielmehr in »reiner Formhaftigkeit die unveränderliche ›Gestalt‹ als Kunst« angegangen werden. Der Philologe benötigt also einen wachen Kunstsinn. »Der nächste Schritt besteht nun darin, daß man jenes Altertum – das griechische und das römische – als eine stilmäßig bestimmte Form der menschlichen Existenz begreift.« Das Kunsterlebnis wurde für Kerényi zum Mittelpunkt der Philologie. Die hingebende Betrachtung des künstlerisch verwirklichten Lebensstils benötigte neben der philologischen Förderarbeit eine unmittelbare Schau und in dieser eine erneuerte Selbstverwirklichung. Es galt dem körperlosen Wissen vom Altertum in der geschauten Wirklichkeit entgegenzutreten. So wurde selbst die antike Sprache so sinnvoll wie sinnennah. Ihre Rhythmik ist leibhaft zugegen und erlebbar. Wahrhafte »Zurückführung« belebt. Ähnlich hatten Nietzsche und Bachofen gedacht. Letztlich werden so größte Erlebnisse der Menschheitsgeschichte abermals zur Glut gebracht. Sie sind ewig. Hölderlins Alabanda ruft uns beim Anblick Apollons zu: »Sei, wie dieser!«

Dem zu dienen, schrieb Kerényi 1951 seine »Mythologie der Griechen« für Erwachsene. Er hielt unsere Generation durch Psychologie und Literatur für geschult und wollte hinter den psychologischen Deutungen den je gegenwärtigen Ursinn der Mythen wirksam werden lassen. Das gelang der philologischen Wissenschaftlichkeit als Unmittelbarkeit unserer Stufe. Mythologie bot, was war, als immer noch seiend.

Kerényi hat am »Versuchscharakter« seiner Lebensarbeit festgehalten; die Arbeiten selbst bieten aber mehr als Versuche: Wirklichkeiten seelischer Tiefen. Damit geht es ihm auch um die lauteren Quellen der Freude am Menschen. Auf solche Weise dachte er europäisch. Eine seiner Schriften nahm sich 1955 des »geistigen Wegs« unseres Erdteils an. Sein Grundbekenntnis lautete – in den »Griechischen Grundbegriffen« von 1964: »Ich bekenne mich zur Auffassung, daß die europäische Menschheit, zu der auch die Nachkommen der Europäer in den übrigen Weltteilen zu rechnen sind, ungeachtet der Spaltungen im Christentum und im nachchristlichen, nicht mehr christlichen Geistesleben, immer noch eine gemeinsame Religionsgeschichte hat: unsere Religionsgeschichte, die außer der Geschichte der christlichen Bekenntnisse auch die der israelitisch-jüdischen und zum Beispiel auch die der griechischen Religion in sich faßt.« Das ist zutiefst europäisch gedacht und weiß, daß auch die Götter der Archäologie unserer Seele angehören und daß sie, unsterblich wie sie sind, leben. Alles ist unverlierbar; die Wiedererinnerungen gehorchen auch in den Kulturschichten dem biogenetischen Grundgesetz, dem zufolge sich die Geschichte des Lebens von urher in der Entwicklung des einzelnen Menschen wiederholt: im Fleisch, in den Träumen, den Künsten.

Eine so erneuerte Vorwelt muß überaus reich sein. Sie ist nicht abzusehen. Die Einheiten, denen Aristoteles den Bau der Tragödie unterstellt, gelten auch heute, so gering wir sie auch achten, als Maße der Kunstübung. Gustav Schwabs (1792–1850) drei Bände der »Schönsten Sagen des klassischen Altertums« (1838 und 1840) sind in ihrer erzieherischen Leistung unerschöpflich, und die in jedem Sinne ungeheuerliche »Odyssee« von Nikos Kazantzakis (1883–1957) aus dem Jahre 1948 ist auch in unserer eilfertigen Zeit trotz ihrer 33 333 Verse – ursprünglich waren es 42 500 – erregend genug. Die griechische Entelechie ist triumphal sieghaft und darin europäisch.

Der keltische Unterstrom

Herodot siedelt die Kelten an der Westküste der Pyrenäenhalbinsel an. Das ist so falsch, wie es richtig ist. Auch dort lebten Kelten, doch nicht nur dort. Andere Schriftsteller des Altertums wußten, daß sie, zusammen mit den Germanen, Illyrern und Thrakern, die Landschaften jenseits der nördlichen Grenze der griechisch-römischen Welt bevölkerten. Der Ursprung der Kelten läßt sich in der Vorgeschichte der näheren Jahrhunderte des 3. Jahrtausends v. Chr. ansiedeln. Danach entwickelte sich die keltische Eigenart im 2. Jahrtausend v. Chr., also von der Bronzezeit an, in Wanderungen und Völkerumschichtungen.

Um das Jahr 1000 v. Chr. ging mit der Bronzezeit die Lausitzer Kultur ihrem Ende entgegen, nachdem sie sich auf Kosten Ansässiger im Donau-Raum ausgebreitet hatte. Dabei war die Lausitzer Bevölkerung innerhalb der Indogermanen eine beträchtliche Völkerschar. Faßbar wurde sie aber nur in ihrem engeren Verbreitungsgebiet zwischen Polen und Ostdeutschland. So reichte die keltische Welt zuzeiten von spanischen und gallischen Orten bis nach Thrakien und Dakien, vom nördlichen Haltern bis nach Tarent. Weit über hundert Fundorte bezeugen eine keltische Besiedelung des europäischen Raumes. Es geht aber keineswegs und zu keiner Zeit um eine geschlossene Volksgemeinschaft. Es handelt sich vielmehr um Gruppen, Völker und Sippenverbände unterschiedlicher Artung. Nichts wäre deshalb falscher, als die Kelten als Einheit zu sehen. Die Namen Kelten, Galater, Gallier meinen daher einzelne Stammesgruppen zu verschiedenen Zeiten und aus anderen Lebenskreisen.

Der Name der Kelten und der Gallier bezieht sich auf die Festlandkelten. Die Forschung sucht daher fortschreitend zu unterscheiden, und sie tut es auch in Benennungen wie Kelto-Ligurer, Keltiberer, Gallogriechen. Doch hat man sich stets an vergleichbare keltische Sprachen gehalten. Im Altertum vermischten sich verschiedene Dialekte, die auf dem Festland und den Britischen Inseln gesprochen wurden, zum Gallischen; das Altirische wird durch die Denkmäler der Oghamschrift und das Bretonische durch Glossen des 8. und 9. Jahrhunderts belegt. Die modernen keltischen Sprachen sind durch das Irische mit drei Dialekten – dem Gälischen, dem Schottischen und der Mundart der Insel Man –, das Walisische und das Bretonische mit vier Dialekten – Trégorois, Léonard, Cornouaillais und Vannetais – bezeugt. Wortschatz, Deklination und Konjugation zeigen deren Verwandtschaft. Diese ist zwischen dem Italischen und dem Germanischen als westindogermanisch zu orten. Dabei geht die Sprachverwandtschaft über geschiedene völkische Gemeinschaften hinaus.

Die Frühzeiten der Kelten liegen somit im Dunkeln. Den geschichtlichen Überlieferungen gemäß muß eine erhelltere Frühzeit der Kelten zwischen die Jahre 550 und 450 v. Chr. eingestuft werden. Zeuge dessen ist wiederum Hekataios von Milet. Er berichtet nämlich, daß das Gebiet um Massalia von Liguren bewohnt sei und daß in ihrem Rücken keltisches Land liege. Gen Westen schlössen sich die Iberer an, so daß wohl Hekataios die Kelten nördlich der Provence ansiedelt. Der Epiker und Gelehrte Apollonios von Rhodos, der im 3. Jahrhundert v. Chr. lebte, bestätigt das in seiner »Argonautika«, wenn er festhält, man gelange zu den Kelten, fahre man den Rhodanos hinauf und überquere stürmische Seen. Dabei muß es sich wohl um den Genfer See und die Seenplatte des Schweizer Mittellandes handeln. Damit sind wir im Kernland des Westhallstattkreises, der in neuester Zeit am Beispiel der Fürstensitze zwischen dem Mont Lassois, dem Mont Vully, dem Zürcher Ütliberg und der Henneburg an der oberen Donau eingehend erforscht worden ist.

Zum Ausgangspunkt der ostalpinen Hallstattkultur wurde lange der kroatisch-ostalpine Raum erklärt, der dann im westlichen Österreich und in Süddeutschland jene Fürstengräberkultur folgte. Die Hallstattkultur erhielt ihren Namen vom oberösterreichischen

Hallstatt der älteren Eisenzeit. Träger dieser Kulturschicht waren also donauländische Völker, die dank der Salz- und Eisenförderung im Noricum führend wurden, so daß sie die westeuropäischen Volksstämme einflußreich zu durchdringen vermochten.

Bei all dem bleibt zu bedenken, daß viele Funde über Kulturverspätungen errechnet werden müssen, wobei lange die italischen Funde überbewertet worden sind. Man verlegt in solchen Zusammenhängen die ältere Eisenzeit in die Jahre zwischen 750 und 450 v. Chr. Jene Zeit verstand es, an die Stelle der Bronzeschwerter lange Eisenschwerter zu setzen, die eher für den Hieb, weniger für den Stoß geschaffen waren. Die Oberflächen waren bei weichem Kern unter schneller Kühlung leicht gestählt, so daß sich die Waffe im Kampf wohl bog, aber kaum brach. Dabei arbeiteten die Waffenschmiede der Hallstattzeit überaus meisterlich und kunstsinnig. Schwerter solcher Art fanden sich in Belgien, Ost- und Mittelgallien, in Burgund und in der Franche-Comté zwischen der oberen Seine und dem oberen Saône-Tal.

Zu jener Zeit traten die Westkelten in unmittelbare Berührung mit der griechischen Kultur. Vermittler waren die Massalioten. Der Name der Keltoi wurde zuerst in der griechischen Form bekannt. Das neu gegründete Glanon war zweifellos griechisch. Die Bildsäulen in den keltischen Heiligtümern von Roquepertuse und Entremont, die griechischen Buchstaben bei Inschriften in keltischer Sprache und die gallischen Nachahmungen massaliotischer Prägungen bezeugen die griechischen Anregungen.

Trotz aller Auftriebe hat das frühe Keltentum nach einer kurzen Blütezeit zu Beginn des 4. Jahrhunderts v. Chr. zwischen den germanischen und den römischen Machtansprüchen ein jähes Ende gefunden. Die Keltenwanderungen leiteten diesen Kulturwandel ein. Plinius der Ältere gehört zu den ersten Beobachtern solcher Sturmfluten. Er berichtet, daß der helvetische Kelte Helico wohl als Schmied in Rom geweilt und bei seiner Rückkehr südliche Schätze wie Öl und Wein mit sich geführt, die Begehrlichkeit dann die keltischen Wanderungen über die Alpen ausgelöst habe. So wurden die Kelten selbst Rom zur Gefahr. Dies war zur Zeit, als die Späthallstattkultur in die Frühlatènekultur überging.

Später zogen die Kelten die Donau entlang zur Balkanhalbinsel. Es handelt sich bei diesen überflutenden Gärungen um einen Kulturzerfall, um Völkerzwiste, aber auch um Übervölkerungsnöte. Nach Pompeius Trogus sollen zuzeiten um die dreihunderttausend Mann unterwegs gewesen sein, was als Zahl übertrieben anmutet, aber erhebliche Bevölkerungsdriften bestätigt. Auch kleinasiatische Einbrüche bewirkten Fluchtzüge. Dazu wurden Kälte und Nässe in vielen Teilen Europas unerträglich. Der »lange Winter Fimbul« der »Edda« muß viele Germanen vertrieben haben, und diese schoben ihrerseits Kelten vor sich her. Das war ein erstes Mal schon um 800 v. Chr. der Fall. Eine zweite Welle wird zwischen 700 und 650 v. Chr. angesetzt. Sie bewirkte den Abzug der Palendonen nach Kastilien und Madrid.

Am 18. Juli 387 v. Chr. schlugen die Kelten das römische Heer an der Allia. Anschließend äscherten sie die »Hellenenstadt« Rom ein. Nur das Kapitol ließ sich dank reicher Lösegelder halten. Doch die Drohung aus dem Norden lastete bis zum letzten Jahrhundert v. Chr. auf dem erstarkenden römischen Imperium, bis dieses zwischen 58 und 51 v. Chr. Gallien niederzuhalten vermochte. Um das Jahr 15 v. Chr. eroberten dann die Augustus-Stiefsöhne Drusus und Tiberius in einem Alpenfeldzug die keltischen Gebiete Süddeutschlands und der Schweiz vom Alpenraum bis zur Donau. Die Romanisierung schritt voran.

Zuvor aber waren im Verlaufe des 2. Jahrhunderts v. Chr. die Belgen durch westgermanische Stämme vertrieben worden. Der armorikanische Stammesverband machte den Ärmelkanal zum Meer der Belgen. Diese drängten als Abenteurer – wie die »Fir Bolg« der irischen Epen berichtet – über die Meerenge und siedelten sich auf den Britischen Inseln an.

Gleichzeitig zerstörten die Germanen die süddeutschen Siedlungen der Kelten. Die Helvetier wurden aus den wüsten Gebieten zwischen Rhein und Neckar in die Schweiz vertrieben, und um 109 v. Chr. drangen Germanen in Gallien ein. Sie zogen mit Splittergruppen der Helvetier nach Aquitanien und schlugen als »Kimbernschreck« die römischen Legionen. So war zu Beginn des 1. Jahrhunderts v. Chr. die Cisalpina noch gallisch. Doch Rom war nicht aufzuhalten. Es gründete eine Kolonie in Ivrea – Eporedia –, um die Salasser in Schach zu halten, und erklärte im Jahre 82 v. Chr. die Umwandlung der Cisalpina in eine römische Provinz. Die mit Rom verbündeten Massalioten sicherten 102 v. Chr. die Landbrücke zwischen dem ebenfalls römisch gewordenen Spanien und der Cisalpina, so daß die Gebiete Südgalliens zur römischen Herrschaft zusammengeschlossen werden konnten.

Caesar (100–44 v. Chr.) tat das Seine: Er unterwarf die Helvetier und jagte den germanischen Heerkönig Ariovist (gestorben um 54 v. Chr.) über den Rhein zurück. Im Jahre 51 v. Chr. war ganz Gallien römisch. Die Römer stießen nach Britannien vor, gründeten bei Camulodunum eine Festung und sicherten den Westen gegen Cornwall. Im Jahre 86 begann Agricola (40–93) zwischen dem Clyde und dem Firth of Forth eine Verteidigungsanlage auszubauen, die unter Hadrian (76 [117]–138) und Antonius Pius (86 [138]–161) vollendet wurde. Mit Ausnahme von Kaledonien und Teilen von Wales war ganz Britannien gefallen; es blieb bis zum Beginn des 5. Jahrhunderts römisch.

Nach dem Abzug der Römer lieferten sich die britischen Kelten, um den Pikten gewachsen zu sein, den germanischen Sachsen aus; sie wurden um 449 von Vortigern ins Land gerufen. Die sächsische Invasion trieb viele zur Auswanderung. Andererseits behauptet ein irischer Historiker, daß zuvor die caesarflüchtigen Helvetier zur Hälfte den Ozean und Irland erreicht hätten. Unter solch wechselnden Geschicken ist auch die Geschichte der keltischen Bretagne noch in vielem ungeklärt und wohl auch unklärbar.

In diesen Sturmfluten wurde die alte keltische Welt vernichtet. Irland wurde seiner Lage zufolge letztes Bollwerk. Sein wanderndes Mönchtum sollte deshalb von besonderer Strahlkraft sein. Gewiß ist, daß die keltische Sprache nach der Besetzung Galliens auch dort noch lange weiterlebte, weil sich den eigenwüchsigen Kulturformen das Latein immer wieder als unangemessen erwies. Zudem waren die keltischen Verbände von urher wenig anschlußfreudig. Die Kelten besaßen schon als Handwerker einen eigenen Stolz, und ihre Schicksalsdemut wich vor manchen Ansprüchen in eine schöpferische und üppige Phantasie aus.

Dennoch galt seit 1282 nach einem Aufstand der walisischen Kelten Wales als Teil Englands, dessen Thronfolger zum Prince of Wales wurde. Unter den Stuarts wurde auch Schottland dem britischen Königreich einverleibt. In Irland mußte der letzte Oberkönig Rory An Ruaiche O'Connor schon 1171 die Oberherrschaft des britischen Hauses anerkennen. Dem konnten die großen Volksversammlungen von 1351 und 1433 kein freies Irland mehr entgegenstellen. Am Ende des 17. Jahrhunderts fiel nach der Regierung von Elisabeth I. (1533 [1558]–1603) und der Schreckensherrschaft Cromwells (1599–1658) Irland seinem Leidensweg unter der britischen Krone endgültig anheim. Es hatte sich zu den Stuarts bekannt. All dies mottet auch nach der Unabhängigkeitserklärung von 1919 blutig weiter.

Wie sahen die Kelten aus, und wie lebten sie? Halten wir uns an die Zeugnisse der Antike, denn naturwissenschaftliche Methoden wie die Anthropometrie dürften kaum zu verheißungsvollen Ergebnissen führen. Als erster sei Polybios (um 200–um 120 v. Chr.) angeführt. Er arbeitete zumeist nach Augenzeugenberichten und schilderte eindrücklich keltische Kriegsbräuche. Gelbmähnige Räuber seien die Kelten, hält er fest. Einer seiner jüngeren Zeitgenossen, Poseidonios von Apameia in Westsyrien (um 135–51/50 v. Chr.), der in Athen Schüler des Panaitos von Rhodos (185–109 v. Chr.) war und sich später auf Rhodos niederließ, trug in Massalia viele Angaben über die Kelten zusammen; sie sind verlorengegangen, so daß wir seinen Abschreibern vertrauen müssen. Es sind dies Strabon und Diodoros. Auch Caesar hielt sich an seine Winke.

Diodoros hält die Kelten für Nachkommen des Herakles. Dieser sei nämlich nach Frankreich verschlagen worden, wo er Alesia gegründet habe. Vercingetorix (gestorben 46 v. Chr.) mußte dann dort im Jahre 52 v. Chr. trotz eines bemerkenswerten Ersatzheeres, das eingriff, vor Caesar die Waffen strecken. Strabon wußte genauer um die massaliotische Kunde der Siedler in der Gegend um die Narbonne, die Keltai. Diodoros jedoch schildert die verregneten Herbste und die schneereichen Winter des gallischen Raumes. Er erörtert die Trunksucht jener Völker, ihre ausschweifenden Gelage.

Die Kelten pflegten den Feuerstellen nah auf Wolfsfellen zu tafeln, und sie erfreuten sich besonders der saftigen Rückenstücke, die auch Agamemnon zu schätzen gewußt hatte. Aber waren solche Bräuche nur keltisch? Ferner hätten die Kelten den Glauben des Pythagoras an die Unsterblichkeit der Seele und die wiederholte Wiedergeburt gepflegt. Andere griechische Historiographen ergänzen diese Berichte um die keltische Sitte der Kopfjägerei. Auch Mordrituale sind verbürgt. Poseidonios überliefert die Hintergründe keltischer Götterdienste, während Diodoros berichtet, die keltischen Frauen hätten im Wetteifer mit den Männern ihren Mut erprobt. Sie seien hochgewachsen, in ihren Angeboten schamlos und allzu großzügig gewesen.

Strabon (um 63–nach 26 v. Chr.) schreibt, die Kelten mühten sich, »nicht fett und schmerbäuchig« zu werden. Er weiß auch um die berühmten keltischen Torques. So ernst solche Belege genommen werden müssen, so unsicher bleiben sie. Doch fielen den Bewohnern der Mittelmeerländer die Kelten durch ihre Größe, die helle Haut, eine stählerne Stärke, blaue Augen und blondes Haar auf, und dieses Bild wird überraschend durch das Schönheitsideal der frühen keltischen Inselliteratur bestätigt.

Trotz unserer Zurückhaltung müssen die Kelten, wie es die Gräberfunde, die durch Hallstatt- und Latène-Grabbeigaben belegt sind, in älteren Bevölkerungsgruppen Rundschädel gezeigt haben, während Langschädel eher eine Führungsschicht kennzeichnen, die einem mehr mitteleuropäischen Volk angehörte, so daß die untersuchten Funde nur die starke Vermischung verschiedener genetischer Typen sichern. Sehen wir uns weiter um, so dürften uns die klassischen Skulpturen der Pergamon-Schule belehren. Sie erhärten in der Darstellung der Galater-Niederlage in Kleinasien die schriftlichen Angaben von großen, wendigen und kräftigen Gestalten mit runden, aber auch ovalen Schädeln und welligem rötlichem Haar. Vieles bleibt allerdings ungenau. Vielleicht kommen die Statuen, die in den südgallischen Heiligtümern gefunden worden sind, der Wahrheit näher. Ihr Haar hängt in die Stirn und in den Nacken. Groß und von schweren Augenbrauen überschattet sind die Augen, breit die Backenknochen; gerade ist die Nase, breit der

Mund. Ihre Rundköpfe gleichen den pergamenischen Bildwerken wenig. Würden wir die Menschentypen verbindlich als keltisch hinnehmen, so verwirkten wir uns in die Widersprüche von Völkern und Rassen. Als die westlichen Kelten in die Geschichte eintraten, hatten sie schon beträchtliche fremde Eigenschaften aufgenommen. Ihre Wanderungen müssen ihr Erscheinungsbild verändert haben, und so bleibt es denn bei der Einsicht unserer ersten Sätze, daß die Kelten nie und nirgends eine geschlossene Volksgemeinschaft gebildet haben.

Auch bei den gesellschaftlichen Gliederungen und dem Brauchtum muß das Arteigene zurückhaltend vom Raum- und Zeitgerechten unterschieden werden, wobei uns allerdings die gälische und britische Literatur entscheidende Hilfe leistet. Heldenlieder und Gesetzestexte geben unseren Erkenntnissen besondere Aspekte, wenn man auf ihre ältesten Bestandteile zurückgreift. Wohl waren die Kelten unfähig, zur politischen Einheit zusammenzufinden, doch waren viele ihrer Gruppen verbündet, und ein Gefühl der Verwandtschaft schuf zusammengehörige Erscheinungsformen des alltäglichen Lebens, zumal der kultischen Bräuche, denn diese waren an die verbindlichere Kulturwelt der Druiden gebunden, die religiös und sittlich vergleichbar war. Die Verbreitung des Druidentums bei den Festland- wie bei den Inselkelten, die über Völkerschaften hinwegspannte, mußte die verschiedenen Stammesverbände im selben Geist zusammenführen: durch Schädeljagd, Blutverwandtschaft und Schenkungen.

Kriegstoll seien sie alle gewesen, meinen die antiken Klassiker übereinstimmend. Sie zeigten sich aber nicht nur wagemutig, sondern auch gastfreundlich, werden wir belehrt. Doch selbst dies sichert noch keine Eigenart. Keltisch allerdings muten uns Spuren einer strengen Sippenordnung an. Totemistische Gebote prägten selbst die Speisebräuche. Der Tierkult ist gesichert. Am Ende der jüngeren Eisenzeit wurde die Einehe bevorzugt, wenn es auch noch Nebenfrauen als Gattinnen oder Sklavinnen gab. Privatrechtliche Verträge solcher Art bedurften der Probeehe, und sie wurden erst bei der Geburt der Kinder rechtskräftig. Dem muß eine starke mutterrechtliche Zeitschicht vorangegangen sein. Der Mythos von der Femme engloutie, die bretonische Sage von Ker-Ys, die walisische von Maes Gwyddneu, die Legende von Conchobar und Tryphina bezeugen es, und Yseult als Sonnengöttin bekräftigt es. Selbst der Gralsmythos ist solcher Deutung zugänglich. Er hat in der Gralssuche die weiblichen Urgründe. Frauen gaben dem Götterwillen Wort.

Zur Zeit der römischen Eroberung Galliens herrschte bei den Festlandkelten eine ausgeprägte hierarchische Regierungsform. Die königliche Art besaß magische Kräfte. König wurde man nach göttlichem Recht. So war denn der König im Besitz der religiösen, der richterlichen und der militärischen Gewalt, zugleich aber zur großzügigen Gastfreundschaft verpflichtet, was noch auf späte provenzalische Standesbräuche einwirken sollte. Ein stehendes Heer war unbekannt. Man fand sich im Kriegsfall unter fürstlicher Führung nach Stämmen und Sippen gegliedert zusammen. Der Adel stellte die Reiterei, und gallische Wagenkämpfer waren von hohem Ansehen. An oberster Stelle zählte die Sippe, die Erbfolgerechten gehorchte. Der Boden war Sippengut, das Recht Sippenrecht. Vieles davon erklärt die zentrale Siedlungsform der westhallstättischen Fürstensitze. Auch in den sittlichen Verknüpfungen galten und geboten Bürgschaften.

Nur in der religiösen Einheit ist ein gewisser Zusammenhalt der keltischen Gemeinschaft spürbar. Die Feste besaßen kraft der religiösen Bindungen in hohen Gedenkfeiern Vorrang. Es waren dies vornehmlich die Jahresfeste, die den Beginn einer Jahreszeit einleiteten: der 1. Februar, der 1. Mai, der 1. August und der 1. November. Kenntnisse dessen besitzen wir aus Irland. Es waren Volkstreffen. Solche gab es in Uisnech, Tailtin, Emain Mache, Crnachan und Carman; bedeutender aber war das »feis« in Tara, dort nämlich seien die Gesetze beschlossen und erneuert worden. Diese feierlichen Zusammenkünfte waren ursprünglich naturkultisch bestimmt und von den Druiden geleitet, immer aber auch von Wettspielen aller Art belebt.

Das Februarfest Imboc wurde später der heiligen Brigida (453–523) unterstellt. Es war ursprünglich ein Reinigungsfest. Das Betene-Fest im Mai verehrte mit der wachsenden Sonne das Feuer.

Feuerbräuche solcher Art kennt ganz Europa. Es handelt sich um ein Fest des freudigen Anfangs und der Zukunftsorakel. Deshalb bezog man es dann auch auf die erste Eroberung Irlands durch die Söhne Pantholons, die in Uisnech das erste Feuer entzündet hätten. Das Hauptfest der Kelten war aber Lugnasad. Es soll durch Kaiser Augustus Lugudanum gestiftet worden sein, als dieser die Hauptstadt Galliens dem Gott Lugu – dem Sonnengott also – weihte, doch das ist Legende von geringer Zeugniskraft. Irland anerkannte die Feier in seinem eigenen Fest und in derselben göttlichen Zuschreibung. Es wurde mit großem Aufwand an etlichen Orten begangen. Tara aber war sein Zentrum. Das Fest dauerte zwischen dem 15. Juli und dem 15. August mindestens sieben Tage. Es ist im 6. Jahrhundert bezeugt. Auch die Carman-Feiern sind einer Kultlegende gehorchend mythisch gegründet. Carman war als große Zauberin Mutter dreier Söhne. Sie wurde durch die Magie der Tuatha Dé Danann überwunden und nach ihrem Tod in einem Hügel begraben, den man bei den Ausgrabungen von Kildare gefunden zu haben glaubte.

Man hat versucht, die keltische Religion einer hypothetisch erschlossenen indo-europäischen Kulturwelt zu verbinden. Die arische Sprachfamilie sollte ihre religiöse Entsprechung besitzen. So hat man denn für die jüngere Steinzeit eine geschlossene Volksgemeinschaft vorausgesetzt und sie in Mitteleuropa oder nördlich des Kaspischen Meeres angesiedelt. Religions- und Kulturvergleiche sollten die Annahme bestätigen. Die Ur-Indoeuropäer hätten eine überaus fein gegliederte Sprache besessen; sie seien kühn, freiheitlich gesinnt, treu, wahr und darüber hinaus von lebendiger Naturverbundenheit und tiefer Innerlichkeit gewesen, wird versichert. Vaterrechtliche Ordnungen werden trotz neuerer Forschungsergebnisse vorausgesetzt. Jenes Volk habe die Eiche, aber auch Quellen und Flüsse als lebenspendend verehrt. Rad und Ball seien von großer Gleichniskraft gewesen. Dabei gelte altindisch »Sūrya« für lateinisch »Sol«, aber auch als Sonnenjungfrau für lettisch-litauisch »Saule«. Ältester Zeitmesser sei der Mond gewesen, der als Freier der Sonnenjungfrau erscheine. Doch habe über der Erde und den Gestirnen der Himmelsvater gethront. Er sei als höchster Lichtträger verehrt worden. Das Leuchtende wurde allen göttlichen Wesen zuerkannt, und so heiße altindisch »deva« iranisch »daeva«, lateinisch »divus«, altirisch »dia«, litauisch »dievas«. Es sei in kosmischer Ehe der Erde gesellt, und diese Ehe führe das Weltgesetz an, das spende und versage, so daß Zauber nötig würden. Wesentlich aber scheint der ur-indogermanischen Religion über dem Tod-Leben-Kreislauf das Fortleben der Toten gewesen zu sein. Daher wurden Grabhäuser gebaut, ehe um die Mitte des 2. Jahrtausends v. Chr. die Einäscherung die Fortlebensvorstellungen vergeistigte. Wiederverkörperungen wurden ahnbar. Letztlich hing dieser Urglaube einem All-Einheitsglauben an.

Dem entsprach – faßbarer – der Kult der Kelten in Süd-, Mittel-, West- und Norddeutschland, in Oberitalien, dem Donau- und Ostalpenraum, Frankreich, Spanien und auf den Britischen Inseln. Ist auch die Prähistorie der Kelten während der Latène-Zeit des 1. Jahrtausends v. Chr. dämmrig und wissen wir kaum verläßlich, ob die Megalith-Anlagen von Carnac und Stonehenge an die Kelten gebunden sind und in welchem Ausmaß die späteren irisch-schottischen Quellen für frühere und entferntere Kelten eingesetzt werden können, so ist doch gewiß, daß Caesar den keltischen Hochgott als »Vater Dis« bezeichnete, also wohl mit Zeus zusammensah. Dreiköpfige Gottheiten lassen triadische Weistümer erschließen, die in Mythen und allen wunderbaren Ereignissen zugegen waren. Vor allem wurde die Naturwirklichkeit geheiligt; Tiere und Wassergötter erfreuten sich inbrünstiger Verehrung; der hohe Himmel wurde in seinem Glanz gefeiert, wobei matriarchalische Zugeständnisse etwa die gallisch-römische Rosmerta erhöhen. Naturelbisch war man dem Reich der »Side«, der Feen, pflichtig, den Wasserelfen des unbefahrenen, aber auch den Geistern des befahrenen Meers eigen. Hügel und Inseln waren da und dort blaue Geistwelten. Manche Inseln gehören See-Elfen. Das Totenreich ist farbvoll, wohllautend und himmlisch. Mit Caesar berichten Strabon und Diodoros Ähnliches von den Druidenlehren, die noch später im Waliser Heldenepos nachklingen. Vieles von all dem ging dann in die christlichen Verheißungen ein.

Caesar bezeugt, daß Straffällige aus der Kultgemeinschaft der

Kelten ausgeschlossen worden seien. Damit wird die Priesterschaft der Druiden auch zur Hüterin des Rechts. Der Seher ist wissend und als Barde von bannender Wortkraft. Die Druiden hüten die Kenntnisse, verkündigen, lehren sie und leiten zur Heiligung der göttlichen Werke und der Götter an. Dem stand in den »dryades« ein abgründig verschwiegenes weibliches Priestertum zur Seite. Die Dryaden waren wie die Druiden Schamanen. Doch besaßen die Stämme besonders sakrale Eigenheiten, auch besondere Gottheiten, die wohl auf einen frühen Totemismus, sicher auf Ahnenkulte hinweisen.

Im Umkreis dessen galten Blutsbrüderschaften unverbrüchlich, und die rituelle Kopfjagd besiegelte die Mannbarkeit. Dort wurden Verträge blutig eingegangen, hier die Kräfte mittels der beiständigen Schutzgeister gemehrt. All dies ist übermenschlichen Kräften dienstbar, bewundert Heroen wie Cúchulainn, Finn und viele andere, die gottähnlich waren. Cúchulainn soll von Lug, Mongan von Gott Manannan gezeugt worden sein. Die Götter lebten auf der Erde. Die Begegnung mit ihnen war irdisch und zugleich außer- und überirdisch. Solche Glaubensregungen waren überaus wirksam. Der Gott mit den drei Köpfen – drei Göttinnen, die sich gesellen – entsprach der Dreiteilung der irischen und gälischen Spruchdichtung; die Dreierzyklen der Nächte und der Jahre bedurften abgründiger, unerschöpflicher Deutungen, wie sie etwa die gälischen Triaden mythisch vergegenwärtigen. Heroisch strahlt der Sagenkreis um Artus, und die großen Feste feiern die Übereinkunft von hierarchisch Geschiedenem.

Darin wirkten die Druiden in mündlicher Überlieferung und früh in erblicher Folge verbindlich. Sie waren es denn auch, die sich der Romanisierung entgegenstellten und die Aufstände der Jahre 21 und 71 anführten. Sie hatten bei vielen Treffen den Vorsitz inne, geboten, verboten, spornten an. Daher waren die Römer bewußt darauf aus, das Heiligtum von Mona zu zerstören. Die entfremdende Macht des Übersinnlichen sollte gebrochen werden; es galt den Umgang mit den hilfreichen und ermutigenden, ja fordernden Göttern zu unterbinden. Von solcher Bedrängnis war auch der bestätigende Segen der Überlieferung, der kultisch gebundene Kunstgeist, die stärkende Jenseitshoffnung, das Mistelgeheimnis der Stieropfer, die Fruchtbarkeitsgewähr der Jahresfeste betroffen, und mit der Verpflichtung auf die Kultregeln war das Keltentum schlechthin bedroht.

Stets und überall ehrte die Kunst den Menschen und seine Götter. Die Latène-Kunst des transalpinen Abendlandes setzte mit abstrakten geometrischen Formen ein und bereicherte sich zur Zeit der Urnenfeld- und Hallstattkulturen mit Mäandermotiven aus dem östlichen Mittelmeerraum, stilisierte aber bald neben der Sonne auch Säuger und Vögel. Andere Anregungen kamen aus dem Iran, der auch die Torques vermittelt haben dürfte. Skythische Vorbilder sind ebenfalls spürbar. Dabei war Südgallien Griechenland näher, als es die Nordkelten waren. Das unterschied mit den Vorbildern die Werke.

Wenn es auch langehin kaum eine eigenständige keltische Baukunst gab und das keltische Haus ein rechteckiger oder auch runder Holzbau blieb, so lernten doch die Nachbarn von Massalia die Felsbautechnik. Auch waren dort schon im 3. und 2. Jahrhundert v. Chr. Säulenreihen und Rundstäbe bekannt. Es sollen die Kelten überdies von den Griechen gelernt haben, ihre Städte zu befestigen. Die Steinblöcke und die großgriechischen Steinmetzzeichen in der Mauer von Saint-Blaise bezeugen es. Keltisch dagegen ist der »murus gallicus«, der Bruchsteinmauern mit Gebälken verstärkt. So unterschieden sich denn die Steinbauten im Süden von den Holzbauten im Norden. In Roquepertuse wurden die Propyläen mit Gravierungen, Malerei, Reliefs geschmückt. Am Portikus von Mouriès und am Schlußstein von Roquepertuse wurden sogar Pferde und Reiter eingehauen. Am Portikus von Entremont stehen Reihen abgeschnittener Köpfe und Szenen übereinander, die sich der Totenreise versichern. Tierische und pflanzliche Motive begleiteten geometrische Zierden. Selbst Heroenstatuen säumten die Straße zum Heiligtum. So in Entremont. Kapitelle mit Eierstäben belegen wiederum griechische Einflüsse. Maßgebend war bei fremden Anregungen auch der etruskische Handel mit orientalischen Übernahmen beteiligt.

Die Rundplastiken nahmen die Überlieferungen der Bronzezeit auf. Hermen und Kriegerbüsten muten noch archaisch an. So finden sich in Roquepertuse wie in Entremont Heroenstatuen in den Heiligtümern. Nur der Dieu de Bouray gehört in seiner Überlegenheit dem 3. Jahrhundert v. Chr. an. Dagegen halten Kleinplastiken Hirsche, Männer, Frauen, auch Tänzerinnen fest. Widder (Oberbayern), Hirsche und Stiere (Kreuznach) wurden in Tonfiguren gebannt. Ein Bronzepferd findet sich im Musée Châlons-sur-Marne. Seltsam berührt uns die Statue von Roquepertuse, die – leider ohne Kopf – einen Gott in indischem Kreuzsitz vorstellt; sie wird im alten Massalia verwahrt.

Das alles unterscheidet sich von den hellenistischen Kunstwerken, die den Kelten nackt, mit kampfzerzaustem Haar und bewegt vorstellten. Die Felszeichnungen von Val Camonica, die ins 4. Jahrhundert v. Chr. datiert werden, stellen zwar Kelten dar, sind aber der Este-Kultur verpflichtet. Dort trägt der Gott Cernunnos die Attribute des Hirschgottes: Hirschgeweih, Torques und Schlange. Südfranzösische Funde sind mit iberischen Kennzeichen vernetzt. Der sterbende Galater ist pergamenisch; der Gallier in einheimischer Tracht wurde aber bei Auxerre gefunden, der gallische Krieger im Panzerhemd stammt aus Mondragon, sein Schild gehört der augusteischen Zeit an. Bei all dem bleibt ungewiß, wo die Werke des Latène-Stils hergekommen sind. Selbst die Stilphasen sind unsicher einzuordnen. Das gilt ebenso für die Schätze des Kunsthandwerks: Armringe, Schmuckscheiben, Ketten, Fingerringe sowie Eßlöffel, Goldschalen und Kessel.

Großartig zeugt die irische Kunst für die schöpferische keltische Leistung aus drei Jahrtausenden. Sie hortet Belege aus der Mittelsteinzeit (etwa 7000–4000 v. Chr.), der frühen Bronzezeit (etwa 2500–1200 v. Chr.), der späten Bronzezeit (etwa 1200–600 v. Chr.), der Eisenzeit (etwa 450–300 v. Chr.), Kunstwerke aber auch des frühchristlichen Irland (etwa 400–1000), des Mittelalters (7. bis 10. Jahrhundert) unter wikingischen und normannischen Einflüssen. Diese Kunstfolge reicht von Ganggräbern und ihren Hortschätzen über goldene Schmuckfunde, die Ringwallburgen zum Muiredachkreuz des 9. oder 10. Jahrhunderts, über die Tarafibel, die

Hochkreuze des 8. Jahrhunderts zur Buchornamentik des frühen Mittelalters, über die Codices, die Kanontafeln mit ihren Ornamententeppichen zum Schmuck und zur Verhüllung der heiligen Texte, zum »Book of Kells«, zu frühen Reliquiarien. Die Fülle ist nicht abzusehen. Sie preist den glanzvollen Geist einer ungebrochenen keltischen Kunst.

Von ähnlich überraschendem Reichtum und von ebenso großartiger Strahlkraft wie die keltische und keltisch-irische Kunst sind die zugehörigen Literaturen. Sie werden von der Priesterkaste der Druiden gepflegt, gehen an die singenden Barden über und erreichen auch die festländischen Vates. Sie alle wurden von den Filid abgelöst, welche die meisten gelehrten Dichter stellten. Ihnen allen eignete eine unbändige schöpferische Einbildungskraft, aber auch eine einfühlsame musikalische Bereitschaft.

Lag die Blütezeit des Bardentums zwischen dem 7. und dem Ende des 15. Jahrhunderts, so muß nach einer treuen mündlichen Überlieferung das Lobgedicht auf Columcille (521 oder 543–597) – »Amra Eholuimb Chille« – als ältestes datierbares Werk der irischen Literatur angesprochen werden. Die Totenklage soll kurz vor Columcilles Tod entstanden sein. Als Verfasser ist Dallán Forgaill (6./7. Jahrhundert) verbürgt. Er war gelehrter Dichter und stammte aus der größten von Niall Noigiallach begründeten irischen Königsfamilie. Er gilt inmitten seiner Klostergründungen als Apostel der Schotten. Seine Totenklage setzt mit einem Gebet ein und gibt die Nachricht von Columcilles Tod weiter. Sie schildert seine irdischen Leiden, seine Weisheit, seine Himmelsfahrt und endet in der gebührenden Trauer. Vieles um dieses Werk ist noch nicht geklärt, weder metrische noch sprachliche Eigenheiten sind voll gehoben. Der Text ist ebensosehr Dichtung wie Beschwörungswort. Er hat deshalb zu allen Zeiten reichliche Glossierungen erfahren. Die reimlose, unstrophische Dichtung hielt sich im Raume der anrufenden Kola bewußt kunstfern. Metrische Formen nämlich blieben der lyrischen Dichtung vorbehalten, es sei denn, daß sie Genealogien, Mönchsregeln oder Lehren als Gedächtnisstützen mitgegeben wurden.

Die keltische Ornamentik hat im Wort magischen Rang und ergeht sich oft in Andeutungen. Dagegen sind die lyrischen Aussagen des 9. Jahrhunderts voll genauer Naturschilderungen: Es röhrt der Hirsch, der Winter treibt seinen Schnee vor sich her, der Wind ist schneidend, die Sonne steht tief und ist von kurzer Bahn; in hohen Wogen wälzt sich die Flut an das Ufer, der Frost lähmt die Vogelschwinge, und der Farn leuchtet dunkelrot. Dies ist die Botschaft der »Eiszeit«.

Damals wurden auch die ererbten Sagen weitergegeben. Etwa jene von Cúchulainn, dessen Schilderung unvergleichlich ist, wenn er sich vor lauter Wut in seinem Körper und innerhalb seiner Haut »verdreht«. »Er zog das eine seiner Augen in seinen Kopf hinein, so daß ein wilder Kranich es kaum fertig gebracht hätte.« Solchermaßen gespannt sprang Cúchulainn in seinen Sichelwagen. Doch fehlen auch weiche und schmeichelnde Gedichte nicht, religiöse überwiegen. Das muß außerhalb und in Untergründen der europäischen Kultur als Unterstrom verstanden werden.

Die älteste irische Schrift, Ogham, besteht aus Linien und Punkten. Sie findet sich auf Grenz- und Grabsteinen des 5. und des 6. Jahrhunderts. Die später überlieferten Heroenzyklen sind allerdings älter, als es die schriftliche Fassung zugesteht. Daher taucht beispielsweise in der Ulster-Sage des 7. Jahrhunderts Emain, die längst zerstörte Hauptstadt des Ulster-Reiches, auf. Doch tragen manche der späteren Dichtungen auch altindogermanische Züge. Die frühe Sprache der Gedichte war der Herkunft und der seelischen Legitimation gemäß rhythmisch alliterierend. Erst die lateinischen Kirchenhymnen haben den Reim nach Irland gebracht. Auch wurden die volkstümlichen Erzählungen der Finn-Sage durch die französischen Romans d'aventure beeinflußt.

Bis zu Beginn des 18. Jahrhunderts war das Irisch-Gälische auch Literatursprache der schottischen Hochlande. Die schottischen Barden, die vom Adel unterhalten wurden, lernten ihre Künste in Irland. Diese Tradition reichte bis zu James MacPherson (1736 bis 1796), der »The Works of Ossian« veröffentlichte, eine »Fälschung«, die jedoch überaus überlieferungsecht war. MacPherson war ein anglo-keltischer Dichter von untrüglicher Tradition, ein Neubarde alter Erinnerung. Seine Dichtungen begeisterten so sehr, daß selbst Goethe sich der Mühe unterzog, Gälisch zu lernen. Andere »Fälschungen« führten das Erbe weiter: Théodore Hersart de La Villemarqué (1815–1895) mit der »Barzaz Breiz«, einer Volksliedersammlung aus der Bretagne, und William Sharp (1855–1905), der unter dem Pseudonym Fiona Macloed Dramen aus der irischen Sage und lyrisch-epische Dichtungen veröffentlichte.

Ähnliches gilt für die kymrische, die walisische Literatur. Ihr Proschrifttum beginnt mit den Gesetzen des Howel Dda aus dem 10. Jahrhundert. Zahlreiche Stoffe des Artus-Sagenkreises waren auf dem Festland bereits bekannt, ehe Geoffrey of Monmouth (um 1100–1154) seine »Historia Regum Britanniae« lateinisch verfaßte. Als Quellen der höfischen Dichtungen des Chrétien de Troyes (um 1135– vor 1190) dienten wohl kornische Dokumente und mündliche Überlieferungen bretonischer Sänger.

Zu den schönsten keltischen Erbgaben gehören der schottische Ossian und die kymrischen »Vier Zweige des Mabinogi«. MacPhersons »Fingal, An Ancient Epic Poem in Six Books ... Composed by Ossian, the Son of Fingal, Translated from the Gaelic Language« erschien 1762, in der zweiten Ausgabe 1765 erweitert zu »The Works of Ossian«. Samuel Johnson (1709–1784) hatte die Fälschung sofort als solche erkannt. Nach der gelehrten gälischen Tradition sollen Fionn und seine Männer im 3. Jahrhundert gelebt haben. Oisin, der Sohn Fionns, soll ihr Barde gewesen sein. So knüpften denn die »Werke des Ossian« an viele schriftliche und mündliche Überlieferungen an. Doch bündelte ein Dichter die Garbe. Seine Balladen haben zwar wenig mit gälischen Texten zu tun, geistig jedoch sind sie brüderlich gesellt. In »Fingal« wird die Invasion Irlands beschrieben, Cúchulainns Niederlage betrauert und Fingal gefeiert, der herbeigerufen die Skandinavier vertrieben haben soll. MacPherson hatte allerdings den ursprünglichen Volksgeist in den Schwulst eines romantischen Stils verschoben. Fruchtbar blieb sein Werk aber dennoch: Goethes »Werther« ist ohne ihn nicht zu denken. Friedrich Leopold Stolberg (1750–1819) übertrug noch 1806 den ganzen »Ossian«. In Herders Ossian-Verdeutschungen lebte die Klage um das holdselige Mädchen von Kola als »Darthulas Grabgesang«

so weiter, daß sie noch Johannes Brahms (1833–1897) zu begeistern vermochte. Die Bardendichtung war schon 1766 in die deutsche Literatur eingegangen. Heinrich Wilhelm von Gerstenberg (1737 bis 1823) schuf damals sein »Gedicht eines Skalden«, das sich ebenfalls an Herder orientiert. Viele zeitgenössische Dichter legten sich Bardennamen zu.

Von anderem Ernst sind die »Vier Zweige des Mabinogi«, wie sie im »White Book of Rhydderch« (um 1300) überliefert sind. Es geht um altbritische Sagenelemente unter irischem Einfluß. Vorherrschend sind kymrische Sagenkreise der Provinzen Gwynadel und Dyfed, die einer starken Oberschicht pflichtig waren. Anderes geht auf die nordirische Ulster-Sage zurück. Mitgegeben sind dem Werk altbritische Erzählungen, die sich auf die römische Besetzung beziehen oder aber britische Sagen um Artus neben französischen Arthur-Epen weitergeben. Sie alle gehen auf keltische Stoffe zurück. Kymrische Anregungen befruchteten auch John Donne (1572–1631) und andere noch, bis hin zu Dylan Thomas (1914–1953).

Bretonische Einflüsse führten zur französischen Literatur hinüber. François René de Chateaubriand (1768–1848) war bewußt und stolz Bretone, der unter dem Einfluß von MacPherson das angestammte Unabhängigkeitsbedürfnis jenes Heckenlandes gegen eine erniedrigende Zeit förderte. Ernest Renan (1823–1892) hauchte seine bretonische Sprachmelodie den Zaubern französischer Verse ein, und Auguste de Villiers de L'Isle-Adam (1838–1889) eroberte sich in der Prosa den lyrischen Bretonismus. Im Wandel der keltischen Welt blieb sie – erneuert – keltisch. Das gilt zwischen Johannes Scotus Eriugena (810–877), dem Artus der Tafelrunde bis zu Tristan und Isolde, also bis zu Wagner hin. Es gilt aber auch eigenständig bei William Butler Yeats (1865–1939), bei James Joyce (1882–1941) und Samuel Beckett (geboren 1906).

Yeats hat seine »Plays for an Irish Theatre« 1913 in London veröffentlicht. Darin finden sich – ohne das späte »Death of Chuchulain« – die frühen Stücke »The Countess Cathleen« von 1892 und »Deirdre« von 1907. »The Countess Cathleen« nimmt sich als Versdrama einer der düsteren Frühzeiten Irlands an. Um die Hungernden inmitten ausbeuterischer Händler von den Schreckensgeistern zu retten, verkauft die Gräfin ihre Seele. Doch wird das Seelenheil der Toten dem irischen Hoffnungsglauben gemäß gerettet, denn »das Licht des Lichtes fragt nach dem Ende, niemals nach den Taten«. Ein Zeugnis aus dem verlorengegangenen »Droma Snechtai« bestätigt diesen Lichtglauben, wenn es verkündet, daß Ogma der Weise, der »Glanz der Sonne«, das Lichtschwert aus dem Osten der Götterwelt und Nuada aus der leuchtenden Stadt des Südens den Speer des Sieges gebracht habe. Fünf Invasionen waren über Irland hinweggegangen. Solchen Nöten sang Yeats sein Hohelied auf den Freiheitskampf seiner Heimat. Seine Cathleen war heidnisch und katholisch, die Legende irisch.

Im Einakter »Cathleen ni Houlihan« von 1902 wiederholt Yeats sein Freiheitslied mit einem Stoff von 1798, kurz vor der Landung der französischen Truppen. Ein altes Bettelweib ruft den Bräutigam zu den Waffen. Anstelle des unheimlichen Gastes aber begleitet ein junges »Mädchen mit dem Gang einer Königin« den zum Kampfe Aufgerufenen.

Die Verstragödie »Deirdre«, die 1906 im Dubliner Abbey-Theatre über die Bühne ging, beschwört die größte Liebende der alten irischen Sage. Ihre glühende Liebe kann im Kampf gegen die finsteren Leidenschaften des Königs Conchubar nur mit dem Tod an der Seite des Geliebten enden.

Die späte Tragödie »The Death of Chuchulain« schließt die Folge von Stücken, die Leben und Tod zum Vorwurf haben, ab. Es geht darin um eine Vision von Tod und Musik. Der verwundete Chuchulain träumt von seinen Geliebten, von der Kriegsgöttin Morrigu, von Eithne, Emer und Aoife. Jene ist die Mutter eines Sohnes, den Chuchulain, unwissend, daß er sein Kind war, erschlagen hat. Das Spiel schließt mit einem närrisch-priesterlichen Abgesang. Damit beendete der große Dichter die theatralischen Aufrufe an sein Volk. Er zog sich in die kleine Gemeinde seiner Freunde und seiner Gedichte zurück. Das hat seinen Sinn: Yeats war der letzte Prophet seiner irischen Heimat, und er fügte sich dem ausweglosen Schicksal.

James Joyce flüchtete dann in seinem »Ulysses«, geschrieben 1914 bis 1921 und veröffentlicht 1922, in die Dubliner Kleinbürgergeschichte. Er tat es mit einer bisher nie gekannten Vielschichtigkeit der Bedeutungen, beziehungsreichen Symbolfülle und gelenken Wendigkeit der Erzählweisen. Vordergründig Realistisches erweist sich als irrlichternd, transparent und tiefsinnig. So gerät die nackte Handlung in abgründige Wiedererinnerungen. Die Dubliner betreten den Irrfelsen der Odyssee. Sirenen tauchen hinter dem Thekenriff der Dubliner Gaststube auf, und Polyphem wirft dem fliehenden Odysseus anstelle des Felsens eine Teebüchse nach. Er entkommt im Wagen den Gewalttätigkeiten, bis er neben seiner Dubliner Penelope schläft und in den interpunktionslosen Bewußtseinsstrom eintritt. Solch bestürzende Realistik verhilft dem Roman zu einer Gleichniskraft von schwindelerregender Tiefe.

Ezra Pound, T. S. Eliot (1888–1965) und Valéry Larbaud (1881–1957) bewunderten das Buch, das in kurzer Zeit auf eine unabsehbare Weise Schule machen sollte. Seine überlegene Kunstfertigkeit erregte Alfred Döblin (1878–1957), Thomas Mann (1875–1955), Hermann Broch (1886–1951), Alfred Andersch (geboren 1914), Uwe Johnson (1934–1984) und Arno Schmidt (1914–1979) zu neuen Wagnissen des inneren Monologs. In Irland durfte das Meisterwerk über Jahre hin nicht verkauft werden. Die Zensur der puritanisch-angelsächsischen Länder griff mit der Schere ein. Größe und Bedeutung mußten den Roman zu einem keltisch-irischen Trauma machen. Er kann als Kehrseite der irischen Welt verstanden werden.

Der Ire Samuel Beckett schritt diesen Weg in seinem Zweiakter »En attendant Godot« von 1953 folgerichtig aus. Er selbst hat das Stück unter dem Titel »Waiting for Godot« ins Englische übertragen. Die Fülle der Joyce-Welt wurde darin zur äußersten Beschränkung umgestülpt. Selbst der Dialog schwindet über eine kümmerliche Armut zur echten Bedeutung. Er trägt keine Handlung mehr, gibt keine Verbote oder Gebote; er deutet nichts. Er dreht dem Leser das Buch aus der Hand und setzt ihn irgendwann irgendwo aus. Er entfremdet mit Godot den Zuschauer sich selbst. Die Tatsache des Wartens wird existentiell, das leere Geheimnis darin voll, die Banalität auflauernd; das Denken denkt um seiner selbst willen. Die Langeweile wird ohne Gelächter apokalyptisch. Die Wartefrist ist als Leistung töricht. Doch gibt das Wissen, daß man wartet, dem

Leben Sinn. Jenen irischen Sinn, der immer wieder gräßlich bezahlt werden mußte. Schon daß Yeats, Joyce, Beckett englisch oder gar französisch schrieben, zeigt die keltische Geschichtsstunde an.

Diese ist dadurch gekennzeichnet, daß die keltischen Sprachen schwinden. Heute dürften kaum noch zweieinhalb Millionen keltisch Sprechende gezählt werden, auch wenn man die gälisch sprechenden Kolonien der Schotten in Kanada, die kymrischen der Waliser in Patagonien hinzunimmt. Das Kornische ist zu Beginn des 19. Jahrhunderts, das Manx erst vor wenigen Jahren ausgestorben.

Frankreich ist eine Nation über keltischem Kulturgrund, in dem sich römische Überlagerungen mit Völkereinsprengseln anderer Herkunft vermischten. Seine keltische Bretagne nur blieb eine undurchdringliche Heckenlandschaft mit Tausenden von Gehöften eigener Besinnung. Die Leute, die bis zum Eintritt in die Schule nur keltisch gesprochen haben, schwinden; die Sprachgrenze wird immer mehr in den Sack der Halbinsel verlagert. Die bretonischen Dichter laufen zur herrschenden Landessprache über. Bretonisch zu sprechen, wird aus einem Hindernis zum Ärgernis. Der Zentralstaat verbot den Mutterlaut und stülpte Vergewaltigten die Verkleidung der Staatssprache um. Wurde vor einer Generation noch ein bretonisches Buch in tausend Exemplaren vertrieben, so verbieten heute zu wenige Leser jeden Druck. Noch in den sechziger Jahren hielten sich die Zeitungen der Bretagne eine Mundartspalte; kleine Wandergruppen nahmen sich der heimischen, selbst der irischen Stücke an, und in Rennes gab es einen keltischen Lehrstuhl. Aber diese Gelehrsamkeit ist überwiegend nach Deutschland abgewandert. Die interkeltischen Spiele, die mit Ringkämpfen im steifen Leinenhemd mit den Kelten jenseits des Kanals in der »Lutte Bretonne« ausgetragen wurden und die keltische Gemeinschaft förderten, versiegen. Und dabei war doch Saint Patrice – der heilige Patrick (um 385–461), der große Heilige Irlands – kein Ire, sondern bretonischer Kelte.

Der Ruf »Kelten aller Länder vereinigt euch!«, der sich über die Granitküsten hinweg an Irland, Schottland, Cornwall, die Insel

Man, die Bretagne wandte und keltische Treffen zusammenrief, ist beinah verhallt. Schon die keltischen Dialekte sind zu verschieden, um – wie man es sich wünschte – eine keltische Gemeinsprache zu sichern; die Scharen, die sich unter einer keltischen Fahne einfinden, sind klein geworden, wenn es sie überhaupt noch gibt. Die pankeltische Bewegung, die Herkunft erneuerten Hoffnungen verschränkt, findet kaum mehr Gefolgsleute. Auch die Ferienlager im Austausch sind selten geworden. Der Kulturaustausch ist eine Sache der Herzen geworden, denn es versiegen dessen Quellen. Auch der bretonische Schriftsteller Yves Maria Rudel siedelte sich in der französischen Sprache an. Die Innerlichkeit der Wiedererinnerung wird auf andere Weise schöpferisch. Die Kirmes in Kerlouan im äußersten Westen der Bretagne wird vom Cercle Celtique Plouldern nach den Klängen der Dudelsackmusik im Rundtanz und in alten Trachten begangen. Doch finden wenige zu wenigen. Die Folklore wird gefräßig.

Dennoch liegt die »Ile des Saints et des docteurs«, ja die ganze britische Inselwelt inmitten heute noch ahnbarer Zauber: Schon die Engländer seien Kinder des ausgewanderten Stammes Benjamin; nach einer alten Überlieferung ist früh die grüne Insel »heiliges Land« genannt worden, und selbst der schottische Krönungsstein soll von einer ägyptischen Prinzessin als Heiligtum und Heiratsgut nach Schottland gebracht worden sein, der heilige Joseph von Arimathaia gar ist nach der Sage nach Glastowbury bei Bristol gekommen. Dort habe er den Heiligen Gral begraben. Das lebt noch in vielen Seelen.

A. Rivoallan schließt sein Buch »Présence des Celtes« (1957) mit den gültigen Sätzen: »Es kann nicht behauptet werden, die Sprache sei wie die Bräuche und die Trachten von äußerer Eigenart; aber sie ist nicht unauflöslich an die Existenz dieser innigen Ursprünglichkeit ... gebunden. Durch sie überlebt der keltische Geist, der wie eine Eingebung haften bleibt. Die Welt wird diese keltische Begeisterung, die einmalig und einzigartig ist, stets nötig haben. Diese hat das Mittelalter unter den scholastischen Spitzfindigkeiten, die es mit Dürre bedrohten, beschwingt; sie hat das 19. Jahrhundert mit der heilsamen Flut der Romantik überschwemmt. Um unser Zeitalter der Diktatur der Technokraten, der Unfruchtbarkeit sozialer Katechismen zu entziehen, ist es abermals sie, die, dem Barden Merlin vergleichbar, eine unvorhersehbare Form finden wird, durch die die Sensibilität verjüngt, die Intelligenz entkrampft, der Mensch für den Morgen dieser herben Zwischenzeit, die wir durchgestanden haben, besänftigt wird, dämmernd noch, wie zur Freude durch einen verschatteten Geist von Verneinung, der all dem entgegengesetzt ist, das die reinigende Lebenskraft der keltischen Völker ... schenkt und kennzeichnet.«

Rom zwischen Erbe und Stiftung

Der Entwurf Europas wurzelt in einem unüberblickbar verflochtenen Sagengrund und seiner großartigen dichterischen Bewältigung: in der »Aeneis« Vergils. Zwar war das Werk den erhalten gebliebenen Bruchstücken und Nachrichten gemäß vorbereitet, doch wurde es über den künstlerischen Zugriff hinaus zu einem unvorhersehbaren Wunder staatsfördernder Leistung.

Die Römer hatten die griechische Welt aufzunehmen und zu bestehen. Dem gerecht zu werden, hatten sie Livius Andronicus (gestorben nach 207 v. Chr.), einen Griechen aus Tarent, den sie in Rom freigaben, mitgenommen, und er war es, der Homers »Odyssee« in die Sprache der neuen Herren übertrug. Dabei lehrte er im Hause seines Patrons die Knaben griechisch. Zur Zeit des Ersten Punischen Krieges entdeckte man dann auch die griechischen Tragödien und Komödien. Es war wiederum Livius Andronicus, der sie lateinisch bearbeitete. Seither war Homer an der Seite der Tragiker in Rom zugegen. Die Besiegten hatten ihren Siegeszug angetreten.

Gnaeus Naevius (um 270–um 201 v. Chr.), der vor allem als Bühnendichter bekannt geworden ist, hat in seinem Hauptwerk den Punischen Krieg episch dargestellt, dabei jedoch an passender Stelle auch den Mythos vom Auszug der Aeneaden aus Troia eingefügt und von der Gründung Roms erzählt. Damit schuf er, im Gedenken an Livius Andronicus, eine römische »Odyssee«, die in der Art der Darstellung homerisch verfuhr und so auf Vergil übergegangen ist, daß selbst frühe vorliterarische Erinnerungen im römischen Epos überleben konnten und der schöpferischen Kraft eines Dichters wie Vergil gehorchten. Drängte dabei vieles zum Eigenen hin, so hielt es doch der griechischen Größe Treue.

Das war als Wendepunkt zugleich die Geburtsstunde des heimischen geschichtlichen Selbstbewußtseins. Schrieb noch der römische Senator Fabius Pictor, der 216 v. Chr. als Gesandter zum Orakel nach Delphoi geschickt worden war, damit seine Rechtfertigung der römischen Nobilität die hellenistische Welt erreiche, seine Geschichte Roms griechisch, so verfaßte Naevius sein Werk lateinisch, um die Besinnung der eigenen Bürgerschaft zu stärken.

Dies alles wirkte in Vergil nach, verwandelt und erhöht allerdings. So wurde denn sein Augustus-Epos im Sinne Homers zum Rom-Epos und wiederum, wie bei den frühen Dichtern die Sage zur Geschichte, die Geschichte zur Sage. Das bedurfte einer sehr gepflegten homerischen Kunst. Die Überlieferung wird zum Sinnbild; sie erahnt in einer würdigen Vergangenheit eine große Zukunft. Auf dem Schild des Aineias wird die Geschichtserfüllung offensichtlich. Damit wurde die frühe Mythe zur mythischen Zukunft und so als Mythe stiftend. Das ist einmalig geblieben, und diese Einmaligkeit sollte über Jahrhunderte hin tragfähig bleiben.

Der »Ilias« zufolge ist Aineias Sohn des Anchises und der Aphrodite. Großvater des Anchises war Assarakos, König der Dardaner, Sohn des Tros, der ältere Bruder Ganymeds, zu deren Ahnen Zeus zählte. Der Aineias-Mythos war im späten 6. Jahrhundert v. Chr. in Etrurien bekannt, und so muß er wohl von dort nach Rom gekommen sein. Doch haben auch andere Städte den Anspruch erhoben, durch Aineias gegründet worden zu sein. Da viele Griechen in Etrurien lebten, dürfte der Weg des Aineias wohl als gesichert angenommen werden. Der auf Weisung seiner Mutter Aphrodite Fliehende soll seinen Vater auf dem Rücken gerettet haben. Seine Irrfahrten führten ihn zur Königin Nido von Karthago, die sich, von ihm verschmäht, den Tod gegeben haben soll. Über Sizilien gelangt der Held nach Latium, wo er Lavinia, die Tochter des Latinus und der Amata ehelicht. In solchen Zusammenhängen gründet er Lavinium. Dies etwa sind die Grundgeschehnisse der lateinischen »Odyssee«.

In Vergils »Aeneis« geht es demnach um die Landnahme der unter ihrem Helden flüchtenden Troianer. Geschichte, Sendungswille und Hoffnung geben in einer würdigen Transparenz der Herkunftsereignisse dem Verlauf der Legende eine Repräsentanz, die

Rom, seine beherrschbare Welt und mit ihr selbst die Menschenwelt meint. Der römische Weltstaat wird zur Roma aeterna. Darin ist die Idee des Imperiums griechischer Begründung und Legitimation. Der Mythos wird staatsstiftend. So wird verständlich, daß Properz (um 50–nach 16 v. Chr.) sieben Jahre vor Vergils Tod verhieß, das werdende Werk des Dichters werde sich selbst größer als die »Ilias« erweisen. Paul Claudel (1868–1955) erhebt folgerichtig Vergil zum »Künder Roms«. Er versteht ihn dabei ähnlich Theodor Haecker (1879–1945) in seinem Buch über den »Vater des Abendlandes« (1931) als »adventistischen Helden«. Dante (1265–1321) hätte dem zugestimmt. Das sollte Rom als christliche Hauptstadt möglich machen. Es hat etwas von jener »außerbiblischen Erlösererwartung«, wie sie Alfred Jeremias, der Erforscher der altorientalischen Geisteskultur, gesehen hat, wenn Charles Augustin de Saint-Beuve (1804–1869) schreibt: »La venue même du Christ n'a rien qui étonne, quand on a lu Virgile.«

In diesem Sinne besaßen auch die freien Eklogen Vergils politische Kraft. Rom war »saturnisches Land, Urmutter der Feldfrucht, Mutter der Helden«, und in diesem Sinne auch behauptet der klassische Philologe Ulrich von Wilamowitz-Moellendorff (1848–1931), Maecenas (um 70–8 v. Chr.) habe von Vergil ein »Nationalepos« gefordert und erwartet. Kraftkern der »Aeneis« ist tatsächlich das Imperium Romanum, das im Übergang des Griechentums zum Römertum in der Kulturerhöhung Ansässiger gesehen werden muß. Vergil hat diese Verwandlung bewußt eingeleitet, wenn er sich – gegen die Verbote der hellenistischen Poetik – anschickte, das gemiedene Epos zu erneuern. Der Weltanspruch Roms meldet sich im Geiste der Auswanderungsrufe des Horaz (65–8 v. Chr.) beim vertriebenen Hirten Vergils, wenn dieser sagt:

> »Wir aber ziehn von hier, in Afrikas Gluten die einen,
> Andre zu Skythen und weiter zum Kreide mitwirbelnden Oxus,
> Und zum anderen Ende der Welt, zu den fernen Britannen.«

So erkennt sich Rom zu jeder Zeit in der »Aeneis« als ursprünglich und endzeitlich. Aineias ist Stammvater, seine Mutter Aphrodite

Urmutter der Römer. Askanios, der Sohn des Aineias, gilt auch als Stammvater Caesars.

Romulus, der Gründer und erste König von Rom, ist nach älterer Überlieferung Sohn oder Enkel des Aineias. Einer anderen Tradition zufolge wird er aber als Sohn des Latinus genommen; zumeist aber läßt man die Erbfolge des Aineias gelten. Wenn sich auch die Legitimationsstränge verwirren, wird die Rettung durch die Wölfin der Aineias-Folge verschmolzen.

Rom soll auf dem Palatin gegründet worden sein. Es sei eine kultische Gründungshandlung gewesen, wird versichert. Der Gründer wollte seine Stadt, die er viereckig anlegte, als Weltkreis verstehen. Das Quadrat kann dem Kreis eingebaut werden. Quadratische Stadt und runde Welt bildeten – Urbi et Orbi – die göttliche Ganzheit, meinte Karl Kerényi. Städtegründungen galten als weltschöpferisch. So verstand Vergil die Gründung Roms. Die Stadt des Romulus hieß Roma quadrata; in ihr wurden in einem Gebäude die heiligen Werkzeuge der Städtegründung verwahrt. So besaß denn die viergeteilte Stadt ihr Bauhüttengeheimnis.

Die ersten Mauern der Religion, der Magie und der Geschichte Roms lagen also auf dem Palatin. Dort fand sich auch die Grotte des lupus Lupercal. Ausgrabungen der späten fünfziger Jahre haben dann die Fundamente eines sehr alten einfachen Hauses zutage gebracht. Es soll sich, heißt es, um die Spuren der heiligen, lange gepflegten Hütte des Romulus handeln. Wird auch vieles davon bestritten und wiederum verteidigt, so bleibt doch das Wesen Roms unangetastet: die geistige Schöpfung Vergils.

Vergil lebte, in Andes bei Mantua geboren, zwischen den Jahren 70 und 19 v. Chr. überwiegend in Neapel. Seine Mutter hatte als Schwangere geträumt, sie habe ein überaus wüchsiges Lorbeerreis geboren. Das wollte als Vorzeichen gewürdigt werden, und da Reis »virgia« heißt, wurde der Name Vergils im 5. Jahrhundert in Virgil verwandelt. Virga wurde zudem der Zauberstaub der Kirke genannt; aurea virga hieß die goldene Rute. Virgo bezeichnete darüber hinaus die Jungfrau, Virgilius den Keuschen.

Vergil besaß tatsächlich den Zauberstab, der in eine künftige Segenszeit hinübergeleiten sollte. Die Wendezeit jener Jahre ließ denn auch den Dichter von späterer Warte her als Anima naturaliter Christiana verstehen. Schon Cicero hatte den Zeitgenossen an seiner Seite als »zweite große Hoffnung Roms« gewürdigt, und Dante gab ihm die meisterlichen Geleitsrechte bis zur Himmelspforte. So ist es überaus zeugniskräftig, daß von den bunten Apsisfenstern des Aachener Kaiserdoms das Bildnis eines Mannes mit einer Leier herableuchtet: jenes Vergils. Er habe das Kommen Christi verkündigt, vertritt die Ehrung. So geschehen in der berühmten vierten Ekloge, die man langehin mit der kommenden Segenszeit des Herrn verband.

Noch Hermann Broch hat in seinem Meisterwerk »Der Tod des Vergil« die Legitimität des Dichters zwischen der Kunst und der mitbürgerlichen Tat zum Vorwurf genommen. Auch sein Vergil hat in der Nachfolge von Orpheus, Aineias und Dante eine Höllenwanderung zu bestehen, an deren Ende er die Demut, sein Werk anzuerkennen, als Erkenntnistat begreift, und auch er deutet die Erneuerung des Menschen im Blick auf die vierte Ekloge. Derart wird für Broch die Kunst zur Tat. Das aber gilt für den antiken Dichter in hohem Sinne.

Vergil hat die Rom-Bezüglichkeit der Welt gestiftet und Urbi et Orbi zur Deckung gebracht. Es heißt bei ihm: tu regere imperio populos Romane memento; der Römer gedenke mit Herrschaft die Völker zu lenken. Gegen Ende des Jahres 416 preist der Gallier Rutilius Claudius Namatianus sein Rom in einer elegischen Hymne: »Du hast den getrennten Völkern ein einziges Vaterland gegeben; denen, die das Recht nicht kannten, war es ein Segen, unter deiner Herrschaft abhängig zu werden; denn indem du den Besiegten Anteil am Besitz deiner Kulturordnung gabst, hast du zur Stadt gemacht, was zuvor der Erdkreis war.« Und im 10. Jahrhundert lautete ein veronesischer Lobgesang zu Ehren der beiden Apostelfürsten Petrus und Paulus:

»O Roma nobilis orbis et domina
... Salve per saecula.«

Das ewige Rom Vergils hat Macht und Gerechtigkeit verewigt; es erfüllte die Humanitas urban. Mit dem Christentum wurde die Reichsidee eschatologisch. Dante gesteht in seiner »Göttlichen Komödie« zu, daß Vergil das augusteische Rom zum Ziel einer von urher bestimmten Geschichte erhoben habe. Doch geht er über seinen Höllenführer hinaus, wenn er den himmlischen Vater zum Gebieter Roms macht, in dem das »Erbe Sankt Peters thront«. Damit wird ihm Rom aus der Weltmacht zur Heilsstadt des Herrenwegs. So sagt denn Beatrice: Des Ends »wirst du mit mir ohne Ende Bürger von jenem Rom sein, in dem Christus Bürger ist«.

Aus der Roma nobilis wird die Civitas Dei, das himmlische Rom. Damit hat die Urbs nicht nur weltlichen, sondern auch geistigen und geistlichen Rang. Die »Göttliche Komödie« verklärt die Città dolente als Stadt Gottes, das Leben als Heilsweg dorthin. Das irdische Reich findet mit dem himmlischen zusammen. Die »Politaia« Platons wird vom heiligen Bürgerstaat abgelöst, und die Gerechtigkeit Gottes wird Erdenrecht. Darin wurzelt die Heilbringeridee der späten Zeitwenden. Ordnung wird höchstes Gebot. In verwandtem Sinne wurde in Eleusis ein Bild des Aion »für die Herrschaft Roms und den Bestand der Mysterien« geweiht. Auch hier findet die irdische Welt mit einer göttlichen zusammen.

Das Rom-Bild der augusteischen Zeit sollte gelten, wie es galt: künftig. Rom war ein kosmischer Ort. Selbst Augustinus (354–430) läßt seine Bücher »De civitate Dei« mit dem Weltgespräch über Rom einsetzen. Die Pax Augusta ging der Pax Christiana genau voran. Der Logos der Geschichte wurde zum Logos der Heilsgeschichte. Das römische Reich erhielt unanfechtbares Ansehen. Rom vertrat vor dem Grab Petri die Welt als wahres Rom. Ambrosius (um 340–397) gesteht demnach im Apostelhymnus zu:

»Electa gentium caput
sedes magistri gentium.«

So war das Rom Vergils, zum christlichen Rom-Bild geworden, »imperium sine fine«.

Die mythische Deutung, die mit dem von Varro (116–87 v. Chr.), dem Polyhistor, errechneten Gründungsdatum vom 21. April 753 v. Chr. zu keimen beginnt, hat in der Folge die vordergründigen Wirklichkeiten sinnvoll verklärt. Rom war aber in seinen Ursprüngen innerhalb Latiums ein »populus«. Es wurde in einer quellenreichen Landschaft angelegt. Zudem war der Tiber, der als zweitgrößter Fluß Italiens im Apennin entspringt, zwischen Umbrern, Sabinern, Latinern für Lebensmitteltransporte aus Etrurien Verkehrsader selbst großer Schiffe, und die Salzstraße kreuzte seinen Verlauf. Die Hügel boten sich zu Götterdiensten an, und sie waren glücklich zu verteidigen. Sie brechen überdies mit reinen Gewässern die Herrschaft der Sümpfe. Dennoch wurden sie erst zu Beginn der Eisenzeit um das Jahr 1000 v. Chr. urbar gemacht.

Latium war zur Bronzezeit arm besiedelt. Einwandernde Italiker konnten sich daher auf diesem Boden niederlassen. Zeuge ist ihr Friedhof unter dem Forum Romanum, auf dem teils Aschenurnengräber, teils Bestattungsanlagen mit Eichensärgen zu finden sind. Die Grabbeigaben sind hier wie dort bescheiden. Auf dem Palatin, dem mittleren der sieben Hügel, soll dann nach späterer Überlieferung der mythische Stadtgründer gelebt haben. Er liegt mit verhältnismäßig steilen Abhängen geschützt inmitten von Sümpfen. Auch auf den anderen Hügeln entstanden bald frühe Hüttensiedlungen. Kultzeichen trägt das Kapitol seit dem 8. Jahrhundert v. Chr.

Entscheidend wurde, daß die ländlichen Siedlungen über dem Feuchtland dem etruskischen Kulturkeis zufielen. Die große Zahl von Lehnwörtern im Lateinischen bürgt dafür. Kunst und Bauhandwerk gerieten unter etruskische Vorbilder. Die Römer haben selbst das Alphabet und die Namen der Buchstaben der etruskischen Vermittlung zu danken. Die römische Tradition läßt demzufolge die letzten Könige als etruskisch gelten. Die wichtigen Bezeichnungen des staatlichen Lebens allerdings, aber auch die Priestertitel sind lateinisch. Dennoch wird die Etruskerherrschaft Einzelsiedlungen zur Stadtgründung zusammengeschlossen haben. Markt, Burgberg und öffentliche Anlagen dienten innerhalb der geweihten Grenzlinie des Domenicums der sich gliedernden Gemeinschaft. Doch war die Begrenzung keineswegs schon durch

Mauerwerke gekennzeichnet. Diese wurden erst nach dem Einfall der Gallier in der Mitte des 4. Jahrhunderts v. Chr. errichtet. Diesen Ergebnissen zufolge soll die Stadtgründung um das Jahr 575 v. Chr. stattgefunden haben. Da die Geschichtsschreibung Roms erst im 3. Jahrhundert v. Chr. einsetzte, arbeitet die Frühforschung mit Rückschlüssen.

Auf die Zeit der römischen Könige folgte die Herrschaft der republikanischen Konsuln. Sie dürfte die Zeit der Etruskerherrschaft begrenzen. Nach der Vertreibung des Tarquinius Superbus entwarf der patrizische Geschlechterstaat seine Res publica. Die Pleps setzte um 462 v. Chr. mit den Volkstribunen das Zwölftafelgesetz decum viri legibus scribundis. Die Rechtsgleichheit zwischen den Patriziern und den Plebejern sollte gewährleistet, das von Priestern und Magistraten verwaltete Rechtswissen offengelegt werden. Dabei hielt man sich, wo immer es anging, an das Gewohnheitsrecht. Rom wurde zu Rom.

Nach langwierigen Kämpfen gegen den Molosserkönig Pyrrhos (319–272 v. Chr.) setzten die Römer ihre Ordnung in Unteritalien durch. Als Schutzmacht des Griechentums seit den Samnitenkriegen bemächtigte sich Rom der griechischen Gebiete freundschaftlich hilfreich, dies besonders darum mit Erfolg, weil die Punischen Kriege jahrhundertealte Drohungen von den Griechen nahmen. Selbst die Massalioten fühlten sich mitsamt ihren Kolonien im Westmittelmeer entlastet. Das baute Brücken, verstärkte sie. So schlossen sich denn die unteritalischen und später auch die sizilischen Griechen gefügig Rom an, dies um so williger, als Rom seine größten Erfolge nicht den Waffen, sondern dem Vertrauen, das es zu erwidern verstand, verdankte. Diese Leistungen der Diplomatie waren zutiefst römisch.

Es gelang Rom, seine Macht über die Meerenge nach Sizilien auszudehnen und damit die Kriegserklärung Karthagos herauszufordern. Für diesen Fall baute es mit Hilfe der unteritalischen Griechen, den »socii navales«, seine Flotte, die es nach Möglichkeit mit griechischen Besatzungen belegte. Karthago versagte vor dieser Ordnungskraft. So unterwarf sich denn Rom die großen Inseln des westlichen Mittelmeeres, die es friedfertig an sich band. Es sicherte aber auch sein Bündnis mit Massalia und gestand dem Seebund, um sich gegen das illyrische Piratentum und die illyrischen Expansionsgelüste zu sichern, seinen Schutz zu. Gleichzeitig zwang es die keltischen Stämme kriegerisch zur Ruhe.

Unter den Bedrohungen durch Kelten, Karthager und Samniten erstarkte der römische Staatswille. So vermochte sich der Senat um 201 v. Chr. für den Krieg gegen Philipp V. von Makedonien (238 [221]–179 v. Chr.) zu entscheiden. Rom verfügte damals nach dem Vorbild von Pyrrhos und der Spanier über Kampfelefanten. Die Völker Kleinasiens waren vom Galaterfeldzug eingeschüchtert, denn es war gelungen, den Barbarenstaat mitten in Kleinasien zu demütigen und damit die Angriffsbereitschaft der Kelten zu dämpfen. Gleichzeitig kämpfte Rom im keltischen und ligurischen Oberitalien; es gelang ihm letztlich, auch diese Gebiete zu romanisieren. Ferner hatte es um 206 v. Chr. die karthagischen Gebiete Spaniens unter seine Herrschaft gebracht. Hier wie dort hatte es Rom verstanden, die eigenen Anliegen unter Zugeständnissen in fremden Formen zu wahren. Das erwies sich als seine Größe.

Mit dem Tribunat des Tiberius Gracchus (162–133 v. Chr.), das dieser vor dem Jahresende 134 antrat, geriet Rom in Aufstände und Wirren, die hundert Jahre dauern sollten, ehe ihnen Augustus ein Ende zu setzen vermochte. Im Jahre 124 wurde Gaius Gracchus (153–121 v. Chr.) Volkstribun und in der Folge Mitglied der Ansiedlungskommission einer afrikanischen Kolonie. Diese Arbeit aber wurde von Livius Drusus angefochten. Er trat in einem großangelegten Kolonisationsplan zugunsten der einzusetzenden Neusiedler dafür ein, daß die Pachtzinsen auf den Landlosen abgeschafft und den Latinern an der Stelle des Bürgerrechts jener Schutz gewährt werden solle, dessen sich die Bürger erfreuten. Solche Anträge und Forderungen erhöhten den Ruf Roms, das sich überall zu verteidigen hatte und sich die Landwege beispielsweise nach den Pyrenäen durch Massalia sichern lassen mußte. Zudem schwelten Bundesgenossenkriege, bedrohten ehrgeizige Heerführer Rom.

Unter diesen Voraussetzungen trat Caesar seinen Auftrag an. Er hatte in Gallien die Freunde Roms zu beschützen und erwies sich bei der Durchführung als kühner Verteidiger der republikanischen

Staatskunst und einer überlegenen Kolonisationspolitik. So gewährte er etwa Italien nördlich des Po das Bürgerrecht und förderte all jene, die sich an der italischen Zivilisationsarbeit beteiligten. Ging es ihm auch um persönliche Vorrechte, so war er doch stets bemüht, seine Anhänger nach freiem Willen gerecht zu belohnen und die Launen der Provinzstatthalter einzuschränken.

Über solchen Umstürzen und mancherlei Klippen des persönlichen Ehrgeizes wurde das Imperium Romanum zur »dauerhaftesten Großraumordnung der Geschichte«. Teile Britanniens, Gallien, Spanien, Nordafrika, Syrien, Kleinasien, Balkan- und Donauländer machten dieses Reich aus, das sich Kaisern völlig unterschiedlicher Art und Kraft fügte. Der »Princeps« wurde dabei zum »Augustus«; er wurde zum »Pater patriae«. Im selben Maße meldeten sich dynastische Ansprüche. Glücklich blieb dabei, daß ein Mann wie Cicero die republikanischen Gedankengänge zu wahren verstand, obwohl das Kaisertum keineswegs in Rechtsordnungen wurzelte, sondern in Machtkämpfen heranwuchs. Es gab immer wieder eine wahrhaft römische Gesinnung.

Im Jahre 27 v. Chr. wurde der Ausnahmezustand der Revolution aufgehoben, indem der Princeps durch Staat und Volk ein »befristetes« Führungsmandat erhielt. Schwächlich gesichert, war damit die Alleinherrschaft ermöglicht. Der ciceronisch-augusteische Gedanke war der des Dienstes am Staat, gestattete jedoch auch den Sieg der hellenistischen Idee einer von Gott gewollten »ruhmreichen Knechtschaft«. Die besten Rechtsgelehrten wurden verläßliche Regierungsberater. So konnte Augustus nicht ohne gute Gründe erklären, er habe die Res publica erneuert, sei ihr Diener. Gerade dieses Zugeständnis gab ihm gefestigten Rang. Wurde schon Caesar als »göttlich« verehrt, so regierten seine Nachfolger gar als »Göttersöhne«. Trajan (53 [98]–117) und Philippus Arabs (um 204 [244]–249) erhoben dann selbst ihre Väter zu Göttern. Das sicherte der Herrschaft religiöse Würde, und dies um so unangefochtener, als sich die Religiosität der Kaiser auf die Allmutter Venus, die Mutter des Aineias, berief. Deshalb wurde die Vergöttlichung des Kaisers auch außerhalb Roms eifrig gefördert.

Das Kaisertum war das Ergebnis einer überaus widersprüchlichen Entwicklung; es gründete in persönlichen Ansprüchen, sicherte sich aber in unpersönlichen Legitimationen. Die römische Staatsethik fügte sich der Adelstradition und bediente sich zur persönlichen Genugtuung des Senats. Auf diese Weise festigte sich die Gesellschaft, und da der Staat in der heranwachsenden Bewegung des Christentums eine außerstaatliche Einigung des niederen Volkes witterte, die sich in einer brennenden Heilserwartung unbesiegbar wußte, suchte er sich mit der neuen Kraft auszusöhnen; dabei fand er in der Friedenskonzeption des Augustus einen annehmbaren Ausgleich. Bestätigt wurde dieses Zugeständnis dadurch, daß jede Christengemeinde nach dem Herrenwort für das Wohl des Kaisers, der Behörden und des Römervolkes betete und es selbst unter den Schrecknissen der Verfolgungen tat. Angefochten, wie die Christen zuzeiten waren, schufen sie eine festgefügte Wohlfahrtsgemeinschaft, die nie gesprengt werden konnte.

In solchen Zwielichtern stärkte sich die Kirche für ihren künftigen Auftrag. Gallienus (um 218 [260]–268) anerkannte ihre Gemeinde innerhalb des Staates, indem er sie als juristische Person hinnahm. Seit Konstantin (um 280 [306]–337), der um 330 das Christentum gar mit den alten Kulten als gleichberechtigt erklärte, wurde die Gesamtorganisation der Kirche öffentlich geehrt; die schönsten Gotteshäuser wurden vom Herrscher selbst gestiftet. Die Kirchen wurden erbfähig und die Priesterschaften von den Staatslasten befreit. Damit erreichte die Kirchenverwaltung eine Sonderstellung, die im Namen der kaiserlichen Förderung das Weltreich überleben sollte, weil sie es zu ersetzen vorgab.

Die Kirche erbaute sich unter dem Hinweis auf die Tradition ihren weltlichen Rechtsstaat und weitete ihren geistlichen Weltstaat nicht ohne irdische Ansprüche aus. Sie errichtete, ihre Macht im Wohlwollen zu verankern und auszuweiten, mit staatlicher Unterstützung Waisenhäuser, Armenherbergen und Spitäler. Diese Bestrebungen wurden durch die großartige Interventionsgebärde des Papstes Leo I. ([440]–461) bei Attila (gestorben 453) und Geiserich (389?–477) als menschlich und diplomatisch zugleich bekräftigt. Das moralische Kapital der Kirche hatte sich in der Welt als mächtig erwiesen.

Da Konstantin vergeblich versucht hatte, den Senatsadel zum Christentum zu bekehren, wich er den Widerständen aus und gründete sein künstliches Rom am Bosporus. Er berief seinen eigenen Senat und warb um ein neues Römervolk. Rom aber blieb Rom; seine Kirche trat in manche Lücken ein. Darin erstarkte sie weltlich. Die Spaltung des Staates wurde zusammen mit dem wachsenden Anspruch der Kirche in einem kaiserlosen Rom dem Abendland zum Schicksal. Die mythischen Gedankengänge der ehrwürdigen Vorzeit kamen erneut und erneuert zum Zuge.

Im 1. Jahrhundert des Prinzipats blieb Rom Reichsmitte der Macht, im 2. wurde es zur Thronstadt von Kaisern, die im 3. die Hauptstadt nur noch betraten, um den Thron anzutreten. Einige kehrten noch zu Kaiserfesten in der Hochburg des Römertums ein. Deshalb mußte der Niedergang Roms zum Aufstieg der urbstreuen Kirche werden. Der weltumspannende Anspruch des Imperium Romanum wurde unter der Vision Vergils zur Kulturmission der göttlichen Weltordnung und einer eschatologisch unterbauten ewigen Dauer.

Die Kaiser, die sich um die Mitte des 3. Jahrhunderts aus Rom wegbegeben hatten, entthronten sich zugunsten der römischen Kirche. Die Lehre von der Priorität der Kathedra Petri war geboren, und um das Jahr 400 war die Missionsidee der Urbs christianisiert und inthronisiert. Die Reichsgesinnung wurde kirchlich; Machtanspruch blieb aber Machtanspruch. An die Stelle des kaiserlichen Machtstrebens trat das Machtstreben der Päpste. Das Schlußgebet aus der Messe für den römischen Kaiser begann:

> »O Gott, du hast das römische Kaisertum gegründet, damit das Evangelium des ewigen Königs verkündet werde.«

Das hatte bei Vergil so gelautet:

> »Du aber Römer gedenke zum Reiche zu fügen die Völker.
> Darin sei Meister: die Sitte des Friedens zu pflanzen,
> die Unterworfenen zu schonen, doch zu brechen
> den Trotz der Empörer.«

Auf diesem Wege hinterließ Rom dem Abendland und seiner künftigen Geschichte neben dem päpstlichen Kaisertum ein gespaltenes Reich. Das wurde über tausend Jahre hin zum europäischen Schicksal.

Der Staat, die Res publica, vollzog und sicherte sich in Rechtsverfügungen und in der zeitgerechten Berichtigung ererbter Rechtsbräuche, deren Wurzeln in frühen kultischen Geboten zu suchen sind. Spätere wirtschaftliche, kulturelle und religiöse Erfordernisse wandelten die Rechtsbegriffe nach natürlichen und lange gesicherten Grundsätzen. So mußten etwa – da Rom weltumspannend zugegen war – die alten Tauschbräuche auf die wendigeren Möglichkeiten des geprägten Geldes übertragen werden. Es meldeten sich aber auch bewährte Rechtsbräuche ferner Völkerschaften zu Wort. Dennoch wurde schon frühzeitig das römische Recht zu einem Verständigungsrecht der im Imperium zusammengeschlossenen Staaten. Deshalb konnte sich das iustinianische Recht im europäischen Abendland ohne Schwierigkeiten schlank und rasch durchsetzen.

Das römische Recht geht auf das Zeitalter des Prinzipats zurück, als das Bürgerrecht der Kapitale und damit die Geltung der heimischen Urteilsbräuche noch nicht auf die Provinzbewohner ausgedehnt worden waren. Damals herrschte der Grundsatz der patriarchalischen Ordnung und seiner unmittelbaren wie mittelbaren Deszendenz. Dabei verfährt die Verfügungsgewalt über Güter agnatisch: Sie gehorcht der männlichen Linie. Das erzwang, der Vielfalt der tatsächlichen Umstände gemäß, manche Einschübe und Ergänzungen. Sicher blieb, daß weder die Deszendenten noch die Frau in manu während der Lebenszeit des Vaters Eigentum besitzen konnten. Eigentumsrechte gingen auf den Vater über, von dem die Erwerber abhingen. Beim Tode des Hausvaters verfuhr man nach dem Grundsatz, daß die Familie der Filiation entsprechend alle ihre Glieder zum Zuge kommen ließ. Vermögen, die einem schon verstorbenen Sohne zugefallen wären, wurden dessen Erben gutgeschrieben. So etwa verfügte das Zwölftafelgesetz des 5. Jahrhunderts v. Chr.

Später galt es dann, auch freiwillige Entscheidungsbedürfnisse rechtlich zu regeln, wobei die Pontifices die Oberaufsicht innehatten. Der freie Wille der Bürger sollte einem Maße setzenden Formalismus der Staatsgemeinschaft genügen. Mancipatio – der förmliche Akt zur Begründung der Gewalt an Personen –, Obligatio verborum – Vertragsverpflichtungen – und Actiones – das Klagerecht – wurden auf diesem Wege zu Institutionen. Recht zu sprechen, bedurfte einer Anerkennung der Normen des gesamten bisherigen Gewohnheitsrechts in Kodifikationen. Der mündliche Rechtsvollzug rief nach dem unumstößlichen Beweismittel der Dokumentation. Der Wille des Erblassers etwa setzte sich als beglaubigte Urkunde durch. Deshalb mußte eine anerkennenswerte Jurisprudenz geschaffen werden.

Das klassische Recht solcher Herkunft galt zwischen Augustus und Alexander Severus (208 [222]–235). Die Kaiserzeit setzte diese schöpferische Rechtsarbeit ununterbrochen und in wachsender Materialfülle durch. Juristen bildeten Schulen und berichtigten das werdende Gesetzesrecht wie die Rechtspflege in Gegenwort und Widerspruch. Dabei entmachtete die allgemeine Verleihung des Bürgerrechts die unmittelbare Führungsgewalt Roms, indem die Würde und die Geltungssprengel des Rechtsschutzes erhöht wurden. All dies führte zu einer großen Zahl von Werken der alten und der erneuerten Rechtsgelehrsamkeit. Die Kompilation, die den Namen des Kaisers Iustinian (482 [527]–565) trägt und die in den ersten Jahren seiner Regierung zwischen 528 und 535 vollendet wurde, war schließlich unumgänglich; sie drängte sich unausweichlich auf.

Die Rechtsgelehrten, die der Kaiser am 15. Dezember 530 zur endgültigen Fassung der Vorarbeiten zusammenrief, arbeiteten mit eifrigem Fleiß, so daß das Werk, für das eine Frist von zehn Jahren gesetzt worden war, in drei Jahren vorlag und ein weiteres Gesetz vom 16. Dezember 533 die Sammlung für das kommende Jahr rechtskräftig erklären konnte. Die »Digesta«, die das klassische Juristenrecht in Gesetzesform zu dokumentieren hatten, lagen gleichzeitig in fünfzig Büchern mit einer wegweisenden Titelei als Pandekai vor.

Der »Corpus Iuris Civilis« trat im 12. Jahrhundert als monumentale Gesetzessammlung seinen großes Siegeszug an, wobei die drei Teile – der »Codex Iustinianus«, die »Digesta« und die »Institutiones« – in der Folgezeit der ursprünglichen Fassungen, durch Novellen ergänzt, zum Codex herangewachsen waren. Die »Institutiones« des Iustinian bildeten den Kernbestand der meisterlichen Leistung, die die drei älteren Codices – den »Codex Gregorianus«, den »Codex Hermogenianus« und den »Codex Theodosianus« – zusammengeschlossen hatte. Die »Digesta« sichteten das alte Recht – Ius vetus –, während die »Institutiones« ein Lehrbuch des Rechts boten.

Dem war der »Sachsenspiegel« des Schöffen Eike von Repgow (1180/90–nach 1233), der das sächsische Land- und Lehensrecht als Gewohnheitsrecht der freien Sachsen aller Stände vorlegte, nicht gewachsen. Ihm fehlte schon eine überlegen rechtsordnende Gliederung. Während das iustinianische Recht von allen religiösen Bindungen absah und gerade damit den Einbau anderer Rechtsordnungen zuließ, leitete Eike das Recht von Gott her. Doch auch er entwarf in einundsiebzig Abschnitten die Grundlagen des Erbrechts und erörterte die Fragen des Eherechts neben solchen der verschiedenen Rechtsverfahren. Sächsische Rechtszustände konnten aber nicht mit den Ordnungen des römischen Imperiums verglichen werden. Ein Raum zwischen der Oder, der friesischen Grenze und der fränkischen Gebiete war kein Weltreich. Dennoch wurde der »Sachsenspiegel« zum Vorbild des um 1275 aufgeschriebenen »spiegels aller taeutzen laeute«. Aber schon dieser folgte in einigen Artikeln den »Institutiones« Iustinians und schlug damit der allgemeinen Aufnahme des römischen Rechts eine erste Bresche.

Der Einzug des römischen Rechtsgeistes war nicht aufzuhalten, und damit ist das »Corpus Iuris Civilis« neben der Reichsidee und der Institutionierung des Christentums das gewaltigste Vermächtnis Roms an das Abendland. Es wurde Fundament und Vorbild aller künftigen Rechtskodifikation – einschließlich des kanonischen Rechts – bis hin zu Napoleons »Code« von 1804 und über ihn hinaus. Damit war über Jahrhunderte hin der Romanität, ja der Latinität breitester Einfluß gesichert. Das gilt selbst für eine Tradition, die über Cervantes, Calderón, Lope de Vega bis zu Maillols Hirtenbildern, Picassos Faunen, einer ganzen panischen und bukolischen Urbanität und Grazie führt. Das römische Recht bezeugte neben der lateinischen Literatur eine breite Rom-Gesinnung; es unterbaute sie.

Die wachsende Gemeinschaft

Im Namen Caesars

Sich in der verehrenden Haltung der Tempelbräuche zu erhöhen und ihr Ansehen zu mehren, nannten sich die römischen Kaiser, deren Herrschaft im Jahre 476 erlosch, während die oströmische bis 1453 weiterbestand, »Imperator« oder gar »Augustus«. Der Name Caesars bezeichnete die höchste Würde des mittelalterlichen und nachmittelalterlichen Abendlandes. In den vier Büchern, die Armoldus Nigellus verfaßte, heißt es von Karl dem Großen:

»Caesars Namen hab ich als erster der Franken ergriffen,
Und des Romulus Namen gab ich dem fränkischen Volk.«

Im »Annolied«, das wohl zwischen 1080 und 1105 entstanden ist und uns ohne Verfassernamen vorliegt, wird die Weltgeschichte vorzüglich unter religiösen Gesichtspunkten erzählt. Es berichtet von den Anfängen Roms, von Caesars Krieg, den Feldzügen des Augustus und ordnet diese Taten als Wegstationen zwischen der Schöpfung und dem Reich Christi. Von der Geltung des Namens Caesar heißt es: »dannin noch hiude Kuninge heizzint Keisere«. Dem gehorcht althochdeutsch »Cheisar«, altsächsisch »Kësar«; selbst die slawischen Herrscher nannten sich »Kral«, die madjarischen »Kiraly«, und noch Napoleon (1769–1821) erinnerte sich als »Impereur« des römischen Reiches.

In den Anfängen des Frankenreiches, das die Gewichte des Abendlandes vom Mittelmeer in den germanisch-romanischen Norden verlagern sollte, schloß der fränkische Bund um das Jahr 210 verschiedene germanische Stämme zwischen der Weser und dem Niederrhein zusammen. Da sie keine Untertanen Roms waren, nannten sie sich die Freien, Franken also. Die städtischen Wirtschaftsformen wurden damals durch bäuerliche verdrängt. Nur die Merowinger stützten sich im Ausklang der Antike und despotisch auf die spätrömischen Institutionen der städtischen Verwaltung und auf den senatorischen wie den kirchlichen Adel.

In ihren Anfängen erschienen die Franken unter vielen kleinen Gaukönigen zusammenhanglos. Um das Jahr 258 führte ein erster Zusammenschluß zwischen Zwolle und Deventer nach dem Salland den Namen Salier, der aber nach der Mitte des 5. Jahrhunderts aus den Geschichtsquellen verschwindet. An ihre Stelle tritt nach mancherlei Wandlungen der Name der Franken.

Um 432 zwingt Aetius Flavius (um 390–454) Chlodjo, den ersten bekannten Merowinger, die römische Herrschaft anzuerkennen. Zudem gelang es in der Folge auch durch eine gewaltsame Landnahme fränkische und germanische Kriegsgefangene auf dem römischen Boden Galliens anzusiedeln. Damit setzte die Frankonisierung der Galloromanen ein.

Chlodwig (um 466–511) entledigte sich unter Greueln der Gaukönige. Er führte vermutlich unter Bischof Remigius (um 436–533) in Reims die katholische Taufe gegen den Arianismus der Ostgermanen durch und sicherte sich damit den Beistand der Kirche. Er wurde christlich gekrönt. Ihn zu salben, brachte eine Taube die Sainte Ampoulle vom Himmel. Aus ihrem Kristall wurden bis 1793 beinah alle französischen Könige gesegnet. Die Französische Revolution hat dann das Gefäß zerbrochen und sein Öl auf den Marktplatz von Reims geschüttet.

Die fränkischen Könige versicherten sich der römischen Würden. Kaiser Anastasios I. von Byzanz (430? [491)–518) beschenkte Chlodwig 508 mit einem Königsornat. Der Träger von Tunika und Purpurmantel wurde als Konsul und Augustus gefeiert. Er fügte sich den Pflichten der Republica Romana.

Um 536 bestätigte Iustinian die fränkischen Besitzungen als rechtens, und so umfaßte der Lex Salica gemäß das Verwaltungsgebiet der Franken ganz Frankreich, die Bretagne und beinahe ganz Süd- und Mitteldeutschland. Unter solchen Voraussetzungen konnte später Karl Martell (um 676–741), Hausmeier und »Fürst der Franken«, um 732 sogar den Arabern nördlich von Poitiers einen entscheidenden Sieg abringen. Er teilte sein Reich vor seinem Tode unter den beiden Söhnen Karlmann (um 715–754) und Pippin III. (714–768) auf. Jener war bis 747 gemeinsam mit Pippin Hausmeier. Nach seinem Ausscheiden ließ sich Pippin 751 schließlich zum König wählen. In jene Zeit fällt die Reformierung der fränkischen Reichskirche unter dem heiligen Bonifatius (672/73–754).

Karlmann war 747 in jenes Kloster eingetreten, das später als Monte Cassino bekannt wurde. Bonifatius, der Karl Martell zurückhaltend diente, weil dieser seine Landeskirche nicht straff an Rom band, kam als angelsächsischer Mönch aus Wessex und war längere Zeit unter den Friesen Genosse Willibrords (658–739), bevor Gregor II. (669 [715]–731) ihn 719 zur Mission nach Oberhessen sandte. Nachdem er von Gregor III. ([731]–741) 732 zum Erzbischof ohne festen Sitz ernannt worden war, vermochte er das Heidentum in Hessen, wo er in Geismar die Donar-Eiche fällte, und Thüringen zu brechen. Später ordnete er die bayerische Kirche mit den Bistümern Salzburg, Regensburg, Freising, Passau, Seben, Eichstätt, wobei ihm ständig nachströmende angelsächsische Helfer dienstbar waren. Er war es auch, der unter Karlmann mehrere Synoden einberief, um Organisation und Zucht der Reichskirche zu sichern. Die Synode von Soissons führte unter Pippin eine ähnliche Reform durch. Bonifatius hat die Verbindung der fränkischen Landeskirche mit dem Papsttum begründet und sichergestellt.

Da es Karl Martell gelungen war, nicht nur die Araber zu schlagen, sondern sich auch der Bayern und der Schwaben kampflos zu versichern, wurde der Vater der ersten Karolinger zum Retter des Abendlandes. Dieses großväterliche Erbe trat nach dem Tode Pippins III. Karl der Große an, zusammen mit seinem Bruder Karlmann, der aber schon drei Jahre später, 771, starb. Am Erbe des Vaters war entscheidend, daß zwei Feldzüge Pippins um 754 und 756 gegen den Langobardenkönig Aistulf so verlaufen waren, daß dieser in den beiden Friedensschlüssen nicht nur die fränkischen, sondern auch die päpstlichen Forderungen erfüllen mußte. So war es denn möglich geworden, Exarchat und Pentapolis, also die Romagna mit Ravenna und die südlich daran bis Ancona anschließenden Gebiete zusammen mit dem Dukat von Rom, Teilen der Südtoskana und

Kampaniens zum Kirchenstaat zusammenzufassen. Das Papsttum hatte seinen weltlichen Besitz entscheidend dem fränkischen Hause zu verdanken.

Vor solchem Hintergrund verstand sich Karl der Große stets als Erbe römischer Reichsvorstellungen, und in dieser Sendung wurde er unter unsäglichen Blutopfern zum Mehrer und Festiger seines christlichen Reiches. Er lebte inmitten einer großen Familie und vieler hilfsbereiter Freunde, die er auch an Bildung zu übertreffen suchte. Er war jedoch abergläubisch, verfolgte mißtrauisch die Sternläufe und sammelte leidenschaftlich Reliquien. Die Angst vor dem Fegefeuer saß dem überaus großen Manne – er maß nach den Ergebnissen der Graböffnung von 1861 um die 1,92 Meter, was mit den Angaben seines Biographen Einhard (um 770–840) trefflich übereinstimmt – im Nacken. Er erwartete ständig, daß der Heilige Vater mitsamt allen Kirchenfürsten für ihn bete und im Jenseits mildernde Umstände vor einem gnädigen Richter erwirke. Nie aber hielten ihn seine gottesfürchtigen Nöte davon ab, sich mit Härte als Herr und Vater, König und Priester, Führer und Schirmherr aller Christen zu sehen. Papst Leo III. ([795]–816) bestätigte ihn als »Stellvertreter Gottes, der alle Glieder Gottes zu beschützen und zu lenken« habe. Er war dankbar der Überzeugung, daß es des Königs Aufgabe sei, »die Kirche zu regieren und zu verteidigen«. In diesem Sinne ließ er sich von den Klerikern seines Reiches Prüfungsfragen beantworten und verwarf auf der Frankfurter Synode 794 kraft seines königlichen Amtes die in Nicaia gefaßten Beschlüsse über die Bilderverehrung, die Papst Hadrian I. ([772]–795) gutgeheißen hatte. Das siebente ökumenische Konzil, das letzte, das die Westkirche anerkannte, hatte die Bilderverehrung unter der Initiative Eirenes (752–803), der Witwe Leons IV. ([775]–780), wieder zugelassen, nachdem das Konzil von Hiereia 754 die Vernichtung sämtlicher religiöser Bilder verfügt hatte. Karl verwarf die Bilderverehrung ebenso wie die Bilderzerstörung.

Karl der Große ließ sich im Blick auf den Augustinischen Gottesstaat dazu bestimmen, das »Bekenntnis zum fränkischen Thron« als »eine Art von Gottesdienst« zu werten. Aurelius Augustinus hat sein Meisterwerk »De civitate Dei« geschaffen, um den Makel vom

Christentum zu nehmen, es habe, da es die alten Götter verdrängte, den Verfall des römischen Staates verschuldet. Er setzte sich daher mit der heidnischen Götterlehre auseinander und stellte an die Stelle von Ciceros »De re publica« das Gottesreich seines innigen Begriffs. Man müsse dessen gedenken, daß Rom durch den Brudermord des Romulus gegründet worden sei. Weil die Engel von Gott abgefallen seien, hätte sich die Kluft zwischen dem Teufels- und dem Gottesstaat geöffnet. Es gehe deshalb darum, die wahrhafte Gottesbürgerschaft wiederum herzustellen. Die Gemeinschaft der durch die Gnade erwählten Heiligen werde die Schuld des Sündenfalls überwinden; pflege der Weltstaat die Eigenliebe, so gelange die Liebe in Gott zum Gottesstaat. Mit Christus sei das »tausendjährige Reich der Apokalypse« angebrochen. So habe der irdische Staat als Zusammenschluß unter unverrückbaren Gesetzen dahin zu führen. Es sei sein Auftrag, die Unheilsgeschichte durch die Heilsgeschichte abzulösen.

Dieses Glaubens war auch Karl der Große. Er war es in blutiger Sendungsbesessenheit; der Ausgriff seines Staates schien ihm religiös geboten; seine Kriege waren heilige Kriege. So hat der Dreißigjährige seine acht Jahre dauernden Sachsenkriege eingestuft. 774 – zwei Jahre nach dem ersten Sachsenfeldzug – eroberte er das Langobardenreich, das ursprünglich von den westlichen Nachbarn der Sarmaten, den Gepiden, bevölkert worden war, weil die Goten Pannonien und Noricum von Truppen entblößen mußten, um Italien gegen Iustinian verteidigen zu können. Wo es ihm zupaß kam, löste er widerspenstige Stammesherzogtümer auf. Insgesamt führte er mehr als fünfzig Kriege. Seine Reichsgrenzen spannten zwischen dem Ebro und den Pyrenäen, Terracina, Pescara, Istrien, Krain, Wienerwald, Böhmerwald, Saale, von der Elbe bis Lauenburg und nördlich zur Kieler Bucht. Um 785 – also fünfzehn Jahre vor seiner Krönung zum Kaiser – wurde Widukind getauft, und sechs Jahre vor seinem Rom-Aufenthalt besaß Karl die Kraft, jenem ökumenischen Konzil in Frankfurt den geschlossenen Willen der abendländischen Christenheit entgegenzustellen: seinen eigenen.

Im Jahre 799 wandte sich Papst Leo III. hilfesuchend an den König in Paderborn. Er hatte am 25. April den Lateranpalast zu Pferd verlassen, um in Lucina die Prozession der Schwarzen Kreuze anzuführen. Einer anderen Tradition zufolge, soll er sich auf dem Weg zur Kirche des heiligen Lorenz befunden haben. Als er vor die Kirche der Heiligen Stephan und Sylvester gekommen war, wurde er von Bewaffneten aus dem Sattel gerissen; sie versuchten, ihm die Augen auszustechen und die Zunge auszureißen. Er konnte aber des nachts über die Klostermauer, hinter der er festgehalten wurde, in den Vatikan flüchten. Von dort brach er unter dem Schutz von Winigis, dem Herzog von Spoleto, den ihm Karl der Große gesandt hatte, an die Lippe auf. Karl befahl Pippin (773–810), dem König von Italien, ihm entgegenzureiten, und so zog der Papst an der Seite des Königssohnes unter Schilderdröhnen und Fanfarenklängen in Paderborn ein.

Karl erwartete seinen Schützling in strahlender Rüstung, kniete, den Segen zu empfangen, nieder, erhob sich und umarmte den Gast. Begründete Anklagen der Gegner Leos, die am Hofe eingingen und Karl beeindruckten, wurden von den Einwänden des Papstes entkräftet. Die Glaubwürdigkeit seiner Entgegnungen blieb aber in Frage gestellt. Alkuin (um 730–804), den Karl 786 zum Abt von Saint-Martin zu Tours ernannt hatte, aber immer noch als Ratgeber heranzog, trat mit Nachdruck für den Papst ein. Er schrieb seinem Herrn, daß Leo nicht verurteilt werden dürfe und dessen Unschuld zweifelsfrei bleiben müsse, weil er der von Gott erwählte Papst, der Stellvertreter der Apostel, der Erbe der Kirchenväter sei und als Bekenner Christi die Verehrung aller verdiene. Da der Papst beim Überfall unversehrt geblieben sei, habe ihn Gott offensichtlich vor seinen Feinden geschützt. Alkuin dürfte der Überzeugung gewesen sein, daß es, taste man ihr Oberhaupt an, zum Schaden der Christenheit gereiche. So dachten auch alle Bischöfe und Erzbischöfe. Karl sandte den Papst nach Rom zurück, wo eine würdige Abordnung darzutun hatte, daß Leo nach dem Willen des Königs Oberhaupt der Kirche bleibe. Zu den Gesandten gehörten die Erzbischöfe von Salzburg und Hildibald von Köln, der Erzkaplan Karls, fünf Bischöfe und drei Grafen. Diese nahmen die Urheber des Überfalls fest und sandten sie zur Einvernahme ins Frankenland.

Nach solchen Ereignissen mußte das Ansehen des Königs erstarken, das Lob des kraftvollen römischen Imperiums konnte nicht verhallen. Die Geistlichen gedachten wehmütig des Kaiserreiches unter Konstantin, und der Ruf nach einer sichtbaren Einigung aller christlichen Völker unter einem Zepter war nur allzu verständlich. Dem war förderlich, daß das zweite Rom sich von ähnlichen Ansprüchen losgesagt hatte: Es sprach griechisch.

Drei Würden habe Gott zu vergeben, schrieb Alkuin 799 an den König: »Die erste ist die apostolische Würde, die das Recht verleiht, den Thron des Apostelführers Petrus zu besteigen... Die zweite ist die kaiserliche Würde mit der weltlichen Macht über das zweite Rom... Die dritte ist die königliche Würde, die unser Herr Jesus Christus Euch zugeteilt hat, um Euch als Herrscher des Christenvolkes und mächtiger als Kaiser und Papst, berühmter durch Eure Weisheit, größer durch den Adel Eurer Regierung zu machen. Somit ruht alles Heil der Kirche in Euren Händen.«

Dem wollte Karl in Rom Nachdruck verschaffen. Er erklärte dem Reichstag zu Mainz vor seinen versammelten Franken, daß er beschlossen habe, nach Rom zu ziehen. Er brach auf, führte, um die Untersuchung abzuschließen, die Verschwörer mit sich und traf sich mit Pippin in Ravenna. Von dort zog er über Ancona weiter, überquerte auf der alten Via Salaria den Apennin und betrat die Heilige Stadt über die Via Nomentana. Der Papst, der unadeliger Abstammung war, fühlte sich ebenso unsicher wie zuversichtlich und zog ihm wider die Sechsmeilenregel zwölf Meilen entgegen. Karl wurde also, obzwar er nur König und Patrizier war, wie ein Kaiser geehrt.

Am 23. Dezember, nachdem der ehemalige päpstliche Notar Compulus und der Primicerius Paschalis die Anklagen gegen den Papst vorgetragen hatten und die Versammlung einmütig des Zugeständnisses war, sie wage es nicht, das Oberhaupt aller Kirchen Gottes zu richten, beschwor der Papst von der Kanzel herab seine Unschuld: »Es ist bekannt, liebe Brüder, daß sich böse Menschen wider mich erhoben, mich verstümmeln wollten und schwere Beschuldigungen auf mich gehäuft haben. Der gnädigste und erlauchteste König Karl ist mit seinen Bischöfen und Edeln in unsere Stadt gekommen, um diese Angelegenheit zu untersuchen. Deshalb erkläre ich, Leo, Papst der heiligen römischen Kirche, von niemand gezwungen, sondern aus freiem Willen, mich in eurer Gegenwart und vor Gott, der mein Gewissen kennt, und vor dem heiligen Apostelfürsten Petrus, in dessen Kirche wir uns befinden, frei von allen schuldvollen Verbrechen, die mir zur Last gelegt werden. Ich habe sie weder getan noch veranlaßt. Dessen ist Gott mein Zeuge, vor dessen Angesicht wir kommen werden und vor dessen Angesicht wir stehen. Aus freiem Willen tue ich dies, um jeglichen Verdacht niederzuschlagen, obwohl die Kanons der Kirche es nicht fordern; und ich will damit keinen Präzedenzfall für meine Nachfolger, unsere Brüder und Mitbischöfe schaffen oder ihnen eine neue Regel auferlegen.«

Im Anschluß daran sang Karl an der Seite des Klerus das »Te Deum«. Am selben Tag überbrachte der von zwei Mönchen aus Palästina begleitete Priester Zacharias, den Karl nach Jerusalem geschickt hatte, dem König den Segen des Patriarchen, eine Standarte und die Schlüssel zum Heiligen Grab. Karl, der Richter des Papstes, war offensichtlich Herr der Christenheit.

Am Weihnachtstag 800 war die Peters-Basilika von allen Völkern – Römern, Franken, Bayern, Langobarden, septimanischen Goten, pyrenäischen Basken und Angelsachsen – übervoll. Es sollte die Weihnachtsmesse gefeiert werden. Vor Beginn der heiligen Handlung begab sich Karl mit seinem ältesten Sohn, der bei dieser Gelegenheit zum König gesalbt werden sollte, demütig zum Apostelgrab. Als er, sein Gebet zu sprechen, das Haupt senkte, habe ihm der Papst die Krone aufgesetzt, berichten die einen, während die andern weiter ausholen und wissen, daß sich dicht beim Altar, auf dem eine prächtige Krone gefunkelt habe, Karls Töchter und seine Söhne aufgestellt hätten. Karl habe zum zweiten Mal in seinem Leben die römische Tunika mit goldenem Gürtel getragen. Als sich der kniende König erheben wollte, sei er von Leo gekrönt worden. Die Römer hätten ihm zugerufen: »Carolo Augusto, a Deo coronato, magno et pacifico imperatori Romanorum, vita et victoria!« Papst Leo fiel dem Gekrönten zu Füßen und küßte nach byzantinischem Hofbrauch seinen Saum.

Einige Tage später soll Karl nach dem Bericht Einhards geäußert haben, er hätte trotz der Weihnachtsfeier die Kirche nicht betreten, wenn er die Absicht des Papstes gekannt hätte. Einhard versichert, daß Karl die Titel »Kaiser« und »Augustus« verabscheut habe. Doch dürfte Karl wohl kaum ein widerwillig Überraschter gewesen sein. Es waren die Völker versammelt, die römischen Senatoren zugegen, und sie alle stimmten einig in denselben Zuruf ein. »Von Gott gekrönt« war der »Kaiser der Römer«. Das »Papstbuch« fügt dem bei, daß Karl nach der Sitte der alten Kaiser geehrt worden sei; man habe ihn künftig unter Weglassung des Patriziertitels »Kaiser und Augustus« genannt.

Die Unmutsäußerung war bald vergessen. Er verstand sich rasch und vorbehaltslos seiner Würde zu fügen. Alkuin hatte ihn überzeugend auf sein Amt vorbereitet. Überdies entsprach die päpstliche Salbung der Tradition. Karls Vater hatte sie ein halbes Jahrhundert zuvor eingeleitet. Wenige Monate später erscheint das Nomen imperatoris in den fränkischen Urkunden. Der Name des Kaisers stand im »Patrimonium« der Pergamente vor dem Namen des Papstes, und zum ersten Mal trugen päpstliche Münzen den Namen Karls. Nach der Entthronung des Romulus Augustus (um 462 [475]–?) im Jahre 476 war nun die ganze Christenheit erneut ein kaiserliches Reich. Dem Sitz des heiligen Apostels Petrus seine Verehrung zu erweisen, hat Karl der Große dessen Kirche ein drei Meter hohes Silberkreuz geschenkt.

Gerade deshalb drängte sich Karl abermals die byzantinische Frage auf. Alkuin hatte ihn in jenem Briefe von 799 daran erinnert. Schon vor der Krönung hatten die Franken den Anspruch erhoben, ihr Herrscher müsse dem byzantinischen Kaiser gleichgestellt werden. Nun war er Kaiser, und Byzanz sollte dem zustimmen. Es galt dem Zweikaisergedanken Nachachtung zu verschaffen und ihn rechtsklar zu verankern. Das war insofern vorbereitet, als schon 781 Karls Tochter Rotdrud (775–810) mit Konstantin von Byzanz ([780–797]) verlobt worden war und sie danach griechischen Unterricht erhalten hatte. Anderthalb Jahrhunderte später hat Konstantin Porphyrogennetos (905 [913]–959) diese Ausnahme damit gerechtfertigt, daß nur die Franken von dem Brauche ausgenommen seien, Angehörige der eigenen Familie nicht mit Fremden zu verehelichen, denn sie allein habe »der große Kaiser, der heilige Konstantin, davon ausgenommen, weil er selbst seine Abstammung von jenem Lande herleitete«.

Schon zuvor und immer wieder waren die Ehezugeständnisse Karls recht weiträumig. Ludwig der Fromme nahm sich als zweite Gattin eine Welfin, eine seiner Enkelinnen heiratete einen Maasgaugrafen, ein Enkel die Tochter des sächsischen Grafen Lindolf (gestorben 885). Karl der Dicke (839 [876–887]–888) hatte eine schwäbische Grafentochter zur Gattin, und Ludwig der Stammler ehelichte die Tochter eines Bretonenherzogs. Diese fränkische Weiträumigkeit der Eheschlüsse leitete Jahrhunderte einer dynastischen Heiratspolitik ein, die über den Völkern ein Europa des Adels schaffen sollte.

Die neue Kaiserformel, die sich auf einer Urkunde des Jahres 801 findet, lautet: »Carolus serenissimus augustus a deo coronatus magnificus imperator gubernans imperium qui et per misericordiam dei rex Francorum atque Langobardorum«. Karl führte diesen Titel des Frankenkönigs bis zur Übereinkunft mit Byzanz, und erst Ludwig der Fromme ließ die ganze Formel fallen. Er war seit Karl dem Großen der erste, der nach der Thronregelung von 806, die ihn zum Mitregenten erhoben hatte, ein Jahr vor dem Tode des Vaters in Rom gekrönt wurde.

Nach Karls Rom-Aufenthalt hatte sich in Konstantinopel das Gerücht verbreitet, er trüge sich mit der Absicht, in Sizilien einzufallen. Anlaß dazu bot wohl der fränkische Einfall in den Norden der Abruzzen, bei dem die Stadt Chieti niedergebrannt worden war. So sandte denn Kaiserin Eirene 801 eine Gesandtschaft nach Aachen, um sich der Absichten Karls zu versichern. Dieser verstand es, Byzanz zu beruhigen. Er tat es, indem er den byzantinischen Abgeordneten zur Rückreise zwei fränkische Boten mitgab. Bei dieser Gelegenheit dürfte flüchtig der Gedanke erörtert worden sein, Karl habe erwogen, mit Eirene die Ehe einzugehen. Der griechische Geschichtsschreiber Theophanes (um 760–818) berichtet davon. Doch war die Beziehung zum östlichen Hof deshalb belastet, weil Eirene 797 ihren Sohn Konstantin hatte blenden lassen, damit sie zur ersehnten Alleinherrschaft gelange.

Unter Eirenes Nachfolger Nikephoros ([802]–811) schlugen aber die weit gediehenen Verhandlungen fehl, und erst nach seinem Tod – zwei Jahre vor Karls Hinscheiden – kam es unter Kaiser Michael I. ([811–813]–843) zur Verständigung. Die byzantinischen Gesandten gestanden Karl dem Großen gegen die Abtretung Venetiens die Titel »Imperator und Basileus« zu. Damit war dem Zweikaiseranspruch Genüge getan. Der Zustand unter Kaiser Theodosius war wiederhergestellt. Zu dessen Zeit ging der Neuplatonismus mit der Rom-Verherrlichung ein fruchtbares Bündnis ein, als der letzte große griechische Epiker Nonnos von Panopolis (geboren um 400) seine »Dionysiaka« über einem tiefsinnigen Sternglauben schuf und Ambrosius Theodosius Macrobius (um 360–425) seine Vergil-Allegorese konzipierte.

Wie sich Karl vor solchem Geschichtshintergrund selbst sah, ergibt sich aus seinen Baubefehlen zum Aachener Dom. Elf Jahre vor seiner Kaiserkrönung hatte er bei den heißen Quellen die achteckige Pfalz vollendet. An der Vorderseite lag die von Meister Odo von Metz gebaute Königshalle, die über ihren Südgang zur geosteten Pfalzkapelle führte. Sie wurde später zur Grabeskirche des Herrschers. Der Bau trägt über einem oktogonalen Grundriß eine Kuppel mit zwei Geschossen und einem sechzehnseitigen Umgang. Dabei wird der Unterbau vom Obergeschoß durch ein vorkragendes Gesims getrennt. Alle Maße hielten strenge Gesetze ein. Das Achteck war fünfzig Fuß breit und hundert Fuß hoch, das Sechzehneck hundert Fuß breit und fünfzig Fuß hoch. Es geht um die Maße der Oktave. Im Strahlungsgang befand sich der Thron; in den Beibauten waren die Räume der Synoden und als »Lateran« der Hortort des Kirchenschatzes untergebracht. So gab sich das Gebäude überaus würdig. Seine Gesteine wurden zum Teil aus Rom und Ravenna herbeigebracht, so daß die Pfalz ihre westlichen und ihre östlichen Ansprüche widerspiegelte. Formen des Theoderich-Grabes sind unverkennbar, die Innenverhältnisse von S. Vitale zu Ravenna offensichtlich. Hofkirche und kaiserliche Kapelle wurden im Krönungsjahr geweiht. Auf der Rückreise hatte Karl in Ravenna die vergoldete Bronzestatue Theoderichs auf seinem Schlachtroß erblickt und befohlen, sie in seinem Aachener Pfalzhof aufzustellen.

Theoderich der Große war von 493 an König der Ostgoten in Italien. In seiner Jugend war er zehn Jahre lang als Geisel in Konstantinopel festgehalten worden. Wenige Jahre nach seiner Rückkehr wurde er 474, dem Wunsch seines Vaters Thiudimer entsprechend, König und führte sein Volk von Makedonien an die untere Donau, wo ihm 476 Kaiser Zenon (426 [474]–491) das Gebiet von Sistowo als Föderat übergab und die Ehrentitel »Freund des Kaisers« und »Patricius« verlieh. Nachdem er sich mit seinem Gönner überworfen hatte, zog er nach Thrakien, Makedonien und Dalmatien. Wiederum versöhnt, wurde er im Jahre 484 Konsul, rückte nach Italien vor und belagerte Ravenna. Er, der vorher mit Odoaker eine gemeinsame Italien-Herrschaft angestrebt hatte, ermordete seinen Helfer im Jahre 493. Aber erst 497 erkannte Anastasios ihn als König der Goten und kaiserlichen Regenten in Italien an. Theoderich trug jetzt den Purpur eines Vasallenkönigs. Bei seinen Regierungsgeschäften nutzte er die örtlichen römischen Zivilverwaltungen und duldete als Arianer die Katholiken. Er heiratete Andefleda, die Schwester des Frankenkönigs Chlodwig. Theoderich verstand es, die friedliche Übereinkunft zwischen Goten und Römern in Italien und den Frieden mit den übrigen Germanen zu wahren. Das »Hildebrandslied« und die »Wolfdietrich-Sage« ehren sein Andenken. Karl der Große sah in ihm einen Art- und Schicksalsgenossen.

Auf diesem Grundriß entwarf Karl seine bedeutende Kulturleistung. Er berief Alkuin, Paulus Diaconus (um 720–nach 787), Einhard, Angilbert (um 745–814) und Theodulf von Orléans (um 760 bis 821) als Nobiles an seinen Aachener Hof. Da seine Wissenschaftler aus aller Welt kamen, wurde diese Akademie wahrhaft überwölbend und damit kaiserlich. Auch ein griechischer Grammatiker weilte in dieser Runde. Eine Pagenschule hatte den Nachwuchs zu fördern, wobei die Palastschule die Sieben Freien Künste lehrte. In der Mitte der kaiserlichen Gespräche standen aber die christlichen Heils- und Geheimnisfragen.

Überragend blieb über Jahre hin Karls Berater, der Northumbrier Alkuin, dem Karl 781 in Parma zum zweiten Mal begegnet war. Er war zehn Jahre älter als der König und kannte seinen Vergil wie kaum ein zweiter. Er wurde als Diakon zum väterlichen Lehrer und Mentor des Herrschers. Er war ein großer Wissensvermittler, bis er sich 796 in Tours niederließ. Er war der überlegene Geist der Schulgründungen Karls. Es ging ihm darum, die Sieben Freien Künste mit den Sieben Gaben des Heiligen Geistes auszusöhnen. Dieser christliche Humanismus sollte dank der hohen Stellung des Stifters überaus wirkungsvoll und vorbildlich werden. Alkuin schuf Bibliotheken, Lehrbücher aller Art, geistliche Werke; er bildete Kleriker und Beamte. Aachen wurde so zur Kulturmitte eines erneut erwachenden Abendlandes.

Dies geschah vorab »zu der Zeit«, wie Notker Balbulus (um 840 bis 912) berichtet, »da Karl die Regierung im westlichen Teil der Welt allein übernommen hatte«. Damals, so fährt der St. Galler fort, hätten zwei Schotten aus Irland die gallische Küste betreten. Sie seien in der göttlichen wie in der weltlichen Gelehrsamkeit beispiellos beschlagen gewesen. So habe sie denn Karl drängend an seinen Hof gerufen, wo ihn die Sendboten dann um einen geeigneten Lehrort und um helle Köpfe als Schüler gebeten hätten.

Karl der Große förderte nicht zuletzt das Werk der vierziger Jahre des 8. Jahrhunderts, das von Bonifatius, Karlmann und Pippin mit den Konzilien von Les Estinnes und Soissons begonnen worden war. Alle Bildungsmühen hatten den Sinn des Seelenheils. Dem Kaiser war ja nach den Beschwörungen Alkuins das Imperium Christianum anvertraut. Die Weltreichsidee Karls war naturastral und seelensakral unterbaut. Königtum bedeutete Priestertum; Thron und Altar standen im selben Raum. Das besaß für das Abendland konstitutive Bedeutung und meinte die Einheit der Welten wie jene der Welt.

Doch war dieses christlich-römische Kaisertum nicht nur von der Theokratie des Gottesstaates getragen, es dankte seine Macht auch dem antiken Herrscherkult. Das sollte später in seiner doppelten ideellen Verwurzelung zum unversöhnlichen Zwist führen. Die zwei Schwerter rangen ums Vorrecht. Investiturstreitigkeiten und Canossa waren die Folge. Dabei besaß der Papst eine wirksame Waffe: den Kirchenbann. Dem sollte sich 1077 Heinrich IV. (1050 [1056]–1106) als Büßer fügen. Doch blieben auch damals die Gegenkräfte wach: Die Fürsten wählten im selben Jahr in freier Königswahl Rudolf von Schwaben (gestorben 1080).

Noch einmal nach Karl dem Großen knüpfte der Westen die Bande nach Osten gleichnisträchtig: Otto II. (955 [973]–983) ehelichte 972 in Rom unter Papst Johannes XIII. ([965]–972) die Byzantinerin Theophano (um 955–991), wobei ihr als Kaiserin der Römer gehuldigt wurde. Sie war es denn auch, die 984 das Deutsche Reich übernahm und es kraftvoll und klug führte.

Die deutsche Kaiserkrone, die aus Gold, Email, Perlen, Edel- und Halbedelsteinen besteht, stammt aus dem letzten Drittel des 10. Jahrhunderts. Manche Teile gehören verschiedenen Zeiten an. Die acht Platten, die den Kronkörper bilden, sind wohl schon auf einer Krone in S. Maria zu Trastevere erkennbar. Die erste Emailplatte zeigt Gottvater, zwei andere Platten tragen die Bildnisse Salomos und Davids, während sich auf der vierten Jesaias findet. Der Beiname David für Karl den Großen kehrt während der ganzen Regierungszeit des Herrschers in den Briefen Alkuins wieder. Damit ließ sich Karl als neuer David und als Nachfolger der alttestamentlichen Könige würdigen. In der Krönungsformel hieß es bis zum Untergang des Reiches: »Auf des Königtums Gipfel hast Du ihn erhöht, durch David, Deinen Knaben.«

Das Kleinod wurde unter dem Salier Konrad II. (um 990 [1024] bis 1039), der Burgund wieder mit dem Reich vereinte, zur Kaiserkrone. Friedrich Barbarossa (1122? [1152]–1192) und sein Enkel Friedrich II. (1194 [1212]–1250) haben sie ererbt. Auch sie waren Träger des Heiligen Römischen Reiches. Barbarossa wurde 1157, der »Gesta Friderici imperatoris« zufolge, als römischer Kaiser und Herr der Welt gefeiert, und 1158 veranlaßten die italienischen Kronjuristen den Reichstag auf den Roncalischen Feldern, das römische Recht als Rechtsordnung des Reiches anzuerkennen. »Dein Wille ist Gesetz«, gestand der Erzbischof von Mailand in seiner Ansprache an den Kaiser zu. »Was dem Kaiser gefällt, erlangt Gesetzeskraft, weil das Volk ihm alle Gewalt und Vollmacht übertragen hat.« Barbarossa hat 1186 seinen Sohn Heinrich VI. (1165 [1190]–1197) zum Nachfolger bestellt und ihm den Titel »Caesar« verliehen.

Die letzte Kaiserkrönung in Rom fand 1452 statt. Im Jahr 1806 hat Franz II. (1768 [1792]–1835) auf Verlangen Napoleons die römisch-deutsche Kaiserkrone niedergelegt.

Das Sternbild der Klöster

In den Jahrhunderten vor und nach Karl dem Großen hat der glühendste Glaube sein irdisches Sternbild über das Abendland geworfen. Wie die großartige Saat der westlichen Philosophie aus der vorsokratischen Kleinasiens, die im Niedergang ferner Hochkulturen stand, hervorging und wie das Christentum aus dem Osten herübergefunden hatte, richteten sich auch das Einsiedlertum und seine Zusammenschlüsse in der geordneten geistlichen Gemeinschaft nach Vorbildern östlicher Klöster aus.

In Ägypten lebten vor dem 3. Jahrhundert die Einsiedler meist asketisch. Diese ausschließende Haltung wurde von Antonius dem Großen (251/52–356), der sich dem Gleichnis vom reichen Jüngling unterzog, eindrücklich bestätigt. Er schenkte um das Jahr 270 seine Güter den Armen und zog sich in ein Grabmal, dann in eine verfallene Festung zurück; er beklagte, daß der unsterbliche Geist noch der Nahrung bedürfe. Andere Entzüger schlossen sich nach dem Beispiel der Essener zu Bruderschaften zusammen. Der Antonius-Jünger Pachomius der Ältere (um 287–347) gründete seine Klöster für beide Geschlechter auf der Nil-Insel Tabena, Makarius der Große (um 300–um 390), der das Christentum der Wüste mit neuplatonischen Gesichten zu einer persönlichen Mystik auszubauen verstand, in der sketischen Sandöde, Hilarion von Gaza (291–371) in der Wüste Gaza, Basileios der Große (um 330–379) bei Neu-Caesarea.

Immer prägte der Gründer seiner Gemeinde deren Regel, die neben dem unbedingten Gehorsam letzte Entsagungen des Besitzes, der Sinne und des Willens forderte. Meist gestand sie den Meditierenden zu bestimmten Tageszeiten auch leichte Handarbeiten zu. Selbstpeinigungen erzogen zu einer durchgreifenden Zucht.

Wer angesichts solcher Nöte in die Welt zurückstrebte, konnte es unter strengen Bußen tun. Nur die Äbte empfingen die Priesterweihe. Waren diese Zusammenschlüsse zunächst Laiengemeinden, so wurden sie später zu Pflanzschulen der Geistlichen. Höchster Glaubenswunsch war, die Städte zu mindern und die Wüsten zu bevölkern. Anachoreten schlossen sich entweder einem Kloster an oder verharrten in der Abkehr der Wildnis.

Von anderer, befremdlicher Art blieb das koptische Christentum griechischen Ursprungs. Die Ptolemäer und selbst die meisten römischen Kaiser hatten die ägyptischen Religionen nicht angefochten. Dennoch schritt die Herrenbotschaft aus Alexandreia voran. Die ursprüngliche kosmische Weltsicht geriet unter die Herrschaft einer neuen Seele. Diese wuchs trotz der Verfolgungen heran; Flüchtlinge und Verbannte bekannten sich zu ihrem Segen. Das Evangelium des Seelenheils für jede Armut wurde sieghaft.

Unter solchen Voraussetzungen bildete sich das koptische Mönchtum. Neben Antonius und Pachomius waren Paulus und Schenute von Atripe (333/34–451?) Kopten. Unterdrückung und Bauernart gaben ihren Bekenntnissen das unverkennbare Gepräge: eine unvergleichliche Alltagsnüchternheit, die auch Ordnung zu halten vermochte. So betreuten etwa eintausendachthundert Mönche während einer Hungersnot über fünftausend Hilfsbedürftige. Zudem verstanden es die Mönche, vor den räuberischen Einfällen der Nubier wehrhaft zu bestehen. Sie arbeiteten als Ärzte und Tierärzte, schufen riesige Büchereien. Der christliche Liebesgedanke hatte seine ägyptische Form gefunden. Der gemeinsame Speisesaal erinnerte sich der Essener, die einheitliche Kleidung des ägyptischen Soldatentums. Athanasios (um 295–373), Basileios der Große und Hieronymus (um 347–419/20) trugen dann die Regel in die Welt. Ihr Siegeszug nahm dabei zwei Wege: Der eine führte über Rom zum benediktinischen Mönchtum der Stabilitas loci, der andere über die massaliotische Klosterinsel Lerinum zur Peregrinatio pro Christo des iroschottischen Mönchtums.

Der Ordensstand wollte in der Andachtsgemeinschaft Gereinigter nach der Heiligkeit streben. In ihr offenbarte sich das göttliche Leben fruchtbar, so daß sich der strenge Gehorsam als Freiheitsweg erwies. Die Armut wurde zum leeren Speicher einer neuen Fülle. Das warb um das Herzgeheimnis des Kreuzes. Der Schritt zu solcher Seligkeit konnte nur ganz getan werden. Das Gelübde fesselte wahrhaft Freie; die Selbstentsagung wurde zum paradiesischen Alltag, das Evangelium Tagwerk, die Nachfolge Christi gegenwärtige Endzeit.

Die erste der westlichen Ordensregeln danken wir dem heiligen Basileios. Er stammte aus dem kappadokischen Caesarea und begründete das Klosterwesen der Ostkirche. Im Jahre 356 getauft, ging er ein Jahr darauf in die Einsamkeit am Pontus und schrieb mit Gregor von Nazianz (329/30–390/91) zwei Mönchsregeln. Als Erzbischof von Caesarea wandte er sich dann gegen den Arianismus.

Beide Regeln bedienen sich in Frage und Antwort der Dialektik. Die »ausführlichen Regeln« bieten in fünfundfünfzig Kapiteln den Ordensentwurf, während die »kürzer gefaßten Regeln« dreihundertdreizehn Antworten auf alle Fragen der Glaubensübung vorlegen. Sie müssen wohl um 358 entstanden sein und wurden nach 370 veröffentlicht, als Basileios bereits Bischof war.

Die Regeln ziehen ihre Anweisungen aus der steten Gottesnähe der Seele. Deshalb sprechen sie einleitend von der Liebe, dann vom mönchischen Leben, von Aufnahme, Schule und Entlassung, von den Oberen, also dem Gehorsam, vom Chorgebet und der Arbeit. Besonders innig aber wenden sie sich Enthaltsamkeit und Entsagung zu. Sie sprechen »Soldaten Christi« an und setzen mit dem Satz ein: »Vortrefflich zwar sind des Königs Verordnungen für die Untertanen, wichtiger aber und königlicher sind die Befehle an die Soldaten. Was immer nun für Befehle an die Soldaten ergehen mögen, wer nach der himmlischen und großen Würde Verlangen trägt und für immer bei Christus sein will, der halte sich daran, sobald er jenen erhabenen Ausspruch hört: ›Wenn jemand mir dient, folge er mir, und wo ich bin, dort wird auch mein Diener sein.‹« In diesem johanneischen Sinne hatten alle Vernunftschlüsse hinter die Lehren der Gottesfurcht zurückzutreten. Der tapfere Soldat bleibe, sich denn zu fügen, ehelos; er trachte nicht nach Kindern und tue es an der Seite gleichgesinnter Frauen. Man soll nicht von seinem ewigen Ziele zurückweichen, also bleibe man auch in der Gemeinschaft abgeschieden. In solcher Gesinnung wird die Gemeinde zum Leib, dessen Haupt Christus ist. All dies bedarf in der Gesellung des Schweigens, der Mäßigkeit. Den Schwachen zu festigen, wird das Ordenskleid zur Erziehungshilfe. Der Obere habe dabei allezeit als Vorbild zu wirken. Das Vorbild öffnet die Seele des Mönchs zum geheimnislosen Einverständnis.

Die zweite abendländische Mönchsregel verdanken wir dem heiligen Augustinus, der, nachdem er Heide, dann Manichäer war, durch Ambrosius bekehrt und 387 getauft, im Jahr 388 nach Afrika zurückkehrte. Seine Lebenslehre enthält die erste bekannte Tagesordnung. Noch fehlt ihr die Prim, die erstmals um 382 in Bethlehem eingeführt worden war. Augustinus begleitete seine Tagesglasen mit Psalmengesang in Wechselchören und dem Kehrvers, die beide zuvor vom heiligen Ambrosius in Mailand geschaffen worden waren. Die Regel des heiligen Augustinus hat, so sichern und schlichten Entwurfs, wie sie war, die Reformbewegungen des 11. Jahrhunderts vorbildlich überstanden, weil sie ihrem Ziel »apostolicam enim vitam optamus vivere« gehorchte. Drei große Forderungen waren für das echte Mönchtum unabdingbar: die völlige Lösung von Hab und Gut, die Handarbeit im Dienste der Gemeinschaft und der bedenkenlose Gehorsam. Die erste Regel des heiligen Augustinus ordnete also Matutin, Vesper und Nokturnen; sie schrieb die Arbeitszeiten vor, ermunterte zur Achtung, zum Schweigen, zur nüchternen Alltagsdemut und sollte als Spiegel der ständigen Ermahnung wirken.

»Patriarch der abendländischen Mönche« aber wurde der heilige Benedikt von Nursia (um 480–547?). Obwohl etwa Honoratus von Lerinum und Johannes Cassianus (um 360–430) ähnlichen Lebensentwürfen nachhingen, gilt der heilige Benedikt als Schöpfer des westlichen Mönchtums. Er stammte aus einem alten vornehmen Geschlecht, besuchte die höheren Schulen Roms, war aber vom Treiben der Weltstadt angewidert und sammelte bald zahlreiche Jünger um sich, mit denen er in der Nähe von Subiaco eine Mönchssiedlung gründete, die aus zwölf kleineren Klöstern bestand. Jedes der Klöster unterstand einem Vorsteher. Benedikt aber behielt sich die Oberleitung der Klostergemeinschaft vor. Vorbild dessen dürften die pachomianischen Klöster Ägyptens gewesen sein. Doch wandte sich der wenig befriedigte Gründer vor 529 nach Süden, zerstörte auf einer Anhöhe an der Via Latina oberhalb des Städtchens Cassinum Reste eines heidnischen Kultes und weihte die Stätte dem heiligen Mönchsvater Martin von Tours (316/17–397). Dieser galt als Apostel Galliens und war zum Schutzpatron der Franken geworden. In seinem Namen schloß Benedikt seine Klosterfamilie zusammen, indem er sie seiner Regel gemäß ordnete. Die Gründung dürfte schon im Jahre 530 stattgefunden haben.

Die Regel des heiligen Benedikt erinnert sich in ihren dreiundsiebzig Kapiteln der Väter und der Mönchsliteratur; sie war aber von einer tiefgründigen Seelenkenntnis erfüllt. Unter ihr wurde die Abtei Monte Cassino zum Vorbild aller benediktinischen Klöster bis heute. Die Regel bestimmte zwischen dem 8. und dem 13. Jahrhundert das ganze abendländische Klosterleben. Sie ist vom Familiengedanken geprägt. Entsprechend fühlten sich die Äbte als Väter der dreifach Gelobenden: Beständigkeit, Tugendwandel und Gehorsam. Die Familiengemeinschaft des Klosters ist von geduldiger Ermahnung getragen. Der Psalmengesang wurde zum Gebet. Dabei zeichnete die Regel den echten Mönch vor den Gemeinschaften der Zönobiten, der Anachoreten und der Sarabaiten, die von der Welt nicht abzusehen vermögen, aus. Ebenso verwirft sie die fahrenden Gyrovagen.

Der Familienordnung gemäß gebietet Benedikt dem Abt, daß er, seine gerechten Schlüsse zu ziehen, bei wichtigen Entscheidungen die Klostergemeinschaft anhöre. Ansonsten gelten Gehorsam, Schweigsamkeit und Demut. Das nächtliche Chorgebet ist einzuhalten; seine Stunde wird den Jahreszeiten folgend angesetzt. Das Frühgebet segnet den Tag. Selbst die Reihenfolge der Psalmen fügt sich Seelengesetzen, das Verhalten beim Gebet Vorbildern. Die Ehrfurcht des Gebets und des Betenden kniet vor dem »Gott des Weltalls«.

Väterlich bestimmte Benedikt aber auch die vordergründigste Lebensweise der Mönche. Bei Verfehlungen läßt er der Ermahnung Strafen folgen; um all dies aber unnötig zu machen, soll keiner etwas verschenken, empfangen, zu eigen besitzen, »weder ein Buch noch eine Schreibtafel noch einen Griffel, ganz und gar nichts«. Er ordnet den Wochendienst in der Küche, die Betreuung der Kranken, der Brüder, Greise und Kinder, die Lesungen während der Mahlzeit, die Speise- und Getränkemengen, die Stunden der Arbeit und der Muße. Er ermuntert zur täglichen Pflicht, zur Pflege der Fasten; die Aufnahme von Gästen, Kleider, Schuhwerk unterstehen Vorschriften. Klopfen Brüder demütig und beharrlich an, so sollen sie besinnlich aufgenommen werden.

Benedikt gibt der Gemeinschaft zugleich erkennbare Stufen. Er unterstellt dem Abt einen Prior, den Pförtner und hält auf strenge Befolgung seiner Regel, »damit wir durch ihre Beobachtung ... eine gewisse sittliche Würde und einen Anfang im klösterlichen Tugendwandel an den Tag legen ... Und dann wirst du schließlich unter Gottes Schutz zu den ... höheren Gipfeln der Weisheit und der Tugenden gelangen«. Ordensziel ist die unmittelbare tätige Liebe.

Die überlegene Regel des heiligen Benedikt setzte sich durch. Gregor der Große (um 540 [590]–604), der aus einem vornehmen Senatorengeschlecht stammte und dem wir im Gregorianischen Gesang die Reform der Liturgie verdanken, errichtete auf seinen väterlichen Besitzungen in Sizilien sechs Klöster nach der benediktinischen Regel; gegen Ende des 6. Jahrhunderts war sie schon von zahlreichen Klöstern der Insel aufgenommen. Auch auf Korsika, wo seit 591 Abt Orosius als Gründer und Organisator tätig war, entstanden gleichzeitig mehrere Bruderschaften.

Gregor nahm sich besonders der Missionierung Englands an. Unter dem Ansturm der Angelsachsen nach 428 war die britische Bevölkerung von den Barbaren zurückgedrängt und das Christentum in den sieben neugegründeten Königreichen nahezu ausgerottet; es konnte sich nur im Norden bei den Skoten und bei den Briten des Westens halten. Hier aber war es überaus tätig und von eigener Art. Gregor wollte sich dieser Kräfte der keltischen Kirche versichern. So plante er denn, nicht ganz ohne Mißtrauen, den keltischen Klerus mit römischen Mönchen zu durchsetzen. Königin Bertha, die Gattin König Ethelberts von Kent (um 550 [560]-616), unterstützte diese Absicht, indem sie, selbst eine fränkische Königstochter, ihrem Hofkaplan, dem fränkischen Bischof Letardus, die christliche Mission anvertraute. Vielleicht war sie es, die aus Rom ein streitbares Aufgebot nach Norden rief. Jedenfalls sandte der Papst vierzig Mönche unter dem Befehl ihres Abtes Augustinus (gestorben 604) nach England.

Sie fuhren im Frühjahr 596 über das massaliotische Lerinum in die Provence, ließen sich aber entmutigen und wollten ihre Heimberufung erwirken, so daß sie einer erneuten päpstlichen Ermunterung bedurften. Ein Brief aus Rom gab ihnen im Juli neuen Mut, und so legten sie denn in Begleitung von Franken, die des Sächsischen mächtig waren, gegen Ostern 597 bei einer Insel im Gebiet von Kent an. Ethelbert nahm von ihnen die Taufe entgegen, und zu Weihnachten konnten zehntausend Angeli gesegnet werden. Augustinus war, wie Gregor zugestand, zum »Bischof der Engländer« geworden. Er wählte Canterbury, die Hauptstadt des Königreiches, zu seinem Sitz und gründete dort zu Ehren der Apostel Petrus und Paulus ein Kloster unter der Benediktinerregel. Er führte in der Folge den Titel eines Erzbischofs von London, wobei seiner Jurisdiktion zwölf Suffraganbischöfe unterstanden. Als er starb, waren die beiden bedeutendsten Königreiche Kent und Essex christlich. Drei Bistümer und eine Abtei krönten ein Werk, das dem einheimischen Mönchtum allerdings wenig entsprach.

Gregors Ziele waren weiter gespannt. Er trachtete nach der Jurisdiktion in allen Königreichen und vorzüglich auf der heiligen Insel Iona. Dem widersprachen die britischen Bischöfe in zwei Besprechungen von 600 und 603. Die Zusammenarbeit mit Rom war gescheitert, Canterbury als Metropolitansitz nicht anerkannt. So belegte Augustinus die Briten mit dem römischen Bann und gab zu einem Krieg Anlaß, dem 617 in der Schlacht von Caerleon bei Chester zwölfhundert Mönche zum Opfer fielen. Briten, Iren und Pikten wiesen alle Ansprüche der »Romlinge« zurück. Damals gründete Bischof Mellitus westlich der Festung London inmitten der Themse-Sümpfe die Westminsterabtei.

König Oswald von Northumbria (604–642) war im Kloster des heiligen Columcille auf Iona getauft worden. Er christianisierte sein

Land irisch-keltisch und fiel im Kampf gegen Parda, den König von Mercia. Die Skoten, die er zur Mission zu sich gerufen hatte, ließen sich dann im Jahre 635 in Lindisfarne, der Insel der Heiligen, nieder. Es waren ihrer vier: die Mönche Aidan, Colman, Cedd und Finan. Cedd setzte das Missionswerk fort, so daß sich die irischen Klöster über das ganze Land verbreiteten. Aidan gründete Lindisfarne und Malmesbury. Nun herrschte die keltische Kirche über die nördlichen und mittleren Gebiete der sieben Königreiche. Diese Landeskirche widersprach dem römischen Katholizismus zutiefst. Sie verfügte aber ihrer Art gemäß nicht über eine straffe Organisation. Der Abt von Iona war allzu fern. So sollten denn die keltische Kirche und der römische Katholizismus nach 664 noch einmal aufeinanderprallen: Die Iren Colman von Lindisfarne und Cedd stritten gegen Wilfrid von York (634–um 709) und den Franken Agilbert. Um 685 holten die Kelten zum Gegenschlag aus, doch blieb dies ihr letzter Sieg.

Gregor der Große hatte sich für eine überlegene Kampfweise entschieden. Er schrieb an Augustinus: »Nach langem Nachdenken über die Sache der Angeln habe ich beschlossen, ihre Götzentempel brauchten nicht zerstört zu werden. Die Tempel sind mit Weihwasser zu besprengen, dann soll man Altäre errichten und Reliquien hineinlegen. Denn wenn jene Tempel gut gebaut sind, so ist es wohl angebracht, daß sie statt für den Kult der Dämonen für den Dienst des wahren Gottes verwendet werden. Wenn das Volk nämlich sieht, daß seine Tempelstätten nicht zerstört werden, so wird es um so leichter den Irrtum aus seinem Herzen entfernen.« Die Opferstiere sollten in Zelten aus Baumzweigen am Tag der Kirchweihe festlich verzehrt werden, gestand Gregor zu. »Wer einen hohen Berg besteigen will, kommt nur mit langsamen Schritten, nicht mit Sprüngen hinauf.« Es gelte den heidnischen Festen einen christlichen Gehalt zu geben, meinte er. Tatsächlich stehen denn auch viele Kirchen Englands auf heidnischen Grundmauern. Alte Kultgefäße wurden christlich gesegnet, das winterliche Julfest, die Sonnenwendfeier der Sachsen, wurde zum Weihnachtsfest und hieß zuerst »Yule«. Das ererbte Brauchtum sollte einen neuen Sinn erhalten.

Unter solchen Zugeständnissen gingen die zahlreichen irischen Klöster Nord- und Mittelenglands mit der Ausnahme der römischen Bräuche zur Benediktinerregel über. Doch waren auch Mischformen des Klosterwesens möglich, dies etwa in der »Regula Cuthberti«. Auf der Synode von Whitby von 664 gelang es dann, die irische Kirche mit Rom auszusöhnen. Dennoch blieben die Kelten Kelten.

Auch in Italien waren die Klostergründungen vorangeschritten. Lerinum hatte die Benediktinerregel durch Mönche von Fleury empfangen. Farfa und St. Vincentius am Volturno wurden Neugründungen. Auch sie gehorchten als fränkische Klöster der Regel des heiligen Benedikt. Eine große Zahl ähnlicher Glaubenssiedlungen folgte: Arezzo, Pistoia, Alina, Lucca, Pavia und viele noch. Der Orden entfaltete sich auch in Friesland und Deutschland. Im Jahre 747 gelangte die Benediktinerregel unter Abt Otmar (gestorben 759) ins Kloster St. Gallen, dessen erster Bau über dem Grab des irischen Glaubensboten Gallus (um 560–um 640) errichtet worden war. Auch die bayerischen Columban-Klöster nahmen die Benediktinerregel an. Sie wurde herrschend. Karl der Große, der kein einziges Kloster gegründet hatte, anerkannte dennoch die römische Regel.

Im 9. Jahrhundert eroberte der Benediktinerorden Neuland in Norddeutschland, auf der Iberischen Halbinsel, in der spanischen Mark, in Skandinavien. Cluny wurde um 910 gestiftet. Von hier aus entfaltete sich ein reiches Netz von Klöstern. Mehr als tausend gehorchten seiner Reform. Saint Victor in Massalia wurde seit 966 wieder von Mönchen bewohnt. Im Gebiet der deutschen Schweiz entstanden vor 720 Pfäfers, um 750 Disentis, 1027 Muri und 1050 Schaffhausen. Stein am Rhein war um 1005 vorangegangen, Beinwil folgte 1085. Knud der Große (um 990 [1018]–1035) errichtete Norwegens erstes Kloster in Nidarholm. Zudem wurden viele Verbandsklöster ins Leben gerufen.

Das Klosterdasein wurde allmählich reich und würdig. So pflegten die benediktinischen Jahrhunderte Vergil, Horaz, Terenz, Cicero, Juvenal, Sallust, Ovid, Quintilian. Die Klosterbibliotheken hüteten das Erbe des Abendlandes. Der irische Bischof Marcus und sein

Neffe Marcellus waren zuzeiten in St. Gallen deshalb als Lehrer beliebt, weil sie eine stattliche Zahl von Büchern mit sich führten. Daher durfte anläßlich der Millenarfeier für Cluny ein Mitglied des Institut de France im Namen der Académie des Inscriptions Belles Lettres mit Stolz feststellen: »Die Mönche des Mittelalters sind das geistige Bindeglied zwischen der Antike und der neuen Zeit.«

Ein großartiges Zeugnis des feingliedrigen Klosterlebens ist der St. Galler Klosterplan von 820. Er gibt der benediktinischen Denkweise sichtbare Gestalt. Der Plan ging an Abt Gozbert. Ob er vom Reichenauer Abt Heito I. um 816 an die anianische Synode zu Inden und Aachen mitgebracht worden war, ist unsicher. Da es aber Gozbert gelungen war, sich 818 vom Bischof zu Konstanz zu lösen, kann man ihm die Erneuerung der Klosteranlage durchaus zutrauen.

Der Plan enthält auf vier zusammengenähten Pergamentstücken in roter Farbe den Grundriß eines benediktinischen »Städtchens von vierzig Firsten«. Nichts fehlt darin: Kirche und Weinkeller, Abtswohnung und Badhaus haben wie der Hühnerstall ihren sinngemäßen Ort. Der Flächenraum deckte 195 mal 132 Meter oder aber wenigstens 159 mal 100 Meter. Wirtschaftsgebäude, Krankenhaus, Novizenstube sind arbeitsgerecht geortet, Arztwohnung, Friedhof, Gemüsegarten und Geflügelhof zugeordnet. Die Regel des Ordensgründers setzte den Bedürfnissen Maße. Man leitet den Klosterplan aber auch aus der spätrömischen Militärbaukunst her, und gewiß ist er dem römischen Erbe verpflichtet. Nur die Klosterbasilika wandelte die Vorlagen. Sie richtet sich nach den Gesetzen der Vierungsquadrate, die fränkische Kreuzbasiliken auszeichnen. Drei davon bilden das Querschiff, ein viertes das Altarhaus, viereinhalb das Mittelschiff und je neun halbe Einheiten die Seitenschiffe. Wenn auch jene fränkischen Vorbilder unvergessen bleiben – sie wurden zwischen 790 und 816 gebaut –, so ist die St. Galler Basilika doch von eigener Art. Die Ähnlichkeit mit dem Heito-Münster von Reichenau-Mittelzell sei zugestanden.

Tatsächlich hat Abt Gozbert seine Bauabsichten zum größten Teil verwirklicht. Das Kloster war insgesamt eine eigene kleine Stadt. »Seine Bauten füllten das ganze Tal von einem Hang zum andern aus. Über hundert Geistliche, zweihundert Leibeigene, viele Schüler und Verpfründete lebten zuzeiten in diesem Verbande. Hier wurde alles Gewerbe getrieben, das eine Gemeinschaft zur Notdurft und zum Behagen des Lebens braucht. Es gab eine Schreibstube, auf die man stolz war. Alle Künste hatten Meister und Schüler. Die reichste Büchersammlung, die es nördlich der Alpen gab, verwahrte kostbare Stücke, die mit goldener oder silberner Tinte auf Purpurpergament geschrieben waren ... Von seiner Zelle aus hatte Gallus den Urwald germanisch-heidnischen Wesens ringsum gelichtet. Römisch-antik und römisch-christlich war die Bildung, die es entwickelte und vermittelte ... St. Gallen war die letzte Insel der alten und die erste einer neuen Welt.« So schreibt Josef Nadler (1884–1963) in seiner »Literaturgeschichte der deutschen Schweiz« 1932.

Der Benediktinerorden hat sich denn auch in seinen frühen Jahrhunderten glücklich entwickelt. Die Reformation erst sollte seiner tätigen Versenkung Einhalt gebieten. Der Gesamtverlust durch die Glaubensspaltung dürfte, die Frauenklöster eingeschlossen, über 780 Benediktinerklöster, über 460 Zisterzienserklöster und zusammen mit den Zweitklöstern über 1.260 Gemeinschaften aufgelöst haben. Doch blieb das geistige Werk der Jahrhunderte unvergessen.

Die Reformation war mit dem ungeheuern Anspruche vor den Gläubigen hingetreten, daß er mit dem Bibelwort die Erlösung bilderlos in die eigene Seele zurücknehme. Die einzelne Seele hat in solchem Vertrauen zu leisten, was zuvor nur die Gemeinschaft in ihrer Lebensandacht gewährte. Nie ist dem Menschen mehr zugemutet worden, und nie hatte er Größeres zu leisten. Leistete er es nur.

Die irisch-keltische Botschaft

Man muß sich damit abfinden, daß sich nur eine tiefe eigene Besinnung dem Geheimnis des irischen Christentums zu nähern vermag. Sein Grabkreuz ist einem Ringbalken eingefügt. Die Arme ragen darüber hinaus. Kreuz, Ring und der kreuzeigene Durchbruch ergeben zusammen einen sonderständigen Sinn: Der Kosmos trägt das einstrahlende Erlöserschicksal im Herzen. Christus ist wie der mythische Mensch, doch auf erhöhte Weise, dem Kosmos mithörig, wobei das Weltenkreuz als Sonnenkreuz erscheint.

Zu Beginn der irischen Mission findet sich schon in Frankreich auf einer goldenen Sonnenscheibe das Antlitz des Herrn inmitten einer zwölfteiligen Aureole. Alpha und Omega kennzeichnen die waagrechten Pole. Die Scheibe aus Puy-de-Dome dürfte um das Jahr 650 geschaffen worden sein. In früheren Fällen hält es schwer, festzustellen, ob Stelenkreuze vorchristlich oder schon christlich sind. Es geht dort wie hier aber um die Vergegenwärtigung der Lebenskräfte. Nur tritt Christus an die Stelle der irdischen Strahlungen. Diese überwinden die Finsternis, jener den Tod. Patrick erklärt daher Christus als »wahre Sonne, die niemals untergehen, sondern in Ewigkeit bestehen wird«.

Im Übergang des Sonnenkreuzes zum christlichen Kreuz stehen demnach jene Legenden höchst sinnvoll, die das Weltereignis von Palästina im Druidentum mitklingen lassen, wenn Conchobar mac Fachtna, der König von Ulster, der zur Zeit Christi gelebt haben soll, nach dem Bericht von der fernen Kreuzigung vor Aufregung starb und wenn William Sharp wahrhaben will, daß die irische Prinzessin Brigida, die auf Iona aufwuchs, die Geburt Christi in schauendem Erlebnis begleitet habe und das Christuskind in ihren Mantel hüllen durfte. Sie wird als Bride mit dem Mantel verehrt.

Die irischen Mönche dachten auch als Christen so, wie es sie die Druiden gelehrt hatten. In einem Abschiedslied, das man Columcille zuschreibt, finden sich die Verse:

»Jedes Blatt der Eichen von Derry
Ist voll der himmlischen Engel.«

Und Notker Balbulus schreibt in einer Ostersequenz:

»Dem aus Grabesnacht
  Auferstandnen Heiland huldigt die Natur:
Blum' und Saatgefild
  Sind erwacht zu neuem Leben;
Der Vögel Chor
  Nach des Winters Rauhreif singt sein Jubellied.
Heller strahlen nun
  Mond und Sonne, die des Heilands Tod verstört,
Und im frischen Grün
  Preist die Erde den Erstandnen,
Die, als er starb,
  Dumpf erbebend ihrem Einsturz nahe schien.«

Eine der ältesten irischen Liturgien aus dem »Turnier Fragment« des Klosters Bobbio schließt mit der großartigen Hymne seines Benedicte:

»Gelobet sei das göttliche Schöpfungswerk in Hymnen,
  durch alle Jahrhunderte!
Gelobet seien die Himmel des Herrn
Gelobet seien die Engel des Herrn
Gelobet seien die Wasser über den Himmeln
Gelobet seien die himmlischen Mächte
Gelobet seien Sonne und Mond
Gelobet seien die göttlichen Sterne
Gelobet seien Regen und Tau
Gelobet seien alle Geister

Gelobet seien Feuer und Wärme
Gelobet seien Nächte und Tage
Gelobet seien Finsternis und Licht
Gelobet seien Kälte und Hitze
Gelobet seien Frost und Schnee
Gelobet seien Blitze und Wolken
Gelobet seien Berge und Hügel
Gelobet seien alle Erdgeborenen
Gelobet seien Meere und Ströme
Gelobet seien Brunnen und Quellen der Gewässer
Gelobet seien die Kreaturen, die sich im Wasser bewegen
Gelobet seien die Vögel des Himmels
Gelobet seien Tiere und Lasttiere
Gelobet seien die Israeliten
Gelobet seien die Söhne der Menschen
Gelobet seien die Heiligen
Gelobet seien die Diener
Gelobet seien die Geister und Seelen der Gerechten
Gelobet seien die heiligen und demütigen Herzen
Gelobet seien Annaneas und Sarea, Misael
Einziger, allmächtiger Gott,
Wir loben Deine Gerechtigkeit!
Der Du die drei Jünglinge aus dem Feuer befreit hast
 und uns vom Tode errettet
 durch Dein reines Erbarmen
Erbarme dich unser!
Das Lob aller Elemente sei Dir!«

Es geht bei diesem hymnischen Ausbruch keineswegs darum, die Natur zu verherrlichen. Er will vielmehr in einer inneren Osterfeier den Herrn preisen, wie es noch viele Jahrhunderte später zur Zeit Kaiser Friedrichs II. Franz von Assisi (1181/82–1226) tun sollte. So erscheint denn in den irischen Heiligenviten Christus oft als Schöpfer und Herr der Elemente, wobei vom 3. Jahrhundert bis 735, dem

Todesjahr des Beda Venerabilis, der sich der »Historia ecclesiastica gentis Anglorum« angenommen hat, im lateinischen Westen etwa zweihundert Heiligenleben vorlagen.

Wenn das irische Kreuz, seinen gläubigen Sinn irdisch zu schmücken, von mancherlei Flecht- und Knotenformen umrankt ist, so dürfte diese Art der Lebensinnigkeit koptischen Ursprungs sein. Schon die Kelten der Eisenzeit aber hatten diesen ornamentalen Stil zu hoher Blüte gebracht. Einzelne Motive, so etwa jenes des gerahmten Flechtbandes, entsprechen unseren Steinkreuzen von Fahan Mura und Carndonagh in der Grafschaft Donegal. Sie kommen erstmals in dem syrischen Rabulas-Evangeliar vor und erscheinen später in den koptischen Manuskripten des 8. und des 9. Jahrhunderts. Es handelt sich in allen Fällen um eine hohe, wenn auch zuweilen bäuerlich-kraftvolle Kunst, die das irisch-keltische Bandgeflecht über Massalia mit dem Osten verbindet. Schon die Merowinger hatten in der Volkskunst koptische und syrische Formen verwendet, und Syrer wie Griechen waren auch vorkarolingisch in Italien, Gallien und Irland als Bischöfe tätig. Selbst die Fisch- und Vogelmotive der irisch-keltischen Belege gingen in die mittelalterliche Buchmalerei ein, wobei sich im 7. bis 9. Jahrhundert keltische, nordgermanische und spätantike Formen des Ostens vermählen.

Ein Christentum, das solcherart heranwuchs, mußte deshalb seine besondere Prägung bewahren, weil nie ein Römer den irischen Boden betreten hatte und der freie Wuchs des irischen Wesens den straffen römischen Ordnungen befremdet begegnet wäre.

Wenn unsere Legenden auch eindrücklich machen, daß es in Irland schon eine vorchristliche Glaubensgemeinschaft gegeben haben muß und Conchobar das Sommerfinsternisgeschehen mit dem Tode Christi zusammensah und Brigida als Maria Hibernorum verehrt wurde, weil eine alte Legende wahrhaben will, daß sie ein christlicher Seher bei der ersten Begegnung als Maria wiedererkannt habe, so muß man doch zugestehen, daß Prägung und Herkunft eines vorpatrickschen Christentums schwer erkennbar und kaum belegbar sind. Sicher ist nur, daß dieses Christentum von den römischen Legionen ungestört zur Insel durchgefunden haben muß. Ob es vom britannischen Provinzrömertum herüberstrahlte oder von irischen Heimkehrern aus Söldnerdiensten gebracht wurde oder von anlandenden Anachoreten des östlichen Mittelmeerraumes über Massalia durchfand, kann kaum entwirrt werden. Immer aber bleibt seine Frühzeit gesichert und die andere Art jenseits der römischen Kirchengeschichte unbestritten. Gleichnishaft bleibt auch hier das Klagenfurter Standbild einer dreieinigen Gottheit, dem in der Mitte der drei Köpfe eine Weihwasserdelle eingemeißelt worden ist. Das Druidentum wurde christlich und blieb im Wandel doch, was es war. Die Verschmelzung ist von dritter Art, wobei vermerkt werden muß, daß die altirische Osterberechnung mit der ostkirchlichen zusammenfindet und daß sich in einer frühen irischen Evangelienhandschrift koptische Lesarten finden.

Der erste Zeuge Irlands ist solcher, aber auch eigener, anderer Art. Um 394 trat in Rom der gelehrte Wanderprediger Pelagius (gestorben nach 418) auf. Er schrieb von 406 bis 409 seinen Paulus-Kommentar gegen den Manichäismus und die augustinische Gnadenlehre. Seit 411 lebte er dann in Nordafrika und Palästina. Pelagius sprach nicht nur lateinisch, sondern auch griechisch; er bezeugt damit jene vorpatricksche Schule in Irland. Sein kirchenfreies Christentum wurde als »Pelagianismus« verdammt. »Irisches Gezücht aus der Nachbarschaft Britanniens«, nennt ihn der lateinische Kirchenvater Hieronymus, und Papst Zosimus ([417]–418), der aus Griechenland stammte, Arles zur gallischen Metropole erhob und Pelagius zunächst zugetan war, verurteilte ihn später. Kaiser Honorius (384 [395]–423) verbannte ihn um 418.

Der Name des Pelagius, dessen irischen Namen wir nicht kennen, ist griechisch und ruft den »über das Wasser Gekommenen« an. Trotz der Doppelbedeutung seines Namens blieb der Ire, der seine Kirche im Herzen trug, dem petrinischen Anspruch des Christentums fern. Er hielt wie später Johannes Scotus Eriugena mit scharfer Denkkraft die Glaubensirrtümer für erkennbar. Er richtete sich an dem Johannes-Wort aus: »Ihr werdet die Wahrheit erkennen, und die Wahrheit wird euch frei machen.« Diese Gedankengänge, die im irisch-keltischen Wesen des Mannes wurzelten, setzten den petrinischen Geboten eine lichte johanneische Welt entgegen. Augustinus mußte also, obwohl er den Iren zu schätzen wußte, zu seinem Gegner werden.

Pelagius hat neben Büchern über die Dreieinigkeit und einem Brief über die Gnade auch eine Abhandlung zugunsten des freien Willens geschrieben. Der Mensch seiner Wünsche hatte an einer durchchristeten Menschheit mitzuarbeiten; es gelte, sich dem Leib Christi einzufügen. Pelagius versteht dabei ähnlich Johannes und in seiner Nachfolge Christus als geschichtlicher wie geistiger Art: als Jesus und Logos. Er konnte nicht zugestehen, daß man, wie Augustinus verfocht, die ungetauften Kinder verdamme. Er schuf daher eine differenzierte Gnadenlehre, die eine Schöpfungsgnade aus dem Logosvermögen, eine Offenbarungsgnade des Christus-Schicksals und eine Vergebungsgnade des erneuerten Menschentums kennt. Augustinus vertrat dagegen mit Härte die Ungnade der sündenfälligen Seele. Pelagius verteidigte deren unmittelbare Heiligkeit: »In der Freiheit zum Guten und Bösen besteht der Vorzug der vernünftigen Seele.« Es gehe darin um die Ehre und die Würde des Geschöpfes. Gott öffnet uns »mit Hilfe seiner Gnade ... die Augen unseres Herzens«.

In solchen Glaubensgluten stellte sich Pelagius in Karthago seinem Gegner Augustinus, der ihn als »hochgeschätzten Herrn und viel begehrten Bruder« empfängt, aber anläßlich einer Synode ein Jahr später aus der Kirchengemeinschaft ausschließt und seine Lehre als ketzerisch verwirft. Nur in Jerusalem wurde Pelagius dann vom Bischof Johannes ([386-417]) verstanden. Hieronymus dagegen, der in Bethlehem als Asket lebte, focht ihn als »einfältigen Verleumder, ... stupiden Kerl, gemästet mit schottischem Haferbrei«, an. Er erkannte also die keltische Eigenart des pelagianischen Glaubens.

Unter dem Eindruck seiner Persönlichkeit wurde Pelagius 415 von der Synode von Jerusalem freigesprochen, doch blieb ein letzter Entscheid Rom vorbehalten. Indem die Kirche um 417 Pelagius in einer Synode von zweihundertsiebzehn Bischöfen erneut der Selbsterlösung, der Gnadenverachtung und der Leugnung der Erbsünde zieh, konnte er 418 im Erlaß von Ravenna gegen die »Ruhestörer der Kirche« als Gotteslästerer verdammt werden. Anhänger des Pelagius zu sein, wurde strafbar. Goethe hing seinem Glauben an, wenn er im fünfzehnten Buch von »Dichtung und Wahrheit« die irisch-keltische Eigenart verteidigt, indem er zugestand, daß der Mensch trotz seiner erblichen Mängel »durch göttliche Gnade belebt zu einem frohen Baum geistiger Glückseligkeit emporwachsen« könne. Das petrinische Christentum aber erstarkte mit dem Verdikt der johanneischen Botschaft der Kelten und schüchterte seine Gegner mit der Furcht vor der letzten Seelennot ein.

Man hat lange den heiligen Patrick als Begründer des altirischen Christentums verstanden und verehrt. Er ist es keineswegs, was seinen Rang aber nicht mindert. Der Vater Patricks, Calpurnus, war um das Jahr 400 Beamter der römischen Verwaltung in Britannien, und da schon sein Vater Presbyter war, diente auch er in einer christlichen Gemeinde als Diakon. Er soll keltisch Sukket, Sukkat oder Sochet geheißen haben. Unter diesen Voraussetzungen muß der Sohn wohl eine gewisse Schulbildung genossen haben. Patrick selbst allerdings zieh sich der Trägheit und der Vergeßlichkeit.

Als sich der irische König Niall nach einem kriegerischen Einfall in Britannien um 405 zurückziehen mußte, wurde der sechzehnjährige Patrick als Sklave in die Grafschaft Antrim verschleppt. Dort hütete er seiner »Confessio« gemäß unter Christen sechs Jahre lang die Herden seines Herrn Miliuc. Er lebte in den Wäldern, stand vor Tagesanbruch auf und ließ sich auch bei widrigem Wetter nicht von seinen vielen Gebeten – es sollen zuweilen nahezu hundert am Tage gewesen sein – abhalten. So ermuntert, wurde er inne, daß aller Unfleiß von ihm gewichen war und daß der Geist in ihm glühte. Er vertraute seiner unangefochtenen Christus-Innigkeit. Er lauschte der Stimme des Erlösers und hielt seine Glaubensbereitschaft wach. Seine Besinnungen wurden streng. Zweimal aufgerufen, nimmt er seinen Entschluß, als Missionar nach Irland zu gehen, als Befehl des Herrn entgegen und erkennt darin das Werk des Heiligen Geistes. So wird ihm seine Gefolgschaft zum Gottesdienst, der sich der barbarischen Kinder seiner Iren annehmen soll. Darin ist er zum Vorbild geworden.

Patrick wanderte also zur Küste und gelangte über die Meerenge wohl zur wenig bevölkerten Bretagne, wo er umherirrend mit seinen Schiffsgefährten vier Wochen lang hungerte. Versuchungsträume ließen ihn »Helias« rufen, worauf am Himmel die Sonne aufging und alle Schwere von ihm nahm. Christus hatte geholfen. Während dieser Gallien-Fahrt soll Patrick bei Germanus von Auxerre (um 378–445/48) geweilt haben. Über seine weitere Wanderschaft schweigt sich die »Confessio« aus. Er sei als Nachfolger des heiligen Palladius, der 431 von Papst Coelestin I. ([422]–432) nach Irland entsandt worden war, um dort eine feste Diözesengliederung zu schaffen, nach Irland zurückgekehrt. Dort schuf er unter großen Widerständen die iroschottische Kirche. Eine Stimme – »Wir bitten, heiliger Knecht, komm zu uns und wandle wieder unter uns!« – habe ihn berufen.

Patrick widmete sich seiner Vision gemäß der Anbetung der wahren Sonne Christi. Er versuchte dem »Werk seiner Vorgänger« gerecht zu werden. So verstand er sich denn als neu Beauftragten früherer Stifter. Schon daß er sich von drei Glockengießern begleiten ließ, dürfte die Legende seiner einzigartigen Stellung unterstreichen. Bemerkenswert bleibt dabei, daß die Glocke zum ersten Mal in einer irischen Heiligenvita auftaucht und daß die Bregenzer Bethausglocke die erste auf dem europäischen Festland nördlich der Alpen ist. Der irische Mönch Fortehern gilt als Patron der Glockengießer, und der Ire Dagaeus soll über dreihundert Glocken gegossen haben.

Patrick wurde zum treuen Zeugen des johanneischen Christentums. Sein Lebenszeugnis »Et haec est confessio mea antequam moriar« schildert ihn als bäuerlich, begabt und begnadet, als »Miterben« Christi, wenn auch heimatlos und ungebildet. Emporgehoben, bemühe er sich, sich zu bessern, er strenge sich an, und er schweige um der Liebe Christi willen. Er sei Gottes Schuldner, Menschenfischer, Zeuge des treuesten Herrn. Er wisse nicht um den nächsten Tag zu sorgen, doch sei gewiß, »daß wir in der Helle der Sonne auferstehen, das ist in der Herrlichkeit unseres Erlösers Jesus Christus als Söhne des lebendigen Gottes ... Denn die Sonne, die wir sehen, geht auf seinen Befehl um unseretwillen füglich auf, aber sie wird niemals herrschen ... Wir aber, die wir an die wahre Sonne Christus glauben, beten die Sonne an, die niemals untergehen wird.« Das ist so johanneisch wie romfern: irisch-keltisch.

Seit jenen frühen Jahrhunderten hat das Christentum zwei Wege genommen: den johanneisch-irischen keltischer Tradition und den petrinischen römischer Überlieferung, der auch vom Angelsachsen Wilfrid von York, der iroschottisch erzogen römisch dachte, vertreten wurde. Wie sehr die Welten auseinanderklafften, zeigte sich in der Auseinandersetzung um die Osterregelung. Fiel der Frühlingsmond auf einen Sonntag, so feierte man in Irland Ostern bei vollem Mondlicht, während die römische und die gallisch-fränkische Kirche das Fest um acht Tage später beging. Im Jahre 600 beispielsweise setzte Luxeuil Ostern auf den 3. April, den Sonntag des Frühlingsvollmondes fest, während die fränkische Kirche dem widersprach. Die gallische Kirche hielt deshalb Columban (um 530 bis 615) für ketzerisch. Er wurde zum Träger dieses Streites, als um 603 der irische Ostertermin vom 31. März zum zweiten Mal innerhalb von vier Jahren auf ein Datum fiel, für das die Tafel des Victurius (gestorben um 198), der den Primatanspruch in der Festsetzung des Osterfestes erhoben hatte, ein Mondalter von vierzehn Tagen anzeigte. Zwischen 591 und 610 hatten beide Richtungen nur zweimal Ostern über eigenen Rechnungen gleichzeitig gefeiert. Man warf Columban unversöhnlich vor, daß er, begehe er das Fest am vierzehnten Tag des Mondalters, es mit den Juden halte. Columban beharrte aber darauf, daß er das Frühlingsäquinoktium mit den irischen Bräuchen und der heiligen Schrift festsetze.

Papst Leo der Große hatte im Jahr 453 durch Briefe an den oströmischen Kaiser Markian (396? [450]–457) und den Bischof von Kos, Iulianus (380–454), versucht, die östliche Reichshälfte von der alexandrinischen Berechnung abzubringen. Vergeblich. Noch 640 konnte Papst Johannes IV. ([640]–642) die Nordiren nicht nur des Pelagianismus, sondern auch des falschen Ostertermins wegen tadeln; erst um 664 sollte die Synode von Whisby die Osterberechnung regeln. Die Iren beharrten vorab deswegen auf ihrem Brauch, weil sie mit den Kleinasiaten die Festsetzung auf den Apostel Johannes zurückführten und Ostern am vierzehnten Tag nach dem

Nisam – dem Frühlingsneumond – begingen. Das galt für sie auch, wenn der Ostertag auf einen Wochentag fiel. Dann feierten sie am Sonntag nach diesem Vollmond.

Die Synode von Whisby wurde von König Oswin eröffnet, indem er für den einen Gott auch eine einzige Osterregel forderte. Die Berufung auf Columban und über ihn auf Johannes war vergeblich. Wilfrid pochte erfolgreich auf den Vorrang der römischen Kirche. »Was ist Columban gegen Petrus!«, den Felsen der Kirche, meinte er und bestimmte damit den Entscheid Oswins zugunsten Roms. In Südirland hatte die römische Regelung seit etwa 340 gegolten, Iona übernahm sie um 715.

Es kann nur als strengste Askese verstanden werden, wenn die seßhaften Iren zur Peregrinatio aufriefen. Und sie taten es leidenschaftlich. Zwar war die Forderung, seine Heimat wie Abraham zu verlassen, altmonastisch, doch deuteten sie die Iren auf eigene Weise. Das altirische Recht kannte neben dem Stammesausschluß die Verbannung von der Insel, und so vergegenwärtigt die Potior peregrinatio Columbans ein schweres Verhängnis. Ad peregrinandum propter Christum wollte, vom Columban-Schüler Romanich erregt, selbst der Karolingernachfahre Bischof Arnulf von Metz (um 582–640?) einsam wegziehen, und es ist sinnvoll, daß auch er sich das massaliotische Lerinum zum Ziel nahm.

Ohne Zuhause in der Fremde zu weilen, hieße den Pflug ohne zurückzublicken führen. Das Herrenwort, nicht zurückzuschauen, galt als Aufgebot zur lebenslangen Entsagung. Askese und Mission in eins zu leben, war von irischer Glaubensbesessenheit und prägte die kontinentale Missionswanderschaft der irischen Mönchsschar. Nach der »Apologia« des R.P. White, die uns G. Cerbeland und B. Salagnac 1961 vorlegten, gingen fünfundzwanzig irische Missionare nach Schottland, vierundvierzig nach England, einundachtzig nach Gallien, einhundertfünfzehn nach Germanien und dreizehn nach Italien. Vom Columban-Kloster Luxeuil allein sollen sechshundert Missionare in die Fremde gezogen sein. Der Pilgerweg nach Rom war von geringerer Bedeutung. Wilfrid von York pilgerte dorthin, weil er über dem Petersgrab die wahre Kirche verehrte, und Pippin sandte 695 den Angelsachsen Willibrord zur Bischofweihe in die Heilige Stadt, um die Erlaubnis zur Predigt bei den Friesen zu erwirken. Karl Martell berief sich gerne auf die Leuchter am Petrus-Grab, die von seinen Vorfahren gestiftet worden waren.

Über die frühe Mission der Angelsachsen hat Beda Venerabilis in seinem Hauptwerk »Historia ecclesiastica gentis Anglorum« zulänglich Zeugnis abgelegt, und noch im Jahre 800 berichtet Dicuil, der Ire am Hofe Karls des Großen, in seiner »Mensura orbis terrae«, daß die Färöer seit hundert Jahren von irischen Einsiedlern bewohnt seien. Die irische Peregrinatio bringt die keltische Überlieferung erfolgreich mit der griechisch-römischen zusammen. So ist denn Europa fürderhin sowohl jenes wie auch dieses Geistes, weder dies noch jenes also, sondern beides in einem und damit ein Drittes und als solches von eigener Art. Nur so kann es zulänglich verstanden werden.

Der erste, der sich zur Mission aufgerufen fühlte, war Columban der Ältere, den man von seinem jüngeren Namensvetter und Zeitgenossen zu unterscheiden zuweilen Columba oder eindrücklicher noch mit seinem irischen Namen Columcille nennt. Er, der aus königlichem Geschlecht stammte, war es, der im Jahre 563 der altirischen Kirche auf der Insel Iona ihren strahlenden Mittelpunkt gegeben hat und seine Glaubensarbeit bei den heidnischen Picten des nordöstlichen Alba oder Schottland aufnahm.

Columcille hat im mittleren und nördlichen Teil der Insel zahlreiche Kirchen und Bruderschaften gegründet. Die berühmteste war jene des im nördlichen Ulster gelegenen Derry. Vorzüglich geschult, wie er war, schrieb er sich bei Bischof Finnian von Moville, der ihn zum Diakon geweiht hatte, seinen eigenen lateinischen Psalter ab. Der Bischof aber verlangte diese Abschrift als sein Eigentum zurück, und da der Hochkönig von Irland, Diarmait von Meath, diesen Anspruch unterstützte, kam es bei Cooldrevny im nordwestlichen Connaught um 561 zu einer Schlacht, in der mehr als dreitausend Mann des königlichen Heeres fielen.

Es scheint, daß eine Kirchensynode Columcille aus der Glaubensgemeinschaft ausgeschlossen hat, worauf er bei den Picten zur Sühne schritt. Um 563 soll er mit zwölf Schülern in kleinen Lederbooten ausgezogen sein, um inmitten eines druidischen Sitzes sein Iona zu stiften. Von hier aus bekehrte er auch die Bewohner der Nachbarinseln Tiree und Skye. So erschloß seine Klosterbrüderschaft das pictische Schottland und wurde zum Mitbegründer eines selbständigen schottischen Königreiches.

Columcille war auf so treue Weise Ire, daß nicht nur seine Bibelkenntnis, sondern auch sein Wissen um Mond- und Sonnenlauf mitsamt dem Seegang ausdrücklich gelobt worden ist. Er ehrte den Menschen im Einklang mit der Schöpfung Gottes. Sein Ende ist von Legenden umrankt, so wie er sich sein Leben lang zu einem gereinigten Bardentum bekannt hat. Laut Überlieferung soll Columban auf Iona sein Schüler gewesen sein, und von dieser Stätte aus entstand das Missionszentrum Lindisfarne in Northumberland. Da in der Nähe von Iona zwei Uferdörfer Iona und Staffa hießen, könnte es zutreffen, daß Columban diese beiden Ortsnamen an den Zürcher See übertragen hat. Zuvor hatte er dreißig Jahre im nordirischen Kloster Bangor verbracht, ehe er, fünfzigjährig, das Opfer der Heimatlosigkeit auf sich nahm und im Jahre 590 mit zwölf Genossen in der Bretagne landete. König Guntram rief ihn an den Hof. Von dort aus gründete er Annegray, Luxeuil und Fontaine im Wasgenwald. In Luxeuil verfaßte er seine Mönchsregel.

Nachdem er sich nicht gescheut hatte, König Theuderich des Ehebruchs zu zeihen, wurde Columban des Landes verwiesen, und da ihm Burgund als Durchreiseland verschlossen blieb, nahm er, um über die Alpen nach Süden zu gelangen, den nördlichen Umweg über Austrien. Er erreichte im Jahre 610 Mainz und fuhr von dort rheinaufwärts. Ein mitreißendes Ruderlied zeugt von dieser Fahrt. So wurde er zum ersten irischen Glaubensboten des Bodensee-Kreises. Er gelangte nach Bregenz, wobei ihn sein Weg über die Aare, Vindonissa, die Limmat und den Zürichsee nach Tuggen führte, also quer durch den Thurgau, der seit 536 ein Verwaltungsbezirk des fränkischen Reiches war.

Unter den Begleitern, die mit Columban dorthin kamen, waren Attala, Gallus, Eustasius und Sigisbert. Willimar von Arbon soll sie brüderlich empfangen haben. Als Austrien drei Jahre später an den ihm feindlich gesinnten Theuderich fiel, machte sich Columban rheinaufwärts auf den Weg, der ihn von Disentis über den Lukmanier nach Olivone führte. San Colombo heißt noch heute eine Kirche oberhalb Olivones. Columban war bei seinem Alpenübergang ein Greis; seine Peregrinatio ist deshalb um so bewunderungswürdiger. Der Langobardenkönig, der Rom feindlich gegenüberstand, machte der Mönchsschar im Tal der Trebbia eine großzügige Schenkung: »die Basilika des heiligen Apostelfürsten zu Bobbio, dazu ein Stück Land im Umfange von vier Meilen«.

In den iroschottischen Klöstern des 7. und des 8. Jahrhunderts war die »Columbanische Mönchsregel« im Gebrauch. Sie zeichnet sich durch ihre strenge geistige Schulung aus. Der Mönch soll Glied des göttlichen Reiches werden. Doch kannte das irische Christentum keine harten hierarchischen Gliederungen, und darin blieb die benediktinische Regel überlegen und siegreich. Gehorsam, Schweigegebot, Enthaltsamkeit, Armut, Keuschheit und Klugheit galten auch bei Columban, der sich der mönchischen Vollkommenheit verschrieben hatte. Verwaltungssorgen und Ämterzuordnungen traten bei den Iren vor den geistlichen Zielen zurück. Dies auszugleichen, verständigte sich die irofränkische Klosterkultur mit der benediktinischen. Mischregeln wurden üblich. Selbst Regeln nach Antonius, Makarius, Pachomius wurden erwogen. So tauchte etwa die Regula Benedikti in Form einer Mischregel in den frühen Filialklöstern von Columbans Hauptgründung Luxeuil auf. Diesen Vorbildern gehorchten auch die Klostergründungen der merowingischen Großen. Die von der Gattin Chlothars II. (584–629), Bathildis, geförderten Basilikaklöster faßten in ihrer Sanctus regularis ordo die beiden Regeln der Heiligen Columban und Benedikt zusammen. Sie ergänzten sich.

Überaus bemerkenswert ist, daß der Ausdruck »Europa« erstmals in einem Brief Columbans auftaucht, in dem er von einer »Communis sollemnitas omnium sanctorum Hiberniae et Britanniae et totius Europae« schrieb.

Columbans Gefährte Gallus war bis zu dieser Zeit stets an der Seite seines Mentors. Doch als sich Columban anschickte, nach Italien zu wandern, lag er an einem schweren Fieber danieder. Columban war ungehalten, daß er seinen besten Redner verlieren sollte, und überschüttete ihn mit Vorwürfen. Er verbot ihm sogar, je wieder die Messe zu lesen. Gallus blieb verbittert zurück und gründete zusammen mit dem Arboner Diakon Hiltibold im Hochtal der Steinach seine Eremitenzelle, die sich später zur stolzen Stadt auswachsen sollte. Dem St. Galler Urkundenbuch gemäß setzte die Verehrung des heiligen Gallus bereits ein, als die Einsiedelei noch nicht zum Kloster aufgestiegen war. So muß in der Folge die Fülle der Schenkungen beträchtlich gewesen sein. Gallus hatte sich um 612 dort niedergelassen; um 710 trug der Ort seinen Namen, und um 719 gründete der Alemanne Otmar das Kloster. Er war auch der erste Abt, und er unterwarf sich einer Mischregel, bis er 747 auf fränkischen Staatsbefehl die reine Benediktinerregel zur Satzung erhob. Die irische Spur aber findet sich noch in der Klosterbibliothek. Zwar sind die Bücher nicht scottice scripti; irisch jedoch sind sie nach Verfasserschaft und Inhalt.

Im Jahr 724 wurde im selben alemannischen Raum das Inselkloster Reichenau gegründet. Auch sein Stifter Pirmin (gestorben 753 ?) gilt als Ire, wenn er nicht westgotisch-aquitanischer oder gar spanischer Herkunft war. Fridolin (6. Jahrhundert), der Gründer Säckingens, dürfte schon seines deutschen Namens wegen kein Ire gewesen sein, obwohl auch das vermutet worden ist. Gewiß ist, daß die Alemannen vor der irischen Mission nach den Stürmen der Völkerwanderungen der überlebenden spätantiken Kirche angehört haben. Das aber hatte mit dem selbstbewußten petrinischen Rom wenig zu schaffen. Noch der »Pactus Alamannorum« von etwa 620 nimmt geringe Rücksicht auf das Christentum. Diese Angaben grenzen die Christianisierung des alemannischen Raumes ein, und sie beschränken den Einfluß der iroschottischen Mission.

Nach dieser so eigen gearteten Geschichte muß die irisch-keltische Spiritualität von besonderer Art gewesen sein. Schon die Dichtungen der Barden waren von schicksalsträchtiger Kraft. Dem Preislied auf Columcille wurde Heilswirksamkeit zugeschrieben. Wer es spricht, empfängt neben irdischem Glück das Himmelreich. Die Askese besaß eigene Macht. Sich der Natur zu versichern, bediente man sich der Zauber. Diese aber waren für den Iren eschatologisch gebunden. Die Auferstehung setzte den zum Himmel Fahrenden mit gesenkten segnenden Armen an die Stelle des hängenden Gemarterten, den Rom verehrte und als Mahnmal an die Straßen stellte. Sich der göttlichen Wirkbarkeit zu nähern, bedurfte man der Bilder. Die asketische Selbstentäußerung schuf eine neue Welt. Solche Gedanken verfuhren zyklisch, wie die römischen zeitgerichtet historisch geartet waren. Ostern schenkte die Wiederkehr des Erlösungsgeschehens. Die beweglichen Feste bestimmten daher überaus lebendig das Kirchenjahr. Ein Brauchtum, das sich ihnen verschreibt, ist von bunter Fülle. War dem aber so, so wird verständlich, daß Bonifatius in seinem Amtseid auf das Apostelgrab zu schwören hatte, keine Verbindungen mit Bischöfen so fremden Bekenntnisses zu unterhalten, und sogar, sie zu verzeigen. Die hellseherische Schau der Iren unter einer ersehnten Sonne war verdächtig, die johanneische Bindung dogmenfremd, die Einheit mit den Naturmächten verwerflich, das Heil des Lichtes ketzerisch, das keltische Kreuz befremdlich, der auffahrende Christus dem leidenden nicht gleich, das Weihnachtsfest zu sonnenvoll. Treten die Fische in den Gallus-Legenden auf, so sind sie Gespielen der Nixen. In diesen Glauben gingen Märchenwelten ein, er fand sein Dichterwort. Solche Abendmahlsrunden waren von einer Innigkeit, die vor jeder Amtsgewalt zurückschreckte. Engelsvisionen überschritten Lebensgrenzen.

Noch einmal wurde die keltische Mystik für viele erneuert, als William Sharp unter dem Pseudonym Fiona Macleod mit romantischem Vorzeichen neuossianische Schriften veröffentlichte, die dem sechsten Sinn huldigten. In der früheren deutschen Übersetzung erklärte Winibald Key 1905: »Miss Fiona Macleod ist die bedeutendste Gestalt innerhalb der englischen Literatur, die als die keltische Renaissance oder die Neue Mystik bezeichnet wird.« »Sie« sei mit ganzer Seele Keltin und hänge daher der heimatlichen Landschaft schwärmerisch an. »Sie« habe auf Bootsfahrten im Mondschein oder vor dem Torffeuer aus dem Munde der hebridischen Gälen jene alten Mären vernommen, in denen sich Heidentum und Christentum seltsam ausgesöhnt hätten. »Sie« müsse als Vorkämpferin der verlorengegangenen Johannes-Insel in den reinen

Räumen der irischen Seele gewürdigt werden. So habe »sie« zu Recht von den alten Prophezeiungen geträumt, denen zufolge Christus auf Iona wiedererscheinen werde. Es gehe bei all dem um eine lebendige Erneuerung der Offenbarung, die vor einer materialistischen Zeit zu retten versprach. »Miss Macleod« fühle sich als mythenbildende Helferin ihres Volkes, schrieb der Herausgeber. »Heute können wir sicher sein, daß ein neuer Mythos gewoben wird«, bezeugte Fiona Macleod. »Ich glaube, daß eine neue Erlösung schon jetzt von dem göttlichen Geiste im Menschenherzen geplant wird.«

William Sharp ließ Fiona Macleod, sein streng gehütetes Pseudonym einer unerschöpflichen keltischen Überlieferung für sich sprechen, weil er dem unsterblichen und namenlosen christlichen Keltentum zutiefst vertraute. Dessen Zauber reicht bis in die Gegenwart: Ruth Blum beschrieb 1974 ihre Irland-Fahrten zwischen 1948 und 1973, und Sophie Dorothee Gräfin Podewils ließ 1982 ihren Irland-Roman »Schattengang« erscheinen.

Die Gegenwart der Sage

Das zweite halbe Jahrtausend muß als magmatisches Zeitalter der abendländischen Geistesgeschichte hingenommen werden. Es bringt wenig unterscheidbar Welten überein und ist damit von besonderer Bedeutung europäisch. Die literarischen Zeugnisse belegen es.

Dieses magmatische Zeitalter kann zulänglich begrenzt werden, wenn man es zwischen die Jahre 597 und 1197 ansetzt. In jener Zeit fuhr Augustinus mit seinen Genossen zu den Angelsachsen und knüpfte folgenschwer mancherlei Bande. Die Duldsamkeit, die jener berühmte Hirtenbrief Gregors des Großen forderte, ermöglichte der angelsächsischen Überlieferung gegenüber wache Zuneigungen, die zwischen der neuen Kirche und den mündlich überlieferten Sprüchen und Liedern erregende Spannungen schufen.

Die obere Begrenzung von 1197 ist durch das »Sachsenlied« von Jean Bodel d'Arras (um 1165–1210) gegeben, das zwischen 1196 und 1200 verfaßt worden ist. Es enthält nämlich die erste unterscheidende Einteilung der altfranzösischen Literatur in drei bevorzugte Stoffwelten:

»Es gibt nur drei von keinem Menschen erwartete Stoffe:
jenen Frankreichs, der Bretagne und des großen Rom;
und diese drei Stoffe sind keineswegs vergleichbar.«

Damit ist die epische Gattung der »Chansons de Geste« vom höfischen Roman und vom Antikenroman abgehoben und die Vorlagen aus der Geschichte Frankreichs von denen aus dem keltisch-bretonischen Sagenkreis wie denen aus der historisierenden Fabel der Antike getrennt. Darin hatte die »matière de Bretagne«, die sich des keltischen Erzählgutes annimmt, eigenen Rang. Jean Bodel meint allerdings, daß die bretonischen Erzählungen »eitel und gefällig«, die antiken aber »weise und lehrreich« seien. Die nationale Heldenepik jedoch sei »wahr, vernünftig und schön«, weil sie sich auf die historische Quelle aus Saint-Faron bei Meaux stützen könne.

Das magmatische Zeitalter wurzelt in indogermanischen Übereinstimmungen prähistorischer Stufe. So gehörten etwa einzelne Wendungen gleichzeitig verschiedenen Völkern an, und es ist ungeklärt, wie die Formel des althochdeutschen Merseburger Erzählspruches »ben zu bena, bluot zu bluoda, lid ze geliden« ins Mittelirische kommen konnte. Man müßte bei der Erforschung von Wanderwegen die Tatsache erwägen, daß archetypische Vorstellungen, gleichzeitig oder ungleichzeitig, unabhängig voneinander an verschiedenen Orten auftauchen können. Das Brückensymbol der altpersischen Unterwelt, eine inselkeltische Parallele und die nordische »Gylfaginning« könnten ebenso vergleichbar wie eigenständig sein. Doch vieles ist über weite Himmelsstriche hin wechselseitig durchströmt, und gesichert bleibt, daß Irland als früher Nachbar der kymrischen Gebiete dem arthurischen Roman mitverfangen ist. In vielen anderen Fällen bleibt die Forschung nicht mehr als ein Rätselraten, und die Regenbogenbrücken der Vermutungen lassen die Inselkelten noch langehin als unerwartete Teilhaber europäischer Überlieferungen anderer Herkunft erscheinen. Selbst die Mabinogi dürften kaum streng abgeschieden keltisch sein.

Doch wo verlaufen die Silberfäden der Bezüge? Vieles an der Verbundenheit der irischen Epik mit der ältesten der Weltliteratur ist ungeklärt, manches wird unabklärbar bleiben, und dies macht die Wirrnis des magmatischen Zeitalters aus. Spürt man auch mancher Herrin der »matières de Bretagne« die Inselfee noch an, so ist damit nichts gelöst, und die weitverbreitete Mythe eines Gottes, der in der Gestalt des Ehemannes bei seiner Geliebten einkehrt, ist vielleicht auch dann archetypisch, wenn der Erzähler des Frühzeitkönigs Mongán auf eine verlorene Amphitryonfassung zurückgegriffen hätte. Auch wenn es unbewiesen wahrscheinlich ist, daß es einen gemeinsamen Erzählbesitz zwischen inselkeltischen Helden und solchen des Festlandes gab, ist nichts darüber ausgesagt, ob der irische Berserker Cúchulainn eine Variante des altlateinischen Mythos von Horatio und Horatia bei Livius sein könnte. Saßen auf der Insel bis zu Karl dem Großen Klosterleute und heidnische Einwohner nebeneinander und sind nur jene Aufzeichnungen erhalten, die von wandernden Mönchen und Flüchtlingen auf dem Festland bewahrt werden konnten, so muß weitgehend unbekannt bleiben, wieviel die Gälen in Irland und Albion vom Erzählbesitz der klassischen Antike kannten. Es scheint, daß dem Epiker des »Beowulf« die »Aeneis« nicht unbekannt geblieben war. Doch ist dem wirklich so? Hinderlich ist überdies, daß die Iren fremde Erzählstoffe in eigene Landschaften versetzten und daß manche Epen älteste Jahrhunderte vergegenwärtigen. Zudem haben die Wikinger die Grenzen zwischen den Filid und den Geistlichen verschoben, als sie sich im 9. und 10. Jahrhundert allmählich christianisierten. Die Wikingerstaaten auf gälischem Boden waren zweisprachig, so daß die Iren aus dem Nordischen viele Lehnwörter des seemännischen Wortschatzes übernommen haben.

Auch manche Wortverwandtschaften geben mehr Rätsel auf, als sie lösen. Da der angelsächsische Kontakt mit dem Festland schon um 700 rege war, wie die englische Fundkarte merowingischer Münzen beweist, werden die Verhältnisse noch unüberblickbarer. Frühe Begegnungen mit dem Christentum sind so sicher, wie sie im einzelnen schwer zu belegen sind. Tauchen gar keltische Namen in der »Edda« auf, trotzdem die irischen Texte mit der Sippensaga der Isländer nichts zu tun haben und unterscheiden sich die Filid von den Skalden, so häufen sich die magmatischen Ungewißheiten. Dennoch stehen irische Texte in vielen Fällen nordgermanischen näher als kymrischen. Die »Edda« etwa berichtet von dem Schreckenshelm Hreidhmars, den auch Cúchulainn trägt.

Mit größerem Erfolg hat man zu klären versucht, inwiefern das halbe Dutzend gälischer Reiseberichte christlicher Färbung mit Odysseus, aber auch islamischen Kauffahrerberichten übereinkommen. Man hat ferner festgestellt, daß sich die Zyklopeninsel nicht nur in griechischen und nordischen, sondern auch in irischen, ja sogar in Sindbad-Zeugnissen findet, so daß wohl die irische Reisegeschichte der antiken Überlieferung des ganzen Abendlandes verwoben sein dürfte. Doch könnten gerade diese Reiseabenteuer archetypisch sein. Der Gral beim Fischerkönig und die Himmelsspeise könnten es ebenfalls sein, nur kann sich die Forschung nicht dabei bescheiden.

Aber auch an der oberen Grenze des magmatischen Zeitalters harren der Fragen genug. Es gibt in Irland eine Reihe von apokalyptischen Texten syrischer Herkunft, die auf die Thomas-Akten des 7. Jahrhunderts folgen und ebenfalls der Deutung bedürftig sind. Dabei gibt es eine vorchristliche hebräische Apokalyptik, wie etwa das später nur in Äthiopien kanonisch anerkannte »Buch Hennoch«, das auf eine altvorderasiatische Dichtung zurückgehen dürfte. Auch der Gilgamesch taucht in Hennoch-Bruchstücken von Qumrân auf. In manchen dieser Fälle ist die irische Inselwelt zur Fundgrube eines frühen christlichen Schrifttums geworden. Das Hebräer-Evangelium etwa ist ohne die irische Überlieferung undenkbar. Ist es auch von Bedeutung, daß um 1149 ein irischer Mönch mit seiner »Visio Tungalali« zu Regensburg ein Werk verfaßt hat, das mit hartem Zugriff Gegenwartsereignisse so in Jenseitsvisionen einbaut, daß er als Vorgänger von Dante anmutet?

Die sechs magmatischen Jahrhunderte geben beinah mit jeder Antwort, die uns durch die Forschung wird, neue Fragen auf. In diesem Mahlstrom treiben die Dichtungen der staufischen Zeit.

Mit der Artus-Epik werden die Stoffe als Werk faßbar. Dies um so mehr, als Arthur als geschichtliche Gestalt seltsam unbestimmt bleibt. Es ist auch reichlich ungewiß, welches Gewicht einer vorliterarischen Arthur-Tradition beizumessen ist. Ob sich in der Bretagne Züge dieser Sagenwelt fanden oder ob sie ursprünglich in Cornwall oder Wales beheimatet war, muß wohl offenbleiben. Dennoch hat man Arthur ein geschichtliches Vorbild zuzubilligen. Die »Historia Brittonum« des Nennius (um 800), der walisischer Herkunft war, nennt den Namen zweimal. Der wichtigere der Belege besagt, daß Arthur mit den Königen der Briten als Dux bellorum gegen die von Vortigern ins Land gerufenen Sachsen gekämpft habe. Doch geht diese Überlieferung auf frühe Dichtungen des

6. Jahrhunderts zurück. Es schweigen aber alle älteren Quellen, die von jenen Kämpfen um 500 berichten.

Der Name Arthurs müßte sich von einem lateinischen Artorius herleiten. Ein Offizier seines Namens ist in England schon um die Mitte des 2. Jahrhunderts verbürgt. Die »Annales Cambriae« aus der zweiten Hälfte des 10. Jahrhunderts behaupten, daß Arthur drei Tage und drei Nächte das Kreuz Christi auf seinen Schultern getragen habe. Er sei 537 in der Schlacht bei Camlann gefallen. All dies ist wenig und viel zugleich. Im späten 11. Jahrhundert erscheint Arthur in der »Vita Sancti Carantoci«, und so muß seine Gestalt schon bekannt gewesen sein, was eine längere geschichtliche Verwurzelung bekräftigt.

Unter solchen Erörterungen hat man 1966 bis 1970 südöstlich von Glastonbury das sogenannte South Cadbury Castle erneut in Ausgrabungen erforscht. Man hatte seit 1913 vermutet, es könnte sich um Arthurs Sitz Camelot handeln. So wird behauptet, es habe sich die Vermutung bestätigt, daß sich an diesem Ort der Runde Tisch befunden und im Münster das Gralserlebnis zugetragen habe. Scherbenfunde hätten erwiesen, daß sich von dieser Stelle aus Bezüge zur Artus-Burg von Tintagel, ja ins östliche Mittelmeer schlagen ließen, so daß Joseph von Arimathia mit dem Ort verknüpft sein könne. Der Plan zum Kirchenbau sei möglicherweise von dorther gebracht worden. Dies bezeuge die Schrift des Adoman von Iona »De locis sanctis« aus dem 7. Jahrhundert, denn sie enthalte die Beschreibung einer Kreuzkirche von Sichem in Israel. Tintagel Castle soll sich im Norden des südenglischen Cornwall befinden.

Genaueres will Geoffrey of Monmouth wissen. Er behauptet in der Widmung seiner »Historia Regum Brittanniae«, daß sein Werk die Übersetzung eines in literarischer Sprache geschriebenen Buches sei, das er in Oxford von einem Erzdiakon namens Walter erhalten haben will. Doch wenn er eine solche Quelle besessen haben sollte, hat er sie frei bearbeitet; es ist augenfällig, daß er Mythen und Anekdoten eigenen Einfällen gesellte, um seiner geschichtlichen Heimat eine glanzvolle Legitimation zu schaffen.

Das erste Buch berichtet von der Abstammung der Briten von den Troianern. Brutus, der Urenkel des Aineias, wird als Gründer des Königreichs vorgestellt. Die folgenden Bücher erzählen die Geschichte der Insel unter den Brutus-Söhnen Albanactus, Kamber und Locrinus, von der Römerherrschaft unter den Einfällen von Iulius Caesar bis zum Usurpator Vortigern. In sie ist die Geschichte des Zauberers Merlin eingelagert, die dann zur Artus-Sage überleitet. Die Zeit Arthurs und seiner Nachfolger wird ausführlich gewürdigt. Arthur, der im Kampf gegen die Sachsen tödlich verwundet worden war und zur Heilsinsel Avalon gebracht wurde, soll die britische Krone – diesmal im Jahr 542 – seinem Neffen Konstantin übertragen haben.

Durch Geoffrey of Monmouth ist Arthur aus einem keltischen Sagenhelden zum großen und beispielhaften König erhoben worden. Er hätte, so versichert der Gewährsmann, die Kraft besessen, das römische Weltreich zum Kampf herauszufordern, wenn ihn nicht Verrat in die Heimat zurückgerufen hätte. Es ging Geoffrey darum, die sagenhafte Gründung des Reiches durch Brutus zu rechtfertigen.

Die Angaben zum Leben des Traditionsstifters sind ebenso kümmerlich wie unsicher. Doch wissen wir noch, daß Geoffrey schon vor Abschluß seiner »Historia« zwischen 1130 und 1136 Bischof Alexander von Lincoln ein Buch mit dem Titel »Prophetiae Merlini« gewidmet hat, das er später in das siebente Buch seiner Geschichte einzubauen verstand. Darin folgte er einer keltischen Überlieferung, die um das Jahr 930 als dunkle Weissagung über das Schicksal Britanniens datiert werden darf. Vieles scheint dabei auf kymrische Traditionen zurückzugehen. Die Gestalt Merlins ermöglichte es Robert de Boron (12./13. Jahrhundert), die Gralswelt mit dem Artus-Kreis zusammenzubringen.

Wie dem auch sei, die Sage um Arthur breitete sich überaus rasch aus. Dabei dürfte mitgeholfen haben, daß Heinrich II. von England (1133 [1154]–1189) die vom französischen König geschiedene Eleonore von Aquitanien (um 1122–1204) heiratete, die aus Frankreich ihren Musenhof mitbrachte und so dem Norden die Troubadourpoesie vermittelte.

Der »Roman de Brut« des Normannen Wace (um 1100–nach 1175) schloß diese frühe Überlieferung ab. Wace wurde wahrscheinlich auf der Insel Jersey geboren. Er ließ sich in Caen ausbilden und schloß seine Studien möglicherweise in Paris oder Chartres mit dem Magister Artium ab. Seiner seltenen Bildung entsprechend war er Clerc lisant. Zwischen 1165 und 1169 wurde ihm eine Kanonikerstelle in Bayeux übertragen.

Von Wace an wird Arthur zu Artus und die geschichtliche Verwurzelung in der Sage in die ritterliche Welt verlegt. Dies um so williger, als Geoffreys lateinische »Historia« schon gegen Ende des 12. Jahrhunderts isländisch vorlag, ins Anglofranzösische übertragen wurde und der arthurische Roman den gälischen Reiseberichten nahestand. Damit trat Arthur/Artus seinen unvergleichlichen Siegeszug an. Sein Hof wird zum Vorbild des ritterlichen Lebens schlechthin. Fünftausend der etwa fünfzehntausend Achtsilber des »Roman de Brut«, in dem Wace wie sein Vorgänger Geoffrey eine vollständige Geschichte des britannischen Königtums gibt, sind Artus gewidmet. Unter ihnen findet sich die erste Erzählung von der Tafelrunde. Gefühlsäußerungen und Sittenschilderungen geben dem Stoff der Vorlage bunteren Charakter. Wortwahl und Stilkunst erhöhen die geschichtliche Absicht zum Kunstwerk.

Der größte Vermittler dieser Welten aber war Chrétien de Troyes. Er hatte die Reichtümer des magmatischen Zeitalters wie keiner vor ihm im Griff. Aus deren Fülle begründete er die hohe Artus-Dichtung. Es gelang ihm, die vielen köstlichen Motive der Überlieferung überlegen in sein bedeutendes dichterisches Kunstwerk einzufügen. Die schöpferische Leistung gab den Vorlagen neuen Rang. Dabei trat die kämpferische Art des Helden hinter dessen untadelige Haltung zurück.

Auch von Chrétien de Troyes wissen wir recht wenig. Sicher ist seine literarische Arbeit zwischen 1160 und 1190 anzusetzen, und die Widmungen bezeugen, daß er an den Höfen der Marie de Champagne (1145–1198), einer Tochter Eleonores von Aquitanien, und des Grafen Philipp von Flandern weilte. Außerdem scheint er auf Gesandtschaften England und vielleicht auch Nantes kennengelernt zu haben. Er hatte zweifellos an der Wiederentdeckung Ovids teil. Einige seiner Dichtungen sind verloren, so eine Erzählung über Marke und Isolde. Fünf stolze Romane aber tragen seinen Namen, von denen vornehmlich zwei auf die deutsche Dichtung einwirkten: »Lancelot ou Le chevalier de la charrete« und »Perceval le Gallois ou Le conte du Graal«.

Der »Lancelot« ist sein dritter arthurischer Roman. Er dürfte zwischen 1177 und 1181 entstanden sein und beschäftigt sich mit dem im höfischen Sinn geduldeten Ehebruch und der mystisch verdichteten Liebe. Er gab vermutlich den Anstoß zum Artus-Romanzyklus »Grand Saint Graal«, den Chrétien im Auftrag des Grafen Philipp von Flandern zu schreiben vorhatte. Im Prolog des »Lancelot« gesteht Chrétien, daß Marie de Champagne ihm Stoff und Sinn zu seinem Versroman gegeben habe.

Der Text ist dem ganzen Bestand der keltischen Sagenwelt verpflichtet. Schon der Name Lancelot du Lac ist walisischer Herkunft. Er könnte sogar auf den irischen Gott hinweisen. Nahe steht auch der Cúchulainn-Zyklus; andere Motive verraten kymrische Quellen, die ihm wohl über Dritte zugänglich geworden sind. Waces »Brut« ist überall vorausgesetzt. Doch bleiben auch hier viele Zusammenhänge magmatisch ungeschieden, dies um so unentwirrbarer, als manche Übereinstimmungen über spätere Quellen erschlossen werden müssen und etliches, indogermanisch verbürgt, archetypisch sein könnte. Sicher ist, daß Chrétien verschieden geartete Quellen fremdester Verwurzelung nutzte, um sein Werk zu gestalten.

Der »Perceval« war die letzte Epe, zu der Chrétien ausholte. Sie sollte der Artus-Dichtung eine völlig neue Richtung geben, indem sie die ritterlichen Ideale in Frage stellte. Neu ist auch der christliche Einschlag, der das Werk auszeichnet. Er ist wohl vor dem Hintergrund der Kreuzzugstradition des flandrischen Hofes zu sehen: Die Mutter Philipps stammte von einem König von Jerusalem ab; sein Vater hatte das Heilige Land viermal betreten und die Reliquie des heiligen Blutes nach Brügge gebracht. Der Roman entstand zwischen 1181 und 1188 und blieb unvollendet, woraus sich schließen läßt, daß der Autor zu dieser Zeit gestorben ist.

Percevals Suche nach einer geistlichen Legitimation schuf aus einer unhebbaren Überlieferung das große Gralssymbol. Sein Vorbild erregte den abendländischen Geist und ließ die Dichter nicht mehr ruhen. Wir verdanken ihnen zwischen der Lichtwelt Christi und den luziferischen Zaubern Merlins viele Gralsereignisse. Der Gral ist dabei dem Meßopfer verpflichtet; er erneuert aber auch Vegetationsmythen, wie er orientalischem Überlieferungsgut, das am Hofe Philipps weitergelebt haben muß, verhaftet bleibt. Er gehört aber ebensosehr der keltischen Legendentradition an. Chrétien wird manche dieser Verschmelzungen einem livre verdanken, das er von seinem Herrn erhalten haben will.

Alles zusammen kennzeichnet und bezeugt einen europäischen Sagenhort, der sich das unvergleichliche Symbol des Grals geschaffen hat. Ein Strang der Überlieferung führt über die kymrische Literatur auf irokeltische Anregungen zurück, wie manche Erzählmuster unverkennbar belegen. Doch bleibt die Christianisierung solcher Stoffe zur Gralslegende magmatisch und gerade darin keltisch. Ähnlich zog das Christentum in die irische Welt ein. Der unwissende und reine Tor strahlte Kräfte aus, die heiligenmäßig anmuten; er war der andächtigen und damit auch der schöpferischen Verehrung wert. Die Jugendgeschichte Percevals ist innigen keltischen Ursprungs und gehört dem Umkreis der Artus-Sage an. Die Gralsgeschichte selbst aber gibt einer christlichen Mystik Worte, die das ewige Vermählungsgeheimnis der christlichen Erlöserwelt mit einem stets erlebbaren Sonnenkult übereinbringen.

Der Erfolg des Werkes mußte unter solchen Bindungen sieghaft werden. Fünfzehn teilweise vollständig erhaltene Handschriften und ebenso zahlreiche Fortsetzungen des Fragments bezeugen es. Einige Belege stammen von unbekannten Verfassern, ein später von Gerbert de Montreuil, der in der ersten Hälfte des 13. Jahrhunderts dem »Perceval« über tausend Verse anschloß und als Verfasser des »Roman de la Violette« in Shakespeares (1564–1616) »Cymbeline« und Webers (1786–1826) »Euryanthe« weiterlebt. Dem gesellen sich die großen Prosa-Gralsromane und die Zeugnisse jener stolzen Überlieferung, die einen weiten Bogen von Wolfram von Eschenbach zu Richard Wagner (1813–1883) spannt und über Jahrhunderte hin mitwissende Bewunderer und Gralshüter aller Art um sich scharte.

Die großartige Folge arthurischer Romane erreichte in der deutschen Epik des Hochmittelalters ihre schönste Blüte. Wace hatte die zur Fabel gesteigerte Sagenüberlieferung so künstlerisch veredelt, daß der nur erahnbare Dux bellorum zur abendländischen Persönlichkeit werden konnte. Der Sieger über Sachsen, Picten, Scottes, der Eroberer Irlands, Islands, Galliens und mutige Streiter wider Rom wurde zum Friedensfürsten erhöht. Sitte und Bildung sollten zusammenfinden und wurden zu Gebot und Lehre. Als Artus-Ritter erscheinen früh Eventus, Owein, Ywain, Gerontius, Erec, Peredur, Gawein und andere. Ihre Märchentaten tauchen aus den magmatischen Tiefen auf, und mit der Entrückung Arthurs auf die Feeninsel Avalon sind auch die Elfenwelten mitgehoben. Der Verlockungszauber führt über Grenzen und ist noch in Goethes »Erlkönig« und Heines »Loreley« zugegen. Waldgeister wurden zu Hexen. Melusine und Undine sind solcher Herkunft.

Arbeitete Chrétien de Troyes vorab nach mündlichen Quellen, so ging die Überlieferung nach ihm in Schriften ein; die Märe wurde zur Kunst, das Abenteuer mit Sinn gesittet, der Brauch ritterlich; saelde und êre setzten Ziele. Der sittliche Wert wurde schön, der Liebesroman Minneroman, die Pilgerschaft Erziehungsweg, das Märchen wandelte sich zur Dichtung, das altkeltische Gut wurde zum abendländischen Hort, der Alltag gleichnisträchtig, die Tat vorbildlich, die Sehnsucht adventische Verheißung, die Weltbegegnung Selbstgericht, das Wagnis stiftend, das Rittertum adelig. Mâze und triuwe herrschten gebieterisch. Jeder Ausbruch forderte zur Einkehr auf. Im Verlaufe dieser Entwicklungen geht das magmatische Zeitalter in die Weltzeit der Persönlichkeit über.

An der Schwelle dessen steht auf deutschem Boden Hartmann von Aue (um 1170–1215), der, wenn er nicht vom Breisgauer Aue herkommt, mit seinem Wesperspühler Schild wohl Eglisau oder der Reichenau angehört. Alemannisch oder oberdeutsch ist er zweifellos. Ein jüngerer Zeitgenosse war Gottfried von Straßburg, der zwischen 1205 und 1215 das unvollendet gebliebene Epos »Tristan und Isolde« schrieb und dem anglonormannischen Dichter Thomas d'Angleterre (zweite Hälfte des 12. Jahrhunderts) nacheiferte. Hartmann war Ministerialer gelehrter Schule und könnte als Lehensträger der Reichenauer Abtei und der Grafen von Kyburg die Förderung der Zähringer erfahren haben. Er beklagte den Tod seines Dienstherrn um 1195 und hat vielleicht den Kreuzzug von 1197 mitgemacht. Er durfte von sich sagen: »ein ritter sô gelêret was, daz er an den buochen las.« So vermochte er in seiner Verserzählung »Gregorius« den Unterricht des Helden genau zu schildern. Beziehungen zur klassischen lateinischen Antike kommen im »Erec« sechsmal, im »Iwein« einmal vor. Außerdem beherrschte Hartmann die französische Sprache überaus gekonnt. Gottfried von Straßburg, der Wolfram von Eschenbach verachtete, pries die zierliche Redekunst Hartmanns.

Seine Dichtungen »Erec« (um 1190) und »Iwein« (um 1203/04), mit denen er zum Begründer des deutschen Artusromans wurde, gehen auf Vorlagen Chrétiens zurück, der »Erec« als freie Bearbeitung unter Verwendung mehrerer Quellen und der »Iwein« als vergleichsweise echte Übersetzung, trotz aller Freizügigkeit des Umganges mit dem Urbild. Dabei verweist die Feenlandschaft des »Iwein« hinter Chrétien auf das keltische Magma zurück. Zugleich werden die höfischen Tugenden meisterlich eingegrenzt: Erec versinkt durch zu langes Liegen in Trägheit, und Iwein vergißt über seine Abenteuerfahrten die ehelichen Pflichten.

Auf diesem Boden konnte der Größte gedeihen: Wolfram von Eschenbach (um 1170–um 1220). Er ist in seinem Werk des öfteren und vielseitig zu erkennen. Der Dichter dürfte den Grafen von Wertheim nahegestanden haben. Franke war er gewiß. Er gehörte wohl dem »wenig begüterten, ärmlichen Geschlecht« jener Eschenbachs an, die seit 1268 urkundlich bezeugt sind und in Lebens- und Dienstbindungen zu den Grafen von Öttingen und von Wertheim standen. Es handelte sich eher um Milites als um Miles. Wolframs Grab ist um 1462 in Eschenbach bezeugt.

Wolfram hat über vierzigtausend Verse gedichtet. Neben dem »Titurel« gehören »Parzival« und »Willehalm« zu seinen Hauptwerken. Der »Parzival« überragt in seiner großartigen Kultursynthese auf keltischem Grund die höfische Dichtung vor ihm um den religiösen Gehalt. Es ist ein echtes Lebens- und Weltenbuch, seine fünfundzwanzigtausend Verse zeugen von einer Sinnen- und

Sinndichte, wie sie kein Werk vor ihm erreichte. Die Dichtung vom »törsche knabe« Parzival ist das Werk eines Mannes, »der âventiure prüeven kan un de rîme künne sprechen«. Seine Geschichte ist von jener Gawans umrankt und von der Erzählung von Parzivals Vater, dem Anjou-Fürsten Gahmuret, der im Orient mit der schönen Mohrenkönigin Belkane einen Sohn zeugte, im Westen aber Herzeloyde ehelichte, auf besondere Weise verklärt.

Der »Parzival«, in dessen Mitte der Gral steht, ist zum abendländischen Gleichnis schlechthin geworden. Die »werdekeit« der Artus-Welt vor Wolfram wird neben der antiken »virtus« zu »triuwe« und »diemuot« geläutert, und die Gralsgemeinschaft erinnert sich des keltischen Erbes wie der christlich-jüdischen und der orientalischen Schätze. Der Gral stammt aus frühchristlichen Gedanken wie aus der keltischen Überlieferung. Gerade deshalb ist er magmatisch vielfältig und mehrdeutig. Er ist dem Karfreitagsgeschehen zugeordnet Kelch, keltischen Kulterinnerungen gemäß unversiegbar spendende Schüssel, Mischgefäß, »ein dinc, daz hiez der grâl«, Eucharistiegerät und Tischleindeckdich zugleich. Bei Chrétien erscheint er als edelsteinbesetzter Hostienbehälter, bei Wolfram als wunderkräftiger Stein des seltsamen Namens »lapsit exillîs«, der in beseeltem Leben den Kosmos mitvergegenwärtigt. Selbst die indische Geliebte des Neugetauften Feirefiz, Secundille, suchte zum Gral Beziehungen, wobei Feirefiz Sproß jenes orientalischen Minneabenteuers ist, das Gahmuret einging. Zudem ist die Gralsgeschichte der Sage vom Priesterkönig Johannes verwoben, die einen christlichen Orientkönig betrifft, der nicht ohne geschichtliches Vorbild war. Damit mündet das Gralsgeheimnis in der Erinnerung an die Sehnsuchtsverheißungen der Kreuzzüge über den Religionen in eine endzeitliche Heilserwartung ein. Maria Magdalena soll den Gral nach Massalia gebracht und in einer Höhle bei Saint-Baume und Tarascon gehütet haben. Er gilt aber auch als Schatz der mittelalterlichen Minnekirche und ist orphisch geheimniskräftig. Damit wird seine Geschichtlichkeit geschichtsfern geistig. Er vergegenwärtigt den Wunsch nach dem Paradies und bedarf einer hütenden Ritterschaft. Solche Andeutungen machen die Sache aus. Man nenne die großen Geheimnisse Gral, meinte Robert de Boron in seinem dreiteiligen Gralsroman, der Joseph von Arimathaia zum Zeugen anruft. Tod und Auferstehung machen die Aura des Grals aus. Das Geheimnis bleibt Geheimnis und stets erlebbares Ereignis.

Deshalb ist es nicht ohne Sinn, daß Wolframs Werk immer noch heftig umstritten eine Frage offen läßt. Es beruft sich nämlich an sechs Stellen, von denen drei inhaltsbeiträglich sind, neben Chrétien auf eine zweite Quelle: Kyot, den Provenzalen, und zwar mit beharrendem Nachdruck. So soll Kyot die Gralsgeschichte in Toledo an verborgenem Ort gefunden haben. Überdies tadelt er im Prolog »Troyes meister Christjan«, weil er solcher »maere hât unreht getân«. Ist Kyot eine Erfindung Wolframs oder sein Zeuge? Heere von Fachgelehrten vertreten die Meinung, daß sich Wolfram dieser »Fiktion« bediene, um seine Zutaten und Änderungen an Chrétien zu rechtfertigen. Das aber ist völlig beweisuntüchtig, weil die abweichenden Stellen keiner Legitimation bedürfen und es überdies einen Originalitätsbegriff voraussetzt, der jener Zeit völlig fremd war. War Kyot im Gefolge von Richard Löwenherz (1157 [1189]–1199) ein Graf von Provence, der sich als Kreuzritter orientalischer Gelehrsamkeit annahm? Wir wissen es nicht, sowenig die Gelehrten ihre Fiktionstheorie augenfällig zu machen vermögen. Sicher ist, daß manche Namen der Dichtung Wolframs nicht von Chrétien stammen, daß etliche von ihnen nur im Rückgriff auf Keltisches geortet werden können, und wenn Wolfram die beiden häßlichen Geschöpfe Cundrie und Malcreatiure orientalisch begründet, so weiß er mehr als Chrétien. Dieser schließt überdies auf der Gralsburg eine Aventure ab, Wolfram aber verschränkt an dieser Stelle das Abenteuer mit der Berufung nach dem Gralssinn. Auch ist ihm der Gral eine »sainte chose«, aber keine Schüssel. In ihm wohnt Gott.

Wenn sich Wolfram wiederholt und beharrlich auf Kyot beruft – »ich sage iu als Kyôt las ... Kyot ist ein Provenzâl,/der dise âventiur von Parzivâl / heidnisch geschriben sach. / swaz er ein franzoys dâ von gesprach, / bin ich niht der witze laz, / daz sage ich tiuschen vûrbaz« – und an vielen Orten über Chrétien hinausgreift, so muß er ernst genommen werden. Wolfram wollte mit Würde die »rehte maere« vermitteln. Er ist ein Bürge und kein Phantast. Vor allem müßte sich die Forschung, ehe sie uns ein ungesichertes Urteil aufdrängt, der irischen Bestände versichern, die etwa in Brans Reise anklingen. Ist aber die Existenz Kyots möglich oder wahrscheinlich, so darf die Fragestellung nicht voreilig abgeschlossen werden, um so weniger, als Herbert Kolb (geboren 1924), ein Schüler Helmut de Boors (1891–1976), mit Bestimmtheit sagt, es gebe »deutliche Anzeichen«, »daß Wolfram sich von einem romanischen Gralroman hat führen lassen, der nicht Chrétiens ›Conte de Graal‹ gewesen ist«. Er verweist darauf, daß weder die eine Lösung des Kyot-Problems noch die andere erwiesen sei. So habe man denn die Fragen so lange in der Schwebe zu halten, als sie weder im einen noch im andern Sinne eindeutig gelöst sind. Das heißt, daß die Forschung im Unrecht beharrt, wenn sie nicht sachlich auf Werner Greubs »Wolfram von Eschenbach und die Wirklichkeit des Gral« von 1974 eingeht. Greub ortet nämlich die Gralsgeographie neu, er erklärt Guillaume d'Orange (gestorben um 872) zum Gewährsmann Wolframs und setzt die Geburt Parzivals auf das Jahr 827 fest. Zu seinen Gunsten gilt, daß er Wolfram beim Wort nimmt. Und so gilt auch für seine Untersuchungen Herbert Kolbs Mahnung, daß es sich abwägende Forschung versagen müsse, »den Dichter Kyot als eine Fiktion Wolframs anzusehen«. Daß diese Frage offenbleibt und der Lösung harrt, gehört zum Wesen der Parzival-Überlieferung.

Wolframs Welt hat dichterisch weitergewirkt. So reimten zwei ehemalige Goldschmiede 1331 bis 1336 in elsässischer Mundart eine Ergänzung, einen »Nüwen Parzifal«. Richard Wagner brachte 1882 sein Bühnenweihspiel zur Uraufführung; er forderte eine religiöse Wiedergeburt mit den Mitteln des Gesamtkunstwerks. Damit ist das Gralsgeheimnis in ein Mysterienspiel eingegangen, das den christlichen Erlösungsgedanken mit der Mitleidsethik Buddhas und rosenkreuzerischen Gesichten zusammenschmolz. Die abgeblendeten Klangfarben, der sparsame orchestrale Einsatz, die Wiederholung weniger Motivschritte und der ehrfürchtige Einbezug gregorianischer und palestrinensischer Elemente geben der gewandelten Überlieferung einen durchaus legitimen Status.

Auch andere Gestalten der keltisch-irischen Überlieferung französischer Vermittlung sind wieder auferstanden: Merlin in der

Mythe Karl Leberecht Immermanns (1796–1840) von 1832, Gawan 1901, Lanzelot 1909, Merlins Geburt und Tristram und Ysolt 1912 in den Mysterien und Dramen von Eduard Stucken (1865–1936), der zwischen 1896 und 1907 vier Bände »Astralmythen« vorlegte und durch seine Romantrilogie »Die weißen Götter« von 1918 berühmt geworden ist. Der Schweizer Dichter und Graphologe Max Pulver (1889–1952) hat ebenfalls 1918 seine Versdichtung »Merlin« in neunzehn Gesängen vorgelegt. Nikolai Tolstoi, ein Nachfahr des großen Lew Nikolajewitsch Tolstoi (1828–1910), der seine Studien am Trinity College in Dublin betrieb, hat »The Quest for Merlin« 1985 so vertieft, daß sie noch ausgeschöpft werden muß. Die goldene Kette der Artus- und Gralswelt wird, wenn Europa erstehen soll, nicht abreißen.

Der wunderbare Verwandler der Welt

Es ist erstaunlich, daß schon Zeitgenossen den großen Staufer Friedrich II. als bestürzenden Wandler der Welt empfunden haben und als solchen erkannten. Der englische Benediktiner Matthäus von Paris (1200–1259), der Verfasser einer »Chronica maior« und einer »Historia Anglorum«, nannte ihn »Immutator mirabilis mundi« und »stupor mundi«, das Staunen der Welt. In seinem Namen verschränkten sich endzeitliche Drohungen mit zukunftsträchtigen Entwürfen.

Als Kaiser hing Friedrich einem überreifen Reichsgedanken an; seinen sizilianischen Staat aber gestaltete er kraftvoll nüchtern und klug. Er lebte seiner Umwelt einen völlig neuen Menschen vor und wirkte selbst seine Launen zum Werk. Sein Rittertum gab sich geistvoll, und der Geist war von ritterlicher Gebärde. Unter ihm geriet das universale römische Imperium in die Sehnsuchtsdrift von Weltfriedensverheißungen. Friedrich versprach als neuer Caesar in einigen seiner merkwürdigsten Schreiben dem römischen Volk mit der Fülle seiner wachen Kräfte die erlösende Erneuerung des augusteischen Reiches. Er sah sich messianisch als Wiederhersteller der römischen Weltmacht.

Schon die Krönungen kennzeichnen als bedeutsame Wegmarken seinen willensgeprägten Feldzug, vergegenwärtigen aber auch die widersprüchlichen Kräfte eines Zeitalters, das ebenso unbändig gärte, wie es dreihundert Jahre später der Umbruch zur Neuzeit hin tun sollte. Heinrich VI. ließ 1196, um seinem Hause die Erbmonarchie zu sichern, den zweijährigen Sohn zum deutschen König wählen, was jedoch nicht verhindern konnte, daß er 1197, nach dem Tod seines Vaters, nicht anerkannt wurde. Kaum ein Jahr später ließ seine Mutter Konstanze von Sizilien (1154–1198) den

Dreieinhalbjährigen, unter Verzicht auf die deutsche Krone, zum König ihres Erbstaates krönen. Die Zeremonie wurde nach byzantinischen Hofbräuchen prunkvoll ausgerichtet, während das Volk dem Gekrönten jenen Spruch zujubelte, der noch heute jedes Kruzifix Süditaliens ziert: »Christ ist Sieger! Christ ist König! Christ ist Kaiser!« Konstanze ließ seit dem Krönungstage auf den Urkunden des Sohnes den Titel »Rex Romanorum« fallen. Ihr König sollte unter den »Reges felices« ohne Bindungen groß werden. Nach ihrem Tod wurde Papst Innozenz III. (1160/61 [1188]–1216) Friedrichs Vormund.

Von einem Teil der deutschen Fürsten auf Druck des Papstes bereits 1211 zum König gewählt, machte sich der Achtzehnjährige, den Weltmachtträumen seines Vaters, noch mehr seines Großvaters Barbarossa folgend, unter ebenso widrigen wie glückhaften Umständen auf den Weg nach Deutschland, wo er 1212 von den versammelten Fürsten nach dem Frankfurter Ratschlag erneut zum König gewählt wurde. Doch noch wurden die Krönungsinsignien vom Gegenkönig Otto IV., dem Sohn Heinrichs des Löwen (um 1129 [1142]–1195), des Herzogs von Bayern und Sachsen, in Aachen verwahrt. Die Krönung vollzog der Mainzer Erzbischof Siegfried.

Auf dem Weg zur Kaiserkrone wurde Friedrich II. am 25. Juli 1215 mit den echten Insignien und »am rechten Ort« nochmals gekrönt. Aachen sollte nach den Worten Friedrichs »Hauptstadt und Sitz des deutschen Königtums« bleiben, wie es nach Jean Louis Alphonse Huillard-Bréholles Hauptstadt des deutschen Königtums war, »da zuerst in dieser Stadt, die nach Rom alle Städte an Würde und Ehre überragt, die Könige der Römer geweiht wurden«. In dieser Stadt, »die nach Rom allen Städten und Landen voranleuchtete«, sollten auch künftig die »römischen Könige geweiht werden«. Dem Urteil der Zeit entsprechend gaben erst die Salbung und Krönung in Aachen den Anspruch auf die römische Krone. In diesem Bewußtsein bestieg Friedrich II. den Marmorthron des Mariendomes am Tage des heiligen Jakobus. Er wurde abermals vom Erzbischof von Mainz gekrönt, da die Kölner Kirche »damals keinen Herrn« hatte. Von diesem Tage an zählte er seine Regierungsjahre.

Fünfzig Jahre zuvor, 1165, hatte der gebannte Barbarossa die Gebeine Karls des Großen heben und den imperialen Stifter von einem ebenfalls gebannten Gegenpapst »zu Ruhm und Ehre Christi und zur Stärkung des römischen Reiches« heiligsprechen lassen. Das wurde als Heiligung des kaiserlichen Amtes und des römischen Imperiums verstanden. Dies zu bekräftigen und sich bewußt der Tradition des deutschen König- und Kaisertums einzufügen, also »angemessen und sinngemäß dem Beispiel des Herrn und dem der anderen Vorfahren zu folgen«, ließ Friedrich am Tage nach der Krönung die Gebeine des heiligen Karl in einen neuen Schrein umbetten, der von niederrheinischen Goldschmieden in Gold und Silber gearbeitet war und die Bildnisse der deutschen Kaiser zeigte, deren letztes Friedrich selbst darstellte.

Nach der Umbettung legte der König den schweren Krönungsmantel ab, bestieg mit einem Werkmeister das Gerüst und schlug an dessen Seite die Nägel des Schreins fest. Eine andere Handlung von ebenso eindrücklicher Zeugniskraft war vorangegangen: »Sofort und unerwartet nahm der Gekrönte nach der Messe das Zeichen des heilbringenden Kreuzes, und er ermahnte sowohl in eigener Person als mit Unterstützung der anwesenden Kreuzprediger alle Vornehmen und Fürsten des Reiches, ein Gleiches zu tun. Also bewog er viele zur Nachfolge. Am nächsten Tag, einem Sonntag, während der König vom frühen Morgen bis zur neunten Stunde in der Kirche saß, beeiferten sich die Prediger, das Wort vom Kreuz zu verkündigen. Da wurden durch Gottes Gnade viele mit dem Kreuz bezeichnet, nicht bloß Fürsten, sondern auch Leute niederen Standes.«

Friedrich II. hatte damit seine imperiale Missionstheorie, die er ein Jahr zuvor dem Orden der Deutschritter erteilt hatte, bekräftigt: »Zu solchem Zweck hat Gott Unser Reich erhaben über den Königen des Erdrunds errichtet und über der Welt verschiedene Zonen die Grenzen Unserer Macht geweitet, daß auf Mehrung unter den Völkern Unserer Bemühungen Fürsorge sich richte, da Er zur Predigt des Evangeliums das Römische Reich bestimmt hat: daß Wir also auf Bekehrung der Heidenvölker Unseren Sinn lenken mögen.« Mit diesem stolzen Wort trat Friedrich II. mit Würde an die Seite der päpstlichen Ansprüche.

Im August 1220 brach Friedrich zusammen mit seiner Gattin Konstanze, der verwitweten Schwester Peters II. von Aragón (1174 [1196]–1213), die er nach dem Vorschlag seines Vormundes Innozenz III. geehelicht hatte, vom Augsburger Lechfeld nach Rom auf. »Heiligsten Vater in Christo, Herr und Oberpriester der hochseligen Römischen Kirche« hatte er im Juli 1316 seinen Schützer und Wohltäter aus dem gräflichen Hause von Segni kurz vor dessen Tod genannt. Inzwischen war Honorius III. (1150 [1216]–1227), der seit 1188 päpstlicher Schatzmeister gewesen war, auf den Stuhl Petri gelangt. Von ihm wurde das Königspaar am 22. November in der Peterskirche gekrönt. Schienen bei der Krönung Karls des Großen der fränkische Machtanspruch, der stadtrömische, der päpstliche und der byzantinische noch versöhnbar zu sein und ging damals der Papst dem Franken bereitwilliger, als es die Regeln wollten, vor die Stadtgrenze entgegen, so wurde Friedrich keineswegs mit ähnlicher Gastfreundschaft empfangen. Honorius war wegen der Erhebung von Friedrichs achtjährigem Sohn Heinrich (VII., 1211 [1220–1235]–1242), der am 23. April in Frankfurt zum römisch-deutschen König gewählt worden war, weil Friedrich den Fürsten in der »Confoederatio cum principibus ecclesiasticis« erhebliche Zugeständnisse gemacht hatte, verärgert; er fürchtete, daß auf diese Weise Sizilien näher an Deutschland heranrückte und den Kirchenstaat umschließen könnte.

Als Friedrich in Rom eingezogen war, schlug er seine Zelte, wie es seine Vorgänger gehalten hatten, auf dem Monte Mario westlich des Tibers auf. In der Frühe des Krönungstages, des letzten Sonntags vor dem Advent, säumten die Römer die alte Via Triumphalis. Friedrich hatte zuvor die Rechte der Römer bestätigt, und auf dem Weg zur Peterskirche ließ er reichlich Almosen unter das Volk werfen. An der Porta Collina erwartete der Stadtklerus den Zug, der nun vom Präfekten, der das Schwert vorantrug, angeführt wurde und unter Weihrauch und Hymnen den Dom erreichte, wo die römischen Senatoren dem König das Pferd abnahmen.

Friedrich küßte zum Zeichen seiner Ehrfurcht die Füße des Papstes. Honorius zog ihn hoch, umarmte ihn und gab ihm den Bruderkuß. Dann gelobte der König in der Kapelle Santa Maria in

Turribus vor dem aufgeschlagenen Evangelium, Papst und Kirche zu beschirmen. Anschließend wurde er in die Bruderschaft der Kanoniker von St. Peter aufgenommen, in Erinnerung daran, daß frühere Zeremonielle mit der Kaiserkrönung Priester- und Bischofsweihe verbunden hatten. Nun aber erhielt der zu Krönende keinen Bischofsring mehr.

Als Friedrich durch die Silberpforte die Basilika betrat, um sein Gebet vor dem Grabe Petri zu sprechen, trug er den kaiserlichen Ornat, den golddurchwirkten Krönungsmantel seines normannischen Großvaters Roger II., des Königs von Sizilien, Kalabrien und Apulien. Die Rückseite des Mantels zeigte einen stilisierten Dattelbaum, dem zur Seite sich zum Zeichen der Verpflichtung des Herrschers gegenüber der Kirche je ein Kamel unter die Pranken zweier Tiger duckte. Der Mantel, der sich heute in der Wiener Schatzkammer befindet, war um 1133 von sarazenischen Künstlern entworfen und angefertigt worden. Seine Seide stammte wohl aus Byzanz. Die spiegelbildliche Palme vergegenwärtigte den Lebensbaum, und die arabische Umschrift des Mantelsaums ist ein Preislied auf Palermo: »Hier, wo die Tage und die Nächte in Vergnügen dahingehen mögen, ohne Ende und Veränderung, im Gefühl der Ehre, der Anhänglichkeit und fördernden Teilnahme im Glück und in der Erhaltung der Wohlfahrt.«

Ein Kardinal salbte vor dem Altar des heiligen Mauritius Friedrich zwischen den Schulterblättern und am rechten Arm. Dann stiegen Friedrich und Konstanze zum Hochaltar empor, sprachen das Glaubensbekenntnis und empfingen den päpstlichen Friedenskuß, worauf sie sich zu den purpur- und goldbestickten Thronsitzen begaben, während ein Diakon die Epistel und der Chor das Graduale anstimmte.

Honorius krönte Friedrich vor der päpstlichen Kathedra mit der Mitra clericis und der Krone Karls des Großen. Dann empfing der Gekrönte das Schwert, das er im Namen der Kirche dreimal hob und senkte. Der Papst übergab dem Herrscher Weltkugel und Zepter. Der Chor responsierte: »Friedrich der Römer unbesiegtestem Kaiser, dem immer Erhabenen, Sieg und Heil!«

Nachdem auch Konstanze gekrönt worden war, setzte das Hochamt mit der Verkündigung des Evangeliums ein, wobei der Kaiser Krone und Mantel ablegte und als Subdiakon die priesterliche Alba und Dalmatika trug. Darauf löschten die Diakone die Kerzen. Friedrich, wieder im kaiserlichen Ornat, empfing aus der Hand des Kardinalbischofs von Ostia, der später als Gregor IX. (1160 [1227]–1241) den Stuhl Petri innehatte, das Kreuz, damit er im August des nächsten Jahres gegen die Ungläubigen ziehe. Vor der Kirche hielt Friedrich Honorius III., als er das Pferd bestieg, die Bügel und begleitete den Papst noch einige Schritte weit. Papst und Kaiser trennten sich vor der Kirche Santa Maria Transpadina. Ein letztes Mal bestärkte der Bruderkuß die Bereitschaft zum Frieden der beiden Mächte.

Noch am Tage der Krönung verkündete Friedrich in der Basilika ein Dekret, in dem er versprach, jeden Irrglauben mit allen Mitteln seiner weltlichen Macht zu unterdrücken. Hatte er sich Innozenz III. gegenüber noch als »König von Gottes und des Papstes Gnaden« bezeichnet, so wuchs nun sein »unstillbarer Wille ... mit der nachfolgenden Kaiserwürde« zusammen. Friedrich soll der sechsundneunzigste Kaiser seit Augustus gewesen sein. Die Fahrt ins Heilige Land kam jedoch, sehr zum Ärger des Papstes, erst acht Jahre später zustande.

Auf dem Weg nach Palästina nahm Friedrich, dem es darum ging, die verstreuten Güter des Reiches von neuem zu vereinigen, den Titel eines Königs von Zypern an, das sein Vater Heinrich VI. dem französischen Kreuzfahrer Amalrich von Lusignan als Reichslehen verliehen hatte. Im Februar 1229 endlich fielen Friedrich II. nach längeren Verhandlungen mit dem ägyptischen Sultan al-Kamil die heiligen Stätten Jerusalem, Bethlehem und Nazareth kampflos zu. Der zustandegekommene Vertrag sollte für zehn Jahre gelten. Vier Wochen nach seinem Abschluß zog Friedrich, begleitet von etwa zehntausend Pilgern und tausend Rittern, in die Heilige Stadt ein.

Nachdem der Kaiser mit Hilfe der Ungläubigen einem christlichen Anschlag gegen sein Leben entgangen war, schritt er zur Krönung. König von Jerusalem hatte er sich schon seit seiner Eheschließung mit Isabella von Brienne am 9. November 1225 genannt.

Sie war die Erbin des Kreuzfahrerkönigreiches. Als König von Jerusalem wähnte sich Friedrich des Banns enthoben, den der Papst über ihn verhängt hatte. Jerusalem gehöre der Christenheit, also ihrem kaiserlichen Herrn, meinte er. Doch der Patriarch Gerold ließ durch den Erzbischof von Caesarea das Interdikt über Jerusalem aussprechen. Deshalb sah Friedrich von einem kirchlichen Krönungsritual ab; am 18. März, dem Sonntag Oculi mei, krönte er sich selbst in der Kirche des Heiligen Grabes zum König von Jerusalem. Damit gab er seiner Gottesunmittelbarkeit Ausdruck. An der vorangegangenen Liturgiefeier hatte er als Exkommunizierter nicht teilgenommen. Als er unter seine Getreuen trat, strahlte die Grabeskirche im Glanz der Kerzen. Außer den ihm ergebenen Bischöfen Berard von Palermo und Jacob von Capua waren nur wenige Kleriker, doch keine Templer oder Johanniter zugegen. Nur die weißen Mäntel der Deutschordensritter schirmten den Einzug. So vollzog der Kaiser seine priesterliche Handlung ohne Gottesdienst. Er trat in rotseidenem Mantel vor den Altar, erhob die Krone vor seinen Gefolgsleuten und setzte sie sich auf das Haupt. Dann sprach er die Versammelten an, rechtfertigte seine Gebärde und versicherte in einer demütigen Grußadresse den Papst seiner Demut. Er beteuerte, daß Gott allein ihn erhöht und das Wunder der unblutigen Befreiung Jerusalems bewirkt habe. Hermann von Salza (um 1170–1239), der Hochmeister des Deutschen Ordens seit 1209, sein Freund und Berater, wiederholte die Rede in deutscher und französischer Sprache. Suchte Friedrich den Frieden mit Rom aufrichtig und versprach er alles, was seine Anhänger wider die Kirche unternommen hatten, wiedergutzumachen, so erließ er aber auch am selben Sonntag ein an die ganze Christenheit gerichtetes Kreuzzugsmanifest, das sein Werk pries: »Seht, jetzt ist jener Tag des Heils gekommen, an dem die wahren Christen ihr Heil von ihrem Herrn und Gott empfangen, damit der Erdkreis erfahre und begreife, daß er es ist und kein anderer, der das Heil seiner Diener wirkt, wann und wie er will!« Friedrich wußte sich durch die Huld der göttlichen Gnade über alle Fürsten des Erdkreises erhöht und als Erbe des Hauses David. Er spricht also sein Weltreich an und gibt sein Königtum in der Reihe der Davidskönige Gottes Huld anheim.

Sein Königtum sollte gottunmittelbar sein. Schon lange hatte er davon abgesehen, sich »König von Gottes und des Papstes Gnaden« zu nennen. Nach Lukas bezeichnete er sich »als Horn des Heiles im Hause des Vaters David«. Der Kaiser solcher Erfüllungen fühlte sich von Gott erwählt, nicht romgekrönt.

Als am Palmsonntag, dem 20. März 1239, der Papst Friedrich II. abermals exkommunizierte und anathematisierte, tat er es »aus der Machtvollkommenheit des Vaters, des Sohnes und des Heiligen Geistes, der Apostel Petrus und Paulus und Unserer eigenen« heraus. Seine Anklagen und Beschuldigungen gipfelten in einem Ausbruch, der keine Versöhnung zwischen den Weltmächten mehr zuließ: »Es steigt aus dem Meer die Bestie voller Namen der Lästerung, die mit der Tatze des Bären und dem Maul des Löwen, an den übrigen Gliedern wie ein Leopard gestaltet, ihren Mund zu Lästerungen des göttlichen Namens öffnet und nicht aufhört, auf Gottes Zelt und die Heiligen in den Himmeln die gleichen Speere zu schleudern. Mit eisernen Krallen und Zähnen begehrte sie alles zu zermalmen und mit ihren Füßen die ganze Welt zu verstampfen ... So hört denn alle auf zu erstaunen und ... blicket Haupt, Mitte und Ende dieser Bestie Friedrich, des sogenannten Kaisers, an!« Der Caesar, der Messias-Kaiser war zum Antichristen gestempelt.

Als Gregor IX. am Lyoner Konzil 1245 Friedrich als Kaiser für abgesetzt erklären ließ und dessen Untertanen des Treueeides entband, wurde der Kaiser zum Rex tyrannus. Er wollte nicht mehr Amboß sein, sondern Hammer. Er hatte die Nachricht in Turin erhalten und befohlen, den Kronschatz zu bringen. Er habe – so wird berichtet – diesem eine der vielen Kronen entnommen, sich aufs Haupt gesetzt und gedroht, noch habe er seine Kronen nicht verloren, und er werde sie weder durch päpstliche Niedertracht noch durch Konzilsbeschlüsse verlieren, es werde denn der Kampf blutig. Er fühlte sich ledig, aber auch berufen, die meisterliche Demut der Urkirche wiederherzustellen. »Das ist das Werk der Liebe«, schrieb er an die Könige Europas; er erinnerte sich vielleicht daran, daß man einen Franz von Assisi, der die Rückkehr der Kirche zur neuen Vermählung mit der vergessenen Armut aufgerufen hatte, beinah als Ketzer verurteilt hätte.

Wie tief der Zwiespalt zwischen Kirche und Kaiser reichte, sollte Papst Bonifatius VIII. (um 1235 [1294]–1303) erweisen, der in der Bulle »Unam sanctam« 1302 die Herrschaft der geistlichen Gewalt über die weltliche so verfocht, wie er sich zur Schau stellte, wenn er sich im ersten Heiligen Jahr der Christenheit dem Volk triumphierend im Kaiserornat zeigte, bewaffnet auf dem Thron saß, das kaiserliche Diadem auf dem Haupte trug und die Hand am Schwertknauf ausrief: »Bin ich nicht imstand, die Befugnisse des Reiches auszuüben? Ich bin Caesar!«

Daß sich im verwaisten Rom die Päpste seinerzeit als Erben der Caesaren verstehen mußten, ist verständlich, und da sie über dem Grabe Petri die Heilsverheißungen hüteten, mußten sie diesen den Vorrang zuerkennen. Beides zusammen brachte sie aber in einen kaum überbrückbaren Zwiespalt, der durch die Forderungen des Kirchenstaates noch vertieft wurde. Zudem hatten die Römer Otto dem Großen (912 [936]–973) zugesagt, daß sie keinen Papst ohne das Einverständnis des Kaisers wählen würden und daß der Papst seine Weihe erst erhalte, wenn er dem Kaiser den Treueid geschworen habe. Da aber der Kaiser selten in Rom weilte, mußte ein Papsttum, das zumeist vom Adel beansprucht wurde, religiös motiviert zur Machtpolitik gelangen. So begehrten denn einige Päpste mit der christlichen Universalmonarchie, die sie vertraten, einen höheren Rang, als ihn die weströmischen und oströmischen Augusti innehatten. Papst Gregor VII. (um 1021 [1073]–1085), der als großzügiger Förderer der kluniazensischen Reform wirkte, verkündete in dem »Dictatus Papae« seines Krönungsjahres den unbedingten Herrschaftsanspruch des Papsttums und gab damit zum Investiturstreit Anlaß. Er bannte in solchen Zusammenhängen Heinrich IV. und nahm erst nach Canossa (1077) den Bann zurück. Er berief sich in seiner Haltung auf den weströmischen Kaiser Gratian (359 [375]–383), der 378 dem römischen Bischof die Oberhoheit innerhalb der ganzen Reichshälfte verliehen hatte.

Waren die Kaiser zuerst als »hohepriesterliche Könige« und »hochpriesterliche Kaiser« auch »Stellvertreter Christi«, so hatte schon Papst Leo I. 445 von Kaiser Valentinian III. (419 [425]–455), der auf Veranlassung seines Oheims Theodosius II. (401 [408]–450) zum

Augustus ausgerufen worden war, die Anerkennung des päpstlichen Primats erreicht. Auch der gefälschte sechste Kanon von Nicaia sprach vom »unbedingten Primat der römischen Kirche«. Die hochpriesterliche Stellvertretung Christi in der neutestamentlichen Christologie stützte solche Ansprüche. Der Verfasser des Hebräerbriefes galt dafür als Zeuge. So beanspruchte Innozenz III. zur Zeit Friedrichs II. das Recht, Könige zu erheben, und die päpstliche Plenitudo potestatis trumpfte auf: »So seht ihr ja selbst: dieser Knecht, über die Familie gesetzt, ist wahrhaftig Stellvertreter Jesu Christi, Nachfolger Petri, Gesalbter des Herrn, Gott Pharaos, in der Mitte zwischen Gott und dem Menschen, unter Gott und über dem Menschen, kleiner als Gott, größer als der Mensch, Richter über alle.« Zudem war der Vormund Friedrichs der Überzeugung, daß der Apostolische Stuhl das Reich von den Griechen auf die Deutschen übertragen habe. Er wurde demnach von den Königen des Abendlandes als »verus imperator« anerkannt. Damit besaß Innozenz III. eine unvergleichliche Machtfülle, die alle Gewalten – die priesterliche, die richterliche und die königliche – beanspruchte. Er schuf eine erste Dekretaliensammlung und löste die Wahlrechte von der weltlichen Gewalt. Rom wurde zum höchsten Gerichtshof auf Erden und war für die dunkelsten Rechtsfälle ansprechbar. Melchisedek, der Priesterkönig von Salem, leuchtete vor, und der Papst handelte nach dessen »Ordo«. Damit war die päpstliche Macht ihrem Zenit zugeschritten.

Friedrich II. trat diesem päpstlichen Selbstverständnis entgegen. Auch er war der tiefen Überzeugung, daß der Herrscher des Heiligen Römischen Reiches von Gott eingesetzt sei. Dennoch begegnete er dem Apostolischen Stuhl ehrfürchtig. Der »Gipfel des Kaisertums« schloß diese Demut nicht aus. Die Hand des Herrn hatte ihn eingesetzt und die Welt geordnet. Er war Kaiser, »der Römer immer erhabener Caesar, der König Italiens, Siziliens, Jerusalems, des Arelats, glückhafter Sieger und Triumphator«. Sein Staat, den er zu schaffen hoffte, war so eigen wie gültig. Die Münzen des Kaisers stellten ihn als römischen Herrscher aus augusteischer Zeit dar. Auch das Reich besaß einen Missionsauftrag. Dieser sollte in der Renovatio der karolingischen und ottonischen Entwürfe im Geist der östlichen Monarchien vollendet werden. Friedrich II. war dahin unterwegs. »Gleich wie an Größe und Glanz die Sonne des Himmels gesamtes Gestirn überstrahlt, so leuchtet das römische Reich erhabener als die übrigen Königtümer der Welt«, schrieb der rheinische Zisterziensermönch Caesarius von Heisterbach (um 1180–nach 1240). Das bedurfte des Erbkaisertums. Heinrich VI. hatte es erreicht, und Friedrich wollte es sichern.

Die Deutschen fühlten sich als Erben des Caesarenreiches, ja als Sprossen der Troer und Römer. Friedrich II. verstand sich »zu des römischen Reiches Gipfel wider Erwarten der Menschen durch den einzigen Wink göttlicher Vorsehung« aufgestiegen. Worte der Heiligen Schrift, die dem Gottessohn gegolten hatten, wurden auf den Kaiser übertragen. Aber auch Iustinian wurde zum Vorbild. Der Kaiser des Schwertes sollte auch Kaiser des Rechts, »der Justitia Vater und Sohn, Herr und Knecht« sein. So verstand er sich als alleinige Quelle des Rechts. Schon Barbarossa hatte seine Verordnungen als heilig bezeichnet. Auch der Staat sollte Heilskraft besitzen. Diese wurde durch die kaiserliche »Necessitas des Dienstes« frei und besaß ihr weltliches Heilsmysterium. Platon und Aristoteles waren auf arabischen Wegen beteiligt. Der Schirmer der Kirche hatte die römische Universalkirche in seine Sorge miteinzuschließen. Dem galt die Renovatio imperii, die schon auf einem karolingischen Siegel erschienen war. »Roma Caput Mundi« zierte auch ein Siegel Friedrichs. Der Pontifex Maximus und Caesar Roms trug es. Bei all dem war die caesarische Gebärde Friedrich II. höchst persönlich bestimmt; dennoch besaß sie die Tiefe einer weiträumigen Wiedererneuerung. Europa imperialis wurde zum eigensten Werk. Es meinte den »erlauchten Leib des heiligen Reiches«.

Das forderte die Päpste heraus. Der Kampf mit der Kurie wurde unvermeidlich. Der Papst hielt daran fest, daß Friedrich neben der deutschen und der lombardischen seine dritte Krone, die kaiserliche, vom Stuhl Petri erhalten habe. So exkommunizierte er aus eigener Machtfülle Friedrich II. Er zieh ihn des Meineids, des Friedensbruchs, der Gotteslästerung und der Häresie. Dem hielt Friedrich entgegen, daß es weder ein menschliches noch ein göttliches Gesetz gebe, das dem Papst die Macht verleihe, das Kaisertum zu übertragen oder zu entziehen. Der Bruch wurde unüberbrückbar. Zwar schien die Eintracht noch einmal gewahrt, als Friedrich II. den in Anagni weilenden Papst Gregor IX. in seinem Vaterhaus besuchte und den Frieden mit »heiligen Küssen« besiegelte. Doch rissen die Ereignisse und Entscheidungen die Wunde bald wieder auf. Die Zweilichter-Lehre, die das Verhältnis von Papsttum und Kaisertum mit den beiden Gestirnen verglich und die Friedrich für gültig hielt, weil Gott Sonne und Mond gleichermaßen gesetzt habe, mißfiel den Päpsten, auch weil ihre Denkweise dem Stand der Stunde um Jahrhunderte voraus war.

Dante, der eine halbe Generation nach dem Tode des Kaisers geboren worden war, vertrat sie auf eigene Weise. Er stellte sich als Ghibelline gegen die papsttreuen Guelfen und verlor als Florentiner-Anführer der Kaisertreuen Ämter und Güter. Im Jahre 1248 hatte Friedrich II. die Guelfen zum Verlassen der Stadt gezwungen. Die deutschen Dynastien der Waiblinger und der Welfen kämpften auch auf diesem südlichen Boden. Obgleich Dante Friedrich II. als Epikuräer verachtete und in der »Göttlichen Komödie« zu den Höllenqualen der glühenden Särge verdammt hatte, schrieb er um 1310, wohl am Hofe König Heinrichs VII. (1274/75 [1308]–1313), eine Apologie des Kaisertums »De monarchia«. Seiner Lehre zufolge erstreckt sich die Monarchie als einzigartiges Fürstentum auf alle zeitlich-irdischen Dinge. Jedes Wesen ist seiner Aufgabe wegen da. Die Bestimmung des Menschen sei die Menschheit, und zwar als Reich. Dante erhoffte sich vom Italien-Zug Heinrichs VII. seine Rückkehr nach Florenz, und so versicherte er sich in seiner Schrift der Begriffe eines unabhängigen und universalen Kaiserreiches. Diese Verteidigungsschrift sollte 1329 in Rom öffentlich verbrannt werden.

Die »Monarchia« besteht aus drei Büchern. Das erste enthält eine Darstellung der Vorzüge der Monarchie als Weltordnung »ordinatio ad unum«, die sich aus der menschlichen Gemeinschaft ergibt und von der Hausgemeinschaft zum Staat spannt. Das Reich verwirklicht des Paradies irdisch und als christliche Heilsgeschichte, der auch Augustus gedient habe. Die beiden folgenden Bücher geben dem römischen Reich die Weltherrschaft aus göttlicher Vorsehung. Damit wird das Imperium gottgewollt und ist allein Gott Rechenschaft schuldig. Beide Reiche – das himmlische der Kirche und das irdische der Monarchie – bedürften aber der selbstlosen gegenseitigen Unterstützung. Im neunten Kapitel des dritten Buches bezieht sich Dante ausdrücklich auf das Zweischwerter-Gleichnis des Lukas-Evangeliums, das der Herr beim Abendmahl gesprochen hat. Gregor VII. hatte sich als erster auf das Apostelwort »Herr, siehe, hier sind zwei Schwerter« berufen, um seine weltlichen Machtansprüche zu begründen. Dante aber verstand die Bibelstelle nicht allegorisch, sondern wörtlich: »So gebet dem Kaiser, was des Kaisers ist, und Gott, was Gottes ist.« »Niemand hat die Möglichkeit, kraft eines ihm übertragenen Amtes Dinge zu tun, die dem Amt zuwiderlaufen ... Nun aber läuft es dem Amte, das dem Kaiser übertragen ist, zuwider, das Reich aufzuteilen; denn sein Amt ist ja gerade, das menschliche Geschlecht mit oder gegen dessen Willen der Einheit untertan zu halten.« Der kaiserliche Rock sei nahtlos gewirkt, meinte Dante. Das Reich zu teilen, hieße, es zerstören. Die Gesetze des Kaisers sind demnach »sacratissimae leges, quae institia naturalis imitantur imaginem« – heiligste Gesetze, die das Bild des natürlichen Rechts – des göttlichen also – nachahmen.

Dantes Ideen stammen aus dem Geiste Friedrichs II.; er sollte noch über Jahrhunderte hin wirken. 1559 erschien Dantes Schrift, von Basilius Johann Heroldt übersetzt, bei dem Drucker Niklaus Bischof dem Jüngeren in Basel auf deutsch. Heroldt arbeitete zuzeiten als Korrektor bei den rheinischen Druckherren. Der Titel lautet: »Monarchey oder dasz das Keyserthumb / zuo der wolfart diser Welt von nöten: Den Roemern billich zugehört / unnd allein Gott dem Herren / sonst niemands hafft seye / auch dem Bapst nit. Herren Dantis Aligheris des Florentiners / ein zierlichs buechlein / in drey teyl aussgeteilt.« Darauf folgt die Erklärung: »Unn vor zweihundertdreyssig dreyen jaren / zuo vertaedigung der Würdin des Reychs Teütscher Nation Lateinisch beschriben/ vormals nie gesehen / auch neüwes verdolmetscht.« Die Veröffentlichung stand im Zusammenhang mit der Abdankung Kaiser Karls V. (1500 [1519–1556]–1558], denn damals war der Streit zwischen Kaisertum und Papsttum abermals entflammt. Papst Paul IV. (1476 [1555]–1559) hatte die Eigenmächtigkeit des Kaisers bei der Berufung seines Bruders Ferdinand (1503 [1556]–1564) als unerträgliche Herausforderung empfunden. Da es ohne päpstliche Zustimmung zustande gekommen war, sah man das neue Kaisertum Ferdinands in Rom »als null und nichtig« an. Erst später wurde der Friede zwischen dem Papst und den Habsburgern wiederhergestellt.

Dantes Reichsbild war dem geistigen Entwurf des sizilianischen Staates verpflichtet; es hat ihn lebenskräftig tradiert. Sizilien, das Erbland von Friedrichs Mutter, war für ihn sein eigenstes Königreich. Als er, zum Kaiser gekrönt, nach acht Jahren Aufenthalt in Deutschland dorthin zurückgekehrt war, wandte er sich ihm mit allen Kräften zu.

Das Königreich ist seit der Eroberung Unteritaliens durch die Römer deren Gesetzen unterworfen gewesen, doch hatten sich aus griechischer Zeit manche Eigentümlichkeiten erhalten. Später kamen byzantinische Gesetze dazu, bis die Herrschaft der Ostgoten andere Bräuche auf die Insel brachte. Als Iustinian seine Gesetzbücher rechtskräftig werden ließ, hatten die Langobarden bereits Einzug gehalten, so daß das Königreich zur Frühzeit Friedrichs uneinheitlich verwaltet und richterlich betreut war. Vielfältige Landrechte förderten Willkür und Verwirrung. Die Verfügungen verschiedenster Herkunft waren unüberblickbar und zugleich pfiffig nutzbar. Das alles hatte sich noch gesteigert, als sich auch die Araber und die Normannen in Unteritalien festsetzten. Der Widerstreit verlockte zu Machtanmaßungen aller Art. Kraft und Gewalt entschieden mit widersprüchlichen Rechten. Keiner wußte verbindlich, was von den römischen, griechischen, langobardischen, kaiserlich-deutschen, sarazenischen, jüdischen und normannischen Verordnungen gelte. Die Gewohnheiten wurden stärker als die Einsichten. Daneben warben die geistlichen Gebote um Gefolgschaft. So hatte eine Neuordnung Unentwirrbares zu klären und usurpierte Anmaßungen einzuschränken. Geistliche, Adel, Bürger und Bauern mußten den geänderten Regelungen gefügig gemacht, ihre Interessen ausgeglichen werden. Die plötzliche Neuerung hatte in vertraute Gewohnheiten einzugreifen. Dies zu bewerkstelligen, bedurfte eines klugen Meisters und einer ebenso treuen wie zähen Beamtenschaft.

Friedrich gab sich als Wiederhersteller bewährter väterlicher Ordnungen; entsprachen solche seinen Plänen, so fügte er sie seinem Bau ein. Allerdings hatte er viele Vorrechte zu brechen, Selbsthilfe und persönliche Übergriffe mit Wort oder Tat auszuschalten. Schon während der Jahre 1221 bis 1227 hatte er eine Reihe von Verfügungen erlassen; nun berief er, um diese Anfänge erneut aufzugreifen, Petrus de Vinea (um 1190–1249) zum Großhofrichter und Kanzleivorstand. Er stammte aus Capua, war von geringer Herkunft – sein Studium in Bologna hatte er sich erbettelt – und starb, wegen Veruntreuungen verhaftet und geblendet, ein Jahr vor dem Tod seines Kaisers im Kerker.

Friedrichs Absichten sollten unter den gegebenen Voraussetzungen nur in Sizilien gelten. Sie richteten sich nach den Rechtsbegriffen »Pax« und »Justitia« und führten einem autonomen weltlichen Staat entgegen. Die Naturnotwendigkeit – Necessitas – galt vor allen Überlieferungen. Der Caesar sollte nach dem Willen des Kaisers »der Justitia Vater und Sohn, Herr und Knecht sein«. Er war Repräsentant und Garant der gottgewollten Ordnung. Er schuf seine Gesetze »gemäß der Eigenheit der neuen Zeiten« aus seinem »Schoß« und fand »für neue Mißbräuche neue Arzneien«; er wollte aber auch »den Rost der alten Verordnungen mit der Feile« seiner »Pflege fortputzen«. Er nahm sich so beispielsweise unerhört fortschrittlich der »Gesundheit der Luft« an und schrieb die Tiefe der Gräber vor. »Kadaver und Abfälle, die Gestank verbreiten, sollen ... außerhalb der Behausungen in einer Entfernung von einer Viertelmeile ins Meer oder in den Fluß geworfen werden.« Er gebot auch, daß die Gewässer der Fische wegen reingehalten werden sollten. Ähnlich fortschrittlich sahen die Regelungen im medizinischen Bereich aus: Friedrich verfügte Lehrgänge bei der Ausbildung der Chirurgen, die Zahl der Krankenbesuche, die Regeln für Apotheker. Er setzte selbst die Arzneigebühren fest.

Um seine Reform zu sichern, schuf Friedrich einen streng hierarchisch gegliederten Beamtenkörper. Er berief den Großjustitiar, die Hofrichter, die Justitiare der Provinzen, entwarf die Handgriffe der

Verfahrensweisen und ließ seine Anordnungen auf das strengste überwachen. Immer ging es ihm darum, einen »tüchtigen, treuen und ausreichend geschulten Mann an seinen Platz zu setzen«. Rebellentum – und auch die Ketzerei war es – wurde nicht geduldet, »auf daß Unser Reich jeglicher Gefahr eines Aufstandes entgehe und sich dergestalt in sich selbst festige«. Zur Stärkung seiner Position hatte Friedrich in einem Gesetz »De resignandis privilegiis« alle Vergabungen, Schenkungen, Privilegien, Besitzbestätigungen der vorangegangenen dreißig Jahre für nichtig erklärt und letzte Entscheidungen der kaiserlichen Kanzlei vorbehalten. Ritterburgen wurden auf diese Weise zu Staatskastellen, die Macht der Lehensbarone wurde gebrochen und durch eine staatliche Landesverteidigung ersetzt.

Dieser Staatsentwurf war jenseits der kirchlichen Wünsche; seine Absichten und Bedenken waren selbständig und in allen Teilen weltlich und vernünftig. Friedrich bezeichnete seinen Beamtenstab, der den kirchlichen Eingriffen keinen Raum ließ, als »Orden der Justitia«, und die Titulaturen entsprachen einer Offizialenordnung. Es gab im ganzen sizilischen Staat kein Lebensgebiet, das nicht kaiserlich geordnet war. In diesem Sinne nannte sich Friedrich II. an der Schwelle einer neuen Epoche »Neuer König«. Unverbraucht wie die Beamtenschaft war, hatte sie ihren Auftrag fest im Griff. Ihre »sizilische Tyrannis« ist des öfteren im Blick auf neuere Zustände als unheilträchtig verurteilt worden. Das Verdikt verkennt aber die unausweichlichen Notwendigkeiten einer zuvor völlig abenteuerlich verwalteten Gemeinschaft.

Der Kaiser hat sein Gesetzbuch im Jahre 1231 mit den berühmten »Konstitutionen von Melfi« kodifiziert bestätigt. Die Einleitung der Gesetzessammlung verankerte das Recht in den Bedürfnissen der unmittelbaren Schöpfung Gottes, die durch die Sünde verunreinigt worden sei. Deshalb gelte es, Friede und Gerechtigkeit »nach dem Siege des neuen Königs« zu sichern und zu wahren. Papst Gregor IX. beklagte verstimmt, daß es niemand im Königreich Sizilien mehr wage, ohne Erlaubnis Friedrichs Hand oder Fuß zu rühren. Er richtete seinen Zorn gegen Erzbischof Jacob von Capua. Dieser hatte die Oberaufsicht über die Juristengruppe, die unter Petrus de

Vinea, vom Kaiser streng überwacht, das Gesetzeswerk erarbeitete. Nach Ansicht des Papstes hatte sich Jacob von Capua damit zum Werkzeug einer Absicht gemacht, die das Heil verschmähe und nur Elend heraufbeschwöre.

Die neuen Anordnungen behandelten Sarazenen und Juden, die außerhalb der christlichen Glaubensgemeinschaft standen, nach besonderen Maßstäben. Sie wurden geduldet. In diesem Sinne versammelte Friedrich II. im Jahre 1235 die in jüdischen Fragen Sachkundigen aus ganz Europa, um die wieder aufgeflackerten Ritualmordgerüchte untersuchen zu lassen. Auf Grund ihrer Anträge sprachen dann die deutschen Fürsten auf dem Reichstag von Augsburg die Juden von jeder Schuld frei. Eine Urkunde des Rechtsspruchs wurde im Juli 1236 den jüdischen Gemeinden ausgehändigt. Sie trug die Überschrift »Privilegium et sententia in favorum Judaeorum«. Friedrich dehnte unverzüglich die Zugeständnisse, die Heinrich IV. 1103 und Barbarossa 1157 in Worms gemacht hatten, auf alle Juden des ganzen deutschen Königreiches aus. Innozenz IV. ([1243]–1254) unterstützte dabei seinen Gegner, dem er unversöhnlich gegenüberstand und sogar nach dem Leben trachtete. Damit wurde die Schicksalsgemeinschaft der Juden, die schon seit den römischen Jahrhunderten vornehmlich als Kaufleute, Grundbesitzer und Wechsler heimisch geworden waren, legalisiert, und noch Karl IV. (1316 [1347]–1378) schützte diese Rechte in seiner »Goldenen Bulle« von 1356. Im Jahre 1354 hatte auch Zürich seinen allgemeinen Freiheitsbrief erlassen, in dem es heißt: »Wir, die Bürgermeister, die Räte und die Bürger insgesamt der Stadt Zürich bekennen öffentlich, daß wir alle Juden und Jüdinnen, die in unserer Stadt mit Hausrecht wohnhaft sind und bei uns bleiben und sitzen wollen, in unseren Schutz genommen und empfangen haben, und wir haben in guten Treuen gelobt, ihren Leib und ihr Gut zu schirmen, wie das gegenüber andern bei uns eingesessenen Burgern gilt, ohne alle Gefährde.« Trotz aller Verfolgungen, die unsägliche Leiden mit sich bringen sollten und die unbindbar weiterschwelten, war damit die Judenschaft zu einem entscheidenden und fruchtbaren Ferment Europas geworden.

Wie sich Friedrich II. der Juden in seiner sizilianischen Monopolverwaltung zu bedienen verstand, schützte und schätzte er auch die Sarazenen. Die Aufständischen unter ihnen hatte er in einem langjährigen Feldzug unterworfen und im apulischen Lucera angesiedelt. Dort duldete er ihre Bräuche und die islamische Religion. Während seines Kirchenbanns bildeten Sarazenen seine verläßlichste Leibwache.

Ibn Dschubair (um 1145–um 1218), der, in Spanien geboren, von 1183 an seine Pilgerfahrt angetreten hatte, die ihn auf dem Rückweg nach Granada mit Sizilien vertraut machte, hielt Palermo – »die Muslime nennen es Al-Madina« – für die schönste Stadt der Insel und bewunderte, daß dort Muslime in königliche Ämter gelangen konnten. Selbst der Vorsteher der königlichen Küche sei ein Mohammedaner, berichtet er. Ärzte und Astrologen gehörten zum Hofstaat, und es gelte dort das Wort: »Es bete jeder gemäß seinem Glauben zu dem, den er verehrt!« »Die Muslime befolgen in Palermo die rituellen Gebetszeiten, die ihnen durch klar gehörten Ruf in Erinnerung gebracht werden.«

Friedrich beherrschte die arabische Sprache wohl besser als die deutsche, und er liebte ihre östliche Kultur, Wissenschaft und Philosophie mit leidenschaftlicher Zuneigung, was ihm den Vorwurf der Häresie einbrachte. Er wurde gar verdächtigt, er sei zum Glauben Mohammeds übergetreten. Von welcher Größe aber die Gesinnung des Kaisers war, ergibt sich daraus, daß er als Befreier Jerusalems den Muezzin, der bei seinem nächtlichen Gebetsruf die gegen das christliche Bekenntnis zum Gottessohn Jesus gerichteten Verse ausgelassen hatte, beschied: »O Kadi, wisse, daß ihr unrecht habt, wenn ihr Meinetwegen eure Gebräuche ändert und die Beachtung eurer Gesetze und eurer Religion vernachlässigt! Wenn ihr bei Mir, in Meinen Landen wärt, würdet ihr sehen, daß die Muslime sie dort beachten.« Diese Haltung rettete Friedrich II. das Leben, als ihn die Templer dem Sultan al-Kamil verschachern wollten. Die sarazenische Ritterlichkeit war »von diesem niederen Verrat angeekelt«.

Seinen eigenen Staat zu schützen, errichtete Friedrich II. gegen den Kirchenstaat einen stolzen Gürtel fester Burgen. Dabei erwies er sich als überlegener Bauherr. Schon im Dezember 1220 hatte er auf dem Hoftag von Capua verfügt, daß alle Wehrbauten, die während seiner Minderjährigkeit und bis zu seiner Rückkehr aus Deutschland ohne Genehmigung von Lehensträgern errichtet worden waren, an die Krone abzutreten oder zu zerstören seien. Hierauf unternahm der Heimgekehrte die notwendigen Wiederherstellungsarbeiten und förderte unter dem Widerspruch von Iustinianus Thomas von Gaeta, der die Steuerlasten der Armen senken wollte, eine Reihe von Wehranlagen und Neubauten. So in Foggia und dessen Umgebung, in San Lorenzo, in den Vorbergen der Basilicata. Zuweilen handelt es sich auch um Jagdschlösser wie jenes von Gravina. Festung und Landschloß waren des öfteren eins, wobei die Geländeanlage des Wehrbaus, die jeweils über ein bedeutendes Operationsgebiet zu herrschen hatte, die entscheidenen Maße setzte. Die reinen Wehranlagen herrschten allerdings vor. Doch auch sie besaßen im Innern zusätzlich Wohncharakter. Dabei wirkten orientalische Vorbilder des Normannenreiches nach. Etwa das Oktogon der Omar-Moschee in Jerusalem. Die strenge Regelmäßigkeit der Bauten war von arabischem Grundgefühl.

Meist handelte es sich bei den Bauten des Herrschers um Vierflügelanlagen, die den Geländegegebenheiten militärisch gerecht wurden. Die Achteckgliederung des Castel del Monte war schon bei einem Palast inmitten der Sarazenenkolonie von Lucera vorweggenommen worden. Leider ist zur Baugeschichte von del Monte nur ein einziges Dokument vom 28. Januar 1240 beizubringen. In ihm erteilt der Kaiser von Gubbio aus dem Justitiar der Capitanata den Befehl, den Fußboden aus Kalkstein einziehen zu lassen. Castel del Monte ist der einzige Bau, der nur aus einer Figur, dem Achteck, heraus entwickelt worden ist; es ist so gestaltet, daß trotz der Vielfalt der Bedürfnisse die kristallinische Klarheit gewahrt bleibt. Die sakral anmutende Anlage kann als hohes Zeugnis einer wahrhaft herrscherlichen Baugesinnung gelten.

Friedrich hatte sein Auge geschult. Er kannte die Wehrbauten von Palermo bis Eger, von Rom bis Jerusalem; er hatte sich der muslemischen Wehrtechnik versichert und die Zeugen der römischen Architektur bewundert. Zugleich tat er seinen festlichen Ansprüchen Genüge, und zwar mit gediegenem Geschmack: »C'est l'empereur qui a été le vrai sculpteur et l'architecte«, wie Émile Bertaux (1869–1917) in seinem immer noch gültigen Werk über die Kunst in Süditalien zu den Skulpturen vom Capuaner Brückenkastell schreibt. Dabei wurden die Pläne zu den Bauwerken offensichtlich auf dem Schreibtisch entworfen. Lineal und Zirkel sind überaus gelenk geführt; sie standen, zu nützen und zu schmücken, im Dienst des kaiserlichen Selbstverständnisses. Hubert Graf Waldburg-Wolfegg hat 1954 dem kaiserlichen Bauherrn zugebilligt, er habe wohl teuer, aber so peinlich genau gebaut, daß alles, auch was nicht in die Augen stach, wohlgefügt war. »Fast scheint es, als habe er diese innere Einstellung seinem schwäbischen Blut zu verdanken«, merkt er an.

Vater- und mutterlos, wie der junge Friedrich heranwuchs, führte er ein recht unstetes Leben. Mitleidige Bürger Palermos beköstigten den Knaben nach ihrem Vermögen. Er genoß zwischen Griechen, Arabern, Juden, Sizilianern, Normannen und Deutschen die unzimperliche Erziehung der Gassen. Einmal nur wird versichert, daß er durch einen Magister unterrichtet worden sei. Früh aber muß er sichere Fähigkeiten im Reiten, Fechten und Bogenschießen erworben haben. Die ritterliche Zucht bedurfte dessen und verachtete die Mönchskünste. Friedrich soll sich, so fahrlässig erzogen, inmitten seines rüden Umgangs recht unziemlich betragen haben. Er verstand es aber gleichzeitig inmitten treuloser Wächter eine ebenso leidenschaftliche wie selbstbewußte Würde zu wahren. Daß sich Friedrich unter solchen Voraussetzungen zum gebildetsten Monarchen seines Zeitalters, zu überlegener Umsicht und scharfem Urteil schulen konnte, ist erstaunlich.

Italien befand sich damals an der Seite Frankreichs in kühnsten Umbrüchen. Es stand ähnlich der Provence und Katalonien der byzantinischen wie der arabischen Kultur offen. Viele Werke wurden aus dem Griechischen und dem Arabischen übersetzt; die Kabbala fand gewiegte Deuter. Bezaubernde Märchen- und Sagenstoffe brachen in aufnahmebereite Seelen ein. Sizilien schuf unter heimischen Meistern, bei fremder Schulung, vorbildliche Bauten und Malereien. Seefahrts- und Handelstechnik der Araber waren bekannt, und so konnte dann gegen Ende des Jahrhunderts Brunetto Latini (um 1220–um 1294), der, obwohl florentinischer Guelfe, Dante beeinflußte, an Guido Cavalcanti (1255–1300), den bedeutendsten Lyriker des »Dolce stil nuovo«, schreiben: »Der Seemann kann durch diesen Magneten richtig steuern, vorerst aber nur im Verborgenen ... denn kein Schiffsführer getraut sich, ihn zu gebrauchen, weil er in den Verdacht der Zauberei käme.« Die Geisteswelt der Zeit stand unter dem Vorzeichen unabsehbarer Wandlungen, und das normannische Sizilien schritt der Zukunft nüchtern entgegen.

Im Jahre 1202 hatte Leonardo von Pisa (um 1180–um 1250) in seinem »Liber abaci« das indisch-arabische Zahlensystem eingeführt und damit Multiplikation und Division ermöglicht, während die römischen Zahlen nur Addition und Subtraktion zuließen. Am Hofe Rogers II., dem Großvater Friedrichs, hatte der große mohammedanische Geograph Idrisi seine Erdbeschreibung mitsamt fortschrittlichsten Karten verfaßt. In Frankreich lehrte Petrus Abaelard (1079–1142) als Hauptbegründer der scholastischen Methode in seinem Werk »Sic et non« das »ständige und wiederholte Fragen« als »ersten Schlüssel der Weisheit« zu begreifen. Im Lichte solcher Anregungen ist es zu werten, daß Friedrich II. die Dinge so sehen wollte, »wie sie sind«. Zweifellos kannte Friedrich al-Ghazali (1058/59–1111), der in Bagdad gelehrt hatte und in einem rastlosen Wanderleben seine Zweifel zwischen Glauben und Wissen lichten wollte. Von ihm ist die Aussage überliefert: »Der Durst danach, die Dinge zu verstehen, so wie sie wirklich sind, war von jung auf meine Natur und Gewohnheit.«

Eine neue Wissenschaft, die der unbelebten wie der belebten Natur galt, widmete sich vorab Bewegungsvorgängen und suchte nach ihren Kräften. Sie wies diese den Körpern zu und schied die gradlinigen von den kreisläufigen Bewegungen. Diese waren also der Elementenlehre zugehörig. Teleologische Lösungen galten neben kausalen und stellten sich in Konfigurationen dar, wie sie sich auch im pflanzlichen und tierischen Leben offenbarten. Nur bildeten Steine, Pflanzen und Tiere miteinander verflochten eine übergeordnete Einheit, die Unvollkommenheiten in Vollkommenheiten überführte, göttlich war und Gott bezeugte. Auch die Lehren des Moses Maimonides (1135–1204), der zwischen 1170 und 1180 in den vierzehn Büchern seiner »Mischne Thora« aus den Stoffmassen des Talmuds, unter besonderer Betonung der Willensfreiheit, einen systematischen Kodex des jüdischen Rechts gewann, fanden zu dieser Zeit Gehör.

Friedrich, von dem berichtet wird, er hätte sich in neun Sprachen verständigen und in sieben schriftlich ausdrücken können, stand inmitten dieser geistigen Tendenzen. Er berief viele Gelehrte, gleichgültig welcher Herkunft, an seinen Hof. Schon früh war so der junge Juda ben Salomon Cohen zu ihm gekommen; er verfaßte für ihn eine Enzyklopädie über die Werke des Aristoteles. Aus der Provence stammte Jakob ben Abbamari, der in Neapel eine hebräische Übersetzung des Ptolemäus angefertigt hatte. Michael Scotus (um 1175–um 1235) war englischer Herkunft, hatte in Oxford und Paris studiert, hernach in Toledo gewirkt und dort die astronomische Schrift von Nureddin Abu Ishak al-Bitrudji (um 1100) ins Lateinische übersetzt; er schrieb außerdem Aristoteles-Kommentare und eine Einleitung in die Philosophie. Leonardo von Pisa – Fibonacci – war Italiener und hatte sich in Ägypten, Syrien, Griechenland und Spanien umgetan, ehe er vom Hof des Kaisers aus danach strebte, die neue Rechenlehre »nach Art der Inder« zu verbreiten: das Rechnen mit arabischen Zahlen und der Null. Die später in einem Buch niedergelegten Lösungen der klug gewählten Fragen, die Friedrich ihm vorlegte, bereiteten ihm trotz ihrer außerordentlichen Schwierigkeiten keine Probleme. Friedrichs Hof war zu einer Gelehrtenrepublik fruchtbarster Zusammenarbeit und geistvollen Umgangs geworden.

Die Fülle der Anregungen führte Friedrich 1224 zu dem Edikt, mit dem er die Universität von Neapel ins Leben rief. Sie sollte für die unersättliche Neugier und die vorausblickenden Absichten des Kaisers kluge und gebildete Männer stellen und galt als erste Staatsuniversität des Abendlandes, die sich von den städtischen Hochschulen und kirchlichen Universitäten dadurch unterschied, daß sie wohl der Wissenschaft diente, aber auch kaiserliche Beamte auszubilden hatte. Das war nicht ohne Spitze gegen Bologna und den Stuhl Petri gemeint. Tatsächlich gelang es Friedrich, sich die ersten durchgebildeten Verwaltungsbeamten Europas heranzuziehen. Die Jurisprudenz stand denn auch an der Spitze der Bemühungen. Der Thron der Justitia war des Aufwandes wert.

Der Kaiser widmete sich ebenso unermüdlich und erfinderisch eigenen Anliegen. So hielt er sich wie seine normannischen Vorfahren Tiergärten und zog mit befremdlichen Tierscharen, die von Negerknaben an Ketten aus Silber gebändigt wurden, in die Städte ein. Beim Reichstag in Ravenna 1231 führte er Elefanten, Dromedare, Kamele, Panther, Gerfalken, weiße Falken, Leoparden und bärtige Eulen mit sich. Außerdem frönte er seiner unbändigen Jagdleidenschaft, die von einer begabten wie wachen Naturbeobachtung begleitet war; er erteilte Pferdeheilkundigen triftige Belehrungen und war wissenschaftlichen Experimenten verschrieben. Damit eilte er einer buchgläubigen Zeit weit voraus. Er versuchte etwa zu klären, welches die Ursprache des Menschen sei, mühte sich um die Lebensbedingungen der Fische und der Algen, ließ die Gewässer der Straße von Messina durch Taucher erforschen. Im Jahre 1497 wurde dem Kurfürsten von der Pfalz ein Hecht geschenkt, der am Kiemen einen Kupferring mit der griechischen Inschrift trug: »Ich bin der Fisch, den Kaiser Friedrich II. am 5. Oktober 1230 eigenhändig in den See getan hat.« All dies bezeugt eine glühende wissenschaftliche Gesinnung, die sich um »die Grundlage der Erde« mühte. So war Friedrich Mäzen und darüber hinaus Kulturschöpfer von nachhaltigem Einfluß.

Er war aber auch sonst fiebernd tätig. Dies vorab als Jäger, dessen Kunst »ganz aus der Liebe entspringt«, wie er behauptete. In solchen Zusammenhängen schuf er sein überraschendes Buch »De Arte Venandi cum Avibus«, das als erstes wissenschaftliches Werk der Ornithologie gilt und bis spät ins 19. Jahrhundert als vorbildlich gerühmt wurde. Sechs Teile davon sind überliefert, und man bedauert, daß die Abschnitte über die Krankheit der Falken und über die Haltung der Hunderassen verschollen sind. Friedrichs Anweisungen zur Falknerei wurden über Jahrhunderte hin befolgt. Sie bezeugen eine hohe Lebenskunst beobachtender Muße, die den tätigen und stets angefochtenen Kaiser noch größer erscheinen läßt. Friedrich beschreibt Anblick und Gestalt der Vögel, deren Gewohnheiten, ihren Flug, ihre Züge. Zuweilen hält er sich an Aristoteles, der kurz zuvor ins Lateinische übersetzt worden war; er widerspricht ihm aber auch aus besserer Kenntnis. Dabei hat er es verstanden, seine Einsichten zulänglich auszudrücken. Seine Sprache ist kristallklar und überlegen bestimmt, und es ist beinah gewiß, daß auch die Hunderte von getreuen Vogelzeichnungen, die das Werk erläuternd begleiten, von seiner Hand stammen. Sachkenner halten die Zeichnungen des Falkenbuches, die persisch und sarazenisch geschult anmuten, für ebenso erstaunlich verfrüht wie die zeitgenössische sizilische Plastik.

Daß Friedrich II. neben diesen Leidenschaften und erregenden Lebenslasten noch Zeit für die Dichtung fand, ehrt ihn aufs höchste. Er war mit der provenzalischen Bildungswelt vertraut und empfahl beispielsweise seinen Rittern die Lektüre der »Prophezeiungen des Zauberers Merlin«; zum besseren Verständnis ließ er sie aus dem Bretonischen ins Französische übersetzen. Der Legende nach lag ja Merlins Zaubergarten auf sizilianischem Boden. Auf diese Weise begründete und förderte Friedrich eine Dichterschule, die im Blick auf die französische und die deutsche Minnelyrik erstmals Lieder, Gesänge und Kanzonen italienisch faßte und im sizilisch-apulischen Volksdialekt dichtete und vortrug. Drei oder vier Kanzonen, die wir besitzen, stammen von Friedrich selbst. Darunter findet sich ein wehmütiges Abschiedslied Liebender, das nicht ohne echtes Gefühl ist, aber von wendigem Sprachvermögen. So ist es denn nicht verwunderlich, daß nicht nur die Troubadoure Siziliens, sondern auch Walther von der Vogelweide (um 1170–um 1230) und Reinmar von Zweter (um 1200–um 1250) den kaiserlichen Menschen und Dichter priesen. Dante verehrte ihn später als Vater der italienischen Dichtersprache. Daß er mit dem Mainzer Landfrieden auch zum ersten Mal ein Gesetz in deutscher Sprache erließ, gehört mit ins Bild.

Alle diese geistvollen Künste wurden an Friedrichs Hof mit bezaubernder Liebenswürdigkeit in blitzenden Gesprächen gepflegt, die auch dem Spott keineswegs abgeneigt waren. Beamte trugen ihre Dichtungen selbst griechisch vor. Der Kaiser war Staats- und Volksgründer im Geiste der Ringparabel Lessings. Er erwies sich als Anreger und Mitte eines hohen Dichterkreises, als ebenbürtiger wissenschaftlicher Gesprächspartner und Kenner vieler Kunstgattungen; er verfügte über erstaunliche mathematische, astronomische, medizinische und naturkundliche Kenntnisse. Er war ein ganzer und völlig neuer Mensch.

Ein Mann von solcher Art und solchen Vermögens hatte ungeheure Gegensätze in sich zusammenzuzwingen. Zwar soll er prachtliebend, heiter und freundlich gewesen sein, doch war er auch der beißenden Ironie und ungestümer Ausbrüche fähig. Er übte strenge Selbstzucht – er aß nur einmal des Tags, gegen Abend –, und er fiel zuweilen aus kristallener Geistigkeit in Tiefen unversöhnlichen Zorns. Er war nach dem Urteil des Minoritenmönchs Salimbene (1221–nach 1288) ein durchtriebener Mann, ausschweifend, arglistig, boshaft und jähzornig. Er konnte aber auch, wenn er gelaunt und willens war, anmutig, edel und freigebig sein, gesteht der Zeuge ebenfalls zu. Er las, schrieb, sang und erfand Kantilenen. Seine rötlich blonden Haare hätten den Staufer, seine bräunliche Hautfarbe die normannische Mutter verraten. Schön und von mittlerem Wuchs sei er gewesen. Er habe sich in vielen Sprachen elegant verständigt. Johann von Victring, der als Geschichtsschreiber im 14. Jahrhundert lebte, fand Friedrich begabt, wacker im Krieg, umsichtig in seinen Geschäften, unbeugsam, aber ohne feste Grundsätze. Doch sei er heiter und leutselig aufgetreten, ein vortrefflicher Herr. Petrus de Vinea hat als Großrichter Friedrichs, der mit bedeutenden Missionen beauftragt wurde und den sizilischen Beamtenstab geschaffen hatte, seinen Kaiser mit einem seltsamen Lobpreis der Herrlichkeit vorgestellt.

Viele haben die unbändige Schaffenskraft Friedrichs bewundert, der neben bedrängenden Staatsgeschäften noch Zeit gefunden hat, seine architektonischen Einfälle durchzusetzen, Universitätsverordnungen zu verfügen und Pferde wie Falken zu pflegen. Friedrich besaß überdies eine durchhaltende Ausdauer und einen willigen Körper. Er entkam seinen Mailänder Feinden durch den Fluß auf ungesatteltem Pferd, und noch zwei Jahre vor seinem Tod stand er einen vierundzwanzigstündigen Ritt auf seinem Rappen, dem »Drachen«, durch. Dieser führte ihn im Morgengrauen zur Jagd, des Mittags in den Kampf und des Nachts fliegend von Parma nach Cremona, wo der Kaiser unverzüglich neue Truppen sammelte.

Dieses Leben brannte an allen Enden. Das Erbe, das Friedrich zu bewältigen hatte, war zwiespältig genug, schwäbisch und normannisch in einem. Schwäbisch war die Reichsidee des Kaisers so umfassend, wie es später die Welten Johannes Keplers (1571–1630) und Hegels (1770–1831) sein sollten, normannisch aber griff der alltägliche Wille zu. Er wurde dem Augenblick gerecht. Die germanisch-romanische Blutmischung – schwäbisch-burgundisch von der Vaterseite, normannisch-niederlothringisch von Mutterseite her – soll die Zwiespältigkeiten seines Charakters geprägt haben; sie spannte aber auch die Flügel eines geistvollen Lebens. Friedrich hatte als Kaiser ein neues Reich zu denken, aber seine Staaten gegenwärtig zu führen und zu ordnen. Zerrissenheit wurde so schöpferisch.

Solche Wesensart gab der Legende Vorschub. Es wurde behauptet, seine Mutter Konstanze sei vor ihrer Ehe Nonne gewesen, was ihr zu einem hohen Platz im Himmel Dantes verhalf. Sie gebäre, so hatte der Zisterzienserabt Joachim von Fiore (um 1135–1202) Heinrich VI. gedroht, den Antichrist. Sie selber hatte geträumt, daß sie mit einem Drachen schwanger gehe und die flammende Fackel Italiens hervorbringen werde. Dem Kaiser wurde vorausgesagt, daß er »sub flore« sterben werde, und tatsächlich erlosch er auf Castello Fiorentino.

Er wurde sich auch selbst zur Legende: »Nach dem Zuge der Natur sind wir getrieben und gehalten, JESI, der Marken adlige Stadt, unseres Ursprungs erlauchten Anbeginn, wo unsere göttliche Mutter uns zum Lichte gebracht, wo unsre Wiege geschimmert, mit innerster Liebe zu umfangen: auf daß aus unsrem Gedächtnis nicht entschwinde Seine Stätte, und unser Bethlehem, des Caesars Land und Ursprung, in unsrer Brust zutiefst verwurzelt bleibe. So bist du, Bethlehem, Stadt der Marken, nicht die kleinste unter unsres Geschlechtes Fürsten: denn aus dir ist der Herzog kommen, des römischen Reiches Fürst, der über dein Volk herrsche und es schirme und nicht gestatte, daß es fürder fremder Hand untertan sei.« Jesi war das Bethlehem Friedrichs II. So wurde dem König der geringe Vorsprung an den Toren von Konstanz, das sich festlich für den Empfang Kaiser Ottos IV. gerüstet hatte, aber ihn einlassen mußte, zum Kairos.

Ob Friedrich Christ gewesen sei, wurde oft bestritten. Vielen erschien er schon bei Lebzeiten als Widerchrist. Er hat auch zeit seines Lebens und wenig willig nur eine einzige Kirche gebaut. Sie war unbedeutend genug. Friedrich hat aber das Kreuz genommen und sich in die Gebetsgemeinschaft der Zisterzienser aufnehmen lassen. Er führte ein verschwiegenes Gespräch mit Franz von Assisi und ließ im Frühjahr 1236 die heilige Elisabeth (1207–1231), die Witwe des Landgrafen von Thüringen, in einen kostbaren Schrein umbetten, setzte ihr eine goldene Krone auf das Haupt und gab ihr seinen goldenen Becher ins Grab mit. Ob er die Jungfrauengeburt, wie Papst Gregor IX. behauptet hat, anfocht und ob dies, wäre es wahr, ein christliches Bekenntnis ausschließt, entzieht sich unserem Urteil.

Der Siegeszug des Namens aber ist großartig. Der blonde Kaiser – blondbärtig war auch sein Großvater Roger II. – wurde von Herder als Schutzgeist Deutschlands und Wiederhersteller der griechischen und morgenländischen Literatur, der echten römischen Sprache, der Weltweisheit und der Naturkunde von gelehrtem Geschmack verehrt. Ferdinand Gregorovius (1821–1891) hielt ihn für den vollständigsten und genialsten Menschen seines Jahrhunderts, Jacob Burckhardt für den ersten modernen Menschen, Nietzsche für den ersten Europäer nach seinem Geschmack, und Stefan George (1868–1933) gestand ihm, der Sehnsucht des »wahren Volkes«, alle Größe zu. Dies alles war Friedrich der Unvergleichliche.

Adel ohne Grenzen

Friedrich II. sicherte seinen sizilianischen Lieblingsstaat mit harten Eingriffen in die menschlichen Freiheiten, Freiheiten allerdings, die zu seiner Zeit kaum sichtbar waren, weil die Bräuche sie nicht gewährten und die Umstände sie verbauten. Er war der Meinung, daß die Ehe, unbeschadet des himmlischen Segens naturnotwendig sei, um das Menschengeschlecht zu erhalten. Sie hätte überdies die »bessere Natur« des Menschen zu verwirklichen. So verbot er allen ansässigen Männern und Mädchen bei Strafe des Güterentzugs, ohne seine Erlaubnis eine Ehe mit Ausländern einzugehen: »Zur Wahrung der Unserer Krone gebührenden Ehre verordnen Wir mit gegenwärtigem Erlaß, daß kein Graf, Baron oder Ritter ... ohne Unsere Genehmigung eine Gattin heimzuführen wage oder seine Töchter, Schwestern oder Nichten, die er selbst verheiraten kann, vermähle.« Denn »oftmals schon hat es Uns schmerzlich überkommen, daß nach verschiedner Völker Mischung die Aufrichtung des Königreichs an fremden Sitten Verderbnis erlitt, so daß, seit die Männer des sizilischen Königreichs sich mit Töchtern Fremdbürtiger mischen, die Reinheit des Menschen verschwärzt ward, und es minderte sich, während das Übel und die Schwachheit der Sinne sich mehrten, unter den Völkern die Lauterkeit, befleckt von Reden und Bräuchen der andern, und von dem Samen Jener ward die Herde der Getreuen versudelt.« So wurde das Eheverbot »gegen die Schlaffheit der Stämme« und gegen die »Buntheit der Menschen« erlassen. Die strenge Reichszucht sollte durch gepflegte und geraffte Lebenskräfte gewährleistet werden. Die »Reinheit des Reiches« sollte nicht durch fremde Sitten zerstört, die »Unverdorbenheit des Menschen« nicht verdunkelt werden. Nehme die Schlechtigkeit und die Verfälschung der Geister zu, so werde die Wahrheit beeinträchtigt und durch solchen Sauerteig die Schar der Getreuen verschmutzt. Ein späterer Glossator hat diese Verordnungen mit dem Urteil verworfen: »Da ist die ganze Seelenzerrüttung dieses Kaisers Friedrich, der die von Gott im Paradies eingesetzte Ehe als eine gerechte und freie verhindert. Solches Gesetz ist vor dem Richterstuhl Gottes nicht bindend.«

Friedrich selbst handelte nach eigenem Recht. Er heiratete in erster Ehe Konstanze von Aragón, in zweiter Isabella von Brienne, in dritter Elisabeth von England (gestorben 1241) und in vierter die Tochter des Markgrafen Bonifatius von Lancia. Für den Dynasten wurde die Ehe zur politischen Bindung. Das führte dazu, daß Friedrichs Enkel Konradin (1252–1268) unter seinen acht urgroßväterlichen Ahnen nicht nur Sizilianer, sondern auch Erbträger aus Konstantinopel, Jerusalem, Bayern, Böhmen und Hannover besaß.

Schon die Urenkel Karls des Großen schlugen weitgespannte Brücken innerhalb des Frankenreiches, zu Lothringen, der Provence, dem Maasgau, Brescia, Aquitanien, Mainz, der Würzburger Gegend, Bayern, in den Nordgau, nach Sachsen, Schwaben, Zürich, Buchau, Friaul, Spoleto, Flandern, aber auch nach England. Die Capetinger heirateten in acht Generationen in den Hennegau, nach Flandern, Burgund, Kastilien, Poitou, Lothringen, die Champagne, Anjou, Spanien, Navarra, Kastilien, England, die sächsischen Ottonen nach Lothringen, Burgund, Bayern, Schwaben, Luxemburg, Augsburg, Ungarn und Byzanz. Die salischen Kaiser hatten Nachkommen in Lothringen, Kärnten, Speyer, Straßburg, Schwaben, Würzburg, Aquitanien, Dänemark, Polen und Österreich. Berühmt sollte die Heiratspolitik der Habsburger werden. Karl V. vermochte zwischen 1519 und 1556 das Gesamtreich noch unter seiner Krone zu vereinigen. In diesem Raume hatten die Ottonen 105 Jahre lang (919–1024), die fränkischen Salier 101 Jahre (1024–1125), die Staufer 102 Jahre (1152–1254) geherrscht. Allein die Habsburger brachten es mit Unterbrechungen auf 645 Jahre (1273–1918).

Mit Rudolf I. (1218–1291) wurde am 1. Oktober 1273 der erste Habsburger zum deutschen König gewählt. Der hilflose Kaiser Friedrich III. (1415 [1440]–1493), der als letzter König in Rom zum Kaiser gekrönt wurde, verheiratete seinen Sohn Maximilian I. (1459

[1493]–1519) noch glücklich mit Maria von Burgund (1457–1482), der Erbtochter Karls des Kühnen (1432 [1467]–1477), und legte damit den Grund für die habsburgische Großmacht, in deren Reich »die Sonne nie unterging«. Damals prägte ein Gegner Habsburgs, Matthias Corvinus, der König von Ungarn und Böhmen (1440 [1458–1469]–1490), das Wort: »Bella gerant aliis, tu felix Austria nube.« Andere mögen Kriege führen, du aber, glückliches Österreich, heirate.

Vier Ehen stützten diesen Anspruch. Maximilians I. erste Ehe mit Maria von Burgund brachte Habsburg neben Burgund Holland, Utrecht, Geldern, Brabant, Flandern, den Hennegau, Artois, die Picardie und Luxemburg. In zweiter Ehe heiratete Maximilian 1494 die Erbin des Herzogtums Mailand, Bianca Maria Sforza (1472–1511), drei Jahre danach sein Sohn Philipp der Schöne (1478–1506) die Erbin Ferdinands II. von Aragón (1452–1516), Johanna die Wahnsinnige (1479–1555), so daß nach dem Tode der Schwiegereltern 1504 und 1516 ganz Spanien, Neapel und Sizilien an Habsburg fielen. Schließlich ehelichte der Sohn Philipps des Schönen, Ferdinand I., 1521 die Erbin von Ungarn und Böhmen, Anna (1503–1547). Auf diese Weise gelangte Österreich auf die Höhe seiner europäischen Macht. Karl V., der in der Kirche die universale Ergänzung seiner Universalmonarchie sah, beherrschte als letzter überragender Monarch das Abendland ebenso streng wie bescheiden, aber überaus bewußt.

Die Heiratspolitik der Dynasten war langehin von der strengen Ebenbürtigkeit der Ehen getragen. Besitzgefälle aber verschoben bald die Grenzen. Schon im 12. und 13. Jahrhundert versuchten unfreie oder kleingutsherrliche Leute zur Lehensfähigkeit und zum Rittertum zu gelangen. Der Aufstieg des niederen Adels wurde trotz der ehdem gültigen Erbregeln der »ärgeren Hand«, die bei ungleicher Standesherkunft der Eltern die Kinder dem minderen Range zugewiesen hatte, unvermeidlich. Die Ministerialen Klingenberger etwa wurden reich und übernahmen den Besitz der verarmten Freiherren von Hohenklingen. Zudem bedurften die Magnaten vermehrt der gutsgesessenen Ritter als ihrer Kriegsleute, und so suchten sie denn unbesehen um deren Rang nach Männern, die sich das teure Ritterleben leisten konnten und die Waffen beherrschten. Ihnen übergab man auch ritterliche Subsistenzgüter. Auf diese Weise verwischten sich die zuvor durch die Ebenbürtigkeitsforderung streng getrennten Stände.

Schon um 1100 hatte sich der Dynastenstand aufzulösen begonnen. Zahlreiche Töchter angesehener niederadliger Familien heirateten in hochadelige Häuser hinein, »ohne daß die Kinder solcher Ehen dadurch in das der Familie der Mutter anhaftende besondere Unterwerfungsverhältnis irgendeinem Fürsten gegenüber eintraten«, stellt Eduard Heydenreich, der gründende Verfasser des bedeutendsten genealogischen Handbuches, 1913 fest. Kaiser Karl IV. erhob selbst Männer, die weder Ritter noch ritterlichen Stammes waren, aus kaiserlicher Machtvollkommenheit zu Adelsgenossen. In andern Fällen wurden ministeriale Frauen, die einen Grafen heirateten, gefreit, so etwa jene Landenbergerin Agnes, die in das Haus Habsburg-Laufenburg einheiratete. Ehen zur linken Hand förderten ihrerseits die Standesvermischungen. Das Familienebenbürtigkeitsrecht wandelte sich so überaus vielfältig. Gesetzliche Regelungen der Adelsrechte gab es zu jenen Zeiten kaum. Die Bedürfnisse schufen Rechte. Selbst die Kaiserin Katharina I. von Rußland (1684 [1725]–1727), ursprünglich Marte Skawronskaja war niederen Standes, die Tochter eines litauischen Bauern, und die späten Könige von England sind der Blutsmischung nach nur zum geringsten Teil Engländer; der letzte Kaiser von Rußland war alles andere mehr als ein Russe. Albrecht Graf von Roon (1803–1879), der preußische Generalfeldmarschall und Kriegsminister, der die Armeen für die Hohenzollernkriege des 19. Jahrhunderts schuf, hatte wohl eine Mutter aus alter preußischer Adelsfamilie, während die Roon zu den seit dem 16. Jahrhundert in Frankfurt am Main wohnhaften glaubensvertriebenen Niederländern gehörten. Selbst Ferdinand Graf von Zeppelin (1838–1917), der das erste Starrluftschiff baute, hat wenig deutsches Blut nachzuweisen. Die väterliche Großmutter gehörte einer reformierten französischen Emigrantenfamilie an, und die Mutter stammte aus der Bürgerschaft der freien Hansestadt Lübeck.

Der Würdenzerfall der Stammtafeln durch die Preisgabe der Ebenbürtigkeit schenkt heute vielen bürgerlichen Ahnentafeln

Verwurzelung und Aufstieg im Adel. Tausende von ihnen – und es sind dies nur die ahnenbewußten – vermögen ihre Abstammung von Karl dem Großen und Widukind nachzuweisen. Die Genealogen kennen die Einstiegswege, so in den alemannischen Himmelsstrichen über die Landenberger des Zürcher Oberlandes oder die Bubenberg in Bern. Es finden viele unter ihren Ahnen die Hohenklingen, die Grafen von Kyburg, die Freiherrn von Regensberg und um die dreiunddreißigste Generation die Herzöge von Zähringen, die Herzöge von Schwaben, die erste bekannte Stauferin, die Herzöge der Normandie, den Dogen Orseolo, die Nellenburger, die Welfen und unabsehbar andere noch.

Zudem waren die Herren über Jahrhunderte hin, wo immer sie sich in Europa trafen, »unter sich«. Die Herrenstuben standen allen Standesgenossen offen. Ihre Trinkstuben trugen des öfteren Tiernamen, in Zürich beispielsweise den des »Rüden«, in Diessenhofen jenen des »Grimmen Löwen«, in Konstanz der »Katz« und in Ravensburg des »Esels«. Geschmückt waren die Stuben mit heiteren Malereien und Friesbändern der sässigen Wappen. Auf der »Katz« tagten 1547 hundertzweiundsechzig Schildträger der ostschweizerischen Umgebung und des Konstanzer Patriziats. Heiraten wurden über diese Stubengemeinschaften von Konstanz nach Ravensburg, nach Zürich und St. Gallen, von Überlingen nach Schaffhausen, von Eglisau nach Bern, Zürich, Diessenhofen und Schaffhausen geschlossen. Das gilt wie hier auch anderswo.

Aber auch Vertriebenenheere vermischten das europäische Blut. Mit Beginn der kirchlichen Reformationen fluteten Scharen von lange Seßhaften und Verwurzelten in andere Herrschaften hinüber. Die gespaltenen Kirchen bekämpften sich und bedienten sich dabei der dynastischen Mächte. In den vierziger Jahren des 16. Jahrhunderts standen auf der Seite der Neugläubigen Franzosen, Niederländer, Italiener und Polen, die ins »Elend« ziehen mußten. Sie wandten sich den evangelischen Gebieten der Schweiz und Deutschlands zu. Später, als in England unter Eduard VI. (1537 [1547]–1553) die Protestantisierung der englischen Kirche von Thomas Cranmer (1489–1556) begonnen hatte und Deutschland durch das vom Kaiser aufgezwungene Interim die Freiheit des evangelischen Lebens zu verlieren schien, flüchteten viele nach England und wurden zum Vortrupp gegen Rom. Unter der katholischen Maria (1516 [1553]–1558) brandeten dann die Wellen wiederum auf das Festland zurück. Bei den österreichischen Glaubenskämpfen nahm der Soldatenkönig Friedrich Wilhelm I. (1688 [1713]–1740) um die achtzehntausend Salzburger auf und siedelte sie an der östlichen Grenze des preußischen Staates an. Evangelische Berchtesgadener fanden in Kurhannover eine neue Heimat. Viele unter ihnen gehörten dem Ritterstand an. Ein »Catalogus Exulum Styrorum« von 1629, der sich in der Wiener Hofbibliothek befindet, zählt 714 Personen des Herren- und des Ritterstandes sowie 46 nobilisierte Namen. Eine englische Flüchtlingsgemeinde findet sich zwischen 1554 und 1559 in Frankfurt am Main; böhmische Flüchtlinge siedelten sich unter der kursächsischen Regierung in Dresden an.

Die bedeutendste Flüchtlingsschar stellten aber die Hugenotten. Um 1560 war es zur ersten Auswanderung gekommen. Nachdem das Edikt von Nantes des Jahres 1598 durch das Edikt von Fontainebleau von 1685 aufgehoben worden war, flohen über eine halbe Million Hugenotten ins Ausland. Das Edikt von Potsdam desselben Jahres gestattete ihnen die Ansiedlung in Brandenburg-Preußen. Um 1700 war jeder dritte Einwohner Berlins ein Hugenotte. Zu den Großen unter ihnen gehörte später der Dichter der unsterblichen »Undine«, Friedrich Baron de la Motte Fouqué, der auf dem elterlichen Gut Sakrow in der Mark 1777 zur Welt gekommen war und den Namen seines königlichen Taufpaten, Friedrichs II. (1712 [1740]–1786), mit besonderem Stolz trug. Er starb 1843 in Berlin. Neben ihm wirkte der um weniges jüngere bedeutende Naturforscher und Dichter Adelbert von – eigentlich Louis Charles Adélaïde de – Chamisso, der 1781 auf Schloß Boncourt in der Champagne das Licht der Welt erblickt hatte und 1838 in Berlin starb.

Hugenottensiedlungen gab es ebenfalls in der Schweiz, in Süddeutschland, in der Pfalz, in Hessen-Darmstadt, Magdeburg, Frankfurt am Main, in den Niederlanden, in Dresden, Straßburg, Wesel, Emden, Kleve, Bockenheim, Bremen, Heidelberg und Nürnberg. In Brandenburg-Preußen wirkte der Übergang von der lutherischen zur calvinistischen Wirtschaftslandschaft liberalisierend.

Zwanzigtausend Hugenotten und achtzehntausend Waldenser hatten sich in Brandenburg niedergelassen.

Dem sind nur noch die Wanderungen in der Folge des Dreißigjährigen Krieges zu vergleichen. Der Sog der deutschen Wüsteneien lockte fremde Siedler herbei. So ließen sich etwa in Sontheim neunundzwanzig Personen aus der Schweiz nieder, und der Abt von Salem siedelte in seinen Öddörfern Leute aus der Schweiz, aus Tirol und aus Oberitalien an. Heiraten Süddeutscher mit Schaffhauser, Zürcher, Berner Töchtern waren an der Tagesordnung. Weber, Schindeldecker, Zimmerleute, Schmiede, Schuhmacher, Pfeiffer aus der Schweiz wurden zu schwäbischen Hintersässen. Unter ihnen waren Bickel, Bossert, Brandenberger, Frey, Glarner, Gsell, Gubler, Hueber, Hux, Keller, Knöpfli, König, Kunz, Mayer, Müller, Nüssli, Ochsner, Quattländer, Rinderknecht, Ritzi, Schlatter, Schwarz, Stocker, Wegerlin, Widmann, Wipf, Wolfensberger und andere noch.

So haben denn zwei Mächte die Stände und Völker vermischt: der Aufbruch der ebenbürtigen Abgeschlossenheit der Stände und die Völkerzüge der Not. Jener führte den versippten Adel Europas in die bürgerlichen Ahnentafeln über und diese verschwägerten fremde Völker. Europa ist eine unvergleichliche Ahnen- und Notgemeinschaft. Dies schon deshalb, weil Karl der Große in der dreizehnten Generation seiner Nachkommen 736 sichere und 208 wahrscheinliche Blutserben besitzt und das Abendland um die Mitte des 8. Jahrhunderts nur vierzig oder fünfzig Millionen Einwohner besaß. Heute aber müßte Karl der Große für mehr als eine Milliarde verschiedene Nachkommen zeugen, so daß wir wohl alle seine fernsten Enkel sind.

Carl J. Burckhardt (1891–1974), der große Historiker, Novellist, Gesandte und Hochkommissar des Völkerbundes in Danzig, schrieb am 17. April 1958 an Otto Heuschele (geboren 1900): »Früher wurde die Vertikale der Nationalismen durch horizontal gelagerte gesellschaftliche Gruppen geschnitten – Gruppen, die innerhalb derselben Lebensgewohnheiten und Formen über alle Landesgrenzen hinweg untereinander in Kontakt standen. Sie sind heute verschwunden.«

Das Ravensburger Handelsnetz

Im Jahre 1909 fand der Leiter des badischen Generallandesarchivs, Geheimrat Karl Obser, unter der Aufschrift »Unnützliche Handelssachen« in der ehemaligen Reichsabtei Salem ein Bündel von Akten, das, wie sich herausstellte, alle wesentlichen Dokumente der längst vergessenen Großen Ravensburger Handelsgesellschaft enthielt und deren Tätigkeit während der knapp hundertfünfzig Jahre zwischen 1380 und 1527 belegte. Ein Enkel des letzten »Regierers« der Kompanie hatte die Faszikel geerbt und sie, als er der Welt entsagte, mitsamt seinem übrigen Besitz treulich im Kloster verwahrt.

Prinz Max von Baden (1867–1929) verfügte dann, daß das Konvolut nach Karlsruhe verbracht wurde, so daß im Sommer 1910 der Historiker Aloys Schulte damit beginnen konnte, die Akten zu sichten und zu erläutern. Schulte hatte sich in der Erforschung des deutschen Hochadels einen Namen gemacht, um die Jahrhundertwende eine Geschichte des Handels und Verkehrs zwischen Westdeutschland und Italien geschrieben und 1904 zweibändig »Die Fugger in Rom« dargestellt. Seine Ravensburger Arbeit wurde durch ein Freiburger Rektoratsjahr, die Kriegsnöte und die andauernden widrigen Zeitläufte unterbrochen, bis ihre Ergebnisse 1923 schließlich in drei Bänden vorlagen: als eines der bedeutendsten Quellenwerke spätmittelalterlicher Wirtschaftsgeschichte, das von Oberschwaben aus das ganze europäische Handelsnetz erhellt. Wiewohl es sich um die Zeugnisse der größten deutschen Handelsgesellschaft vor dem Zeitalter der Fugger handelte, mußte die Drucklegung wegen mangelnder Mittel mehrmals unterbrochen werden.

Oberschwaben breitete sich auf dem Boden eines vorzeitlichen Eissees, den der Rheintal-Gletscher zwischen den Moränenzügen des Voralpengebietes mitsamt der windungsreichen Schussen-Senke hinterlassen hatte, als die eine Hälfte des durch die schwäbische Alb getrennten Reichsgutes gegen Niederschwaben hin aus. Sein Reichslandvogt verwaltete die Gebiete zwischen Bodensee, Alb und Iller, nahm die Reichsrechte wahr und trieb die Reichssteuern ein; er ernannte in den Reichsstädten die Schultheißen und Ammänner, beschirmte die Reichsklöster und stand dem Hochgericht vor. Der ganze Raum war aber schon unter den Welfen und den Staufern aus Reichsstädten, Reichsklosterbesitz und zahlreichen Gütern des reichsfreien Adels zusammengewürfelt. Pfandschaften und Verkäufe verwirrten die Rechte. Die Städte strebten die Freiheit an, die Klöster widersetzten sich der Vogtsgewalt, und die Hochgerichtsbarkeit wurde von den örtlichen Herren beansprucht.

Die Landvogtei, die durch kaiserliche Verfügung von den Truchsessen von Waldburg an das städtische Dienstmannengeschlecht der Humpis übergegangen war, suchte sich vor den oberschwäbischen Reichsstädten, aber auch vor den Reichsprälaten der Oberhoheit zu versichern, doch blieben die Städte auf lange Sicht erfolgreich. Zudem walteten Landgerichte – etwa jenes der »Freien auf Leutkircher Heide« – und nutzten die Reichsunmittelbarkeit ihrer Bauernschaften, die den freien Wegzug forderten und sich der Leibeigenschaft ledig fühlten. Dennoch wurden sie versetzt und verpfändet, so an die Grafen von Montfort, dann an die Waldburger Truchsessen, und letztlich gerieten viele unter österreichische Landesherrschaft. Dem gegenüber verstanden es die Städte, von Überlingen nach Pfullendorf, von Lindau bis Kempten, Leutkirch und Memmingen, sich gegenseitig zu unterstützen, indem sie sich zu Bünden zusammenschlossen wie etwa dem Schwäbischen Städtebund von 1376 unter der Leitung Ulms, dessen Mitgliederzahl bis 1385 auf vierzig anwuchs. Er galt als Abwehr der Ansprüche der Grafen von Württemberg, wurde jedoch 1388 von Eberhard dem Greiner (1315 [1344]–1392) in der Schlacht bei Döffingen geschlagen und zur Selbstauflösung gezwungen. 1389 verbot König Wenzel

(1361 [1378–1400]–1419) alle Städtebünde. Erst im 15. Jahrhundert bildete sich ein neuer Schwäbisch-Fränkischer Städtebund.

Ravensburg bildete innerhalb des Bundes der fünfundzwanzig Städte von 1349 und innerhalb des »Bundes der gemeinen Städte um den See« – Konstanz, St. Gallen, Überlingen, Lindau, Wangen und Buchhorn – eine gut erreichbare Mitte. Es war insofern führend, als es mit 600 Feuerstätten den je 400 von Isny und Lindau, den 300 von Leutkirch, den 220 von Dornbirn, den 200 von Wangen, den 160 von Meersburg voranging. Diese Stellung wurde sichtbar, als auf dem königlichen Städtetag zu Ulm 1385 der Ravensburger Hänggi (Johannes) Humpis dazu bestellt wurde, bei der Beschlagnahme jüdischen Gutes die Bezahlung der geschuldeten Gelder zu überwachen. Er tat es für den Bezirk »unter der Alb an den See und im Allgäu«, also in Oberschwaben ohne Ulm. So ermöglichte der Zusammenhalt der Reichsstädte neben Schutz und Hut eine gemeinsame Handelspolitik. Ravensburg vermied es, Bündnisse mit den Fürsten einzugehen, wie es untertänige Zuzüger ausschloß, Reichsstädter von Art und Herkunft aber auf seiner Herrenstube willkommen hieß.

Die Ravensburger waren kaisertreu, aber sie fühlten sich vielen Herren ebenbürtig. Das gab ihnen neben Rechten und Macht auch Stolz, und dieser Stolz stachelte sie zur seltenen Leistung an. Sie wußten sich von Überlingen, Pfullendorf, Isny, Leutkirch, Memmingen, Biberach, Lindau, Buchhorn, Wangen, Kempten, Kaufbeuren und Ulm bestärkt und wurden von den Städten Niederschwabens ermuntert. Es waren dies vorab die Reichsstädte Esslingen, Reutlingen, Rottweil, Heilbronn, Hall, Gmünd, Weil der Stadt und Weinsberg.

Die gemeinsame Wasserstraße von See und Rhein machte Oberschwaben zum Herzen Europas und verband es mit der Messe von Zurzach. So waren die Rheinlande erreichbar; die Bündner-Pässe waren längst begangen, das Rhone-Tal über das schweizerische Mittelland erschlossen, die Burgundische Pforte stand offen, und die Lombardei war durch rege Beziehungen Konstanzer Hinterland. Im oberschwäbischen Raum verknoteten sich die abendländischen Wege.

Ravensburg, keineswegs eine bedeutende Stadt und scheinbar ausschließlich zum Leinenhandel fähig, lag im Kern der fruchtbaren Gebiete Schwabens. Es wurde jedoch von Konstanz um Kultur und Würde einer alten Bischofsstadt überragt, die zudem die Brücke zwischen vielbefahrenen Gewässern bildete. Ravensburg, inmitten verstreuter Moränenanschüttungen zwischen Riedland und gefällearmen Bächen gelegen, besaß nur durch das Schussen-Tal seit Römerzeiten eine Straße nach Buchhorn hin. Buchhorn aber war nicht Konstanz, Überlingen oder Lindau, die einen halben Marschtag entfernt waren. So faßte man den kühnen Plan, die Schussen schiffbar zu machen. Wenzel gestand 1400 Ravensburg die gehörigen Privilegien zu. Um Fahrtiefe zu gewinnen, verengte man bei Baubeginn das Flußbett, was manche verärgerte, die am Bodensee Anlegeplätze hatten, und so verfügte 1415 ein königliches Schiedsgericht, daß der Bau einzustellen sei.

Ravensburg ist von Altdorf, dem Stammsitz der Welfen aus, die im Kloster Weingarten ihre Grablege hatten, als Versorgungssiedlung angelegt und unterhalten worden. Die Welfen, die aus dem Gebiet des Lech stammten und um 840 die Güter der mit ihnen verschwägerten Karolinger im südlichen Oberschwaben übernommen hatten, herrschten vom Königshof Altdorf aus über unabsehbare schwäbische und bayerische Besitzungen, die über den Brenner bis zur deutschen Sprachgrenze vorstießen. Spätestens von 1122 an nannten sie sich Herzöge von Ravensburg. Welf IV. (1030/40 bis 1101), seit 1070 Herzog von Bayern und im Investiturstreit heftigster Gegner des Saliers Heinrich IV., hatte 1080 die günstig gelegene Ravensburg erbaut, die 1088 erstmals urkundlich erwähnt wird. Handwerker und Kaufleute bevölkerten den Herrensitz, und die wachsende Stadt erhielt den Namen der Veste. Der Burgweg legte die Straßenzüge und die Mitte des Marktes fest.

Spätestens um 1152 besaß die Siedlung, die sich wohl schon unter dem welfenfreundlichen Kaiser Lothar von Sachsen (1075? [1125] bis 1137) ihrer Rechte zu versichern verstand, das Marktrecht, und wenn auch urkundenlos, so bestanden schon früh Marktgericht, Rat, Münze und Befestigungswerke. Welf VI. (geboren 1115/16) starb 1191 als Herzog von Spoleto und Pfalzgraf bei Rhein, und so fiel der Welfenbesitz an die Nachkommen der Welfin Judith (nach 1100–1130/31), der Mutter Barbarossas. Damit wurde der Ort staufisch. Friedrich II. und seine Söhne weilten des öfteren auf der Burg, und sein Onkel Philipp von Schwaben (vor 1178 [1198]–1208) versammelte hier einen Hoftag. Da Ravensburg für die Staufer aber eher am Rande lag, wurde die Stadt als Reichs- und Hausgutsverwaltung unter den aufsteigenden städtischen Behörden mit besonderem Stolz bürgerständisch. In solchen Zusammenhängen wurde es zum Amtssitz der oberschwäbischen Landvögte.

Rudolf von Habsburg erklärte die Stadt als staufisches Hausgut zur Reichsstadt. Damit wurden ihr königliche Vorrechte zugebilligt, die ihr eine besondere Stellung und Selbständigkeit verliehen. Sie wurde zum kleinen Territorialstaat. In ihm herrschten die Patrizier, die in der sässigen oder in der aus der Landschaft zugewanderten Ritterschaft wurzelten. So wurde das reichsbewußte Ravensburg zur Heimstätte jener Geschlechter, die mit ihrem Besitz die erfolgreiche Kaufmannschaft begründeten. Die Stadt wuchs. Um 1250 wurde die Stadtmauer im Norden und Süden und später auch im Westen zu eng, und so mußte man um 1350 die Neustadt in die Befestigung einbeziehen.

Kirchlich gehörte Ravensburg mit seiner Michaelskapelle der welfischen Geschichte gemäß zur Mutterpfarrei Altdorf. Die um 1250 entstandene Kirche Unserer Lieben Frau wurde 1299 von Altdorf abgezweigt. Damals trat der Ammann der drängenden innerstädtischen Aufgaben wegen immer mehr hinter den Bürgermeister zurück. Zwar erscheint schon um 1220 ein Rat in den Urkunden, doch ist die Bürgermeisterwahl erst für 1347 bezeugt. 1380 verdrängte der Bürgermeister den Ammann völlig aus seiner leitenden Stellung. Parallel dazu bildeten sich die Zünfte. Der Bürger wurde zunftpflichtig. Die acht Handwerkerzünfte entsandten ihren Zunftmeister in den Rat. Dennoch blieb die Gesellschaft der Geschlechter führend. Sie traf sich in der Trinkstube zum »Esel«, wie die Wangener im »Narren«.

Ravensburg erfuhr den stärksten Zuwachs zwischen 1347 und dem Jahrhundertende. Das sicherte die Zukunft der Stadt und verhieß ihr Wohlstand. Sie nützte die zugestandenen königlichen

Rechte, wie das Eichrecht für Textilien, dessen Amt der Bürgermeister ausübte. Die Stadt gewann 1370 die Zollgewalt, 1400 die Münz- und Waagerechte und erweiterte den Jahrmarkt auf vierzehn Tage. Es gelang ihr aber nicht, Zollbefreiungen zu erlangen. Dessen unbeschadet entwickelten sich Leinen-, Hanf- und Barchentweberei überaus günstig und regten den Fernhandel an. Auch eine Papierhütte, deren Wasserzeichen ein augenloser Ochsenkopf war, exportierte ihre Erzeugnisse in viele Städte, so daß ihr Herkunfts- als Gütesiegel andernorts geschäftstüchtig übernommen wurde. Fritz und Hans Holbein, aus deren Geschlecht die Augsburger Maler stammen dürften, schöpften die ersten Büttenpapiere.

Einer der städtischen Baukomplexe war von besonderer Art: Kirche und Kloster der Karmeliter, die sich um 1349 in der Stadt niedergelassen hatten. Es blieb dies ihre einzige Gründung im Bodensee-Raum. Um 1392 wurden beide auf Grund einer Stiftung der Truchsessen von Waldburg erneuert und vergrößert. Zudem erwarben die Patrizier den Karmelitern vor den Toren der Stadt Grundbesitz. Im 15. und frühen 16. Jahrhundert weihten die Karmeliter fünf neue Kapellen: 1404 die Faber-, 1448 die Möttelin-, 1452 die Allerheiligenkapelle, die 1461 zur Kapelle der Großen Ravensburger Handelsgesellschaft umgebaut werden sollte, 1483 die Humpis- und wohl 1508 die St.-Anna-Kapelle.

In der Gesellschaftskapelle findet sich als älteste Grabplatte jene von Hänggi Humpis aus dem Jahre 1429. Er wurde als Mitbegründer der ansässigen Handelsgesellschaft in Lebensgröße als reisender Kaufmann mit Mantel, Pelzmütze, Geldbeutel und Dolch über seinem Wappen mit den drei Windhunden betend dargestellt. Mit diesem Epitaph für einen Ministerialen und der Tatsache, daß die Kawertzen das kirchliche Zinsverbot bei Leihgeldern mißachteten, hatte das »kapitalistische Zeitalter« begonnen.

Drei Familien haben die Große Ravensburger Handelsgesellschaft gegründet: die Ravensburger Humpis, die Konstanzer Muntprat und die aus dem kleinen Reichsstädtchen Buchhorn, Friedrichshafen, stammenden Möttelin. Während einer Krise der Gesellschaft um 1477 sprach einer ihrer Leiter seinen Gesellen Mut zu, indem er daran erinnerte, daß ihre Gemeinschaft »schier bei hundert Jahren« so erfolgreich bestanden habe, daß »das große Gut von Reichtum … in unsere Lande gekommen« sei. Demnach hätte man den Anfang des Unternehmens wohl auf die Jahre um 1380 anzusetzen, und da es seinen Stammsitz immer in Ravensburg hatte, dort nach Konstanzer Vorbildern also auch gegründet worden sein dürfte, hieß es zu Recht »Große Ravensburger Handelsgesellschaft«. Sie wurde in ihrer Frühzeit durch Hänggi Humpis vertreten.

Man setzt als Stammvater der Humpis einen Konrad an, der von welfischen Dienstmannen herstammte, die seit 1252 in Ravensburg ansässig waren. Er ist von 1303 bis 1327 als Amman bezeugt. Als solcher stand er Verwaltung und Gericht stadtherrlich vor. Von ihm sind drei Söhne urkundlich gesichert, neben einem Ammann Wilhelm und einem Ital »An der Brücke« Frick I., der von 1335 bis 1342 während der drei Jahre vor seinem Tod 1346 Landvogt Oberschwabens war, was den Minoriten und Chronisten Johannes von Winterthur (um 1300–1350) verärgerte, weil dieses Amt traditionell dem Hochadel zustand. Laut einer Urkunde des Jahres 1346 hatte sich Frick I. in erster Ehe mit der landadeligen Klara von Engertwiler verheiratet, deren Kinder beim Tode des Vaters noch unmündig waren. Unter ihnen sind nach dem Bürgerbuch von 1374 Ital I. und Johannes I., also Hänggi, der erstmals 1376 genannt wird, urkundlich gesichert. Hänggi fungierte 1385, 1392, 1403, 1406, 1407 und 1417 als Bürgermeister und von 1388 an als Stadtammann. Er war 1387 Bote des Städtebundes vor dem Bischof von Konstanz und verstand es, die Interessen der Bürger gegen diesen zu sichern. Auch bei den Streitigkeiten zwischen dem Abt und der Reichsstadt Kempten war er Obmann der Verständigung. Und er war es, der den stürmischen Aufschwung der von ihm mitgegründeten Großen Handelsgesellschaft anführte. Wie sein Epitaph festhält, starb er am 25. September 1429.

Hänggi Humpis besaß zwei Söhne: Frick II. und Jos I. Jener führte im Wappen die drei Windhunde schwarz in silbernem Feld – er ist der Stammvater der späteren Linie von Waltrams –, dieser trug seinen Schild mit ausgewechselten Farben. Von ihm ging die spätere Linie von Ratzenried aus. Frick hatte eine Margareta Sälzlin zur Ehefrau, Jos eine Elisabeth Rätzin aus Memminger Geschlecht. Jos II. stand in der Nachfolge seines Vaters an der Spitze der Gesellschaft. Er war mit einer Anna Muntprat verheiratet und verband sich nach deren Tod mit Walpurg Besserer von Nydeck, deren Mutter eine Mötteli war. Ein Friedrich, der eine Elsbeth Zürcherin aus einem Ravensburger Geschlecht geehelicht hatte, weilte 1433 und 1453 in Barcelona, während ein Ital, der sich allerdings von der Gesellschaft trennte, um eine eigene zu gründen, zuzeiten als Regierer fungierte. Die Kinder Jos' II. zahlten am Ende des 15. Jahrhunderts der Stadt für das gewaltige Vermögen von 131.000 Gulden Steuern.

Jos II. war 1442 Bürgermeister; auch Jos III. war es 1447, 1452 und 1461. Er erwarb gemeinsam mit seinem Vetter Ital Humpis dem Älteren im März 1448 das Haus zu Sammelshofen mit Wassergraben, Weiher und anderem Zubehör. Er war damit Lehensmann des Bischofs von Konstanz und der Grafen von Werdenberg-Heiligenberg. Nach dem Kauf von Schloß und Herrschaft Ratzenried übernahm er ein Jahr später den Ort Brochenzell, und ebenfalls 1454 empfing er von Kaiser Friedrich ein Gericht mit Zwing und Bann, das zum Schlosse Ratzenried gehörte.

In fünfter Generation war Jakob I. Begründer der Linie zu Siggen, Hans VI. der Linie von Pfaffenweiler, Frick IV. Stifter derer von Waltrams, Jos IV. Herr der Linie von Senftenau. Sie alle waren Söhne Itals II. und Enkel Fricks II. Neben ihnen war noch Hans VII., der Sohn Jos' III. Regierer der Gesellschaft, und in sechster Generation Konrad III. Doch zogen sich immer mehr Mitglieder der Familie auf ihre Landedelsitze zurück. Seit Hänggi und seinem Bruder Ital I. hatten aber fünf Generationen des Geschlechts die Hausgeschäfte als Regierer begleitet. Die Humpis waren von der Gründung des Handelshauses an bis zu seinem Ende führend.

Entscheidender Anreger zur Gründung der Ravensburger Kompanie dürfte Lütfried II. Muntprat »Im Weißen Pfau« gewesen sein. Obwohl er von mindestens 1416 bis 1447 dem Rat seiner Heimatstadt Konstanz als deren größter Steuerzahler treu blieb, war er schon 1411 Bürger zu Ravensburg geworden. Im Jahre 1418 amtierte er als nachgehender Bürgermeister und 1443 als Bürgermeister. Anschließend war er bis zu seinem Tod im Frühling 1447 Vogt. Er war überdies 1429 Bürger von Schaffhausen und 1432 für fünf Jahre Bürger in Überlingen. Zwei seiner Söhne ehelichten Humpis-Töchter, und sein Bruder Hans II. war mit der Tochter Fricks II. Humpis, Agatha, verheiratet. Lütfried war unter der Bürgschaft von Jos II. Humpis, dem Stifter des weißen Stammes, und Rudolf Möttelin, der mit einer seiner Nichten, Walpurg Muntprat, verheiratet war, Ravensburger geworden.

Die Muntprats werden erstmals 1354 mit Heinrich dem Kawerzen genannt. Das erstarkende Geschlecht hat später versucht, das Wort »Kawertz« aus der Urkunde zu tilgen. Der Enkel Lütfried II. ist der bedeutendste Kopf des Geschlechts. Sein Vermögen wuchs, wie die Steuerbücher berichten, in wenigen Jahren gewaltig an; so versteuerte er zusammen mit seinem Bruder 1418, den Geschäftsbesitz – 37.000 Pfund Heller – eingeschlossen, 45.000 Pfund Vermögen. Fünfzehn Jahre später war das Vermögen mehr als verdoppelt, wenige Jahre darauf betrug es 132.000 Pfund. Er war also schon vor seinem Eintritt in die Ravensburger Gesellschaft einer der führenden Handelsleute zwischen Oberschwaben, dem Bodensee und den Mittelmeerländern. Er unterhielt seit 1404 in Venedig und danach auch in Avignon und Brügge einen eigenen Faktor. Vor allem aber lieferte er Bodensee-Leinwand und Barchent nach Spanien.

Als Lütfried II. und sein Bruder Hans 1418 einen Warentransport nach Barcelona begleiteten, wurden sie von korsischen Seeräubern überfallen, ausgeplündert und erst nach längerer Gefangenschaft wieder freigelassen. König Sigismund (1368 [1410]–1437) gestattete den Geschädigten zum Ersatz ihrer Verluste innerhalb des Reiches Genuesengüter zu beschlagnahmen. Das belegt, wie bedeutend Lütfrieds Stellung war. Er war Vetter des Bischofs Albrecht Blarer, wurde von König Ruprecht von der Pfalz (1352–1410), der nach der Absetzung Wenzels im Jahre 1400 den Thron bestiegen hatte, zum Familiaren gemacht und erhielt von König Sigismund mitsamt seinem Bruder einen Geleitsbrief. Seine Frau, Brida von Rosenberg, gehörte einer altadeligen Familie an, und so gaben Rosenberg und Zuckenriet den Linien seiner Stiftung den Namen. Die Muntprats saßen überdies auf den Herrschaften Spiegelberg, Lommis und Weinfelden. Es kennzeichnet das hohe Ansehen Lütfrieds innerhalb der Ravensburger Gesellschaft, daß sie das Warenzeichen des »Lütfried Muntprat und seiner Gesellschaft« übernahm. Der Zusammenschluß beider Unternehmen dürfte um das Jahr 1408 erfolgt sein.

Im Jahre 1425 verboten die Konstanzer Zünfte alle Handelsgesellschaften ihrer Bürger, und so gab denn Lütfried sein Bürgerrecht auf. Doch 1429, als er mit anderen Stubengenossen Bürger von Schaffhausen geworden war, nahm der Rat in der Vorahnung kommender Unruhen sein Verbot zurück. Während der großen Zunftunruhen war Lütfried als Obmann Wortführer der Herrenstube; seine Gesellen hatten ihm in der »Katz« geschworen, nur auf gemeinsamen Beschluß mit der Bürgerschaft Frieden zu schließen. Nach seiner Rückkehr aus Schaffhausen saß er abermals im Konstanzer Rat. Er wurde nach seinem Tod wohl in der Paulskirche beigesetzt.

Eine Reihe von Nachkommen Lütfrieds II. waren Gesellen der Gesellschaft. So etwa Ludwig III. »Zum Leithund« 1464, Lütfried III., der vor 1473 in Barcelona arbeitete, und Rudolf I., der Gatte der Elisabeth Möttelin, der im Jahre 1451 von Hans von Rechberg, der dem Ravensburger Handel schon 1443 auf dem Rhein Safran und Korallen geraubt hatte und der Kompanie bitterfeind war, gefangen gesetzt und auf die Schwarzwälder Burg Ramstein verschleppt wurde, so daß eine harte Fehde unausweichlich blieb und erst hohe Lösegelder ihn und Jörg Ehinger von Ulm aus »schwärer gefangknüsse« befreien konnten. Ihr Bruder Hans III., wie Ludwig III. mit einer Humpis verheiratet, war 1444 Bürger von Ravensburg geworden, gab aber seine Rechte 1449 wieder auf, wurde in Konstanz Rat und 1459 in Lommis begraben.

Ulrich I., der Sohn Lütfrieds II., dessen Frau aus dem Markdorfer Geschlecht der von Peyern stammte und der das väterliche Haus »Zum Weißen Pfau« geerbt hatte, saß von 1461 bis zu seinem Tod 1494 im Rat und machte bedeutende Ankäufe für die Gesellschaft. Noch sein Vetter Ludwig IV., der ebenfalls als Rat starb, dürfte in Spanien gewesen sein. Sicher ist, daß dessen Bruder Konrad III. »Zum Steinbock« vor 1453 in Barcelona für die Gesellschaft tätig war. Einkäufe für ihn erfolgten noch in seinem Todesjahr 1478.

In der nächsten Generation arbeitete noch Gallus Muntprat »Im Grünenberg« bei dem angestammten Unternehmen. Er erhielt 1497 bei der Gesellschaft Gewinne ausbezahlt. Auch Ruland Muntprat zum Leithund war an der Gesellschaft beteiligt. Er erscheint zusammen mit seinem Bruder Jos in den Gesellschaftsrodeln. Ritter Ulrich II., ein Enkel Lütfrieds II., der aus der »Houen« stammte, aber Zuckenried-Weinfelden besaß, trat 1497 noch als Mitglied der Gesellschaft für sie ein. Ein anderer Enkel des großen Lütfried, Lütfried IV., ist als Schiffsgenosse von Friedrich Grünenberg aus Konstanz um 1475 auf der Fahrt von Bouc nach Valencia zu treffen. 1478 ist er Rechnungsführer in Barcelona. Jakob »Zum Kemlin«, der 1494 der reichste Bürger war, als Reichsvogt und Bürgermeister auftrat, wurde 1497 zu den neun Männern der Gesellschaft gewählt, denen die Aufsicht oblag. Hans Konrad »Zer Sonnen« führte 1477 in Valencia die Rechnung. So gehörten denn von Lütfried II. an bis zu ihm hin drei Generationen der Ravensburger Kompanie an.

Die Möttelis waren aus Buchhorn zugezogen. Ein Ulrich Mötteli wurde unter der Bürgschaft des Stadtammanns von Buchhorn 1337 Bürger von Ravensburg, und um 1397 saß ein Frick Mötteli als einziger Namensträger im »Esel« der Geschlechter. War das Geschlecht der Mötteli von Anfang an Teilhaber der Ravensburger Gesellschaft, so war es doch zu ruhelos, um die kaufmännische Solidität der Partner lange zu begleiten. Schon daß die Möttelis in der Urkunde von 1461 als letzte angeführt sind, verwehrt, der Meinung des um 1445 in Ravensburg geborenen Ladislaus Suntheim Glauben zu schenken, wenn er die Vorläuferin der Fugger und Welser als durch die Möttelis »erfunden und gemacht« erklärt und die Humpis und Muntprats »nachmalen« hinzugestoßen wähnt. Warum Aloys Schulte, der überaus gewissenhafte Historiker, meint, die Gesellschaft habe »zunächst unter Leitung eines Mötteli« gestanden, sei dann aber von den Humpis geführt worden, ist nicht auszumachen. Allerdings war Rudolf I. Mötteli als Bürger von Ravensburg 1410 neben Hänggi Humpis Leiter der Kompanie. Er hat sein sehr großes Vermögen und seine ersten Lehen zwischen 1406 und 1419 stets gemeinsam mit Hänggi Humpis erworben; nur einmal stand Frick II. als Bürge gut. Da er mit einer Schwester Hänggis verheiratet war, könnten die kanonischen Eheregelungen der Grund gewesen sein, warum niemals ein Nachkomme Hänggis eine Mötteli und niemals ein Nachkomme Rudolfs I. eine Humpis heiratete.

Rudolf besaß ein bedeutendes Vermögen. Er hatte 1422 von Bischof Otto von Hachberg die Stadt und Herrschaft Arbon als Pfand erworben und seinen hochadeligen Schwiegersohn, den Aloys Schulte allerdings entgegen dem Konstanzer Stadtarchivar Otto Feger erst Rudolf II. zuordnet, mit einer ungewöhnlich hohen Aussteuer beglückt. Rudolf I. starb kurz nach 1426. Drei eheliche und ein unehelicher Sohn übernahmen sein Erbe. Hans I. lebte zu Roggwil und trat 1425 als Bürger von St. Gallen auf. Er war Pfandinhaber von Arbon und Gatte einer Truchseß von Diessenhofen. Er starb in jenem Jahr 1453, in dem sich eine Mötteli-Gesellschaft von den Ravensburgern abspaltete. Sein Bruder Klaus dagegen, der noch 1444 verbürgt ist, war wohl der Ravensburger Gründung treu geblieben, denn sein Sohn Walther, der vor 1473 starb, findet sich lebenlang in der oberschwäbischen Gesellschaft.

Hans I. gab sich vorab als adeliger Herr. Wir wissen um keine Handelsgeschäfte, die er getätigt hätte. Sein Bruder Rudolf II. dagegen hatte seine Lehrzeit in Avignon verbracht und dann in den spanischen Ablegern der Ravensburger gedient. Er war wohl unstet, doch äußerst fähig. In den Jahren 1435 bis 1438 war er Bürger von Ravensburg, 1441 bis 1447 von Buchhorn, ehe er wieder nach Ravensburg zurückkehrte. Sein Anteil an der Gesellschaft soll zwischen 16.000 und 18.000 rheinische Gulden betragen haben. In der Folge wurde er 1458 Bürger von Zürich, wobei er auf der Burg Alt-Regensberg saß und die Gerichtsbarkeit der ehemaligen Freiherrn von Regensberg ausübte. Doch auch hier hielt es ihn nicht lange. Er wurde 1463 Bürger von Luzern und blieb es bis 1471; 1465 hatte er zudem die Landmannschaft der beiden Unterwalden inne. Um 1470 ließ er sich in Stein am Rhein nieder, bevor er 1475 nach Lindau übersiedelte. 1482 beschloß er seinen flackernden Lebensweg.

Sein unehelicher Bruder Lütfried Bregenzer wurde 1435 unter der Bürgschaft von Ital Humpis dem Ältern und seinem Bruder Rudolf

II. Mötteli Bürger von Ravensburg. Er hatte ebenfalls noch in Barcelona geweilt, starb aber 1481 in St. Gallen, wo er von 1467 bis 1479 Ratsherr gewesen war.

Aus der nächsten Generation gehörten als Söhne Hans' I. vielleicht noch zwei Mitglieder des Geschlechtes den Ravensburgern an: Jörg, der 1483 starb, und Hans II., dessen Linie mit seiner Gattin Anna 1506 versiegte. Sie beide waren aber Kaufleute nur wider Willen. Der dritte Bruder, Rudolf, der eine Kunigunde von Thumb heimgeführt hatte, diente schon in der Mötteli-Gesellschaft, die mit Lütfried Bregenzers Tod einging.

Jakob, der Sohn Rudolfs II., der eine Breitenlandenbergerin geheiratet hatte, wechselte seinen Familiennamen und nannte sich nach dem Rabenwappen seines Geschlechtes »von Rappenstein«. Er scheint sein ererbtes Handelsunternehmen an die St. Galler Zollikofer verkauft zu haben, und so vergeudete denn der Enkel Rudolfs I. als Ritter den großen Besitz. Er starb 1521; sein Geschlecht erlosch nach 1622.

Der handelstüchtige Ausbau eines europäischen Verteilernetzes ist eine anspruchsvolle Aufgabe. Ein ebenso weitgespannter wie fließender Verkehr bedarf einer vielseitig verschränkten Organisation, die im Hauptsitz feinfühlig und hart zugleich verknotet sein muß. Die Außendienste haben dem Griff der Innendienste reibungslos zu gehorchen, und deshalb müssen die Innendienste so zügig arbeiten, daß ihre Befehle eindeutig sind. Wirrnisse dort oder hier verursachen Kosten; sie gefährden den Ruf des Unternehmens und verheddern sich in Umtrieben. Unter solchen Gesichtspunkten sind die Leistungen der Großen Ravensburger Handelsgesellschaft bewunderungswürdig.

Das größte wirtschaftliche Unterfangen Oberdeutschlands im Spätmittelalter war ein stolzer Bau. Seine Handelstechnik gab allen wichtigen Umschlagplätzen des Festlandmarktes mit geschulten Leuten eine wache und ständige Gegenwart, so daß das Agenturnetz die Kosten, die ein einzelner Handelsmann nicht zu decken vermocht hätte, verteilt minderte und so selbst Verluste tragbar machte.

Ein solch ausgreifendes Gewebe war vorab nachrichtenbedürftig. Die Verhältnisse auf den verschiedenen Märkten mußten nicht nur überblickbar, sie mußten vor allem vergleichbar sein. So nur konnten die Preisentwicklungen und die schwankenden Ernteausfälle vorausgesehen und beherrscht werden. Daher hatten die Agenturen nicht nur zu handeln; sie hatten vielmehr auch zu informieren. Auf diese Weise spiegelte die förderliche Verfügung der Zentrale die aufmerksame Außenstelle wider.

Zentrale der Gesellschaft war immer Ravensburg. Sie hatte ihren Sitz 1446 in der oberen Stadt zur Marktstraße hin erbauen lassen. Hier arbeiteten die Schreiber und die drei Regierer der Gesellschaft, von denen zumindest einer im Hause wohnen mußte. Zumeist war ein Humpis erster Regierer. Er vertrat das Ansehen des Unternehmens und entschied in strittigen Fällen. Der zweite Regierer leistete die Handgriffe und wickelte die Geschäfte ab, während der dritte die Hauptrechnung führte und mit seinem Überblick die Entscheidungen förderte oder berichtigte. Neben den drei Handelnden gab es aber noch »neun Mannen, so der Gesellschaft Sachen befohlen sind«. Sie bewahrten den kühlen Kopf, wenn der Eifer allzusehr vorandrängte.

Eine allgemeine Rechnungslegung, die ungefähr alle drei Jahre angesetzt wurde, führte die Teilhaber der Gesellschaft zu großen Treffen zusammen, die Wochen dauerten und bei denen Bücher geprüft, die Gewinne verteilt und die »Ehrungen« ausgeschüttet wurden. Es waren jeweils sechzig bis siebzig Männer zugegen, und da sie in Gemeinschaft aßen, wurden viele Fragen erörtert, die der Aufmerksamkeit einzelner entgangen wären. Damit wurden auch beschwerliche Schreibereien vermieden. Da viele der Gesellschafter auch mittätig waren, mußte der Ertrag der Gespräche besonders ergiebig sein. Manche leiteten ausländische Ableger, andere begleiteten Warentransporte. Im Jahre 1497 waren bei der Rechnungsabnahme zwölf Gesellen von Ravensburg anwesend, siebzehn vertraten ihre Außenstellen und sechs betreuten Fernfahrten. Wer sich in der Gesellschaft nützlich machen wollte, hatte seine Lehrzeit zum großen Teil im Ausland zu verbringen.

Die Gesellschaft unterhielt in Genua, Mailand, Venedig, aber auch in Gent und Lyon, in Barcelona, Valencia, Saragossa, in Antwerpen und Brügge, in Köln, Frankfurt, Nürnberg, selbst in Wien und Budapest ständige »Gelieger«. Kundige Gesellen verwalteten dort die Lager, brachten die Waren auf den Weg, tätigten Käufe und Verkäufe nach eigenem Entscheid oder auf Weisung der Obern, die auf Grund aller Berichte einen einzigartigen Überblick besaßen. Man handelte aus erster Hand, wachte über Maße, Preise, Qualitäten, zeichnete die Ware, sortierte sie und hielt darauf, daß die Abläufe bar beglichen wurden.

Im Hauptsitz wurden die Privatvermögen von dem Gesellschaftsbesitz getrennt und die Einlagen verwaltet, Gesellenwohnungen zugewiesen, der Ersatz für Verpflegung, Kleidung und Pferde geregelt. Diese umsichtige Sorge bedurfte des Großhandels; der Kleinhandel wurde als umtriebsträchtig eingeschränkt. Überall standen die Gredhäuser und die Kaufhäuser für Dienste offen. Sie waren in erster Linie dem ansässigen Gewerbe verfügbar, boten aber auch dem Fernhandel gesicherte Möglichkeiten. In ihnen wurden die Zölle erhoben. Die Knechte waren vereidigt. Hausherren waren dabei die Städte.

Unter solchen Voraussetzungen ließ sich der europäische Handel flüssig abwickeln. Aber er griff auch weiter aus und lieferte die Erzeugnisse des Orients und des Südens in den hohen Norden; flandrische Tuche kreuzten unterwegs die Pelzwaren des Ostens. Die Flüsse wurden genutzt; die Seeschiffahrt erschloß das Mittelmeer und die Westküste des Kontinents.

Die Ravensburger Zentrale besaß kaum Lagerräume; die Handelsabläufe wurden vielmehr zwischen den Handelspartnern direkt abgewickelt, über Land oder mittels gecharterter Schiffe. So wurde etwa spanische Wolle ohne Umweg nach Ragusa und Parenzo an die Adria gebracht. Für die Bedürfnisse dieses Handels waren die »Rekordanzen« aus aller Welt gedacht. So umfaßte beispielsweise eine Rekordanz über die spanischen Verhältnisse des Jahres 1479 über dreißig Druckseiten. Alle Rechnungen über gekaufte und verkaufte Waren, über Reisekosten und Zölle wurden in Ravensburg verbucht. Der Markt wurde aufmerksam überwacht.

Unter dem guten Geist der Gesellschaft wuchs der Wohlstand in

Oberschwaben zusehends, und die tägliche Messe in der eigenen Kapelle der Karmeliterkirche gab dem Geschäft besinnliche Würde.

Den Gesellen der Gesellschaft – es geht um mindestens hundertzwanzig verschiedene Familien, die diese stellten – besaßen mit ihrer Einlage auch anteilige Verantwortung. Viele von ihnen stammten aus Ravensburg, Konstanz, Lindau, Buchhorn, Buchau, Kempten, Biberach, Schwäbisch Gmünd, Nürnberg, aber auch aus Zürich, Luzern, St. Gallen, Stein am Rhein, Markdorf, Freiburg und selbst Köln, so solche der Familien Albrecht aus Nürnberg, der Besserer aus Ulm, der Blarer von Konstanz, der Brandenburg aus Biberach, der Bürgi aus Lindau, der Frauenfelder aus Zürich, der Geßler aus Memmingen, der Hertenstein aus Luzern und der Hinderhofen von Wangen. Gesellen waren die Einleger des Unternehmens, die Reichsstädter sein mußten und zumeist auch als Mitarbeiter auftraten. Ein Vertreter der Gesellschaft in Saragossa, Wilhelm Sevill, war Spanier und daher wohl nur Kommissionär. Über die Aufnahme der Bewerber dürften die neun Herren entschieden haben.

Lehrlinge verpflichteten sich für zehn Jahre urkundlich. Während der Lehrzeit durften sie, waren sie auswärts, nur mit der Billigung Ravensburgs heiraten. Jeder von ihnen hatte an Eidesstatt redliche und treue Dienste zu versprechen. Fleiß und Gehorsam waren vorausgesetzt. Keiner durfte seinen Auftrag verlassen, und wer nachlässig war, haftete für den Schaden, den er anrichtete.

Die Mannschaft einer Filiale unterstand einem Obmann. Dieser besaß zusammen mit seinem Stellvertreter die Prokura. Er maß seinen Leuten den Ersatz für ihre Bedürfnisse zu: Wein- und Biergeld, Heizung, Badergeld, Kleidung, Schuhe und Kappen, selbst Leibröcke mit Pelzfutter und Reitmäntel. Auch für das Pferdegezäum kam die Gesellschaft auf. Damit alles gerecht geschah, bedurfte der Verantwortliche der Menschenkenntnis und des Überblicks. Große Zehrungen wurden zurückgewiesen; der Geldhandel war verboten. Dagegen erhielten verdiente Gesellen »Ehrungen« zwischen zehn und vierhundertfünfzig Gulden.

Mit solchen Regeln wurde das Netz des europäischen Handels

verläßlich betreut. Maurische Arbeiter in einer gesellschaftseigenen Zuckerfabrik, die in Spanien bis 1477 durchgehalten erscheint, wurden mit Zugeständnissen eingesetzt. Dagegen bevorzugte man in Mailand als Vertreter der Gesellschaft zumeist Konstanzer. Seit etwa 1500 unterhielt man sogar eigene Postreiterlinien von Konstanz nach Mecheln (1506), von Mailand über Feldkirch und Lindau nach Worms (1497). In Mailand unterhielt die Kompanie ein eigenes Hospiz.

Von den Alpenpässen wurde wie lange schon zuvor vorab der Septimer begangen; über den Splügen gelangten die Lasten durch die Via Mala nach Chiavenna und Como. Die Lukmanier-Route führte nach dem Wasserweg von Konstanz nach Rheineck über Vaduz; sie erreichte die Leventina unter der Kontrolle von elf Straßenzollstellen. Wählte man den Reiseweg über den Septimer nach Como, so benötigte man für den Übergang neun Tage. So wurden Venedig, Mailand, Como, Genua, aber auch Valencia, Alicante, Saragossa, Barcelona, Mallorca, Perpignan und Toulouse bedient. Die Häfen von Venedig, Villefranche, Bouc vor Marseille standen dem Ravensburger Handel so offen wie Antwerpen. Der alte Wasserweg der Rhone wurde wie zweitausend Jahre zuvor benutzt.

Die Handelsgesellschaft hatte ursprünglich damit begonnen, daß sie einheimisches Leinen und Barchent absetzte, vor allem nach Spanien im Tausch gegen Wolle, aber auch andere Güter wie Safran und Pfeffer. Der Leinenhandel erreichte mit Ausnahme Englands und der nordischen Länder das ganze Abendland. Die Region am Bodensee war darin schon seit dem Beginn des 13. Jahrhunderts erfolgreich. So festigte sich das Gewerbe in Oberschwaben auf dem Lande. Während des 14. Jahrhunderts sorgten in allen größeren Städten die Weberzünfte für eine erträgliche Qualität der zuvor recht rohen Ware.

Die Weberei von Barchent war an die Städte gebunden, weil für den baumwollenen Schuß über leinener Kette die Rohstoffe eingeführt werden mußten. Dabei stand die Barchentfabrikation mit Piacenza und Mailand im Wettstreit. In Deutschland war die

Barchentweberei vor allem in Ulm, Memmingen, Biberach, Kaufbeuren, Ravensburg, Konstanz und Augsburg heimisch.

Später handelte die Gesellschaft auch mit Baumwollsamt, bei dem über der Kette von Leinen- oder Hanfgarn ein Schuß von Wolle verarbeitet wurde. Führend und vorbildlich waren die Gewebe von Mailand. Der Ravensburger Handel übernahm aber auch Tuche anderer Art und anderer Herkunft, solche aus England und Arras, gebleichte und gemalte. Er vermittelte Tapisserie und verfertigte Mützen. Spanische Wolle war wie englische willkommen. Es wurden aber auch Seidengewänder und Goldborten, ja selbst Kamelhaargewebe, also Schamlot angeboten.

Auf diese Weise nutzte die Gesellschaft ihren Vertrieb von Heimwaren für die Geschäfte mit Vermittlungsgütern aus. Sie verkaufte Wildfelle wie Marder-, Fuchs-, Wolfspelze, aber auch Veh, also die Winterfelle russischer und sibirischer Eichhörnchen. Sie vertrieb Leder, Farbwaren, Lacke, Indigo, Alaun, Brasilholz, Grana, Zucker, Reis, Datteln, Mandeln, Anis, Kümmel, Rosinen, Kapern, Pflaumen, Muskatnuß, Galläpfel neben Wein, aber auch Gold, Golddraht, Silber, Kupfer, Zinn, Eisen, Stahl, Messing, Schwefel, Waffen, Korallen, Perlen, Edelsteine, Federn, Wachs, selbst Bürsten und vieles noch. Diese Warenfülle zu bewältigen, bedurfte man der Kenner, der erfahrenen Fachleute, der geschickten Packer und immer der kundigen und leistungsfähigen Zentralorganisation.

Doch solch hohen Anforderungen war man nach Generationen nicht mehr gewachsen. Die Kaufmannsfamilien gingen zum grundbesitzenden Landadel über. Zuweilen fehlten überragende Köpfe, wie es ein Hänggi Humpis gewesen war; der Nachwuchs wurde verwöhnt und matter. Bereits 1473 hatten die Humpis einen großen Teil ihres Vermögens in der Gesellschaft verloren; die Möttelis waren ausgetreten. Das Selbstgefühl der Handelsstädte schwand, und im Jahr 1506 mußte der Rat von Ravensburg König Maximilian gegenüber zugestehen: »Wir sind eine arme Stadt ohne große Gewerbe, Zoll und Aufhebungen.«

Hinderlich waren überdies die immer engeren Wettbewerbsbeschränkungen, die Zunftnörgeleien. Arbeitsbedingungen, Mindestpreise und vieles mehr wurden vorgeschrieben, Ordnungen und

Verordnungen wucherten. Auch die Konstanzer Patrizier hatten sich 1495 einem harten kaiserlichen Handelsstatut zu fügen. Zudem wuchs die Zahl der Konkurrenten. Man schränkte besorgt die Filialen ein und erwog 1525, die Gesellschaft aufzulösen.

Als 1527 der letzte Regierer, Hans Hinderhofen, starb, brach die Handelsgesellschaft zusammen. Sie hatte von 1380 an beinahe hundertfünfzig Jahre, von 1408 an gerechnet einhundertneunzehn Jahre bestanden. Hans Hinderhofen, der erste dieses Wangener Geschlechts, das 1442 vom König ein Wappen erhalten hatte und seither als adelig galt, hatte für die Gesellschaft 1476 in Flandern, 1477 in Lyon und in einzelnen Geschäften auch in Freiburg, Chambéry, Gent, Saragossa und schließlich Valencia gearbeitet, wo er auf zwei Jahre die Prokura innehatte. Er wohnte seit 1497 im Hause der Gesellschaft in Ravensburg, hatte zwei Jahre zuvor Rechte am Schwarzensee erworben, kaufte 1502 einen Hof zu Schwarzenberg. 1507 wurde das Burgsäß Muthen sein eigen, und ein Jahr später erreichte er, daß Kaiser Maximilian ihn damit belehnte. Im Jahre 1515 war er auch Pfleger der Stadtkirche von Wangen. Noch mit einundsiebzig Jahren übte er die Leitung der Geschäfte aus. Seine Söhne Onofrius und Polai waren Gesellen ohne Ehrung. Der Junker Hans Hinderhofen starb 1527. Sein Epitaph findet sich in der Gesellschaftskapelle.

Um 1550 war der Bodensee der Verlegung des europäischen Handels an die Westküste des Kontinents wegen nicht mehr Mitte des abendländischen Handels. Die Entdeckung Amerikas hatte die Gewichte verschoben. Die Hochseeschiffahrt hatte binnen weniger Jahrzehnte den Warenverkehr über die Häfen zwischen Nordsee und Atlantik umgeleitet, und als der Verkehr über den Nahen Osten einging, rissen die Städte des Mittelmeers den Binnenhandel mit. Venedig verlor seine eifrig gehüteten Monopole. Mailand und Genua verarmten, und die Alpenpässe, die schon nach den Burgunderkriegen von den Eidgenossen geschlossen worden waren, vereinsamten. Die Saumtierlasten waren zu teuer geworden, seit die Seeschiffahrt den Handelssog zu befriedigen vermochte.

Im Jahre 1516 schämte sich Jos V. Humpis, der Begründer der Ratzenrieder- oder oberen Schloßlinie des Geschlechts, seines alten

Namens. Er schrieb im Rechnungsbuch für die Kinder seines Bruders: »Er habe nunmehr ob dreißig Jahre dem Kaiser gedient, der ihn zum Vogte in Neuburg gemacht hatte, er sei den Ehren und Kriegen nachgezogen und darum habe er die Privilegien für die eigenen Gerichte gebeten. Etliche Humpis sitzen zu Ravensburg im bürgerlichen Wesen, die ich aus der Stadt nicht habe bringen können. Edel zu sein und in den Städten bürgerlich zu sitzen, ist in Schwaben unter dem Adel nicht Brauch. Deshalb habe ich erbeten und erhalten die Änderung der Wappen und Namen und auf die Neffen ausgedehnt.« So nannte sich denn Jos V. nun nach Ratzenried. Er führte die drei Windhunde seines Wappens weiter, wechselte aber die Farben und fügte in zwei Fällen dem quadrierten Wappen Rosen bei. Er war schon längst der Adelsvereinigung von Sant Jörgen Schild beigetreten und hat 1523 bei seinem Tod keine Einlage bei der Gesellschaft hinterlassen. Seine Erben genossen ihren Miniaturstaat und erinnerten sich kaum mehr ihres Urgroßvaters Hänggi, der noch immer stolz im Handelshabit auf seinem ehrwürdigen Welfenwappen stand.

Die Jakobsstraße

Der mittelalterliche Mensch fühlte sich nicht in einer wohnlichen Welt gesichert und geborgen; derb und hinfällig, war er im irdischen Jammertal voller Sehnsucht jenseitsfreudig. Er blickte in einen strahlenden Himmel. So war er gespalten, gierigen Leibs und unerfüllter Seele. Der glühende Glaube erlöste. Wer von anderem Bekenntnis oder gar Ketzer war, verfiel der Verdammnis, und diese war voller Schrecken. Die Sünde verstieß ihn in die Sühne finsterer Gründe.

Nur die tägliche Flucht konnte retten. Das wahre Dasein erwies sich als Gebet und Pilgerschaft, das Leben als Erdenwanderung. Der Aufbruch verhieß in trunkenem Abschied glückliche Gefilde. Himmlische oder inselferne. Der Weg hatte sein Ziel: den heiligen Ort. Er gewährte einen Ablaß, der nicht käuflich war. Der eifrige Pilger war dem Himmel näher. So ertrug er alle Gefahren, Anschläge und Todesbedrohnis.

Dem war bei sämtlichen Kulturreligionen so. Die Ägypter pilgerten nach dem Haupttempel Philai im Nil, den die Pharaonen um 370 v. Chr. als Herz des Isis-Kultes der »großen Gottesmutter« zu Ehren erbaut hatten. Die Griechen zogen zum Artemis-Heiligtum von Ephesos, die Juden zum Tempel in Jerusalem, die Mohammedaner nach Mekka. Die Christen vertrauten drei Pilgerwegen: dem herausfordernden zum Heiligen Grab, dem gebotenen zum Grabe Petri und dem tröstlichen nach Santiago di Compostela. Dante ließ in seiner »Vita Nuova« nur diesen gelten, und noch Sebald Ilsung nennt Compostela den Ort der Christen in Europa, zu dem die größte Zahl von Pilgern wallfahrtete.

Das spanische Galicien bot als »Jakobsland« besondere Gnadenhilfe. »Das Grab des Apostels Jakobus ist das glorreichste unter allen

Gräbern der Heiligen aller Nationen«, beteuert der heilige Bonaventura (1221?–1274), der eigens ein »Itinerarium mentis ad Deum« geschrieben hatte und schon dreizehn Jahre nach seinem Tod zum Kirchenlehrer erhoben wurde. Selbst vom koptischen Meer her und aus Nubien sollen sich Wallfahrer nach Spanien begeben haben. Auf deutschem Boden haben iroschottische Mönche die frühe Jakobsverehrung gefördert, als sie in zweiter Welle unter der Gorze-Trierer-Reform Bayern aufsuchten und sich vor dem Regensburger Westtor im 1090 gegründeten Jakobskloster niederließen. Sie dehnten das Begräbnisrecht der Schottenkirche auf alle Pilger aus, die bei St. Jakob weilten, und stifteten in Würzburg und Erfurt weitere Jakobsklöster. Ein Schottenkloster wurde als Jakobsstätte auch in Nürnberg nachgewiesen. Jakobspatrozinien des 11. Jahrhunderts gab es in Lüttich, Hörbering im Rottal, in Süllberg, Mainz, Bamberg, Pegau und um 1113 zu Wien. Koptische Klostergründungen, die dem vorangegangen waren, sind in Irland nachgewiesen. Ihre Sässen waren auf dem Seeweg an der Westküste Spaniens und Galiciens vorbeigekommen. Ira Flavia an der Ulla-Mündung war diesen Seefahrern bekannt.

Dies alles bezeugt für Compostela eine gewisse Rom-Ferne. So nannte sich denn auch Rudesindus 974 mit besonderem Gewicht »Bischof des Apostolischen Stuhles«, eine Bezeichnung, die nach ihm noch andere Bischöfe der Gedenkstätte führten. Daher ist es verständlich, daß Leo IX. (1002 [1049]–1054), der von Kaiser Heinrich III. (1017 [1039]–1056), dem Förderer der kluniazensischen Reformbewegung, zum Papst erhoben worden war, fünf Jahre vor seinem Tod auf der Synode von Reims den Bischof von Compostela der Führung des apostolischen Titels wegen exkommunizieren ließ. Doch beeindruckte dies die »Vorsteher des Erdkreises« in Galicien wenig. Dem ersten nach Spanien entsandten Kardinallegaten trat man ebenso selbstbewußt wie spöttisch entgegen. Noch um 1088 war jener von Rom verbotene Titel üblich, und auch der spätere Kaiser Alfons VII. (1105 [1126]–1157) aus der neuen burgundischen Dynastie, der schwer um sein Reich zu kämpfen hatte, erreichte es bei seinem Onkel Papst Calixtus II. ([1119]–1124), daß der Bischof von Compostela, Diego Gelmirez, zum Metropoliten der alten westgotischen Kirchenprovinz Mérida, der seinen Sitz in Compostela hatte, ernannt und Legat Roms über Braga und Mérida wurde. Als solcher war er der erste Erzbischof von Compostela.

Man besaß in Santiago auch einen eigenen Ritus, jenen der Toledaner, also den mozarabischen, der auf die Westgoten zurückgeht. Spät erst, um 1049, wurde der mozarabische Ritus dank der Mithilfe Kaiser Alfons' VI. (1040–1109), der von 1072 an regieren sollte und 1085 Toledo eroberte, aber ein Jahr später den Mauren bei Zalaca unterlag, als häretisch verdrängt und 1078 durch die römische Liturgie ersetzt. Doch kennen noch heute einzelne Pfarreien Galiciens das mozarabische Amt, das afrikanische und gallikanische Elemente zusammenschließt. Die Zugeständnisse an Rom ließen die eigene Art nicht erlahmen. Das hatte sich bereits erwiesen, als um 1073 die Vertreter der gotischen Ordnung mitsamt den Pyrenäenfürsten meuterten, weil der Papst einem Aufgebot französischer Ritter verbriefte, er gebe ihnen alles spanische Land zu Lehen, das sie den Ungläubigen abgewännen. Die »Ungläubigen« standen in vielem dienstbar unter dem Schutz der Einheimischen, und so scheiterte denn der erste Kreuzzug im Westen kläglich.

Die Pilgerschaft nach Compostela war für jene, denen das »Herz brannte«. Sie »gingen zum Hause des Herrn« und besaßen so ihre Davidsstadt. Ihr Schmerzensweg verhieß die innigste Vereinigung mit der Gnade. Auch ihnen war das Haus des Herrn »einzige Stadt«, die Stadt der lebenden und entschlafenen Gläubigen. Wir müssen nur »aufsteigen zum Herzen«, meinten sie. Solchen Geistes war der Camino. Das Ende der Pilgerwanderung vollzog sich im Geist. Das war der Sinn der apostolischen Sternstraße.

Noch im 7. und im 8. Jahrhundert hatte Spanien nichts von einer herausragenden Verehrung des Jakobus des Älteren gewußt, obwohl er der erste Märtyrer unter den Aposteln gewesen war und eine Legende der lateinischen Übersetzungen der erstmals im 6. Jahrhundert nachgewiesenen »Apostelverzeichnisse« entgegen den griechischen Originalen wahrhaben wollte, Jakobus hätte in Spanien gelehrt; in einer irrtümlich Isidoros von Sevilla zugeschriebenen Schrift wird sie dann als Tatsache vorgetragen. Eine Missionsreise des Apostels nach Westen ist aber bis zum 10. Jahrhundert in keiner Urkunde erwähnt. Der Deutung bedürftig bleibt jedoch, daß Aldhelm von Sherborne (um 640–709) ein Gedicht über einen Jakobus verfaßte, das diesen als »Primitus Hispanas Convertit dogmate gentes« anspricht. Bekannt ist, daß eine Marienkirche zu Mérida in der ersten Hälfte des 7. Jahrhunderts die Reliquien irgendeines Jakobus bewahrt hat. Doch wurde die Jakobus-Tradition Spaniens erst später durch Beatus von Liébana, der mit Alkuin im Briefwechsel stand, eingeleitet. So bleiben viele Geschehnisse fragwürdig verschleiert. Man habe aber, so wird berichtet, unter dem Wink eines vom Himmel fallenden Lichtzeichens, auf dem »Campus Stellae« also, eine zuvor unbekannte Grabstätte entdeckt, in der die Fürsten der weltlichen wie der kirchlichen Reiche nach wiederholter Prüfung die Gebeine des älteren Jakobus gefunden haben wollten. Vielleicht wurden diese sterblichen Überreste schon seit Jahrzehnten bei Ira Flavia verwahrt. Nun wurden sie als kostbarer Schatz erkannt.

Das Ereignis wurde der Zeit zur Antwort und als Wunder zum anvertrauten Hort. Man glaubte gern, daß wenige Getreue den geheiligten Sarg zu Schiff nach Spanien gebracht hätten, nachdem Jakobus auf Anweisung von Herodes Agrippa I. (10 v. Chr.–44) in Jerusalem enthauptet worden war. Auch das »Martyrium Romanum« weiß um die Überführung nach Spanien, wo noch heute bei Padrón in Galicien der Platz gezeigt wird, an dem das Schiff vor Anker gegangen sein soll. Die Jünger hätten dort den Leichnam des Heiligen auf einen Stein gelegt, den man später in das Wasser des Rio Ullas gesenkt habe, um dann eine kleine Kirche darüber zu erbauen. Von Padrón also ist der Jakobus-Kult Spaniens ausgegangen. Der Schrein aber sei auf einem Ochsenkarren ins Landesinnere gebracht worden. Die Entdeckung des Grabes wird zwischen 812 und 830 angesetzt. Die Echtheit der Reliquie wurde von Rom bestätigt.

Ist auch die Legende, der Heilige hätte die Iberische Halbinsel missioniert, wie sie noch bis ins 19. Jahrhundert als heiligste Überlieferung geglaubt wurde, hinfällig, so bleibt doch die Tradition der Grabesentdeckung kraftvoll genug. Um 977 entging die große christliche Pilgerstätte einem Überfall der Heerführer Córdobas. Diese nahmen die silbernen Glocken und die Türflügel mit sich und hängten sie triumphierend in ihrer heimatlichen Moschee auf. Um 1128 dürfte dann der Schlußstein der Kathedrale gesetzt worden sein.

Die Kirche wurde 899 über einem wohlausgestatteten römischen Grabmal mit Mosaikboden und Stuckzierat an den Wänden errichtet. Daß die Bauherren der Wallfahrtsstätte großzügig und weitblickend dachten, bezeugt der städtebauliche Vorplatz, der Tausenden zu Prozession, Waschung und gemeinsamem Gebet Raum gibt. Alljährlich wird hier am 30. Dezember die Schreinüberführung und am 25. Juli der Tag des Heiligen begangen. »Ich halte hoch in Ehren Deine Freunde, Gott«, beteuert der Messeintroitus.

Pilgerschaft läßt Grenzbewußtsein entstehen. Ein Heiliger, der am Ende der Welt verehrt wurde, mußte also von besonderer Heilskraft sein. Er war als Heiliger »Verweser Spaniens« gegen den Unglauben. Noch im Jahre 1753 malte ihn Johann Baptist Zimmermann (1680–1758) auf dem Deckengemälde zu St. Jakob auf dem Anger in München auf einem Schimmel reitend, mit dem Schwert in der Hand und mit der Fahne, die König Ramico zum Sieg über die Mauren führte. Er war der Bezwinger der islamischen Brandung aus Nordafrika. Damit wurde er als Maurentöter und »stärkster Patron« zum Nationalheiligen des spanischen Grenzlandes. Alfons VII. erklärte um 1140, daß er mit der Hilfe des Jakobus, bei dessen Grab er auch an der Seite seiner Gattin begraben sein wolle, das Reich zu vergrößern vermocht habe.

Keimland Spaniens war also das unwirtliche Gebirge Asturiens und Galiciens; es war Wall und Schwelle zum Ausfall wider den Unglauben. Seit 790 hatten seine Völker den Stürmen des Heiligen Krieges zu begegnen. Im Jahre 793 wurde Oviedo geplündet und gebrandschatzt, um 796 Galicien verheert. So zog denn das asturisch-galicische Einwanderungsland viele Christen aus dem islamischen Spanien an, die mit bitteren Erinnerungen dort heimisch wurden. Die Grenze wehrte dem Glaubensfeind, und die heilige Stätte stärkte die Kampfkräfte und gewährte Trost. Jakobus schürte den Schwertgeist. Gefahr, Glaube und Grenzkampf waren eins. Von

1086 an wurden die Kriege nach Versöhnungsversuchen wiederum unerbittlich; der Erbfeind wurde zum Erzfeind. Es entstanden die Calatrava-Ritterschaften und der Santiago-Orden. Jakobus, der Maurentöter, bekam so seine eigene Kriegerschaft. Dies alles bestimmte die Lebenskraft des Jakobus-Kultes mit; Kirche und Königtum stützten sich gegenseitig.

Fremden aber war der heilige Jakobus vornehmlich schlichter Fischer. Und als bescheidener Jünger des Herrn überzeugte er das ganze Abendland, die entlegensten Völker. Ein Botschafter des unversöhnlichen Almoraviden-Emirs Ali ben Jussuf berichtete seinem Herrn: »Die Menge der christlichen Pilger, die nach Compostela gehen und wieder zurückkommen, ist so groß, daß sie kaum den Weg nach Westen offenlassen.« Das »Liber Sancti Jacobi« zählte in einer Hymne »Armenier, Griechen, Apulier, Gallier, Dazier und Friesen ... alle Völker, Zungen, Stämme« auf. Es waren unter ihnen auch schweizerische Bündner, Basler, Zürcher, Freiburger, Bekkenrieder und Urner, Leute aus Großwangen, dem Entlebuch und Malters.

Solche Scharen bedurften eines verläßlichen Wegnetzes. Santiago am Ende der Welt war über Léon, Burgos mit der Normandie, der Champagne, Burgund, Genf, Savoyen und die Provence-Küste entlang mit Italien verbunden. Die englischen Pilger gingen in Bordeaux auf die Jakobsstraße, ehe sie von der Kanalküste ohne Umweg nach La Coruna gelangten. So mußten zahlreiche Straßen über hohe Gebirge oder durch unwirtliche Öden erschlossen werden. Papst Klemens III. ([1187]–1191) bestätigte im Jahre 1189 in Südfrankreich vor den beiden Pyrenäenpässen von Jaca und Roncesvalles, wo sich ein von Jakob von Vitry (um 1180–1254), dem Kreuzzugsprediger und späteren Kardinal, rühmend erwähntes Pilgerspital befand, den Orden der Brückenbauer. Ein dritter Weg führte die Küste des Golfs von Biskaya entlang und erreichte die alte Pilgerstraße bei Lacalzada oder Burgos. Die französische Nordroute ging von La Charité-sur-Loire aus, führte über Bourges nach Argenton-sur-Creuse, die mittlere Strecke von Nevers nach Bénévent-L'Abbaye, der Südpfad von Souvigny nach Saint-Front, der Ostweg von Paunat in der Dordogne nach Saint-Pied-de Port.

Die Jakobsstraße führte Skandinavier und Niederländer über Frankreich; die deutsche Pilgerschaft traf von Aachen und von Einsiedeln her auf die französischen Routen. Der Aachener Weg führte über Paris und Chartres zur Jakobsstraße und galt als »Niederstraße« Deutschlands, während die »Oberstraße« von Einsiedeln, für die Graubündner von Disentis wegbog, über Luzern, Bern, Freiburg, Lausanne, Genf Chambery erreichte und rhoneabwärts nach Valence und Nîmes verlief. Pilger aus Rom benützten diesen Weg. Einsiedeln wurde entweder von Konstanz oder aber von Rorschach aus angegangen, wobei der Bodensee von der Weser, der Elbe, der Spree, der Neiße her erwandert wurde und die Beter über Heidelberg oder Nürnberg heranführte.

Die Pilgerschaft verband abenteuerliche Erlebnis- und Sorgengemeinschaften mit eigenem Selbstbewußtsein. Der Jakobus-Kult war in Spanien von anderer Art, als er den fernen Ländern und ihren Pilgergenossenschaften eigen war. Der Heilige wurde zum Mitlebenden. So umspannte Santiagos Ruf in besonderer Weise das ganze Abendland. Das »Jakobsland« war unter diesem Namen selbst in den Sagas der skandinavischen Länder bekannt. Normannische Pilger gab es schon um 844 in Galicien, friesische um 850.

Sühnewallfahrten hatten Gelübde zu erfüllen; das gab ihnen mit allen Mühen und in Demut reinigenden Geist. Unabsehbare Pilgerschaften glichen oft Landesverweisungen und suchten vielfach, Entlasteten die Heimat wieder zu erwerben. Der Jakobus-Kult läuterte allzu irdisch Verhaftete: Notker Balbulus, der zu den bedeutendsten Gelehrten und Dichtern seiner Zeit zählt, erwähnt ihn unter den oberdeutschen Glaubenserregungen. Hundert Jahre später erscheint der »Jakobitag« im »Bayerischen Kalendarium«. Papst Sixtus IV. (1414 [1471]–1484), der das Renaissancepapsttum übel verweltlichte, alle Ämter käuflich machte, die Kämpfe der Adelsgruppen schürte, aber auch mit großer Teilnahme die Sixtinische Kapelle schuf, stellte voller Einsicht die Wallfahrt nach Compostela derjenigen zum Grabe des Herrn gleich.

Zu jenen Zeiten waren schon viele Kirchen dem heiligen Jakobus geweiht, etwa im Bistum Lausanne, in Cham und in Eschenbach.

Pfäfers war auf seine Jakobsreliquie besonders stolz. Als man unter Friedrich I. Barbarossa zur Heiligsprechung Karls des Großen schritt, berief sich der Kaiser auf die »Vita Caroli Magni«, in der es heißt, der heilige Jakobus habe Karl die Befehle Gottes übermittelt und ewigen Ruhm verheißen. Die Vita weiß auch von einer Wallfahrt Karls nach Compostela zu berichten und bringt diese mit der Roland-Sage in Verbindung.

So gab es denn im deutschen Raum unter dem Zeichen der Pilgermuschel immer mehr Jakobsbruderschaften, zum Beispiel in der Hansestadt Hamburg und in Überlingen am Bodensee, dem um 1424 ein Bürger sogar eine Kapelle für Jakobus stiftete, die mit zwölf Fresken der Heiligenvita und ihrer Legende ausgestattet wurde. Eine Reihe von Legenden werden auch auf den Relieftafeln des Jakobus-Altars von 1520 in der Schloßkirche von Winnental dargestellt, so die Enthauptung und die Verschiffung des Leichnams. Ein Kupferstich Martin Schongauers (um 1450–1491) zeigt die Schlacht von Compostela. In der Schweiz sind seit 1475 Jakobsbrüder an der »Oberstraße« zu Freiburg, um 1500 in Zug, um 1560 im Sachseln des heiligen Nikolaus von der Flüe (1417–1487) bezeugt. Jene von St. Oswald in Zug besaßen verbürgte Privilegien. Auch in Tirol finden sich viele Jakobskapellen, ebenso in Bayern und in den rheinischen Landen. Siebzehn Jakobspatrozinien werden im Bistum Chur, vierundzwanzig in Freiburg gezählt. Auch die Hansestädte verehrten den Heiligen im Spätmittelalter; so ist je eine Bruderschaft der Seeschiffer und der Binnenschiffer mit solchem Bekenntnis erwähnt. Stralsund hatte Jakobus als Stadtpatron; seine Jakobikirche wirkte bis nach Holland. Auch im preußischen Ordensland wurden stattliche Jakobskirchen gesegnet. In den Rastorten Bayerns und der Schweiz standen Kirchen des Heiligen, die Wege dahin waren von solchen gesäumt. Im Elsaß stiftete ein Sühnefälliger, der die Wallfahrt nicht antreten konnte, zu Ehren dieses Heiligen eine ewige Messe.

Der Jakobsbruder besaß ein besonderes Ansehen. Die Scheu der Zurückgebliebenen machte ihn zum »heiligen Fremdling«. Er trug neben dem Pilgerstab einen breitkrempigen muschelverzierten Hut und ging nicht ohne Stolz durch das Staunen der Seßhaften.

Doch auch die Tatsache, daß Jakobus als Patron mancher Innung angerufen wurde, warb Genossen. Kaufleute, Apotheker, Hutmacher, Goldschmiede, Wachszieher riefen ihn an, auch die Waisenkinder. So wurde der Heilige im Bistum Eichstätt zum Wetterpatron und den Fuggern zum guten Geist ihrer Siedlung. Als Maurentöter war er zudem Vorreiter der Ritter. Die Milchstraße des Himmels erschien als wahrhafter Jakobsweg.

So kam selbst Rom, obschon nur halben Herzens, am Kult dieses Heiligen nicht vorbei. Die Brüder Jakobus und Johannes wurden zu Sonderpatronen. Stolz stellte der heilige Bonaventura, der 1257 General des Franziskanerordens war und der Askese innig verbunden blieb, fest, daß im Deutschen Reich allein etwa fünfhundert Kirchen dem Jakobus geweiht waren. Der Schutzpatron Spaniens hatte Weltgeltung errungen. Bruderschaften, Hospize, Herbergen, Brüderbaugenossenschaften trugen seinen Namen. Die silberne oder aus schwarzem Gagat geschnittene Muschel bezeugte, auf dem Gewand getragen, die heilige Gemeinschaft jener, die ihr Santiago erreicht hatten. Ihnen hatten selbst Könige eine Pax regis zugesichert. Die Wege wurden durch nur geringe Zollerhebungen begehbar, die Brücken unterhalten. Diese Sicherheit machte den »Camino de Santiago« zu einer der großen Handelsstraßen Europas.

Es verwundert nicht, daß selbst viele Heilige im Pilgerrock dargestellt wurden, so neben dem Erzengel Raphael als Reisebegleiter der junge Alexius, Bovo, Koloman (gestorben 1012), Julian der Gastfreundliche, Sebaldus von Nürnberg, Brigitta von Schweden (1302/03–1373), Sabina von Troyes. Muscheln waren schon den Gläubigen als Erkennungszeichen in den Mörtel der Katakomben eingesetzt worden. Die Muschel ist das Gleichnis des Grabes, aus dem der Christ auferstehen wird. Sie bezeichnet aber auch die Jungfrauschaft Marias. Botticelli (1445–1510) und Tizian (1476/77–1576) sollten sie der Erde zurückgeben.

Solche Pilgerwege schufen und tauschten Kulturwerte. Ihnen folgte die romanische Baukunst, die epische und die liedhafte Dichtung. Pilger sangen sich ihre Ermunterungen andächtig in lateinischer Sprache oder aber wehmütig in ihrer Mundart vor. Sie blickten voraus und zurück. Auch deutsche Spielleute waren nach

Santiago unterwegs. Um 1384 schenkt Karl II. von Navarra zwei deutschen Spielleuten zwanzig und ein Jahr danach drei armen deutschen Fiedlern dreißig Libras. So fanden denn in Compostela viele völkische, künstlerische und religiöse Anregungen zusammen. Stileigenarten wurden weitergegeben, Bauhütten pflegten den Austausch. Unter dem Himmel von Finis Terrae fand ein neugieriger, freudiger Austausch statt. Wer gab, empfing.

Welche Lieder erklangen unterwegs ins »Elend«? Sie gehorchten dem Lied »dum pater familias«, das sich im »Codex Calixtinus« findet: »Primus ex apostolis«, in das ein althochdeutsch-provenzalischer Text eingeschoben ist:

»Herru Sanctiagu
grot Sanctiagu
e ultreia e suseisa (jetzt und immer)
Deus aia (helfe) nos.«

Eines der Wallfahrtslieder aus dem 15. Jahrhundert leitet seine fünfundzwanzig Strophen so ein:

»Wer daz elend bauen will
der heb sich auf und sei mein gesel
wol auf sant Jacobs strassen
zwei par schuech der darf er wol (bedarf)
ein schüssel bei der flaschen

Ein breiter Hut den sol er han
und an (ohne) Mantel soll er nit gan
mit leder wol besetzet
es schnei oder regn oder wehe der wint
daz in (ihn) die luft nicht netzet

Sack und stab ist auch darbei
er lug (schaue) daz er gebeichtet sei
gebeichtet und gebüsset
Kumpt er in die welschen lant
er findt kein teutschen priester«

Der Benediktiner Odilo Lechner legt uns diese Strophen vor. Ein anderes Ende des »Sankt Jakobs Pilgerlieds« lautet:

»So ziehen wir durch die welsche land
die sind uns Brüdern unbekannt
das elend müssen wir bauen
wir rufen Gott und sankt Jakob an
und unsere liebe Frauen«

Zogen die Pilger durch die Schweiz, so sangen sie in ihrem Lied:

»So ziehen wir durch Schweizerland ein
sie heissen uns gottwillkum sein
und geben uns ir speise
sie legen uns wol und decken uns warm
die strassen tun sie uns weisen.«

Ein flandrisches Pilgerlied in lateinisch-flämischem Text aus dem 12. Jahrhundert, das dem Reiseführer des »Liber Sancti Jacobi« entnommen ist, legen uns Vera und Hellmut Hell, denen wir eine Darstellung der »Großen Wallfahrt des Mittelalters« (1964) verdanken, frei übertragen vor:

»Der Apostelsippe Vater,
König aller, wies den Jüngern
ihres Wirkens Stätte zu;
über Spanien, Jakobus,
strahlst als Licht der Sitte du.
Erster der Apostel,
der zu Jerusalem
für den Glauben starb,
ehrenvoll Jakobus
Heiligkeit erwarb!

Dein Galicien, Jakobus,
dessen Ruhm zur Ehrenstraße
macht den mühevollen Gang,

es erbittet fromme Kräfte
für den Pilgerscharen Sang:

Herre Sankt Jakobus!
Sankt Jakobus, groß und gut!
E ultreia, es suseisa!
Führ uns, Gott, in deiner Hut!«

Selbstverständlich, daß viele edle Pilger nach Compostela zogen. Der erste bekannte Deutsche unter ihnen war Erzbischof Siegfried I. von Mainz, der sich im Jahre 1072 in Cluny aufhielt. Im selben Jahr befand sich auch die Gräfin Richardis von Sponheim auf der Jakobsstraße. Graf Eberhard V. von Nellenburg (gestorben 1080) und seine Gattin Ita pilgerten zum Apostelgrab. Graf Balduin VII. von Flandern brachte seinen ganzen Hofstaat nach Galicien. Mathilde (1102–1167), die Tochter Heinrichs I. von England (1068 [1100]–1135) und Witwe Kaiser Heinrichs V. (1086 [1106]–1125), kehrte mit Jakobus-Reliquien in ihre Heimat zurück. Um 1162 traf Eberhard Graf von Altena in Santiago ein. Graf Friedrich von Pfirt gründete nach seiner Rückkehr ein Frauenkloster, dessen Kirche er St. Jakob weihte. Im Jahre 1164 war der Mainzer Erzbischof Konrad von Wittelsbach auf der Pilgerstraße. Die Gräfin Sophie von Holland und Friedrich I. von Österreich knieten vor dem heiligen Altar. »Herzog Heinrich der Löwe, der Gründer Münchens und Lübecks, pilgerte nach seiner Absetzung als Herzog von Sachsen und Bayern durch Friedrich Barbarossa vom Hofe seines englischen Schwiegervaters zu Rouen 1182 gleichfalls nach Santiago«, schreibt Hermann Hüffer (geboren 1896) in seiner Santiago-Schrift von 1957.

Der Nürnberger Humanist Hieronymus Münzer ritt auf der Flucht vor der Pest 1494 in Begleitung von drei Söhnen reicher Kaufleute von Lissabon aus nach Santiago. 1428 war ihm schon ein anderer Nürnberger, Peter Rieter, vorangepilgert. Lübecker und Breslauer sind im 16. Jahrhundert unterwegs. Ein Wilhelm von Englisberg – wohl der ritterliche Schultheiß von Freiburg – war um 1250 »uf Jakobsstraße«. Der Zuger Hauptmann Heinrich Schönbrunner (1483–1537), der 1525 bei Pavia gekämpft hatte, zog 1531 mit angesehenen Luzernern quer durch das dem Reisläufer bekannte

Frankreich nach Rochelle und segelte von dort zu Schiff nach Galicien. Zurückgekehrt wurde er 1532 Landvogt in Baden, ehe er ein Jahr darauf von seiner Heimatstadt das Schloß St. Andreas in Cham erwarb und sein Tagebuch beendete.

Die Reihe der edeln Pilger ist nicht abzusehen, die Heere der geringen sind unübersehbar. Die Pariser Urkunden verzeichnen zwischen 1370 und 1380 bis zu sechzigtausend Wallfahrer. Noch in den Heiligen Jahren 1948 und 1954 fuhren jeweils fast eine Million Pilger ins Jakobsland.

Dieses dichte Netz gläubiger Bemühung, das sich über Räume und Zeiten spannt, schuf eine besondere europäische Einheit, eine mittelalterliche Christenheit von eigener Gesinnung, die Menschen verschiedener Völker und unterschiedlichen Standes verband. Sie erneuerte das Abendland. Das Gemeinschaftsgefühl wuchs; die Verbundenheit wurde vertieft, manche Zerrissenheiten heilten. So wurde der Jakobus-Kult zu einer bedeutenden Macht der europäischen Selbstgestaltung. Viele Grenzen fielen. Die Demut wurde selbstbewußt, die Christenheit band sich, ohne Rom. Santiago de Compostela war zur europäischen Stadt geworden. Jeder der Pilger war zu den Verheißungen des Apostelbruders Johannes unterwegs.

Das Himmlische Jerusalem

Das Himmlische Jerusalem vergegenwärtigt als Sehnsuchtsgleichnis die Heilserwartung des abendländischen Menschen. In seinen Mauern wohnt geistig und geistlich der heimgekehrte irdische Christ. Es wird zum ersten Mal in den ägyptischen Ächtungstexten der zwölften Dynastie erwähnt, und nach einem Psalmlied des Asaph ist zu Salem Jerusalem Gottes »Gezelt« und Wohnung in Zion. Es ist die Königsstadt Melchisedeks.

Die Feste wurde auf einer Kalkstufe zwischen dem Kidron- und dem Käsemachertal als Burg Zion gegründet, der als zweite Siedlung die Stadt Jerusalem folgte, deren Platz »oberer Markt« genannt wurde. Diese Landesmitte wurde an der Grenze des Stammes Juda, nicht fern der Grenze des Stammes Ephraim, auf einem Gebiet geortet, das ursprünglich unabhängig gewesen sein muß.

Später eroberte David die Stadt. Er baute auf dem den Jebusitern entrissenen und neu befestigten Fleck sein Zedernhaus und ließ auf dem Hügel die Lade Gottes aufschlagen. Jerusalem wurde zum Sitz jener Dynastie, der Jahwe ewige Königsherrschaft verheißen hatte; damit war eine kommende Heilszeit eingeleitet. »Daselbst soll aufgehen das Horn Davids; ich habe meinem Gesalbten eine Leuchte zugerichtet« (132. Psalm). »Ich habe meinen König eingesetzt auf meinem heiligen Berg Zion« (2. Psalm). Dieser Fürst sollte unter dem Schutz des Herrn alle Völker in einem umfassenden Reich regieren. Die Gegenwart der Lade gab dem alle Rechte: »Der Name des Herrn Zebaoth wohnt darauf über den Cherubim.«

Die dreistufige Höhe wurde zum heiligen Bollwerk. Die Stadt wurde dennoch im Jahr 587 v. Chr. von den Babyloniern eingeäschert, ihre Mauern wurden geschleift. Die gläubige Zuversicht aber blieb, daß die geistige Mitte der ganzen Menschheit wiedererstehe. Alle Völker sollten sich um den »Thron Jahwes« versammeln, ein würdiger Nachkomme Davids die Verheißungen wahr werden lassen.

Dieses unwirklich wirkliche Jerusalem, das von Gott geschaffen und keineswegs von Menschen wiedererbaut war, wird vom apokryphen apokalyptischen Schrifttum in den Himmel versetzt. Im neuen Äon werde es zur Erde herabsteigen und zur Wohnung der Erwählten werden. Diese Kunde erregte die leidenschaftlichen Erwartungen der bedürftigen Seele. Im Buch des Propheten Sacharja (um 520 v. Chr.) heißt es: »Aber du, Tochter Zion, freue dich sehr, und du Tochter Jerusalem, jauchze! Siehe, dein König kommt zu dir; ein Gerechter und ein Helfer, arm, und reitet auf einem Esel und auf einem jungen Füllen der Eselin.«

Von Jerusalem ging die Christianisierung der Welt aus. Dort wurde in Erfüllung der alttestamentlichen Verheißungen am Pfingsttag die Kirche gegründet. Die Himmelfahrtsgeschichte des Lukas bezeugt es. Das Himmlische Jerusalem, das Paulus in der Christengemeinschaft sah, hat sein ewiges Gleichnis. Es ist als Daseinsbesitz eschatologisches Heil. Die »Offenbarung des Johannes« schildert es als neuen Himmel und neue Erde. Es fährt das neue Jerusalem vom Himmel – eine große Stadt voller Licht. Sie ist ummauert und zählt mit ihren zwölf, den Himmelsgegenden zugeordneten Toren die Geschlechter Israels. Auf ihren zwölf Grundsteinen finden sich die Namen der Apostel. Die Stadt ist ebenso lang wie breit; ihre Mauer besteht aus Jaspis, die Stadt selbst aus lauterem Golde. Edelsteine schmücken sie nach den Stufen ihres Rangs. »Ich sah keinen Tempel darin; denn der Herr, der allmächtige Gott, ist ihr Tempel, und das Lamm.« So bedarf denn auch die Heilige Stadt weder der Sonne noch des Mondes, »denn die Herrlichkeit Gottes erleuchtet sie«.

Das Himmlische Jerusalem besitzt seine innigste Wirklichkeit im Lebensgefühl des mittelalterlichen Menschen. Dieses verlangt nach einem anschaulichen Gleichnis, der sinnenden und erkennenden Verehrung. Wie der Himmel aussieht, hat der Johannes der geheimen Offenbarung geschildert. Jerusalem ist der Thronsaal der Welt. Es schwebt als neue Stadt vom Himmel nieder, glüht im

Strahlenglanz Gottes und öffnet seine Tore turmbewehrt. Es schließt die Ströme des Lebenswassers ein.

Ähnlich denkt die apokryphe »Vision Hennochs«, die aus dem 2. Jahrhundert v. Chr. stammt. Bei Gregor von Tours (538/39–594), dem wir die Geschichte der Franken bis 591 verdanken, wird der Himmel als prächtiges Haus geschildert. Es strömt in tiefer Würde stilles Licht aus. So ist das Himmlische Jerusalem bald Stadt, bald Tempel, bald Saal und alles in einem. Das Licht gewährt in seiner einmaligen Gegenwart ständige Wandlungen. Dem gehorchen die Gebetsvisionen, die Sprachbilder. Diese werden von seligen Schauern geboten. Doch mauerten die Werkleute der Erde das himmlische Abbild auch hienieden. Die Vision verkörpert sich.

»Urbs Hierusalem beata
Dicta pacis visio
Quae construitur in coelis
Vivis ex lapidibus«

verkündigt ein mittelalterlicher Kirchweihhymnus. »La Jérusalem céleste dont l'église est l'image materielle«, schreibt der Kunsthistoriker L. Bréhier über »La cathédrale de Reims« (1920). Auch in der keltisch-irischen Überlieferung der Legenden des heiligen Adoman, die auf etwa 1100 zu datieren sind, ist der Himmel zur Erde gefahren Kirche. Dieses keltisierte Himmelsbild wurde von Frankreich übernommen und erscheint im Gralstempel des »Jüngeren Titurel«, den wir – so glaubte man langehin – Albrecht von Scharfenberg zu verdanken hätten, der zwischen 1260 und 1270 einen »Merlin« geschaffen hat. Sein Himmlisches Jerusalem erscheint auf der mondhell schimmernden Stufe eines Berges in Salvaterre. Der Innenraum des Gralstempels ist ein »estrich ... als ein glas, lûte, grüne, spiegelvar«. Auch bei Chrétien ist er »viereckig und ebenso lang wie breit«. Das entspricht dem Jerusalem der Johannes-Apokalypse. Bei Wolfram wird der Saal durch vier Säulen aus gediegenem Erz gestützt. Demgemäß sitzt der Burgherr der mittleren von drei Feuerstellen gegenüber in der Mitte des Raumes. Auch der Stuhl Gottes befindet sich der Offenbarung entsprechend in der Mitte des quadratischen Saales. Karl der Große dürfte sich dessen erinnert haben. Wolfram berichtet von einem überaus großen Leuchter, der als Lichterkrone um die hundert Kerzen trägt. Nach Jean Baniélon (1905–1965) ist der himmlische Tempel »nur ein anderer Ausdruck für Paradies«.

»Meine Rechte möge vertrocknen, wenn ich dich, o Jerusalem, je vergessen sollte!« lautete schon der Schwur der Jakobspilger, und einer der bedeutenden Schilderer des Pilgerweges, R. Oursel, hält das irdische Jerusalem für das Abbild des himmlischen. Salem muß aus den lebendigen Bausteinen des Glaubens errichtet werden. »Dieser Tempel seid ihr«, beteuerte Paulus. So hat Jerusalem am ewigen Sinn teil, verheißt, daß Christus vor dem Ende dieser Weltzeit mit den auferweckten Gerechten das Tausendjährige Reich des Friedens stiften werde. Augustinus setzt daher das Ende der Welt mit der Auferstehung des Herrn und dem Anbruch seines Reiches gleich.

Solchen Gedanken folgend, wurde die mittelalterliche Stadt gebaut. Sie zeigt sich nach Hartmann Schedels (1440–1514) Weltchronik von 1493 entsprechend ausgestattet. Joseph Sauer (1872–1949), der als Landeskonservator im Breisgauer Freiburg tätig war und 1924 eine bedeutende »Symbolik des Kirchengebäudes und seiner Ausstattung in der Auffassung des Mittelalters« verfaßt hat, zeigt, wie der irdischen Kunst himmlische Transparenz zukam. Um 1961 stellte Werner Müller in seiner Studie »Roma quadrata, Himmlisches Jerusalem und die Mythe vom Weltnabel« die mittelalterliche Stadt ebenfalls in die Weltzusammenhänge des Glaubens. Selbstverständlich, daß sich die irdische Stadt während der Jahrhunderte wie das Gesicht der himmlischen wandelte. Immer aber blieb sie um eine Tempelmitte ummauerte Stätte, wobei der rechte Glauben sich des rechten Winkels bediente. Der Raster der Straßenzüge hatte seinen Sinn, die Viersäulenhalle ihre Geschichte. Die Liturgie ist in der Himmelsstadt engelhaft, auf Erden kirchlich, der Raum heiliger Ort: Himmlisches Jerusalem und städtischer Leib. Bei Karl dem Großen war der Thronsaal voller Geist Kirchenraum, die Mitte die Mitte beider. Die Civitas erfuhr sich als Civitas Coeli. Der Kaiser war Vicarius Christi.

Hugo Borger (geboren 1925), der Direktor des Römisch-Germanischen Museums Bonn, hat 1974 nachgewiesen, daß Stift und Palatium von Xanten des 10. und des 11. Jahrhunderts in der Vorstellung des Stiftsherrn das Himmlische Jerusalem vergegenwärtigen. Auch das »Heilige Köln« war Himmelsstadt, die Giebelfront der Bürgerstraßen Communio. Daß darüber hinaus die Kirche das Himmlische Jerusalem vorstellte, ist erwiesen. Viele literarische Quellen bezeugen es. Die Basilika ist die »Stadt des Herrn der Heerscharen«.

Am tiefsten hat der Wünschelrutengänger der mittelalterlichen Kunst Hans Sedlmayr (geboren 1896) 1976 in seinem Werk über »Die Entstehung der Kathedrale« diese als Abbild des Himmels gedeutet. Dem mittelalterlichen Menschen war diese Transzendenz nicht nur erlebbar, sondern auch lebbar. Die Architektur des gotischen Domes stellt bis in ihren plastischen Schmuck hinein Himmel und Unterhimmel, also selbst Teuflisches vor. Engel setzen ihre Füße auf Fratzen. Darin wird der Glaube Vollzug.

Auch die Lichterkrone des Kirchenraums stellt die Heilige Stadt des Himmels vor. So hängt im Oktogon des Aachener Münsters der herrliche Leuchter Barbarossas, der in seiner Form, wie die Inschriften verraten, das deutsche Königtum bestätigt. Verwandten Sinns war noch Luthers Lied »Ein feste Burg ist unser Gott«. In der Himmelsstadt, im Himmelsblau der Kathedrale waren die ottonischen und romanischen Lichterkronen wahrhaft »Coronae«, riesige Metallreifen, die mittels eines Gestänges von einer Kugel gehalten werden. Ihr Umfang schwankt zwischen vier und sieben Metern. Die Krone selbst wiederholt die himmlische Stadt. War sie achtzählig, so bedeutete sie über Jahrhunderte hin die ewige Seligkeit. Zwölfzählig war sie Abbild des Himmlischen Jerusalems. Auch die romanische Kathedrale von Bayeux, von Bischof Odo von Conteville um die Mitte des 11. Jahrhunderts gestiftet, trägt ihre Lichtkrone im Herzen. Eine ähnliche Krone von achtzehn Fuß Durchmesser und mit sechsundneunzig Kerzen findet sich in der Abteikirche St. Rémy in Reims. Die gewaltige Lichtkrone der Grabeskirche zu Jerusalem dürfte gleichfalls französischer Herkunft gewesen sein. Angezündet wurden die Lichter jeweils zu Hochämtern und an hohen Feiertagen. Der lichtertragende Mauerreif ist von kleinen Türmen besetzt, und die zwölf Tore fehlen nicht. Das Herzinnere der Kirche ehrt die kosmische Weite des Himmels und die Prophezeiungen der Offenbarung.

Eine solche Glaubensglut mußte veraschen. Bei dem Kölner Peter de Merode (um 1370–1451) wurde die Pilgerfahrt zum Traum. Er war nicht auf der Wallfahrt; er las von ihr:

»Wie sij sich soelen halden
Ind we sij soelen streven
Na dem ewelichen leven.«

Merode wollte

»Offenbaren ind berichten,
Dat mir in slaifte (im Schlaf) is vur komen.
...
We dat ich were eyn pylgerym
Ind hedde den wech bestaen
In de stat van Iherusalem zo gaen
Ouch duchte mich so we dat ich
In eyme groissen spiegel onmeislich
An schauwede de selve stat
Van verren ...
De straissen, wege ind genge
Sij weren lanck, kurt, breit off enge,
Van goulde ind van silver siyn gemacht.«

So lebendig die Sterne der Traumstadt auch waren, fällt es dem müden Schlafpilger schwer, die Stadt zu betreten. Doch begegnete der Leser dem heiligen Augustinus, Lehrern, Meistern, Karmelitern, Predigern, Augustinern, Benediktinern, Bernardinern und anderen Ordensgeistlichen. Es erschienen ihm die Traumbilder von Sankt Benedikt und Franz von Assisi. Petrus gewährte ihm Einlaß

»Zo komen in de schone stat
Da man wirt van vreuweden sat.
Id is guyt vasten eyne kurte stunde
Umb zo entfangen mit vollē munde
De spijse ind dranck aldae bereit
Van gotlicher vursichticheit.«

»De schone veste« hatte also wenig geistliches Brot mehr zu bieten.

Einmal noch glühte der Glaube an ein Himmlisches Jerusalem im gewandelten Verständnis eines Spätlings auf. Eben hatte Friedrich von Hardenberg – Novalis – sein großartiges »Allgemeines Brouillon« abgeschlossen, als er, »begeistert und entzündet« von Friedrich Schleiermachers (1768–1834) Reden »Über die Religion«, zwischen dem Oktoberanfang und dem Novemberbeginn 1799 sein Fragment »Die Christenheit oder Europa« niederschrieb. Die zwanzigseitige Schrift, die Novalis erregt schuf, bietet eine Heilsverkündigung von ebenso persönlicher wie eindrücklicher Art. Sie erinnert sich bis in den Aufbau hinein bedeutungsvoll Lessings Bekenntnis über »Die Erziehung des Menschengeschlechts« und spricht wie dieses triadisch von einem heraufkommenden dritten Weltalter.

Novalis trug seinen Entwurf vor der Monatsmitte November seinen Freunden Ludwig Tieck (1773–1853), dessen Gattin, August Wilhelm Schlegel (1767–1845) und Caroline (1763–1809), Friedrich Schlegel (1772–1829) und Dorothea Veit (1763–1839) sowie Schelling und Johann Wilhelm Ritter (1776–1810) vor. Er gedachte die Arbeit im »Athenäum« zu veröffentlichen. Doch lehnten die Freunde den Aufsatz ab, und man beschloß, »daß er nicht durch den Druck bekannt gemacht werden solle«. Man fand »die historische Ansicht zu schwach und ungenügend, die Folgerungen zu willkürlich, und die ganze Abhandlung schwach«. Man wandte sich an Goethe als Schiedsrichter. Er aber riet ebenfalls von einer Veröffentlichung ab, und so blieb das Werk »im Abyssus des Ungedruckten«. Auch in der ersten, von Friedrich Schlegel und Ludwig Tieck herausgegebenen Ausgabe der Schriften des Dichters finden sich nur Auszüge der »Christenheit«. Erst in der vierten Auflage von 1826 ließ der Berliner

Verleger Georg Andreas Reimer (1776–1842) von sich aus das unbeschnittene Fragment erscheinen.

Novalis war des festen Glaubens, daß Europa nur in einem geistigen Wandel erneuert werden könne. Er verherrlicht in seiner Vision das mittelalterliche Abendland als geschlossene Christenheit, die vor dem himmlischen Thron schützende Nothelfer gefunden habe. Er versteht Rom als »Jerusalem, die heilige Residenz der göttlichen Regierung auf Erden«. Diese glückliche Einheit habe der Protestantismus aufgerissen, so daß eine »neue Weltinspiration« nötig werde. Unglücklich habe sich in dieser Entwicklung ausgewirkt, daß sich, um ihre Gewalt zu mehren, die Landesherren eingemischt hätten. Die Philologie Luthers habe den Geist des Wortes erstarren lassen. Der Reformator aber sei beinah zum Rang eines Evangelisten aufgestiegen, seine Bibelübersetzung kanonisiert worden. Das hätte den heiligen Geist des Lebens beraubt. Hernach hätten sich Gegenreformation, Szientismus, die Philosophie »und ihre Mystagogen« einander in verhängnisvollem Wechsel abgelöst. Der Rationalismus habe den Sinn für Geheimnis und Wunder erstickt, und man habe sich in ein »häusliches und bürgerliches Sitten- und Familiengemälde« geflüchtet. »Gott wurde zum müßigen Zuschauer des großen rührenden Schauspiels, das die Gelehrten aufführten.« Die Aufklärung habe dann die Französische Revolution erzwungen.

An dieser Stelle überschreitet Novalis die Akmé seiner Gedanken: »Soll die Revolution die französische bleiben, wie die Reformation die lutherische war«, fragt er und fordert eine neue geistige Reformation. Wahrhafte Anarchie sei das Zeugungselement der Religion, und »ein himmlisches Eiland wird als Wohnstätte der neuen Menschen, als Stromgebiet des ewigen Lebens zuerst sichtbar über den zurückströmenden Wogen«. Ein höheres religiöses Leben werde zugleich mit einem heraufkommenden Frieden zu pulsieren beginnen. Dieser Entwicklung schreite Deutschland voran. »Eine universelle Individualität, eine neue Geschichte, eine neue Menschheit« werde sich dem liebenden Gott stellen; ein goldenes Zeitalter breche an. Die friedenstiftende Loge des Geistes, die wachse, werde gewahr, »daß eine Wissenschaft nichts ohne die andere sei«. Selbst die europäischen Staaten würden sich nähern, »wenn eine neue Regung des bisher schlummernden Europas ins Spiel käme, wenn Europa wieder erwachen wollte, wenn ein Staat der Staaten, eine politische Wissenschaftslehre, uns bevorstände«. Damit hat Novalis ein großes Anliegen der »Enzyklopädistik« erneut aufgegriffen.

»Es wird so lange Blut über Europa strömen bis die Nationen ihren fürchterlichen Wahnsinn« erkennen würden. Es gehe dabei um ein »großes Liebesmahl«, ein Friedensfest. »Nur die Religion kann Europa wieder aufwecken ... und die Christenheit mit neuer Herrlichkeit sichtbar auf Erden in ihr altes friedenstiftendes Amt installieren.«

Novalis verstand sein Christentum als »Zeugungselement der Religion, als Freude an aller Religion«, als »Mittlertum überhaupt, als Glaube an die Allfähigkeit alles Irdischen, Wein und Brot des ewigen Lebens zu sein«. Es ging ihm darum, Papsttum und Protestantismus durch eine neue währende Kirche abzulösen. Mitbürger des Himmelreiches hätten wir zu werden, den Himmel auf Erden zu verehren. Dann wird »das neue Jerusalem die Hauptstadt der Welt sein«. Der Mensch ist thronfähig. Auch Immanuel Kant (1724–1804) träumte von einer »alle Menschen auf immer vereinigenden Kirche«, vom »ewigen Frieden«. Schelling wußte um dieses johanneische Zeitalter, das das petrinische ablöse. So umriß Novalis seine Regeneration Europas als neues Jerusalem der Christenheit. Lessing hatte sich zuvor in der »Erziehung des Menschengeschlechts« ähnlich geäußert: »Sie wird gewiß kommen, die Zeit eines neuen ewigen Evangeliums.«

Entwürfe und Vorgriffe

Die abendländischen Utopien

Die Geschichte der Utopien gehört der hyperboreischen Mitgift an. Anders als das Himmlische Jerusalem gehorchen die abendländischen Idealstaaten dem sittlichen Zugeständnis und der Vernunft. Der erste Keim eines utopischen Gedankens gehört der Welt Homers an. »Jenseits des Okeanos« wachsen unter der Pflege der westlichen Nymphen die goldenen Äpfel ewiger Liebe und Fruchtbarkeit neben der überdauernden Blume des Göttergartens. Nach der ältesten Überlieferung vermag Herakles in den Garten einzubrechen und die Äpfel zu pflücken.

Das bedeutendste Zeugnis der utopischen Tradition verdanken wir Platon, dessen gewichtigster Dialog »Politeia« zum Mittelwerk des Philosophen gehört, als Hauptschrift dem »Politikos«, aber auch den »Nomoi« vorausgeht und durch sie begrenzt wird. Platons Dialog über die Gerechtigkeit ist trotz der späteren Unterteilung in zehn Bücher in seiner geschlossenen Sonderform überaus eigen und sorgfältig erarbeitet. Schüler des Meisters werden ihn rasch und verläßlich aufgezeichnet haben. Der Text weist keinerlei Eingriffe der alexandrinischen Philologen auf. Die byzantinischen Ausgaben drängen uns kaum ernstliche Fragen auf.

Platon wollte mittels der »Politeia« jenseits der Philosophia perennis hilfreich wirken. Er dürfte an dem Werk lange gearbeitet haben, deshalb müssen Entwürfe verschiedener Zeitschichten in unserem Text zusammengeschweißt worden sein. Anzeichen dafür sind in der Einleitung, aber auch im Abgesang spürbar. Das erste Buch könnte wohl einer späteren Schaffensstufe angehören, und das Postskriptum des Werks muß in seiner Eigenart hingenommen werden. Trotz der eher exoterischen Haltung des ganzen Buches ist es unverkennbar der platonischen Philosophie verpflichtet.

Nach Platon entsteht der Staat ursächlich aus einer menschlichen Notlage. Diese leitet die Bestrebungen, die ein »gutes Leben« bezwecken, ein. Der »Notstaat« allein ist aber noch kein wahrer Staat. Gerade deshalb will Platon den Staatsgedanken »rein« erfassen. Das Gesetz der Arbeitsteilung, das für die wirtschaftliche Gesellschaft gilt, soll zur Arbeit des Menschen an sich selbst werden. Dabei wird die mitbürgerliche Teilnahme an der Staatsverwaltung zur höheren Pflicht. Der Staat ist weder der nächste noch der ehrwürdigste Gegenstand der menschlichen Tat; er ist vielmehr Bedingung von Tugend und Wissenschaft. Damit gelangen bei Platon Unterricht und Erziehung zu ihrer überragenden Stellung. Die öffentlichen Einrichtungen sollen im Dienst des seelischen Auftrags förderlich werden. In diesem Sinne gehört der einzelne dem Ganzen an; die Selbstbescheidung bezeugt die Vorrechte des letzteren. Dem gehorcht das unabdingbare Gebot der Arbeitsteilung, das jedem Stand seine eigentümliche, aber mitverantwortliche Aufgabe zuweist.

Unter solchen Erwägungen fördert Platon mittels der Kardinaltugenden den Ständestaat, dessen Umriß den Staat schlechthin meint. Ständisch gegliedert, ist er ganz, wenn jeder Stand seine besondere Tugend bezeugt. Die leitende Klasse bedarf der Weisheit, die der Wächter und Krieger der Tapferkeit, der unterste Stand der Handwerker der Selbstbeschränkung. Sie alle faßt die Gerechtigkeit zum Staat zusammen. Tut jeder das Seine, so blüht die Gemeinschaft. Die Tugenden bündeln die Garbe der Gerechtigkeit. Die tieferen Triebe fügen sich unter der Wacht des mittleren Standes der Einsicht der Herrschenden. Arbeitende, Wächter und Herrscher machen den zulänglichen Staat als Ständestaat aus.

Der Stand der Herrschenden ist zugleich der Stand der Verwaltung und der Lehre. Hand, Mut und Denkkraft finden zusammen. Nur muß das Maß der Teilhabe weise geordnet werden, und deshalb ist das Regierungsgeflecht unbeschränkt und ungeteilt. Darin entspricht die Gliederung des Weltganzen der Einheit der Seelenkräfte. Die drei Stände zeigen die Stufen der Seele und der kosmischen Leibeinheit an. Stimmen die Teile hier wie dort zusammen, so ist die Harmonie gewährleistet. Der Staat lebt. Wesen und Gerechtigkeit kommen überein.

Um dies zu sichern, ordnet Platon den Staat aristokratisch. Die dorischen Lösungen einerseits und die pythagoreischen Entwürfe andererseits bleiben für Platon urbildlich. Gerade deshalb zählt er zu den Wächtern des Staates jene, die den Besten willige Anerkennung gewähren. Wächter müssen im Hause sanft, gegen Fremdlinge duldsam, aber hart sein. Sie müssen dem inneren Verfall wehren und dazu geschult werden. Sie dürfen keine eigenen Familien haben, weil Herdwärme und Sippentrieb die Aufopferung anfechten. Die Gier nach Genuß und Besitz verstellt den Dienst am Ganzen. Nur gleiche Interessen einigen. Deshalb versagt Platon den Wächtern und den Regenten alles entbehrliche Privateigentum. Er verordnet ihnen gemeinsame Behausungen und gemeinschaftliche Mahle, verbietet den Besitz von Gold und Silber, gewährt aber die Unterhaltsmittel des dritten Standes. An die Stelle der Familie tritt die Weiber- und Kindergemeinschaft.

Das gibt den Frauen gleiche Rechte wie den Männern. Beide Geschlechter teilen sich deshalb in die Geschäfte der Erziehung und des Staates. Demnach ist die Beschränkung der persönlichen Freiheit durch den Staat geboten; sie meint die Vollendung. Der Verzicht des einzelnen sichert den Gewinn aller. Dennoch ist dieser »Kommunismus« hierarchisch gegliedert und daher unvergleichbar. Die Güter- und Frauengemeinschaft gilt nur für die oberen Stände, die der philosophischen Gesinnung verpflichtet sind. Das ist mehr als ein »Staatsvertrag«; es ist ein Staatsleib. Dieser muß gebildet, erzogen werden. Er wünscht sich von den Tüchtigsten viele, von den Untüchtigen wenige Kinder, eine spartanische Nachwuchspflege, die alle Neugeborenen der Staatssorge überweist, die Kinder den Eltern, die Eltern den Kindern entfremdet.

Damit wird der Staat zum Bildungsinstitut, das Gehalt und Halt in sich selbst besitzt, also vernünftig urteilt, verurteilt und handelt. Er ist in sich ruhendes Gedankengebilde. In diesem werden sich die Eltern gesellt, die Kinder übernommen und zweckgerecht erzogen. Die Erziehung ist unpersönlich öffentlich. Charakter und Fähigkeiten bestimmen die Klassen der Heranwachsenden. Die Musik führt zu Gesundheit und Erkenntnis, denn sie entfaltet die Einheit der Seele und in der Gemeinschaft aller als Sitte die Harmonie.

Bis zum achtzehnten Altersjahr werden Gymnastik und Musik gepflegt; in den kommenden zwei Jahren der Ephebenzeit herrscht die Ausbildung zum Kampf, im dritten Jahrzehnt die Schulung in den Künsten des Quadriviums. Die darauf folgenden fünf Jahre üben die »philosophische Dialektik«, die zu einer fünfzehnjährigen Administrationsarbeit überführt. Mit fünfzig Jahren werden die so Erzogenen ins »höchste Mathema«, die Lehre vom Guten eingeweiht. All dies soll spielend geschehen, aber die allgemeinen Zwekke anerkennen.

Das Gute ist weder Lust noch Erkenntnis; es ist keine Idee, sondern voraussetzungslos und folgenlos Ziel und Goldenes Zeitalter, hienieden aber Glückseligkeit des Volksganzen. Tugend und Glückseligkeit sind eins, der wahre Staat echte Tugend, jenseits der Willkür sittlichkeitspflichtig. Das Staatsleben wird damit zur echten Erkenntnis, der Herrscher Philosoph. Dessen höchste Einsicht dient der »Gestalt des Guten«, idea tu agathu. Die Teilnahme am Staat ist in der Folge der Teilhabe Pflicht und Wahrheitserfüllung, wissenschaftliche Betrachtung Lebensgeschäft, Tugend wahres Glück; ihr wahrer Bestand ist Einsicht, die Herrschaft der Philosophen notwendig und wesenhaft, die Staatskunst Philosophie.

Platon ist später von seinem »Philosophenkönig« abgekommen. Zwar ließ er die Forderung noch gelten, hielt sie aber für undurchführbar. Nur die Gottheit wäre dem hohen Gebot gewachsen; die »Gesetze« zeigen die irdischen Stufen auf: das Quadrivium als Vorunterricht, die Dialektik als vorschreitenden Prozeß zur Lehre vom Guten. Auf diesem Weg muß der tätige Philosoph »ein gutes Gedächtnis, Sinn für schöne Formen, Neigung und Verwandtschaft zur Wahrheit, zu Gerechtigkeit, zu wahrer Männlichkeit, zu besonnener Mäßigung« besitzen. Dazu steige er in die Höhle der Urbilder hinab. So nur werde er der Werdewelt gerecht. Der Vernunftstaat erhebe sich zur Timokratie und zur Oligarchie der Weisheit. Die Gerechtigkeit des Staates wächst aus der Erfahrung zu Überlegung und Einsicht. Sie bietet sich als echter Wohlklang an. Sittlichkeit und Schönheit kommen überein. Das Wissen darum ist nicht Bedingung, sondern wesentlich, Wurzel und Blüte der Tat. Tugend ist Wissen und Wissen Tugend, das Gute ihr Kern.

Das gewaltige Werk schließt – man muß den letzten Teil als Lobgesang auf den Daimon der Seele verstehen – mit einem Satz des Sokrates zum ausführlich umrissenen Staat: »Nun, so schloß ich, ist er im Himmel als Urbild für jeden errichtet, der ihn schauen und sich nach ihm richten will; es bleibt aber gleichgültig, ob er irgendwo vorhanden ist oder bestehen wird; denn er befaßt sich nur mit ihm und mit keinem andern.« Er ist »einsehbar«, doch nicht »sichtbar«.

Dem entspricht im berühmten Höhlengleichnis, das sich ebenfalls in der »Politeia« findet, daß der Bürge, der in das Tageslicht der Wirklichkeit hinausgetreten ist, in die Finsternis zurückgekehrt, darum weiß, wie wenig der Schattenriß auf der Höhlenwand der gegenständlichen Welt gleicht, so daß die Zurückgebliebenen meinen, »er komme von seinem Aufstieg mit verdorbenen Augen zurück und es lohne sich nicht, auch nur versuchsweise dort hinaufzusteigen«. Hermann Gauß ist in seinem Handkommentar von 1958 mit Nachdruck der Ansicht, Platon habe die Erfahrung hochgehalten und sie keineswegs an die Utopie verschachert. Doch könne über Staat und Gerechtigkeit nur entscheiden, wer sie zu Ende gedacht habe. Dieses Streben allein mache die Philosophie aus.

Platon gibt an etlichen Stellen des Dialogs ausdrücklich zu bedenken, daß die Geltung seines Staatsentwurfs nicht als bloße Utopie verworfen werden kann. Er ist ja auf seiner ersten Sizilien-Reise von 388 und 387 v. Chr. mit den Pythagoreern ins Gespräch gekommen, die sich ihrerseits der Menschengesellung philosophisch angenommen hatten, und seine Freundschaft mit Dion (409–354 v. Chr.), dem Schwager des syrakusischen Tyrannen Dionysios I. (um 430–367 v.Chr.), ließ ihn wohl eine Verwirklichung seiner staatspolitischen Gedanken erwägen.

In der Nachfolge Platons steht Iambulos, der uns nur durch Diodoros, den griechischen Geschichtsschreiber Siziliens im 1. vorchristlichen Jahrhundert, bekannt geworden ist. Iambulos, der wohl dem 3. Jahrhundert v. Chr. angehörte, schilderte in einem Reisebericht, welch wunderbare Dinge er auf den »Sonneninseln« des südlichen Weltmeers erfahren habe. Er soll bei einer Fahrt in die fernen Gewürzgegenden überfallen worden sein. Später hätten Äthiopier ihn und seine Genossen als Sühneopfer geraubt. Zu solchem Dienst habe er einem Orakelspruch gemäß einen kleinen Kahn nach Süden steuern müssen, und so sei er zu einer glücklichen Insel mit guten Menschen gelangt. Die Bewohner des Eilands seien von völlig anderer Gestalt als die Leute der bekannten Länder gewesen: vier Ellen hoch und von überaus biegsamem Knochenbau. Haare hatten sie nur an Haupt, Augenbogen und als Wimpern und Bart getragen. Doch sei ihr Körper ebenmäßig und von großer Schönheit gewesen. Sie hätten jedoch eine gespaltene Zunge besessen, und mit ihr sei es ihnen gelungen, allerlei Stimmen nachzuahmen. Sie konnten auch über zwei Dinge zugleich sprechen, erzählt der Reisebericht. Frost und Hitze gebe es unter dem Äquator nicht; der Tag sei der Nacht gleich und der hohe Mittag schattenlos. Jene Volksgemeinschaft sei nach Familien geordnet; Wissenschaften und Sternkunde würden gepflegt. Die Schriftzeichen liefen von oben nach unten. Wer gebrechlich werde, müsse sich den Tod geben. Trotz der Familien sei die Ehe auf den Sonneninseln unbekannt. Die Frauen gehörten allen und die Kinder der Gemeinschaft. Man kenne dort keinen Ehrgeiz und keinerlei Unruhe. Um aufgezogen zu werden, hätten die Kinder auf einem großen Vogel einen mutigen Flug zu bestehen. In jedem Stamme herrsche der Älteste mit Königsmacht, bis er sein hundertundfünfzigstes Jahr erreiche und sich nach dem Gesetz töte. Die Inseln hätten keinen Mangel zu leiden. Die Glieder der Gemeinschaft verehrten Luft und Sonne, alles Himmlische in Hymnen und Lobliedern.

Es handelt sich bei der erdichteten Reiseschilderung, die zwischen den Jahren 280 und 200 v. Chr. entstanden sein soll, um überlieferte Reiseabenteuer und verschüttete Mythenbestände. Ihre Phantastik bildet eine ausgelassene Ergänzung zu Platons philosophischem Ernst. Es ist dabei nicht zu verkennen, daß viele Utopien ein Goldenes Zeitalter säkularisieren und einem Mythos angehören, der die Saturnalien mit Gegenwartssatire zusammenbringt. Vieles erinnert sich der Phaiaken Homers, die als Seefahrervolk in einem Außerland wohnen und Jenseitsvorstellungen mit Märchenwünschen verkoppeln. Sie sind Götterlieblinge und mit allen Gütern eines heiteren Lebens gesegnet. Sie besitzen schnelle Geisterschiffe und werden zum wahrhaften Schlaraffenvolk.

In solchen Überlieferungen hat Lukian, der einer syrischen Familie entstammte und als Wanderredner in Griechenland, Italien und Gallien auftrat, das seichte Großstadtleben an einem idealisierten Athen gemessen und damit seiner Zeit den Spiegel vorgehalten. Er hat auch die gängigen Wundererzählungen, etwa jene von einer Weininsel im hesperischen Ozean, parodiert. Die späteren Utopien arbeiten mit allen diesen Möglichkeiten zwischen Platon und Lukian. Sie entwerfen Vorbilder und fallen zynisch über die jeweils herrschenden Zustände her.

All dem verschloß sich das Mittelalter. Der Gottesstaat des Augustinus verteidigte das Christentum gegen die Heiden, den Gottesbürger gegen den Erdenbürger des heidnischen Römerstaates. Die Theokratie hat mit der Utopie nichts als eine völlig anders geartete Sehnsucht gemein.

Die utopische Sehnsucht nach der vollkommenen Verwirklichung der Menschenwürde setzt im Anschluß an die Anregungen der Antike mit der Renaissance ein. Sie bezeugt die Macht der glaubensfernen Vernunft. Ihr Wortführer ist Thomas Morus (1478?–1535). Er ist es, der mit Aristoteles die Einsicht – phrónesis – zur stiftenden Macht des menschlichen Glücks erhebt. Er tut es, indem er seinen vorgeblichen Gewährsmann, den Portugiesen Raphael Hythlodeus, zusammen mit Amerigo Vespucci (1451–1512), dem Seefahrer in spanischen und portugiesischen Diensten, nach dem der deutsche Kartograph Martin Waldseemüller Amerika bezeichnete, nach ou-topos, dem Nichtland, oder auch eu-topos, dem Schönland, entführt. »De optimo rei publicae statu, deque nova insula Utopia, libellus vere aureus« heißt sein Werk, das 1516 erstmals erschien und das Abertausenden ähnlicher Schriften den Gattungsbegriff der Utopie verlieh sowie deren seltsame Einheit von Zeitkritik, Phantastik, Abenteuer und Staatstheorie mit seinem Siegel kennzeichnete.

Thomas Morus war der Sohn eines würdigen Richters am Oberhofgericht. Er wurde im Hausstaat des Erzbischofs von Canterbury, Kardinal Morton, erzogen und unterzog sich hernach juristischen und scholastischen Studien. Er lebte von 1499 bis 1503 mönchisch zurückgezogen in Charterhouse, befreundete sich mit Erasmus von

Rotterdam (1466–1536) und ehelichte um 1504 Jane Colt, die Enkelin des Schatzkanzlers Heinrichs VII. (1457 [1457]–1509), des Begründers des Hauses Tudor. Während der letzten Regierungszeit seines Königs zog er als Abgeordneter in das Parlament ein. Unter Heinrich VIII. (1491–1547), der die Krone 1509 übernommen hatte und im selben Jahr Katharina von Aragón (1485–1536) heiratete, wurde Morus 1510 Under-Sheriff von London, 1521 Sir, dann Kanzler des Herzogtums Lancaster und 1523 Sprecher des neu einberufenen Parlaments. Von 1529 bis 1532 war er Lordkanzler. Nach dem Bruch Heinrichs VIII. mit Rom 1532 legte er seine Ämter nieder. Nachdem der Papst die Scheidung des Königs von Katharina verweigert hatte und damit die Trennung der englischen Kirche von der römischen eingeleitet worden war, anerkannte Morus zwar das neue Thronfolgerecht, verweigerte aber den Suprematseid und wurde am 6. Juli 1535 als Hochverräter mit dem Fallbeil hingerichtet; der Schiedsspruch, erhängt, zerrissen, verstümmelt, gevierteilt zu werden, war vorher auf dem Gnadenweg aufgehoben worden.

Thomas Morus, der seine »Utopia« zur selben Zeit schrieb, wie Niccoló Machiavelli (1469–1527) an seinem »Principe« arbeitete und Erasmus die »Institutio principis christiani« verfaßte, wollte die Frage, auf welche Weise Moral und Politik zum Staatswesen zusammenfinden, klären. Er tat es nicht lehrhaft, sondern in der Erfindung eines Gesprächs, dem die »lässige Schlichte« des Hofmannes zustatten kam. Der Redeführer Raphael Hythlodeus erscheint, wie sein Name andeutet, als Arzt und Philosoph, der seine Zeitdiagnose dialektisch stellt. Ausbeuterische Willkür, so meint er, zerstöre die Wirtschaft, Sittenverderbnis und Arbeitslosigkeit verelenden die Gesellschaft. Das Prinzip des Privateigentums werde der Gerechtigkeit zum Hemmnis. Leider, so bedauert Morus, werde die Philosophenherrschaft, so wie sie Platon gefordert habe, durch die Territorialpolitik unmöglich gemacht. Bei seinen Verbesserungsvorschlägen benützt Hythlodeus die Paradoxien der Umwege, um »alles geschickt darzulegen und, was du nicht zum Guten wenden kannst, mindestens möglichst wenig schlecht ausfallen zu lassen«. Diesem Vorgang dient die Beschreibung des Inselstaates, die vom Reisebericht zur Zukunftsvision führt.

Utopia ist ein ironisch illusionäres Bild zwischen dem schönen Land des Goldenen Zeitalters und der Unwirklichkeit der geplanten Staatslandschaft. Vierundfünfzig Städte von quadratischer Anlage finden sich zum Inselstaat zusammen. Großfamilien, die einem Hausvater gehorchen, umfangen dreißig Haushaltungen, von denen zehn Gruppenführer ihren amtierenden »Tranibor« bestimmen. Zweihundert von diesen wählen dann den Tüchtigsten zum Staatsoberhaupt. Die Arbeitspflicht aller ermöglicht eine förderliche Arbeitsteilung, die Sklaven nicht ausschließt. Dabei wird die tägliche Dienstzeit beschränkt, die Freizeit zur Fortbildung genutzt. Von jedem muß Landarbeit geleistet werden. Wächst die Bevölkerung, so gründen die Utopier Kolonien, die dem Mutterland dienstbar werden sollen. Geld und Privateigentum werden bei der Teilnahme aller am Wirtschaftsablauf überflüssig.

Thomas Morus gehorcht in seinen Folgerungen und Forderungen einem humanistischen Vertrauen in die Kraft der Vernunft. Damit pflegt er die Zuversicht der Aufklärung spartanisch streng. Sittenlehre ist Vernunftgebot, Wille und Menschlichkeit sind eins. Um die Spitzfindigkeiten der Juristen auszuschließen, werden nur wenige, aber klare Gesetze erlassen, die zugleich die Verbrechensbereitschaft mindern. Verstöße werden nicht mit dem Tod, sondern mit Zwangsarbeit bestraft. Die Religion steht in hohem Ansehen. Sie mutet – christlich geläutert und dogmenarm – urchristlich an, und duldsam, wie sie sich gibt, ist sie vorbildlich. Liturgie und Feste werden gepflegt, der Lobpreis der Natur meint die tätige Liebe.

Thomas Morus, immerhin Lordkanzler, versteht seinen Entwurf als Grundsatzgespräch und Anregung. Er wendet sich gegen die »Verschwörung der Reichen« in der gegenwärtigen Welt, denkt aber weder an Umsturz noch an bloße Wunschträume. Die »Utopia« ist ihm Werkzeug, nicht Werk. Mit solchem Vertrauen wurde sie unzähligemal neu aufgelegt, bearbeitet, übersetzt, nachgeahmt. Eine Flut von verwandten Schriften folgte, darunter die von zwei weiteren englischen Staatskanzlern: Francis Bacon, dem außerordentlichen Rat der Königin Elisabeth, und Thomas Erskine (1750–1823). Karl Kautsky (1854–1938) war der Überzeugung, daß der moderne Sozialismus mit der Utopie des Thomas Morus beginne.

Sechs Jahre nach diesem Werk erschien wohl als erste deutschsprachige Utopie jene Johann Eberlins von Günzburg (um 1468 bis 1533), die Flugschrift »Ein newe ordnung weltlich stants«. Eberlin war zuerst Franziskanermönch in Basel und seit 1519 Anhänger Luthers. Er wurde 1520 des Predigeramtes enthoben, aus Ulm vertrieben und flüchtete vorübergehend in die Schweiz. Dauernde Nachwirkung dürfte er als Reformator der Grafschaft Wertheim erzielt haben. Seine Utopie findet sich unter fünfzehn als der »elfft bundtgenoss« von 1521 bis 1523. Der Idealstaat »Wolfaria« sollte Kaiser Karl V. im süddeutschen Raum als Anregung und Reformvorschlag dienen. Eberlins Schrift, die mit den Nöten der Bauernschaft kontrastiert, ist in beinahe aphoristischer Diktion ein Mahnruf, der »allem volck in allen vogtyen« vorzuhalten sei. Es gehe darum, eine »newe ordnung weltlich stants« zu schaffen, fordert der Titel.

Die Schrift trägt die Sorgen der Bauernkriege vorschlagsweise vor. Eberlin tritt für den ehrlichen Ackerbau ein, den auch der Adel zu pflegen habe. In jedem Dorf solle ein Edelmann soviel Ackerfeld bearbeiten, »als vyl zwen pflüg mögen buwen, der selb sol schultheiss im dörfflein sein«, das zweihundert Hofstätten zusammenfassen möge. Ein Ritter habe ihnen als Vogt vorzustehen. »Jetliche stat soll ob gemelter vogtien zehen under ir haben ... Einer stat oberhandt soll ein graff sein.« »Under allen fürsten sol einer vss in genant werden küng ... ains gmeinen nutz.«

Eberlin erläßt dann seine Verordnungen zum Ehestand, gegen Trinker, Gotteslästerer, Verleumder, zum Spiel, zum Tanzen; er spricht von den Räten und Gerichten, erstellt Speise- und Trankordnungen, er jagt »vnütz handtwärck« aus dem Lande, verbietet beim Hausbau jeden Aufwand, befiehlt den Männern Bärte zu tragen, regelt die Erziehung der Kinder, umreißt die Münzrechte, bestimmt die Kleiderfarben, ordnet die Freizeit, wehrt dem Müßiggang. »So sollen darnach die gsatz ein krafft haben nach bestätigung vnser landtschafft, by straff der vngehorsamen vnd belohnung der gehorsamen.«

Zu den großen Werken der Renaissance gehört das Hauptwerk von François Rabelais (um 1494–1553), »Gargantua et Pantagruel«, das zwischen 1532 und 1564 erschienen ist. Rabelais, der freigeistige

Humanist von chimärischer Phantasie, war Franziskaner, dann Benediktiner und letztlich weltgeistlicher Arzt. Er stammte aus der Touraine und weilte mehrmals in Rom. In seine Dichtung flossen die Werte der Renaissance in Wissenschaft und Kunst ebenso ein wie das bunte Volkstreiben.

»Gargantua und Pantagruel« bietet in einem Sturzbach Absonderlichkeiten, antike Erinnerungen, Schwänke, Satiren und Wunschtraumwelten im einfallsreichen Wechselgespräch. Rabelais windet um die Geschichte seines Riesen Gargantua funkelnde Einfälle zum Gleichnis einer menschenwürdigen Erziehung. Dessen Sohn Pantagruel verbindet Sinnenfreude und geistiges Epikureertum mit Herz und Schalk. Fratzen wechseln mit tiefem Ernst, das Unflätige gibt dem Abgründigen Raum. Die Lebensmächte sind zwar panbärtig, doch die utopische Klostergemeinschaft der Abtei Thelema erhält durchaus Ernst und geistige Würde; sie ist Ort der freien Entfaltung und Vorbild harmonischer Bildung, Kloster ohne Mauern, eine Gesellschaft ohne Gesetz und Zwang.

Die Thelemiten leben sorgenlos in schönem Wohlstand, der alle Launen zum Gleichklang faßt. »Tu, was du willst«, heißt das Leitwort, an dem viele Zeiterscheinungen kritisch gemessen werden. Schwebte Rabelais auch Art und Erfolg des Volksbuches der »Grandes et inestimables croniques du grant et enorme geant Gargantua« von 1532 vor, in dem ein unbekannter Autor die Riesenmärchen der mittelalterlichen Dichtung mit der Artus-Epik zusammenbringt, so leistet er doch künstlerisch unendlich viel mehr. Er bewältigte noch andere Anregungen, wie schon der Name Pantagruel, der in einem spätmittelalterlichen Mysterienspiel einen kleinen Teufel bezeichnet, bezeugt. Lukians Satiren und die »Makkaronischen Gesänge« von Teofilo Falengo (1496–1544) grenzen an. Darüber hinaus entwirft Rabelais für Pantagruel eine fortschrittliche Erziehung, die sich an den Idealen der Renaissance ausrichtet und den leidenschaftlichen Humanisten verrät. Künste und Wissenschaften sollen gepflegt werden, wie es die Antike tat, und der Geist benötigt wie der Körper eine treu wiederkehrende Übung. Leitend bleibt für Rabelais aber der Gedanke der Willensfreiheit, die, selbstbewußt geworden, die Zukunft zu meistern vermag.

In der Folge all dessen geben Reiseberichte neben Inselabenteuern den Vorwand zu derben Satiren, aber auch zu unerbittlichen Anklagen gegen Fanatismus, Fastenregeln und Justiz. Das Werk entfaltet in seiner unüberblickbaren Fülle einen Riesenspaß; es irrlichtert aber auch bedrohlich in ernsten Verhaltensgeboten. Ein Buch, das ein herzliches Gelächter zum Eigensten des Menschen erklärt, muß als Heilmittel einer kranken Zeit ernst genommen werden. Seine Lebensweisheit bietet sich heiter an, und sie ist darin von besonderer Art utopisch. »Weil in den Klöstern dieser Welt sonst alles abgezirkelt, eingeteilt und nach Stunden geregelt ist, ward verordnet, daß ... keinerlei Uhr oder Zifferblatt vorhanden sein dürfe, sondern alle Verrichtungen sollten je nach Umständen und Gelegenheit zugewiesen werden.« »Ihr ganzes Leben richtete sich nicht nach Gesetzen, Satzungen oder Regeln, sondern nach ihrem freien Willen und Gutdünken.« Die Freiheit sollte im Wettstreit eine Gemeinschaft der Freude stiften.

Dieser Utopie der Freiheit stellte Tommaso Campanella (1568 bis 1639) eine Utopie der gesetzgeberischen Weisheit entgegen. Eduard Fuchs (1870–1937), der 1899 das Werk Campanellas in der Neuübersetzung von Ignaz Emanuel Wesseln herausgegeben hat, bezeichnete den »Sonnenstaat« als »eine der schönsten und tief durchdachtesten sozialistisch-kommunistischen Utopien, die wir besitzen«. Tommaso Campanella wurde als Sohn einer armen Familie im kalabrischen Stegnano geboren. Mit dreizehn Jahren erwies er sich als dichterisch begabt, und der übereifrig Studierende wäre vierzehnjährig beinah einem Gehirnfieber erlegen. Er wurde im Dominikanerkloster von Stilo unterrichtet und lernte Thomas von Aquino (um 1225–1274) bewundern, dessen System der Moral und der Politik, das die stofflichen Kräfte der Überlegenheit des Geistes unterstellte, ihn überzeugte. Ferner wurde der Zögling in einer kurzen, aber folgenreichen Begegnung von einem Rabbiner in die geheimen Wissenschaften der Alchimie, der Astrologie und der Magie eingeführt. Als er sein Klostergelübde abgelegt hatte, schickten ihn die Patres von Stilo nach San Giorgio, wo er dank seiner überragenden Bildung höchstes Erstaunen erregte. In der Folge begeisterte sich Campanella für Bernardino Telesio (1508–1588), einen Naturphilosophen, der die Erscheinungswelt auf das körperliche Prinzip der passiven Materie und die zwei tätigen Prinzipien von Wärme und Kälte zurückführte. Er gelangte von Neapel nach Florenz und lernte dort Galilei (1563–1642) kennen.

Nach Stilo zurückgekehrt, schrieb er unter anderem eine Tragödie auf den Tod der Maria Stuart (1662 [1689]–1694). Zugleich exponierte er sich in der Opposition gegen die spanische Herrschaft in Neapel und wurde von 1599 bis 1625 als Rädelsführer eingekerkert. Seine Folterer waren von der »spartanisch großen Seele« ihres Opfers erschüttert. Papst Urban VIII. (1568 [1623]–1644), unter dem die Peterskirche eingeweiht, aber auch Galilei zum Widerruf gezwungen werden sollte, erwirkte nach fünf Verhandlungsjahren seine Entlassung. Der Haß der Spanier aber verfolgte Campanella weiter, so daß er beim französischen Gesandten, dem Grafen von Noailles, Schutz suchte und schließlich über Marseille zu Richelieu (1585–1645) nach Paris floh. Ludwig XIII. (1601 [1610]–1643) umarmte den Flüchtling und gewährte ihm im Kloster seines Ordens Zuflucht. Seine Werke wurden an der Sorbonne lehrfähig. Sein Leichnam wurde mit großen Ehren in der Klosterkirche bestattet.

Während seiner Haft schrieb Campanella sein Hauptwerk, »La Città del Sole. Dialogo di Republica nel quale si dimostra l'idea di reforma della Republica christiana conforme alla promessa da Dio Gatta alle Sante Caterina et Brigida«. Es erschien 1623 in lateinischer Fassung. Der »Sonnenstaat« ist die Utopie eines Dominikaners, schließt jedoch an Platon an. Vorgetragen wird der Staatsentwurf als Bericht eines Genueser Seefahrers an seinen Oberen des Hospitalierordens.

Campanellas theoretischer Staat liegt auf der Insel Teprobana, dem heutigen Ceylon, wo nach einer alten Überlieferung das irdische Paradies vermutet wurde. Er wird von Priestern verwaltet und vom höchsten Sonnenpriester geführt. Dieser geistliche Adel gründet sich jenseits aller Geburtsvorrechte auf dem Wert seiner Träger. Drei Regenten, die Macht, Weisheit und Liebe vergegenwärtigen, ergänzen als Staatslenker die Hierarchie. Die Gütergemeinschaft schenkt der Gesellung Eintracht. Der Handel beschränkt sich demgemäß auf den Gütertausch. Landwirtschaft und Handwerk gelten vor allen andern Arbeiten. Der Zuchtwahl zu dienen, werden die Eheleute auf Zeit zusammengeführt. Die Kinder werden den Eltern entzogen und in der Gemeinschaftsschule unterrichtet. Rechtsurteile vollzieht das Volk. Die Volksversammlung besitzt Anregungs- und Beschwerderechte. Die friedlichen Bewohner des Sonnenstaates, die nur gegen Angreifer oder auf Ersuchen fremder Völker gegen deren Tyrannen Kriege zulassen, schützen sich innerhalb der sieben Planetenmauern unter dem Segen des Sonnentempels.

Christlich ist an dieser Konzeption nur die Gleichberechtigung der Solarier, modern aber viel: Die Bewohner des Inselstaates besitzen kunstvoll angetriebene Wagen und Schiffe, künstliches Licht, Klimaanlagen. Sie können fliegen und hoffen, mit Seh- und Hörvorrichtungen den Kosmos erschließen zu können. Das Seiende ist für sie göttlich, das Nichtseiende schöpferisch. Gott offenbart sich in der Sonne. Metaphysikus heißt der priesterliche König der Gemeinschaft. All dies klingt an die spanische Universalmonarchie an und steht den Hoffnungen nahe, die man auf den eben geborenen Sonnenkönig Ludwig XIV. (1638 [1648]–1715) setzte. Campanellas Staatsbild sollte anderthalb Jahrhunderte lang im Jesuitenstaat von Paraguay nachwirken. Ernst Bloch (1885–1977) verstand es als Staatssozialismus von papistischem Pathos.

In derselben Jahrhunderthälfte veröffentlichte der schwäbische Theologe Johann Valentin Andreae (1586–1654), dessen Großvater Jakob Propst und Kanzler der Universität Tübingen gewesen war, als erster Lutheraner vier Jahre vor der »Civitas Solis« (1619) ein Werk mit dem Titel »Christianopolis«, das in Straßburg bei Lazarus Zetzner erschien. Die Christenstadt soll sich, berichtet der Autor, als »Land der Ruhe« auf einer Insel Caphar Salama befinden. Sie besitzt einen mandalaähnlichen Grundriß, der das Leben als Meditationsübung versteht. Demgemäß wird die Bildung der Bewohner dreistufig von Theosophie, Kabbala und Astronomie bestimmt. Die höchste Stufe der christlichen Gemeinde wird über die Vokalmusik mittels der esoterischen Wissenschaften erreicht. Es geht letztlich um eine »Allgemeine und General Reformation, der gantzen weiten Welt«, also eine dringliche und verbindliche Weltverbesserung.

Selbst Goethe und später William Butler Yeats sind in diese Gedankengänge eingetreten.

Andreae verwurzelt seine »große Erneuerung« ähnlich Francis Bacon in der Vorstellung eines Tausendjährigen Reiches, die jener Zeit eigen war. Die »Reipublicae Christianopolitanae Descriptio« glaubt daran, daß die Welt in die Hände des Widersachers gefallen sei, und erhebt den Anspruch, das Dunkel zu vertreiben und das Licht zu erneuern. Die Reformation Luthers sei durch eine neue Reformation zu ergänzen; »das Licht einer neueren Religion ist wieder für uns angebrochen«. Eine glühende Geistigkeit führe mittels der Meditation zur spirituellen Erneuerung.

Christianopolis ist ohne Campanella nicht zu denken, und tatsächlich wurden erste Beschreibungen der Stadt Tobias Adami und Wilhelm von Wense, die dem Kreis um Andreae angehörten, aus Neapel übermittelt. Auf diesem Wege wurde Andreae mit seinen Schriften, gleichgültig wie er sich später zu ihnen stellte, zum Gründer einer merkwürdigen rosenkreuzerischen Geschichtsphase paracelsischer Tradition, die in pythagoreischen Gedankengängen auch der Musik und ihrer Heilwirkung verschrieben war.

Andreae war kurze Zeit Hofmeister des Freiherrn Weiprecht von Gemmingen zu Hornberg, Treschklingen und Rappenau (1608 bis 1680), 1614 Diakon in Vaihingen an der Enz, von 1620 bis 1638 Dekan und Superintendent in Calw und 1650 Abt von Bebenhausen. Er war mit Kepler bekannt und las Campanella, Montaigne (1533–1592), Boccalini (1556–1613). Seine Auffassungen bedienten sich der paracelsischen Chemie und leiteten an der Schwelle des enzyklopädischen Zeitalters zur theosophischen Pansophie hinüber. Er verstand den Kirchendienst als christlichen Sozialismus und trat in diesem Sinne durch die Vermittlung Wenses mit dem Herzog von Braunschweig in Verbindung, um unter dessen Einsatz und Fürsprache einen Bund christgläubiger Gelehrter zu stiften. Sein Staatsroman sollte der keplerschen Himmelsordnung einen irdischen Pflanzgarten an die Seite setzen.

Die Gedanken der Rosenkreuzer gingen später in die Erkenntnisse der Freimaurer, vorab aber vor dem Hintergrund der böhmischen Bewegung um Kaiser Rudolf II. (1552 [1576]–1612), dem Sohn

Maximilians II. (1527 [1564]–1576) und Anhänger der Gegenreformation, in die Lebensarbeit von Johann Amos Comenius (1592–1670), des Begründers der Pansophie, ein. Prag war bis zum Tode Rudolfs Schmelztiegel aller Renaissanceweistümer. John Dee (1527–1608), der überlegene Mathematiker von abgründiger Tradition, Giordano Bruno (1548–1600), der dominikanische Philosoph neuplatonischer Prägung und erste Meister einer beseelten Monadologie, sowie Johannes Kepler, der Hofastrolog, weilten in Prag. Comenius gab dann die Einsichten und Bekenntnisse der böhmischen Bewegung an die Gelehrten der Royal Society Englands weiter. Er glaubte sich berufen, Bacons »Neues Atlantis« zu gründen.

Francis Bacon wurde unter der Regierung Elisabeths I., der Tochter Heinrichs VIII. und der Anna Boleyn (1507?–1536), als Sohn des Großsiegelbewahrers geboren. Er begann mit dreizehn Jahren seine juristischen Studien am Trinity College in Cambridge, die er später an der Rechtsakademie Grays Inn fortsetzte. Im Jahre 1576 weilte er in Paris und schrieb mit sechzehn Jahren sein erstes Buch, in dem er den Kampf gegen die Scholastiker aufnahm. Er kehrte nach dem Tod seines Vaters nach England zurück und suchte nach einem Broterwerb. Er wählte den Advokatenberuf, um später in den Staatsdienst zu gelangen. Ein Londoner Goldschmied, dem er dreihundert Pfund schuldete, ließ ihn festnehmen, und nur die Fürsprache seines Vetters Cecil, eines Sohnes von Lord Burleigh (1520 bis 1598), befreite ihn aus dem Schuldgefängnis. Doch schenkte Graf Essex (1566/67–1601), der als Günstling der Königin von Einfluß war, Bacon voller Bewunderung ein Landgut. Als Essex, in Ungnade gefallen, wegen Hochverrats angeklagt wurde, saß Bacon als Anwalt der Krone im Gericht, und seine unerbittliche Klageführung war es, die den Gönner aufs Schafott brachte. Bacon schrieb im Auftrag der Königin überdies eine Rechtfertigung des Todesurteils.

Unter dem Sohn Maria Stuarts, Jakob I. (1566 [1603]–1625), der die Nachfolge Elisabeths angetreten hatte, wurde Bacon 1603 geadelt, 1607 Solicitor General, 1616 Mitglied des Geheimen Rats, 1617 Großsiegelbewahrer, 1618 Großkanzler und »Baron Francis Verulam«, 1621 Viscount of St. Albans. Ein Jahr zuvor hatte er sein »Novum Organon Scientiarum« herausgegeben, das seinen Ruhm begründen sollte. 1621 wurde Bacon zu Recht wegen Bestechung angeklagt und verlor alle Ämter und Würden. Er starb 1626 an einer Erkältung, nachdem er ergründen wollte, ob man Fleisch statt mit Salz auch durch Kälte haltbar machen könne, wobei er einem Freund zum Abschied schrieb: »Das Experiment ist gelungen ...«

Bacon war Naturforscher und Naturphilosoph von nüchterner Leidenschaft. Seine Schriften behandeln beinah alle Bereiche des Wissens. Sie verraten zudem eine edle Menschlichkeit, die der geistigen Herrschaft über die Natur huldigt. Vorurteile des Standpunktes ließ er so wenig wie jene der Gesellschaft gelten. Sein Fragment eines utopischen Romans »Nova Atlantis« wurde um 1624 englisch geschrieben, aber 1627 lateinisch veröffentlicht. Der Titel des Werks bezieht sich auf die sagenhafte im Ozean versunkene Insel, die schon Platon in den Dialogen »Timaios« und »Kritias« erwähnt, doch Bacon hat wohl auch die 1567 von den Spaniern entdeckten und gerüchthaft bekannten Salomon-Inseln mitgemeint. Das Schiff der Rahmenerzählung landet auf der Fahrt von Peru nach Japan auf »Bensalem«.

Bacon schildert das Staatswesen der Insel als Monarchie mit beratendem Senat, einer patriarchalischen Familienordnung und einer besonders gearteten, aber christlich gefärbten Religion. Geistige Mitte des Staates ist das »Haus Salomons« oder das »Kollegium der Werke der sechs Tage«, eine strenge Forschungsgemeinschaft, die alle verborgenen Kräfte der Natur erkennen und beherrschen will. Sie ist völlig selbständig und keineswegs dem Monarchen verpflichtet. Einige aus dem »Haus Salomons« haben den Auftrag, alle zwölf Jahre über neue Entdeckungen in der Welt zu berichten, während andere die Literatur nach brauchbaren Hinweisen durchkämmen und dritte Experimente aller Art durchführen. Bacon glaubt an den Fortschritt; er will ihn in der wissenschaftlichen Zusammenarbeit erreichen und sichern. Das wurde den künftigen Akademien zum Vorbild. Zukunftsweisend war Bacons Utopie auch in anderem: Sie erörtert wie Leonardo da Vinci den Vogelflug, will Töne durch Rohre übertragen und fordert, daß man die Sonnenwärme nutze. All dies gab seiner Epoche ein hohes Selbstbewußtsein und verlieh den wissenschaftlichen Arbeitsgemeinschaften Rang. Im Jahre 1657 wurde in diesem Geist in Florenz die Accademia del Cimento gegründet; die Royal Society of London for Improving Natural Knowledge wurde 1662 durch eine Stiftungsurkunde Karls II. (1630 [1660]–1685) ins Leben gerufen. Beide Gründungen wurden gemeineuropäischen Gedankengängen gerecht; schon 1667 wurde die Académie Royale des Sciences in Paris, 1700 die Akademie der Wissenschaften in Berlin, 1724 die Akademie in St. Petersburg geschaffen. Das »Haus Salomons« sollte von Bestand sein.

Vor diesem Hintergrund wurde die Utopie zum beliebten Kunstgriff der Aufklärung, wobei sie sich des öftern der Satire bedient, also fördernde Ziele über einer scharfen Kritik zu erreichen sucht. Cyrano de Bergerac (1619–1655), der Vertreter des »Esprit gaulois«, verfaßte einen solchen satirisch-sarkastischen Reisebericht »Histoire comique contenant les estats et empires de la lune« (1657), dem er »L'histoire comique des estats et empires du soleil« (1662) nachlieferte. Zu jener Zeit waren die Mondreisen ein Lieblingsthema der gebildeten Gesellschaft.

Cyrano sollte bei einem Landpfarrer erzogen werden, wurde aber nach einem Disziplinstreit seinem Vater zurückgeschickt. Später horstete er im Pariser Collège de Beauvais, das sich dem Querkopf gewachsen erwies. Vorzeitig ausgetreten, verfiel er rüppelnd und zechend den Ausgelassenheiten der Jeunesse dorée und rettete sich bei schwindenden Mitteln in die gascognische Gardekompanie eines Herrn Carbon de Casteljaloux. Als gefürchteter Schläger wurde er zu einem »Dämon der Tapferkeit«, der sich auch im Dreißigjährigen Krieg bewährte, als eine der habsburgischen Armeen im Artois und in der Picardie gegen die Gascogner focht. Ein Säbelhieb in die Kehle machte aber Dienst und Händeln ein Ende.

Als 1641 der Theologe, Philosoph und Mathematiker Petrus Gassendi (1592–1655), der die Gedanken Demokrits und Epikurs (341–271 v. Chr.) gegen das scholastische Weltbild und Descartes (1596–1650) zu erneuern strebte, nach Paris kam, drängte sich Cyrano in seine Vorlesungen. Die »Mondstaaten« sind die Frucht dieser Begegnung. Die Mondfahrt wird von einem Raketenflugzeug unternommen, das nach dem Aufstieg vom Quebecer Marktplatz die Raumkapsel abstößt und den Autor in der Gegend des irdischen Paradieses landen läßt. Er gerät in die Gewalt des kentaurischen Mondvolkes, wird als absonderlicher Affe öffentlich zur Schau gestellt. Der Daimon des Sokrates unterrichtet ihn in den mondischen Lebensbräuchen und bringt ihn zu anderen Affen am Hof der Mondkönigin. Es werden Konzile einberufen, auf denen Cyrano seine Kenntnisse der irdischen Philosophie bezeugen soll, wobei seine Darlegungen über die Kosmoslehren des Aristoteles unbändiges Gelächter erregen. Zu guter Letzt wird er dazu verurteilt, abzuleugnen, daß er sich auf dem Mond befinde. Er wird frei, macht sich mit den Mondphilosophen bekannt und hängt sich einem Freigeist an die Rockschöße, der zur Hölle fahren muß. Auf der Niederfahrt läßt er diesen erdenah los und findet sich in Italien wieder.

Die »Sonnenreise« parodiert die allegorischen Idealstaaten der utopischen Romane, doch im Gegensatz zu dem bösen Jonathan Swift (1667–1745) flauen Herzens. Seine Gebärde ist ebenso genialisch, wie sie als seichtester Barock hingenommen werden muß. Cyrano bietet eine wirre Enzyklopädie des zeitgenössischen Denkens und aller Erdenfragen; er entwirft aber auch Zukunftsgeräte wie Flugzeuge und Grammophone. Er nähert sich kartesianischen Gedankengängen und wendet sich gegen Todesstrafe und Krieg. So ist Cyrano, ein unabhängig denkender Autor mit Humor und Einfällen, als satirischer Aufklärer zu verstehen. Seine Argumentationen bleiben aber so oberflächlich, wie sein Leben wirr war.

Keine Generation später meldete sich Denis de Vairasse zu Wort. Wir kennen von ihm weder Geburts- noch Todesjahr, wissen aber, daß er aus Allais stammte, Protestant war und Frankreich verließ, als das Edikt von Nantes aufgehoben wurde. Er ging nach London und war dort vorübergehend bei dem Grafen Shaftesbury (1621–1683), in dessen Haus John Locke (1632–1704) weilte, tätig. Der erste Band seiner »Histoire des Sévarambes« erschien 1675 fast gleichzeitig in London englisch und in Frankreich französisch. Sein Kapitän Siden – Denis – gerät über den üblichen Romanschiffbruch zu den Sevaramben, deren Geschichte und Art er mit guter juristischer Kenntnis erzählt. Er berichtet von den sieben Ständen unter der Regierung des Sevaris: dem bäuerlichen, dem handwerklichen, den Kunstarbeitern, den Kaufleuten, den Meistern der freien Künste, den Edelleuten und den Herren von »Qualitäten«. Vairasse verwirft alles Eigentum, Müßiggang und Unmäßigkeit. Er handelt von der Würde des Alters, der Ehe, der »absonderlichen Sorge vor die Auferziehung der Kinder«, dem hohen Rang der Religion, die alle Menschen durch das Gewissen verbinde. Die Staatsform der Sevaramben ist monarchisch und heliokratisch. Wohl sind die Güter grundsätzlich Gemeinbesitz, aber ihre Verteilung gerät unterschiedlich. Keinem wird das Lebensnotwendige abgesprochen, und jeder hat an den öffentlichen Freuden Anteil. Dabei wird der Autor inne, daß die Menschen »von Natur eine kräftige Neigung zu der Bosheit« besitzen, aber sich in den Schulen aller unter geschickten Erziehern zu bessern vermögen. Rechtskenntnisse und staatspolitische Einsichten machen den Roman noch heute interessant, wie er auch vergnüglich zu lesen ist. Er vermittelt Grundgedanken der repräsentativen Demokratie und greift in die Schätze einer eigensten Erfahrung.

Ähnlichen Ranges ist die 1699 erschienene konservative Utopie des »Ophirischen Staates«. Sie orientiert sich an Christian Thomasius (1655–1728), der seit 1694 an der neugegründeten Universität Halle als aufklärerischer Vertreter des Naturrechts lehrte, und an Christian Wolff (1679–1754), der 1707 ebenfalls an die Saale gerufen wurde. Das Werk, dessen Autor wir nicht kennen, stellt in genauer Schilderung verwaltungstechnischer und kulturpolitischer Regelungen einen Polizeistaat vor, der dem preußischen Staat nicht wenig gleicht. Er wird von einem ebenso scharfsinnigen wie durchgreifenden Fürsten autokratisch geführt, der Tugend, Arbeitsamkeit und Gerechtigkeit fördert. Diese Utopie steht in der Überlieferung Andreaes und richtet sich an den umsichtigen Zugriffen der aufgeklärten Monarchie aus.

Der Staat Ophir befindet sich irgendwo am Ende der Welt, »wo die wahre christliche Religion in reiner Lehre und heiligem Lebenswandel« gedeiht, »wo Recht und Gerechtigkeit ohne Unterschied gehandhabt« werden und »wo Handel und Wandel in gutem Flor seyn«. Der Titel des Werkes läuft im Stil der Zeit über das ganze Blatt hin und lautet eingangs: »Ophirischer Staat oder Curieuse Beschreibung des bishero von vielen gesuchten, aber nicht gefundenen Königreichs Ophir ...« Der Text umreißt einen straffen Obrigkeitsstaat, der unter einer königlichen Regierung Geheime Räte, Polizeiräte, Justitienräte, Kammerräte, Commerzienräte und Gesundheitsräte gerecht walten läßt, wobei der König in allen Ratsstuben den Vorsitz innehat. Der Staat wird ferner von Kreis-, Stadt- und Dorfrichtern betreut und von hohen Kriegsoffizieren sowie Gesandten geschützt. Die Gesetze gehen auf das göttliche und natürliche Recht zurück. Sie werden von öffentlichen Kanzeln verlesen und hernach an den Kirchentüren, den Rathäusern, den Börsen, den Schulen angeschlagen. Das Reich selbst ist als Wahlkönigreich nicht erblich.

Im selben Jahr wie der »Ophirische Staat« erschien auch der Erziehungsroman »Les aventures de Télémaque« des Quietisten Fénelon (1651–1715), der als Vorläufer der Aufklärung und des deutschen Pietismus gilt. Er war 1689 am Hofe Ludwigs XIV. Erzieher des Thronfolgers und 1695 Erzbischof von Cambrai. Sein »Telemach«, der als Fürstenspiegel an der Staatsführung Ludwigs Kritik übte, stellt neben einer neuen Verfassung und Gesellschaftsordnung die legendäre Stadt Salent vor und bringt überdies im achten Buch die Schilderung von Bétique, die sich als arkadische Schäferdichtung sehen lassen kann. Batika war als Hispania Baetica eine römische Provinz, die für Rom Quelle landwirtschaftlicher Erzeugnisse war und darin als Acker- und Hirtenland erscheinen konnte. Die Männer dieses utopischen Arkadien kennen keine andere Arbeit als Ackerbau, Viehzucht und die dienstbaren Berufe der Holz- und Eisenbearbeiter. Architekturkünste sind wenig gefragt, quält doch jeder Überfluß die Besitzenden. Das Familienoberhaupt übt seine Macht väterlich aus, und die Güter gehören allen. Das Volk bestellt keine Richter, denn sein Gewissen richtet ebenso zuständig wie verläßlich. Bei friedlichen Ehen ist das Land gottgesegnet.

Im Gegensatz zu Fénelon sah Bernard de Mandeville (1670–1733), der englische Philosoph niederländischer Herkunft, im menschlichen Eigennutz die Triebfeder des Fortschritts. Er wandte sich mit seiner »Bienenfabel« (1714) aus rationalistischer Position gegen den Idealismus Shaftesburys. Seine Mittel waren satirisch wie die von Jonathan Swift, dessen »Gulliver« 1726 erschien. Dieser in Ichform verfaßte imaginäre Reiseroman stellt eine der verbissensten Satiren der Weltliteratur dar, die es unternimmt, die menschliche Wirklichkeit in ihrer grotesken Unsinnigkeit aufzuschlüsseln. Er gehört schon deshalb mit zur utopischen Literatur, weil Swift in einem dritten Teil alle Weltverbesserungsversuche, die nicht in einer sittlichen Erneuerung wurzeln, als bare Unvernunft dem Spott preisgibt. Das Schreckbild ruft die menschliche Einsicht an.

Utopien geringeren Gewichts erschienen in jenen Jahren in dichter Folge. Von 1731 bis 1743 veröffentlichte Johann Gottfried Schnabel (1692–etwa 1752) seine »Insel Felsenburg«, in der er Motive des galanten Romans mit solchen der Robinsonade zu einer Staatsutopie pietistischer Diktion und sozialer Richtung verschmolz. Ludvig Holberg (1684–1754) legte 1741 seinen satirisch-utopischen Reiseroman »Nil Klims unterirdische Reise« lateinisch vor. Abbé Morelly (geboren 1715) aus Vitry-le-François, gilt als Vertreter des utopischen Kommunismus, der im Privateigentum die Quelle allen Übels sah. Er gab 1753 seinen utopischen Roman aus der Südsee »Naufrage des îles flottants ou Basiliade«, 1755 den »Code de la nature ou le véritable esprit des ses lois de tout temps négligé ou méconnu« in Druck. Darin findet sich ein Verfassungstext für den Idealstaat. Wirtschaftsgesetz, Agrargesetz, Marktgesetz, Polizeigesetz, Luxusgesetz und Verwaltungsgesetz werden umrissen; das Unterrichtsgesetz wird eingehend erörtert, das Staatsgesetz erhärtet.

Louis-Sébastien Mercier (1740–1814), der Shakespeare ins Französische übersetzte und bürgerliche Dramen schrieb, entwickelte dann 1772 erstmals die Utopie als Zukunftsroman. Seine Zeitreise führt ihn in »Das Jahr 2440«. Restif de la Bretonne (1734–1806) stellte außer der Zukunftskomödie »L'an 2000« um 1781 »La découverte australe par un homme volant« vor und begründete damit die Raumfahrtutopie. Sein Staatsgrundgesetz ist kommunistisch.

Erst der deutsche Idealismus trat jenseits der Unterhaltungsbedürfnisse wiederum in die große Überlieferung der utopischen Bewegung ein. Er tat es auf dem neuen Grunde der Transzendentalphilosophie. Immanuel Kant war 1795 mit seinem Entwurf »Zum ewigen Frieden« vorangegangen. Er stellt sich als Friedensvertrag vor und heischt allem voran, daß kein Friedensschluß »mit dem geheimen Vorbehalt des Stoffs zu einem künftigen Kriege« gemacht werden dürfe. Er verlangt zudem die allmähliche Abschaffung der stehenden Heere und verwirft jede Einmischung in Verfassung und Beschlüsse anderer Staaten. Es geht Kant um das wechselseitige Zutrauen. Im zweiten Abschnitt erwartet der Autor, daß die bürgerlichen Verfassungen republikanisch würden, weil nur ein so gearteter Staat einen verbindlichen Beschluß über Krieg und Frieden ermögliche. Republikanisch hieß hier die Regierungsform der aufgeklärten und repräsentativen Monarchie. Die geschichtlichen Lehren sollten die Nationalstaatlichkeit überwinden, den Krieg als widervernünftig verdammen und den Frieden zum Gebot erheben. Dem schwebte ein »freier Föderalismus« vor, der das Völkerrecht mit der Vernunft übereinzubringen habe.

Bei all dem glaubte Kant, daß »die große Künstlerin Natur« trotz aller Zwietracht den Frieden der Eintracht zu stiften vermöge. Sie strebe nämlich das Recht als Obergewalt an und nötige den Menschen gerade durch »selbstsüchtige Neigungen« zur vollkommenen Staatsordnung und zum Gleichgewicht der Staaten. Auch Kant beruft sich dabei auf die Ratshelferschaft der Philosophen. Staatsklugheit müsse mit Moral geübt werden; die Politik habe sich den Menschenrechten zu beugen. Das könne nur unter dem Verzicht auf jede Geheimdiplomatie geschehen. Für Kant ist der ewige Friede »keine leere Idee, sondern eine Aufgabe, die, nach und nach gelöst, ihrem Ziele ... beständig näher kommt«. Mit dieser Theorie der Konvergenz sollte sich die Utopie in die Politik überführen lassen.

Johann Gottlieb Fichte (1762–1814) wollte mit seinem Werk über den »Geschlossenen Handelsstaat« von 1800 ebenfalls die allgemeine Rechtslehre in die künftige Politik einbringen. Theoretische Philosopie und Utopie wurden ihm zum Maßstab des alltäglichen Lebens. Auf diesem Grunde entwickelt Fichte ein grundsätzlich sozialistisches Staatswesen, das jedem Bürger alle Lebensrechte zu gewähren habe und mit einer ausgeglichenen Güterverteilung jedes Übermaß an Reichtum und Armut unmöglich mache. Fichte lehnt folgerichtig die Gewerbefreiheit ab und überantwortet dem

Staat die Befugnis, die Produktion zu regeln, die Zahl der Arbeitsstätten festzulegen, den Außenhandel zu überwachen, die Steuern festzusetzen und die Währung zu festigen. Aber auch Fichte will seinen »geschlossenen Handelsstaat« nicht starr verwirklichen. Er versteht ihn im Sinne Kants als Leitbild, das eines wendigen Willens bedarf. In seiner vernünftigen Struktur ist aber der Staat Fichtes durchaus utopisch geprägt, und sein Eigentumsbegriff nimmt die Lehren von Marx (1818–1883) und Lassalle (1825–1864) vorweg.

In diesen Schriften treten die Überlieferungen der utopischen Staatsromane mit denen der kommunistischen Staatsgedanken schöpferisch zusammen. Sie nehmen der Utopie die Unwirklichkeit und gewähren der Politik erreichbare Ziele. Diese geraten in den Vollzug. Die Antinomie verheißt, die Welt weiträumig und zukünftig zu verändern. Das Vollkommene des Geistes dient der unvollkommenen Erde zum Vergleich. Es geht letztlich um Gedankengänge, die Lessings »Erziehung des Menschengeschlechts« von 1780 auszeichneten und schon von Paulus über Justinus (gestorben 165), Tertullian (um 160–um 225), Origenes (um 185–253/54) zu Augustinus führten. Die alte christliche Dogmatik ist damit in die idealistische Philosophie eingegangen. Herder hatte in diesem Sinne dem Gang der Menschheit eine allseitige Entfaltung zugesprochen. Ziel des menschlichen Strebens sei der Wert des Menschen, vertrat Kant in seinen »Vorlesungen über die philosophische Religionslehre«, und er war des festen Glaubens, daß schließlich das Böse von selbst schwinde. Das Ideal-Reich war ihm immanente Zielweisung des Geschichtsverlaufs.

Das führte zu Hegel hin, der die Geschichte als Entwicklung des göttlichen Geistes verstanden wissen wollte, während Kant und Fichte eine weltbürgerliche Gesellschaft forderten, deren Verfassung in der Menschenfreiheit gleichzeitig die Gleichheit der Untertanen und die Selbständigkeit des Bürgers zu gewährleisten habe. Für Schelling wurde dann im »System des transcendentalen Idealismus« von 1800 die Rechtsverfassung zur Voraussetzung der Freiheit. Er verstand die Zukunft als Zeit des Geistes, die alle Geschichte, die im Sündenfall wurzle, beschließe. Die Geschichte wird für Schelling zum Prozeß, der die Welt mit Gott vermählt. Die

Menschheitsgeschichte setze die Naturgeschichte aufstrebend fort. Der Naturprozeß gehe in das menschliche Bewußtsein ein und läutere sich darin.

Auch Hegel arbeitet die sittlichen und die weltlichen Schichten ineinander. Ihm ist aber der Staat schon konkrete Vernunft und sichtbarer Gott. Er verwirft die Eigentumstheorie Fichtes und wendet sich überzeugt gegen jede Gleichmacherei. »Vor dem Gesetze gelten allerdings alle Individuen gleich, aber Gleichheit im Staatsleben ist etwas völlig Unmögliches. Der Unterschied von Armut und Reichtum, der Einfluß von Geschicklichkeit und Talent ist ebensowenig abzuweisen«, heißt es in der »Philosophie der Geschichte«. Die Dialektik Hegels bringt in der Wirklichkeit als Selbstbewußtsein des absoluten Geistes das utopische Gebot auf den Annäherungskurs der Verwirklichung. Es werde den germanischen Völkern gelingen, Weltliches und Geistiges ineinanderzubilden, meinte er. Damit gleiche sich das Allgemeine mit dem Einzelnen aus.

Man darf aber nicht verkennen, daß neben solchen philosophischen Konzeptionen die mottenden Kräfte der alten Utopie weiterzündeten. So führte Charles Fourier (1772–1837) in seiner Schrift »Le nouveau monde industriel et sociétaire« diese Pläne zur Neuordnung der Gesellschaft weiter. Fourier war wohl wie Hegel ein Dialektiker scharfen Zuschnitts, doch auch jenseits der Spekulation und Phantastik ein bahnbrechender Vorkämpfer des Genossenschaftsgedankens. Er hatte einen nüchternen Sinn für das Allzumenschliche, und deshalb ging es ihm darum, die unvermeidlichen Leidenschaften nützlich auszuwerten. Das geschehe durch den Reiz des Reichtums und des Genusses, verfocht er. Die Leidenschaften seien der Eintracht einzubringen. Das geschehe, indem die genossenschaftliche Ordnung sie verwandle, nur müsse die Arbeit für das menschliche Geschlecht anziehend gestaltet werden.

Auch die utopischen Reiseschilderungen brachen nicht ab. Jules Verne (1828–1905) schrieb 1842 seine »Reise nach dem Mittelpunkt der Erde«, und im selben Jahr erschien Étienne Cabets (1788–1856) »Reise nach Ikarien«, die in der Form der Voyage imaginaire den ersten Idealstaat des Industriezeitalters entwarf, der die Klassenunterschiede auszumerzen verhieß. Eine Gruppe von Siedlern solcher

Gesinnung versuchte denn auch in Amerika eine ikarische Stiftung zu verwirklichen, doch schlossen bald Zerwürfnisse den alten Cabet kurz vor seinem Tod mit Stimmenmehrheit von seiner eigenen Gründung aus. Cabet hatte das menschliche Glück über die vergesellschaftete Gleichheit zu erreichen versucht. Zwar duldete er anfänglich noch Eigentumsunterschiede, doch glaubte er dank der Fortschrittsfähigkeit des Menschen an die ausgleichende Einsicht.

Edward George Bulwer (1803–1873), der 1834 durch seinen Roman »Die letzten Tage von Pompeji« berühmt geworden war, veröffentliche 1871 »Das Geschlecht der Zukunft«, Samuel Butler (1835–1902) 1872 den utopischen Roman »Ergindwon oder Jenseits der Berge«, Edward Bellamy (1850–1889) 1887 seine sozialutopische Geschichte »Rückblick aus dem Jahre 2000«. Eugen Richter (1838–1906), Gegner Bismarcks, preußischer Abgeordneter der Deutschen Fortschrittspartei und seit 1884 Führer der Deutschen Freisinnigen Partei, entwarf 1891 seine »Sozialdemokratischen Zukunftsbilder« als Satire auf den Zukunftsstaat August Bebels (1840–1913). Der Dichter und Maler William Morris (1834–1896), der den Jugendstil anführte, schuf 1891 gegen Bellamy seine »News from Nowhere«, die den Materialismus durch den Sozialismus zu verdrängen suchte.

Auch andere Dichter waren unentwegt am Werk. Im Jahre 1924 legte Gerhart Hauptmann seine »Geschichte aus dem utopischen Archipelagus« des Titels »Die Insel der Großen Mutter oder Das Wunder von Îles des Dames« vor, die an die hundert schiffbrüchige Damen auf eine unbewohnte paradiesische Südseeinsel entführt und sie dort unter einer Berliner Malerin eine Frauenrepublik gründen läßt. Hauptmann verschmolz dabei die Robinsonade mit den politischen Utopien zur Parodie.

Aldous Huxley (1894–1963), der einem buddhistisch getönten Kulturpessimismus huldigte, veröffentlichte 1932 den Roman »Schöne neue Welt«. Im Jahre 1943 ließ Hermann Hesse (1877 bis 1962) sein »Glasperlenspiel« folgen, ein Werk, an dem der Dichter von 1931 bis 1942 gearbeitet hatte. Im Januar 1955 schrieb er im Rückblick auf die Zeit Hitlers an Rudolf Pannwitz: »Ich mußte ... das Reich des Geistes und der Seele als existent und unüberwindbar sichtbar machen, so wurde meine Dichtung zur Utopie, das Bild wurde in die Zukunft projiziert, die üble Gegenwart in eine überstandene Vergangenheit gebannt. Und zu meiner eigenen Überraschung entstand die kastilische Welt wie von selbst.«

Franz Werfel (1890–1945) hinterließ seinen Roman »Stern der Ungeborenen«, der ein Jahr nach seinem Tode zugänglich wurde. Er hatte ihn von 1943 bis 1945 im amerikanischen Exil geschrieben und die vordergründige Wirklichkeit seiner tiefen Traumwelt gegenübergestellt. Es ging ihm darum, in einem »Astromentalismus« die »unendlich beweglichen geistigen Bilder zu verstofflichen und in Raum und Zeit zu stellen«. Doch bleibt die Folgerung Werfels ironisch, wenn er zugesteht, daß das Denken der Astromentalen keinerlei Fortschritt zu verzeichnen habe. Das Alterswerk Werfels ist als sein gültiges Vermächtnis einzustufen.

Ernst Jünger (geboren 1895) ließ 1949 unter dem Titel »Heliopolis« einen »Rückblick auf eine Stadt« drucken, die den »großen Feuerschlag« überlebte und in der zwei ideologische Machtgruppen einander verbissen gegenüberstanden. Weltanschaulich gehört Jüngers Werk einem theologisch erfüllten Humanismus an.

Im selben Jahr ist George Orwells (1903–1950) utopischer Roman »Nineteen Eighty-Four« erschienen. Er wurde ebenfalls unter dem Eindruck von Nazismus, Stalinismus und der Wirtschaftspolitik der Industriestaaten als düstere Zukunftsvision geschrieben und ist somit als Anti-Utopie zu charakterisieren.

Die Reihe der Utopien ist nicht abzusehen, und sie wird nicht enden.

Vergleicht man die unendlich vielfältigen utopischen Zeugnisse, so kennzeichnen die Unterschiede die anders gearteten Zeiten ihres Entstehens, während die Übereinstimmungen das Wesen der Utopie bestimmen. So können Utopien unterschiedliche Staatsformen vorstellen und diese mit gleichartigen Zukunftslösungen erfüllen. Thomas Morus etwa unterstellt die Städte seiner Insel, die in Sprache, Sitten, Gesetzen übereinstimmen, je einem Phylarchen und setzt an die Spitze von zehn Phylarchen als Protophylarchen einen Fürsten, der aus vier Bewerbern auserkoren wird. Eberlin stuft seine Vogteien mit Schultheißen, Vögten, Freiherren, Grafen und Fürsten unter einem König ein. Campanella läßt einen Papstkönig über seinen Sonnenstaat herrschen, dem drei Hauptwürdenträger zur Seite stehen, wobei alle Oberen zugleich Priester sind, die allerdings nach dem Willen des Volkes abberufen werden können. Andreae läßt sein Christianopolis aristokratisch führen. Der Ophirische Staat besitzt über seinen Obrigkeiten eine monarchische Regierung, während Vairasse sein Sevaris heliokratisch gestaltet und Unterkönige und Ratsherren kennt. Morelly ordnet seinen Staat mittels Ämter-Rotation, während Mercier beteuert, daß die gültige Regierungsform weder monarchisch noch aristokratisch oder gar demokratisch sei, weil sie vernünftig verfahre, wohl aber einen König dulde, der seine Lasten den Ständen des Reiches übergebe, gottesfürchtig und gerecht sei, alle Gewalt einsetze, um Gutes zu tun und sich jährlich während eines dreitägigen Fastens seines Auftrags erinnere. Restif de la Bretonne läßt in seinem Staat keine erblichen Ehrenbezeugungen gelten.

Trotz dieser verschiedenen Staatskonventionen kann hier wie dort die Gesellschaft klassenlos sein; alle sind arm und reich zugleich, alle Staatsgüter gemeinschaftshörig, denn zumeist wird angenommen, daß nur die Gleichheit unter den Menschen Quelle des Glücks sei, weil Gleiches Gleichen zukomme. Nur solche Staaten würden die Müßiggänger und die Bettler los. Keinem wird etwas über Gebühr zugestanden, keinem das Notwendige verweigert. So vermag denn jeder Bürger sich für so glücklich zu achten »wie der reichste Monarch der Welt«, wie Vairasse behauptet.

Kennen auch etliche Utopien noch die Sklaverei, wie etwa die des Thomas Morus, der Verbrecher versklavt, so hat sich doch jeder eine beschränkte Stundenzahl der Arbeit zu widmen, wobei die Tagesteilung mit Strenge eingehalten wird. Vier bis acht Stunden gehören der Arbeit, bei der sich jeder nach Kräften auszuzeichnen hat. Sind alle zu solchen Diensten verpflichtet, so läßt sich die Arbeitszeit zugunsten der Freizeit senken. Keiner darf müßiggehen. »Jedermann arbeite an dem allgemeinen Wohl« und »nehme gleichen Anteil daran«, gebietet Restif de la Bretonne.

Unter solchen Geboten loben viele der Utopien den Ackerbau, dem sich jeder zur Verfügung halten muß. »Kain eerlichere arbeit oder narung soll sein dann ackerbaw. Aller adel soll sich neren von ackerbaw«, forderte Eberlin von Günzburg, und Fénelon kennzeichnet sein Arkadien damit, daß die Männer »keine andere Beschäftigung als Ackerbau« ausüben. Das Agrargesetz von Morelly schreibt vor, daß jeder Bürger zwischen dem zwanzigsten und dem fünfundzwanzigsten Altersjahr zur Arbeitspflicht angehalten werde. Aber auch das Handwerk genießt die Achtung der Utopisten; doch um die Wohlfahrt zu gewährleisten, darf »kein vnütz handtwärck in vnserem land sy«. Deshalb sollen keine kostbaren Häuser gebaut werden.

Das alles mutet reichlich uniform an, und demnach verordnen auch viele Utopisten ihren Völkern eine einheitliche Kleidung. Nach Morus erhält jeder seinen Anzug, den er zwei Jahre zu tragen hat. Eberlin läßt zwar alle Kleiderfarben zu, doch verfügt er, daß sich Frau und Mann unterschiedlich anzuziehen hätten. Rabelais ist ausführlicher: Männer tragen Hosen aus leichtem Wollstoff, »Scharlachtuch, kermesgefärbtem Tuch, weiß oder schwarz, der Oberteil aus Samt in den gleichen Farben zu tragen«, wobei er beim Wams einige Zugeständnisse macht. Frauen und Männer haben aber an jedem Tag übereinstimmend aufzutreten. Bei Campanella muß die Kleidung der Geschlechter »fast die gleiche« sein, »nur daß die Toga der Frauen über das Knie geht, die der Männer nicht bis zum Knie reicht«. Das Hemd sei dabei immer weiß, das Kleid so geschickt geschnitten, daß sich die Körperformen untrüglich erkennen lassen. In gewissen Fällen verordnet der Arzt bestimmte Kleider. Nach Vairasse haben die jungen Männer bis zum zwanzigsten Jahr blaue Kleider zu tragen, auch die Mädchen hätten sich bei dieser Farbe zu bescheiden. Das Luxusgesetz von Morelly schreibt den jungen Leuten ausdrücklich »eine einfache uniforme und ihrem Gewerbe entsprechende Kleidung« vor. Auch nach Restif haben sich die Sirapaner Sittenmandaten zu fügen.

Vielfältiger ist die Haltung der Utopisten der Ehe, der Familie, dem Kind gegenüber. Damit die künftigen Eheleute jenen Genossen finden, mit dem sie glücklich zu leben hoffen, stellt Morus die Ehewilligen sich nackt gegenüber. Eberlin will alle Ehebrecher umbringen. Während Campanella die Idee des Eigentums bekämpfen will und seinen Solariern »die Frauen den Dienstleistungen und dem Ehelager nach« gemeinsam verordnet, läßt Vairasse die Gesetze der Ehe gelten, verachtet aber die unfruchtbaren Weiber. Jeder, der ein solches fünf Jahre lang geduldet habe, werde des Ehezwangs frei. Nach Morelly wird jeder Bürger verheiratet, und die Ehe ist während der ersten zehn Jahre unauflöslich. Bei Restif gehören die Frauen nicht schlechthin auf immer einem Manne. Die Wahl der Weiber geht vielmehr alle Jahre vor sich, wobei die Stillenden zwei Jahre zuzuwarten haben, ehe sie sich erneut verbinden. Campanella regelt das Geschlechtsleben der Solarier nach Altersstufen und läßt es durch den Triumvir »Liebe« überwachen. Er hegt dabei den Gedanken der Zuchtwahl.

Selbstverständlich, daß alle Utopien ihre Erziehungsgrundsätze dem Staatsziel gemäß festlegen und ihnen die Unterrichtsstufen unterordnen, zumeist aber die Kinder den Eltern entfremden und entziehen. Auch für die Kranken wird gesorgt, wenn von ihnen nicht gar gefordert wird, daß sie sich entleiben.

Ewiger Friede ist das Ziel der meisten Utopien. Ihm tragen die Erziehungsordnungen der Idealstaaten nachdrücklich Rechnung. An der Seite von Cabet machen beinah alle deshalb Erziehung und Unterricht zum Hauptgeschäft der öffentlichen Sorgfalt und Wachsamkeit.

Die Utopie hat weniger mit dem Sozialismus gemein, als wir anzunehmen geneigt sind. Dieser nämlich träumt nicht; er ist tätig. Um zum Ziele zu gelangen, muß er sich der Konstruktionen entschlagen. Ihm stand lange als Verhängnis entgegen, was ihn hervorgebracht hatte: die Ideenwelt Jean-Jacques Rousseaus (1712–1778). In seinem Roman »Émile ou De l'Education« von 1762 ging Rousseau blind von der These aus, daß der Mensch, den die Zivilisation korrumpiert habe, von Natur aus gut sei. Folgerichtig veröffentlichte er im selben Jahr auch seine Schrift »Contrat social ou Principes du Droit politique« von 1754. Darin behauptet er ebenso abwegig, daß der Staat aus einer »ursprünglichen« Übereinkunft hervorgegangen sei. Ein solcher Gesellschaftsvertrag sei deshalb gerecht, weil er alle gleich behandle und das Wohl aller anstrebe. Grundvoraussetzung dieses Vertrages sei also die Zustimmung aller. Diese vergegenwärtige den Gesamtwillen und sei mit dem Willen aller keineswegs eins. Der Herrschaftsanspruch des Gesamtwillens sei nämlich unteilbar und unübertragbar.

Rousseaus »Contrat social« wurzelt in der naturrechtlichen Philosophie der ausgehenden Renaissance und ist völlig utopisch. Die Devise der République française – »Liberté, Egalité, Fraternité« – steht in der Folge dieser Gedankengänge. Freiheit wird aber dem Menschen nur schöpferisch gewährt, unschöpferisch wird sie anarchisch; gleich sind die Menschen zwar als Geschöpfe Gottes, als Individuen aber von ungleicher Art und unterschiedlicher Stufe; die Brüderlichkeit gar hat sich in der ganzen Geschichte der Christenheit schmerzlich als Utopie erwiesen. Utopisch sind selbst die Behauptungen neuerer Verfassungsingresse, denen zufolge die Würde des Menschen unantastbar sei und das vereinigte Europa gleichberechtigte Glieder binde.

Demgegenüber ist der Sozialismus, wäre er auch utopisch, ein vorschreitender Prozeß. Er ist jenseits aller Träume eine kraftvolle und gebieterische Wirklichkeit, wenn er nicht sektenhaft entartet. Pierre-Joseph Proudhon (1809–1865) hatte deshalb recht, wenn er die Begriffe »sozialistische Utopie« oder »utopischer Sozialismus« verachtete. Der Sozialismus schwärmt nicht von einer Zukunftsgesellschaft, sondern erhöht die Löhne, verkürzt die Arbeitszeiten, entlastet das Unvermögen und übereignet dem Staat Teile der Wirtschaft. So lehnte es auch Marx ab, »Rezepte für die Garküche der Zukunft« zu verschreiben. Darin unterscheidet sich der echte Marxismus vom nichtmarxistischen Sozialismus. Kommunistische Staaten kennen keine Utopien, es seien denn solche des freien Worts. Das Mögliche zeichnet den Sozialismus vor dem Unmöglichen der Utopie aus. Der Idealstaat des Sozialisten besteht im alltäglichen Fortschritt der Menschenwürde, im traumfernen Handgriff also.

Der Brückenschlag der Stilepochen

Die Epochen der Kunst, jene der romanischen und gotischen Glaubens- und Stilevokationen wie die späteren von Renaissance und Barock, eroberten im abendländischen Raum ihr geistiges Europa, und sie taten es auch über die Zeiten hin.

Hubert Graf Waldburg-Wolfegg hat in seinen zwei Bänden über die Burgbauten der Staufer im Südreich und im Nordreich 1954 und 1961 festgestellt, daß sich dieselben Steinmetzzeichen der Bauhütten beispielsweise in Syrakus und Lucera wie in Allerheiligen, Weinsberg, Bönnigheim, Esslingen, Wäschenbeuren, Sulz, Stolzeneck, Steinsberg, Reichenberg, Neuenbürg, Neipperg, Maienfels, Magenheim, Liebenzell, Lichtenberg, Langhans, Lahr, Krautheim, Hohengeroldseck, Helfenberg, Freudenberg, Burg, Blankenhorn, Besigheim und Berneck finden. Offenbar hätten, so vermutet er, die Steinmetzen in Innungen gesellt ein gemeinsames Zeichen benutzt, mit dem sie jeden der Bausteine auf der Schauseite gezeichnet hätten. Diese Bauhütten haben ohne Zweifel ein sehr weites Gebiet betreut.

Waldburg-Wolfegg hat für eine mittelgroße Burganlage wie etwa Lichtenberg errechnet, daß um die fünfzig gelernte Steinmetzen und Maurer eine Bauzeit von etwa zwei Jahren beansprucht hätten. Es sei also undenkbar, daß die zugehörigen Dörfer so viele gelernte Leute zu stellen vermochten. Sie hätten zwar nach ihrer Rechtslage mitgefront, doch sei die schwierigere und genaue Arbeit den reisenden Steinmetzen vorbehalten gewesen. Die sicher geübten Bauregeln, die dazu anleiteten, die Winkel zu vermessen, dürften also mit großer Sicherheit etwa Lucera mit Dillingen und Brauneck verbunden haben.

Der Buckelquader jener Zeitschicht dürfte wohl aus dem Orient der Kreuzfahrer stammen, und vielleicht ist es dabei nicht ohne Bedeutung, daß die süddeutschen Burgkapellen zumeist dem heiligen Nikolaus geweiht wurden. Seine Verehrung jenseits der Alpen setzt mit einigen Legendenmalereien um das Jahr 1000 ein und knüpft an zwei historische Persönlichkeiten an: Nikolaus von Myra, der um 350 starb und dessen aufgebrochener Sarkophag noch im heutigen Demre gezeigt wird, und den mildtätigen Abt Nikolaus von Sion (gestorben 564). Er ist als einer der vierzehn Nothelfer und Bischof mit Stab in Buchmalereien der frühen Stauferzeit nachgewiesen, gilt als Helfer der armen Mädchen, die man verschachern wollte, und wird 1162 als Retter der drei unschuldig verurteilten Ritter verehrt. Er war auch Retter aus der Seenot, so daß die Gebete in der heimischen Kapelle den Schutz der Ausfahrenden erbitten mochten.

Urkunden bezeugen überdies, daß große, ja selbst kleine Herren der alemannischen wie der angrenzenden Gebiete des öftern nach Apulien berufen wurden. Schwäbische und bayerische Geschlechter waren in Italien begütert. So haben die Welfen weite Ländereien nahe Rom geerbt, so daß bis 1246 die Bauabsichten der Staufer weithin vernetzt waren. Die künstlerischen Leistungen, Formen und Handgriffe wanderten mit den Bauhütten über Länder hin, und sie taten es um so rascher, als die Wasserwege, die Handelspfade, die Pässe, die Jakobsstraße Völker zusammenbrachten und vermischten. Was für die Burgen gilt, trifft auch für die Städtegründungen der Staufer zu.

Bauhütten solchen Auftrags und Rufs mußten ein starkes Selbstbewußtsein besitzen, wie es noch heute die fremdgeschriebenen Zimmerleute pflegen. Um sich vor Mördern und Räubern zu schützen, legten sie »uff allen orten logen«. Fanden sie sich dort zusammen, tauschten sie nicht nur Erfahrungen aus, sondern auch Lehren und Kniffe. Mauerten sie ihr Herz, ihren Geist in Mauerwerk und Bau, so wurden ihnen ihre Handgriffe sichtbar und bewußt. Die gute Arbeit erwies den besseren Maurer, die rechte Werkgesinnung den edleren Menschen. Bauten sie gar Kirchen, so waren sie Baumeister Gottes. Fachleute genossen Ehren und besaßen ihren Stolz, denn noch in Bernhards (1091–1153) Clairvaux hatten die Mönche und Geistlichen ihre Kirchen selber emporgeführt. Saint-Savin ist ein Zeugnis dafür. Die Steinmetzen gingen ihnen an die Hand, und sie besaßen ihre Würde. Dies sollte dann die Meisterwerke von Notre-Dame, Amiens und Reims ermöglichen und sicherte den Meistern ihre Sonderstellung. Werkgemeinschaften verpflichteten nicht nur, sie erhöhten auch.

Vieles davon sollte noch spät im Geiste der Aufklärung, aber ohne urkundliche Legitimation in die würdige Bauhüttengesinnung der Freimaurer eingehen, als James Anderson (um 1680–1739) von den vier Londoner Logen, die sich 1717 zu einer Großloge vereinigt hatten, im Jahre 1721 den Auftrag annahm, aus älteren Quellen und mündlichen Überlieferungen »The History, Charges, Regulations ... of the most ancient and right worshipful Fraternity for the use of the lodges« zu erarbeiten. Seither pflegt die Maurerschaft von Gesellen und Baumeistern den echten Behau der göttlichen Steine: des Menschen. Geräte, Maße und Werkkunst bekamen so ihren tieferen Sinn. Der Bauverschlag der Loge wurde zum Herzen des Tempels. Der Bauwille wurde zur sittlichen Tat.

Dieser Geist trug in seinen Frühzeiten die Aufbrüche der Seele sichtbar in die abendländischen Völker hinaus und schuf das Europa einer Stilschicht. Schon die frühchristlichen Basiliken in Gallien hatten italienischen Vorbildern nachgeeifert. Damit lagen – wie später immer wieder – die kulturellen Einheiten quer über den Ländern. Waren die Westgoten an der unteren Donau, die Ostgoten am Schwarzen Meer ansässig, so brachten sie beide ihre verschieden gearteten östlichen Werte nach dem Westen, vorab nach Frankreich, das seinerseits über Massalia in lebhaftem Austausch mit Nordafrika und Syrien stand.

Der Premier style roman schuf dann unter den ersten Staufern zwei Stilrichtungen, deren ostromanische die Bauten Deutschlands, Italiens und der Ostprovinzen zusammenfaßt, während die südwestliche Frankreich und Nordspanien als westromanisch auszeichnet. Die altromanische Schicht ruhte ihrerseits, wie das Mailänder S. Ambrogio, das aber auch auf orientalisch-frühchristliche Formen zurückgeht, auf karolingischen Untergründen. Der ostromanische Stil bildete dann den altromanischen weiter. Er begann diesen gegliederter und bewußter zu pflegen, und so sind die romanischen Bauten Deutschlands und Italiens offensichtlich altromanischen und karolingischen Geistes. Von Speyer zweigen Como, Sant'Abbondio, Pavia und neben anderen Kirchenbauten noch Bergamo ab, dessen Dom 1137 begonnen wurde; er erinnert überdies an römische Vorbilder und ihre Eigenentwicklung. Stark wirkte die geschlossene Werkstätte der Hofschule Karls des Großen auch auf den Baueifer der Fürsten.

Wie dies für die Baukunst gilt, trifft es auch für die Malerei und die Buchkunst zu. Lag in Süditalien der Schwerpunkt des malerischen Schaffens in Benevent und Monte Cassino, so besaß die Île-de-France eine eigene Buchmalerei, die sich auf das karolingische Erbe verließ. Dagegen blieb die Architektur der romanischen Länder den karolingischen Anregungen recht fern. Elemente der mozarabischen Baukunst waren ihr aber vertraut; der Hufeisenbogen von San Miguel de la Escalda beispielsweise machte Schule. Selbst die Rundkirche von Jerusalem hatte westliche Abbilder, in denen sich die Beter in die Grabeskirche versetzt fühlten. Seit 1071 rückte die islamische Macht gegen Kleinasien und Byzanz vor; die Araber siegten in Spanien, und in den siebziger Jahren des 11. Jahrhunderts begannen die Normannen Sizilien und Süditalien zu erobern. Mit Roger II., der vom Papst den Königstitel erhielt, wurden die Staufer zu ihren kulturellen Initiativen legitimiert.

Örtlichen Schulen und ihren Leistungen standen verbindende und verbindliche Stilwanderungen gegenüber. Der stärkere Ortsgeist wanderte in der Kunst der Bauhütten aus. Das gilt für alle Künste. So finden sich selbst byzantinische Elemente um die Wende des 11. zum 12. Jarhundert in den Handschriften von Cluny, in den Fresken von Barzé-la-Ville und den Skulpturen des Tympanons von Charlieux. Dagegen besitzen die Fresken nördlich und südlich des Loire-Unterlaufs Bindungen im Maine, in Poitou und in der Touraine.

Die nordfranzösische Malerei muß im Zusammenhang mit der englischen gesehen werden, besiegte doch Wilhelm der Eroberer (um 1027–1087) im Jahre 1066 bei Hastings König Harold II. (um 1022–1066), den letzten angelsächsischen Herrscher, und wurde in der Folge zum englischen König gekrönt. Normandie und Bretagne wurden mit dem Inselreich zusammengeschlossen, und so lassen sich denn die in Canterbury geschaffenen Handschriften unschwer an französische Vorlagen anschließen. Nur Rom und die mit ihm verbundenen Landschaften blieben langehin abgeschlossen eigen. Dagegen standen Venedig und später Pisa der Kunst Ostroms offen. San Marco ahmt in seinem Aufbau die weithin bewunderte Apostelkirche Konstantinopels nach.

Gaben warben um Gegengaben, und so schlugen die Stilformen nach der Macht der Herren und der Kirchen Brücken von Land zu Land. Dynastische Verbindungen brachten Wünsche mit sich, und selbst die Reformorden erwiesen sich ebenso aufnahmefreudig wie bauwillig. Die rheinischen Wandmalereien verarbeiteten die sizilianischen Mosaiken von Cefalù und der Capella Palatina in Palermo; doch entfremdeten sie sich dabei den maasländischen und flämischen Leistungen keineswegs. Baustrukturen von St. Etienne in Caen wurden in England übernommen; die Zwerggalerien der Lombardei kehrten in den Erneuerungen des Speyrer Domes unter Kaiser Heinrich IV. wieder. Unter den Normannenherrschern mischten sich fremdeste Beiträge. Die Stilformen fanden sich, widersprachen sich, befruchteten sich. Nikolaus von Verdun, der während der Wende des 12. zum 13. Jahrhundert lebte, führte als Goldschmied und Emailmaler die Maas-Kunst zur Höhe und war nördlich der Alpen vorbildlich, während Benedetto Antelami (tätig um 1175–1235), der italienische Bildhauer und Schöpfer des Reliefs an der Domfassade von Fidenza, südlich der Alpen unbestritten blieb. Ihre Schüler aber wechselten hinüber und herüber.

Auch die großen geistigen Strömungen, die im 12. Jahrhundert der Staufer einsetzten, im 13. in Blüte standen und den gotischen Stil entfalteten, reichten über die ganze abendländische Christenheit hin. Während sich aber Dichtung, Malerei und Plastik rasch ausbreiteten, hielt sich der gotische Baustil vorerst in den Grenzen des westromanischen Stilgebietes in Nordfrankreich, das sich vom ostromanischen Stil abhebt. Das Wort war freieren Flugs als die Jahresarbeit der Bauhütten, und zudem stand Italien dem neuen Stil ohne Beitrag und mit geringem Verständnis gegenüber.

Der gotische Charakter der neuen Bauideen und Gläubigkeit

ging von den französischen Bauten aus. Um 1132 begann Suger (um 1080–1151), der seit 1122 Abt war, den Neubau von St. Denis bei Paris; 1143 wurde der Chor geweiht. Darauf folgten die Chöre von Saint-Remy in Reims, von Notre-Dame zu Châlons, des Querflügelbaus von Soissons und 1163 bis 1182 Notre-Dame von Paris. Nach dem Brand von 1194 wurde der großartige Neubau von Chartres in Angriff genommen; Reims folgte um 1211, und die wundervolle einschiffige Sainte-Chapelle zu Paris entstand zwischen 1243 und 1248. Sie bilden die Schule der Île de France, die ihrerseits den Funken nach England hinübertrug und 1180 in Deutschland Eingang fand. In Italien entstanden nur einzelne Zisterzienserbauten burgundischer Frühgotik, und Venedig versuchte eine seltsame Spielart der Gotik mit byzantinischen Anregungen zu verflechten. Die Spätgotik hat dann mit den Kathedralen des 12. Jahrhunderts kaum mehr etwas zu schaffen.

In England finden sich die gotischen Formen um 1093 im Chor von Durham, 1107 in den Seitenschiffen von Winchester, 1110 im nördlichen Kreuzarm von Durham. Westenglische, also aus dem nichtnormannischen England stammende Elemente gestalteten die großen Kathedralen mit. Saint-Denis hatte den »süßen neuen Stil« geschaffen. Es ging dabei weniger um Bauhüttenerneuerungen als um eine neue diesseitsfreudige Seele von jenseitiger Hoffnung, eine Vision also. So fanden sich denn in Saint-Denis die neue Architektur des Nordens und die gleichaltrige Skulptur des Südens leicht zusammen; ihre schöpferische Gemeinschaft erwies sich als abendländisch. Vieles dabei gab sich gallisch, »deutsch« war diese Kunst keineswegs; sie gehörte ihrer Entstehung nach dem französischen Kronland an.

Wirkte noch der Polygonalbau des Aachener Münsters im näheren elsässischen Ottmarsheim, so verstand sich nunmehr Frankreich als Land der Scholastik geistig weitgreifender durchzusetzen. Das Münster in Freiburg führte die Bischofskirche von Straßburg weiter, und der Kölner Dom ehrt den Baugedanken der Kathedrale von Amiens. Die deutsche Gotik nährte sich denn auch von der keltisch-römisch-fränkischen Blutsmischung des Volkes zwischen Seine und Niederrhein. Erinnerte sich der Magdeburger Domchor eines frühgotischen französischen Presbyteriums, der Kölner Dom der französischen Hochgotik, so müssen die deutschen Leistungen in Speyer, Mainz, Worms, Limburg, Bamberg, Naumburg, Magdeburg, Köln, Freiburg, Regensburg, Ulm und München als starke und eigenständige Werke verstanden werden. Sie strahlten selbst zu den skandinavischen Ländern aus. Die deutschen Dome strafften ihre Aufrisse germanisch, gaben sich aber auch keltischen und mittelmeerischen Anregungen hin. So schmolzen denn die reifen Kathedralen viele Erbgaben in die Glut ihrer einzigartigen Gläubigkeit ein.

Die bestürzende gotische Architektur erblühte wundersam rasch. Auch die Gebärden der Predigt wandelten sich. Es wurde eine Epoche erwartet, die die Stimme des Bischofs als »Gottes Tuba« verstand. Der neue Stil der Verkündigung verriet eine begeisterte Bereitschaft der Seele: Bonaventura, der Platon und Augustinus in seine Mystik überführte, lag daran, im scheußlichsten Teufel eine abgründige Tiefe zu ahnen. Diese Vorstellungen gehörten nicht mehr Völkern an; sie waren christlich und damit abendländisch. Regionale Traditionen färbten das Allgemeingut. So wurde Giotto di Bondone (um 1267–1337), der Maler und Baumeister scheinarchitektonischer Lösungen, zum echten Meister einer aufgeschlossenen Baugesinnung, die einer mathematischen Kosmologie huldigte und in den geometrischen Schnitten die vollkommene Schöpfung verehrte. Dem stand das Himmlische Jerusalem nahe, und es ist nicht verwunderlich, daß der geniale Abaelard als Hauptbegründer der scholastischen Methode aus dem platonischen »Timaios« der Bauhütte von Chartres weltharmonische Winke gab. Die Verantwortung des Architekten als des Führers der Baubruderschaft wurde über den künstlerischen Rang hinaus ehrwürdig. Seine Vision mußte in der Schule überleben, denn er erreichte kaum das Ende seines Bauauftrags. Das bedurfte der Führungseignung, der überlegenen Begabung, der würdigen Persönlichkeit.

Im 11. Jahrhundert wurde die Bartolomäus-Kapelle zu Paderborn von griechischen Werkleuten errichtet, und lombardische arbeiteten in Speyer, französische in Uppsala. Die besten nämlich. Die Bauhütten der Gotik vereinigten Werkleute aller Himmelsstriche.

In Xanten gab es solche aus Donai, Utrecht, Antwerpen, Brüssel, Münster, Düsseldorf, Mainz, Trier und Nürnberg. In Coventry geboten noch im 15. Jahrhundert sieben Steinmetzen über sechshundert Handwerker. Die Bauhütte war eine geschlossene Welt, die meist »aller bürgerlichen Beschwerden frei« war. Sie besaßen ihre eigene Gerichtsbarkeit. Fünf Jahre Lehrzeit wurden von einer einjährigen Wanderschaft abgelöst. Die Steinmetzen wurden nicht nur geachtet; sie lebten in einem unantastbaren Bereich. Ihre Bräuche waren streng. Es war verboten, die Arbeit zu verlassen, auch duldete man am Werk kein Geschwätz. Die Lohnsätze gehorchten den Verdiensten. So wurde der Bau der Kathedralen aus einer Vision zur wachen Erziehung.

In solchen Zusammenhängen würde es uns nicht wundern, wenn der aufsichtsführende Maurergesell, dessen Namen Polier man vom französischen Parlier, dem Sprecher, herleitet, seinen Ruf auch von der süddeutschen Steinmetzendynastie der Parler her besäße. Oder geht es wirklich 1372 beim »magister Parler olim Perler« um einen Berufsnamen? Der Steinmetz Heinrich, der um 1350 lebte, der Vater von Peter Parler (1330 oder 1333–1399), war um 1351 Baumeister des schulemachenden Chors der Heiligkreuzkirche in Schwäbisch Gmünd. Auch Johann Parler war 1372 dort Werkmeister; er dürfte wohl Baumeister des Freiburger Münsterchores und Leiter des Wiederaufbaus des Basler Münsterchores gewesen sein. Sein Sohn Heinrich war 1373 ausführender Steinmetz in Prag und ist möglicherweise mit einem in Brünn und Köln tätigen Heinrich von Gmünd identisch. 1391 und 1392 wirkt ein »Enrico da Gamodia« als Leiter der Mailänder Dombauhütte. Peter Parler wurde 1353 von Kaiser Karl IV. als Nachfolger des Matthias von Arras (gestorben 1352) an den Prager Dombau berufen. Er vollendete 1385 den Chor, erweiterte die Kapelleneinheiten an der Südfront, schuf im Hauptgewölbe des Chors das älteste Netzwerk der deutschen Baukunst und ist überdies der maßgebende Schöpfer der Przemyslidengrabmäler im Chorumgang. Die Karlsbrücke mit dem Altstädter Brükkenturm in Prag sowie die Choranlagen von Kolin und Kuttenberg stammen ebenfalls von ihm.

Auch die Ranaissance warf ihr strahlendes Netz über das Abendland. Die europäischen Städte zeugen für die griechisch-römische Überlieferung von Florenz, das sich mit Giorgio Vasari (1511–1574), dem Meister der Uffizien, schroff und voller Verachtung von der »Maniera gotica« des Mittelalters lossagte. Was seinen Entwürfen vorangegangen war, erschien ihm als »Decadenza«. Dennoch hatte das Wort »Rinascità« auch die mittelalterliche Verheißung des Neuen Adam, eines lange ersehnten Menschentums also, in die Erneuerungen der Antike mit aufgenommen.

Die Kraft der neuen Stilschöpfung läßt begreifen, daß Italien der Gotik allzulange unfruchtbar gegenübergestanden hatte. Auch die gotischen Zisterzienserklöster und die gotischen Schlösser der sizilisch-apulischen Hohenstaufen können in ihrer asketischen Zurückhaltung nicht darüber hinwegtäuschen. Selbst der Mailänder Dombau des 15. Jahrhunderts nimmt sich unter seinen spätgotischen Rissen deutscher Baumeister eher befremdlich aus. Wie Leonardo da Vinci ein ebenso leidenschaftlicher Denker wie ein innig gläubiges Herz war, zeigen die Architekturgliederungen der Renaissanceformen die Vernunft organisch-natürlich. Nur Rom und Venedig hielten sich von der heraufkommenden Bewegung eher fern, jenes unter der Übergewalt der römischen Bauten, dieses unter dem Einfluß von Byzanz.

Das Wort »Renaissance« übernahm das französische »Renaître«. Es wurde von Jacob Burckhardt in die deutsche Forschung eingebracht, obwohl die Revolution der Stilwelt von Florenz ausging und erst um 1500 nach Rom und hernach Europa ausgriff. Der erste Renaissancebau in Florenz ist das Findelhaus, das Filippo Brunelleschi im Jahre 1419 entworfen hatte, ehe er in der Domkuppel seiner Geburtsstadt von 1420 bis 1436 sein strahlendstes Werk schuf. Beide Werke widersprachen mit der großzügigen Waagrechten und der vollkommenen Krönung entschieden dem gotischen Vertikalismus.

Trotz des Widerstandes blühte die Hochrenaissance in Venedig und Vicenza zu jener Spätrenaissance aus, die Andrea Palladio (1508–1580) dort in S. Giorgio Maggiore und in Il Redentore, hier vor allem in der Villa Rotonda, aber auch im Teatro Olimpico prägte. In der Folge erwies sich der zunächst nur nationale Stil als von europäischem Rang. Sachsen etwa führte die Renaissance in seinen städtischen Schloßbauten ein, zum Beispiel in der Schloßerweiterung durch den Georgenbau in Dresden. Im Jahr 1538 folgte der Renaissanceteil des Berliner Schlosses. Der deutsche Schloßbau dieser Stufe gipfelte im Heidelberger Schloß, das in seinen besten Teilen 1556 bis 1559 unter dem Kurfürsten Otto Heinrich (1502 [1556]–1559) erbaut wurde. Der prächtige Bau, dessen Meister wir nicht kennen, ist in seinen Dekorationen niederländisch beeinflußt. Die Münchener Residenz der Wittelsbacher folgte unter dem Holländer Friedrich Sustris (um 1540–1599) und dem Brügger Pieter de Witte (um 1540–1628), der bei Giorgio Vasari in Florenz gelernt hatte und seit 1568 als Hofmaler in München tätig war. Auch der katholische Kirchenbau Münchens bediente sich in der Jesuitenkirche St. Michael, die zwischen 1583 und 1597 entstanden ist, der Renaissanceerrungenschaften.

Frankreich lockerte die strengen Fronten der italienischen Vorbilder durch Fenster auf und verabscheute die Stucktechnik. Die neuen italienischen Formen sind zweifellos in die Bauhüttentradition aufgenommen worden, und die Theoretiker Philibert Delorme (um 1510–1570) und Baptiste Androuet Du Cerceau (um 1545–1590) verstanden die italienischen Risse glanzvoll weiterzuentwickeln.

Heinrich VIII. rief italienische Meister für Hampton Court und die Königsgräber in Westminster nach England, und unter der Königin Elisabeth wurde die Baulust unbändig. Waren die deutschen Architekturübernahmen noch dumpf, so wurden die englischen licht.

All dies wurzelte in der Initiative von Florenz, wo zwischen 1450 und 1478 dreißig Stadtpaläste errichtet wurden und 1472 vierundfünfzig Bauhütten heimisch waren. Die neue Formensprache besaß eine Fülle von meisterhaften Vorbildern und Anregungen. Die Studienreisen des Ciriaco d'Ancona (1391–1452), die den gelehrten Kaufmann 1424 zu den antiken Altertümern von Griechenland und Ägypten getrieben hatten, waren nicht ohne Folgen geblieben. Auch Leon Battista Albertis (1404–1427) »Descriptio Urbis Romae« wirkte weiter, und Fra Giocondo (um 1433–1515) hatte antike Ruinen zukunftweisend vermessen. Diese Kunst bedurfte der echten Kenner. Gerade deshalb ging sie solche an.

Der Dalmatiner Francesco Laurana, der sich als italienischer Bildhauer fühlte, wirkte in Marseille, Tarascon und Avignon, Ghirlandaio (1449–1494) in der Kathedrale von Aigneperse. Die italienische Hochrenaissance tilgte die Eigenarten manches Regionalstils aus. Nur Michelangelo war Florentiner, Leonardo stammte aus dem nahen Vinci, Raffael (1493–1520) aus Urbino. Als Michelangelo 1564 starb, »waren die Standpunkte in den sämtlichen Künsten verrückt«. Leonardo war Künstler und Forscher, Michelangelo weder Bildhauer noch Architekt oder Graphiker, vielmehr alles zugleich.

Die Bauhütte von St. Peter bestimmte unter dem Nachfolger Raffaels, Baldassarre Peruzzi (1481–1536), dem Schüler von Francesco di Giorgio (1439–1501/02), der 1529 Dombaumeister in Siena wurde, und Antonio da Sangallo (1483–1546), der auf ihn folgte, alle Stilfragen. Peruzzi leitete die Hütte mehr als ein Vierteljahrhundert. Das dürfte nachhaltige Ausstrahlungen gezeitigt haben, schon deshalb, weil die Brüder der Hütte zur Literatenwelt gehörten und zum Manierismus überleiteten.

Die europäische Kunst der Zeit war unter den vielen Stimmen und angesichts der weiten Wanderungen der Hütten schöpferisch polyphon geworden. Sie zählte bedeutende Meister: Hans Burgkmair den Älteren (1473–1531), der für Augsburg das Reiterdenkmal Maximilians I. entwarf, Hans Holbein den Älteren (1465–1524), den Schöpfer des Weingartner Altars von 1493, Albrecht Dürer (1471 bis 1528), den Italien-Süchtigen, Hieronymus Bosch (um 1450–1516). Europa hatte damals den Charakter eines »Gesellschaftskörpers«, meinte Arnold Toynbee (1889–1975).

Auch im Barock blieb die Architektur langehin führend, wobei die Baugesinnung der Spätrenaissance lückenlos in jene des Frühbarock überging. Zeuge dessen ist die römische Jesuitenkirche Il Gesù, die Vignola (1507–1573) nach 1568 baute und die bis zur Wende des 17. zum 18. Jahrhundert zum Vorbild vieler Kreuzkuppelbauten in allen Ländern werden sollte.

Der italienische Hochbarock wurde von dem Neapolitaner Gian Lorenzo Bernini (1598–1680), der auch einen Louvreflügel entworfen hatte, der allerdings nicht ausgeführt wurde, weiterentwickelt. Er war Bauleiter der Peterskirche. In Wien wirkten Johann Bernhard Fischer von Erlach (1656–1723), der die Jahre 1670 bis 1686 in Rom verbracht hatte, und Johann Lukas von Hildebrandt (1668 bis 1745), der erste Zeichenlehrer und Architekt Kaiser Josephs I. (1678 [1705]–1711), der die »herrlichste Bücherhalle der Welt« gebaut hat.

Um 1600 entfaltete sich die europäische Barockmalerei auf römischem Boden; es begann die koloristische Dekoration die Bauten aufzuhellen, die niederländische Malerei zu blühen; Landschaften und Familien zogen in die Bilder ein. Peter Paul Rubens (1577–1640) gab dem allem unerhörtes Leben. Wenn auch der Dreißigjährige Krieg vieles gelähmt und zerstört hatte, blieb doch die kirchliche Barockkunst Süddeutschlands zwischen 1660 und 1700 um so unbändiger am Werk.

Die italienischen Stiftungen waren zeugungskräftig geblieben. Sie waren europäischen Rangs. Die Größe des Zeitalters mußte aber mit den Leiden vieler erkauft werden. Daran hatte die Wanderschaft der Bauhütten und der Künstler am europäischen Schicksal teil. Johann Sebastian Bach (1685–1750), dem die ganze Fülle der Musiküberlieferung im Herzen wie im Geist erblühte, schlug dem Abendland seines Zeitalters, ähnlich der Welt Keplers, seine strahlende Kuppel der kreisenden Tongestirne über eine bisher nie gesehene Oikumene.

Von der Universitas zur Cogitatio

Es war Platon, der die abendländischen Wissensfächer und deren Fülle an die zwei Jahrtausende lang bestimmt hat. Er tat es, im Anschluß an das Höhlengleichnis im siebenten Buch der »Politeia« vom Sichtbaren zum Einsehbaren fortschreitend, indem er die Kaste der Wächter zu Philosophen erhob und von ihr verlangte, daß sie sich der Rechenkunst zuwende. Er wollte dieses Fach von Gesetzes wegen als notwendig verankert wissen, damit der Sehende zur Anschauung der Natur der Zahlen gelange. Der Nutzen müsse sich zur Einsicht klären, lehrte er. Wer zähle, habe sich der Zahl selbst zu versichern. Dies schärfe auch die Auffassungsgabe. Die Mathematik werde damit zur Geisteswissenschaft, ja, sie führe die Geisteswissenschaften erst zum Geist als Gegenstand hin, vertrat Platon weitsichtig. Die echte Mathematik entzieht sich auf diese Weise der vordergründigen Abstraktion. Die Menge der Zahlen bildet die Einheit der Zahl. Platon hat diese Lehre dann im »Parmenides« erhärtet, indem er das »Eine-Seiende« als Klammerausdruck verstand. Damit werden die gezählten Zahlen zu reinen Exponenten der Zahl.

An zweiter Stelle forderte Platon als weiteres Lehrfach die Geometrie, die jenseits des Handwerks und seiner Zirkelschläge frei zum Seienden gelange. Dessen hatte er schon im »Gorgias« gedacht. Auf dem Eingangsportal der »Akademie« stand denn auch das berühmte Wort, daß keiner, der sich nicht in der Geometrie geübt habe, eintreten möge.

Die Astronomie machte Platon trotz einer Gedankendivagation zum dritten Fach seines Idealstaates. Es gehe nicht nur darum, die Monats- und Jahreszeiten zu scheiden, sondern man müsse auch, die Seele zu schulen, nach oben blicken, um »von den Dingen hier fort nach drüben« zu gelangen. Der Himmel sei nämlich von seinem Baumeister wohl bemessen und gefügt worden. So sah Platon im zehnten Buch der »Gesetze« in den Epizyklen und ihren Umlaufmaßen die Wirkung vernunftbegabter Seelen, die eine wundersame »actio in distans« bezeugen und zu sichern vermögen. Dies alles verrät über die Nützlichkeitsbedürfnisse hinaus eine unmittelbare Freude an den mathematischen Gesetzen.

Endlich wandte sich Platon der Musik zu. Töne und Konsonanzen werden in ihren Maßverhältnissen erwogen. Auch die Musik sei eine Kunst jenseits des leiblichen Ohrs. Sie schenke der aufmerkenden Einsicht jene Harmonie, die auch die Gestirne anführe, in Tönen. Harmonie sei Gesetz, und das Gesetz benötige, um zu gelten, keine Saitengriffe. Platon hatte ihrer schon im dritten Buch der »Politeia« gedacht, als er von den härteren und den weicheren Tonarten sprach, die zu ermannen oder aber zu verweichlichen vermögen.

Im Geiste der Pythagoreer sah Platon in allen vier Fächern nur ein Fach. »Diese Wissenschaften sind einander wie Schwestern verwandt«, schrieb er wiederum im siebenten Buch. Es ging ihm um eine tiefgründige und umfassende Harmonielehre. In ihr verbürgt das Quadrivium der Wissenschaften die Wissenschaft schlechthin. Sokrates unterhielt zu den Pythagoreern Simmias und Kebes – wie der Dialog »Phaedo« bezeugt – lebendige Beziehungen, und Pythagoras war der Lehrer der Harmonien, der Harmonie auch, die Platon dann auf eigene Weise zum Sittlichen hin erweitern sollte. Die Proportion ist das Geheimnis der Schöpfung, das Maß Gebot des einzelnen in der Gemeinschaft.

Dieser pythagoreische Grundriß Platons ging folgerichtig in die »Artes liberales« – die sieben freien Künste – des Mittelalters ein. Frei waren sie, weil sie von freien Bürgern jenseits der Bedürfnisse des Alltags, doch sie zu ordnen, gepflegt wurden. Sieben waren es, weil dem Quadrivium von Arithmetik, Geometrie, Musik und Astronomie ein Trivium von Grammatik, Rhetorik und Dialektik vorangestellt wurde. Während das Trivium formale Kräfte schulte, lehrte das Quadrivium materiale Welten.

Augustinus hielt in voller Kenntnis der Überlieferung an den sieben Künsten fest, während Marcus Terentius Varro, dessen Werk mehr als sechshundert gelehrte Bücher umfaßt, darunter eine Enzyklopädie in einundvierzig Bänden, versuchte, die sieben Künste um zwei weitere – die Architektur und die Medizin – zu ergänzen. War dieser Vorschlag auch zukunftsträchtig, so blieb doch die Siebenzahl der abendländischen Wissensschulung bis zu Erasmus, ja bis zu Comenius hin erhalten. Kloster- und Lateinschulen übernahmen sie und gaben sie an die Artistenfakultät der Universitäten weiter, wobei die sieben Künste propädeutische Bedeutung erlangten und als Studium generale den Fakultäten zum Einstieg dienten.

Die abendländischen Universitäten zeugen von verschiedenen Bildungsanliegen der westlichen Kultur. Kaiser Friedrich II. hatte seine Hochschule mit dem Wunsche gestiftet, neben einer gründlichen wissenschaftlichen Schulung und mit ihr seine sizilianischen Beamten heranzubilden. England schuf sie als staatsunabhängige Körperschaft mit eigenem Vermögen und eigener Verfassung, wobei das College-System eine ganzheitliche Menschenbildung anstrebte, während die Kirche in ihren Schulen Theologen bereitstellen wollte.

Die Universität erhielt im 12. Jahrhundert ihre Prägung. Sie vertiefte das Verständnis und die Anwendungsformen des römischen Rechts, errang über den »septem artes liberales« ihren ganzen Aristoteles und führte die arabischen Übersetzungen der griechischen und lateinischen Fachliteratur in den alltäglichen Umgang der Gelehrten ein. Unter »Universitas« verstand man den organisierten Verband der Lehrer und der Schüler als eigenen Staat, der in verschiedene Nationen oder Provinzen geordnet war; man meinte damit aber auch nach Cicero die »Universitas rerum« oder »Universitas omnia continens« als Weltall und die »Universitas generis humani« als Menschheit. Im 14. Jahrhundert hieß man sie denn auch »Alma mater«, Nährmutter also. Paris wurde zum Hauptsitz der neuen Theologie und Philosophie scholastischer Prägung.

Viele der Universitäten, die ihre Schüler in Graden – dem Baccalaureus, Magister, Licenciatus, Doctor – bereitstellten und, sich zu stärken, steuerfrei waren, gingen auf päpstliche, kaiserliche oder landesherrliche Stifterbriefe zurück. Doch auch weltliche besaßen des öftern noch eine Stiftungsurkunde vom Papst als dem obersten Lehrer und Hüter der Wahrheit.

Die »Studia generalia« galten ohne territoriale Grenzen für die gesamte Christenheit. Deshalb wurden die kirchlichen Feste geschlossen begangen, und die Rechtgläubigkeit wurde überwacht. Das führte zum Lehrbestand der Scholastik, der den Glauben der Wissenschaft gegenüber zu sichern hatte. Dennoch trat das antike Geistesgut fruchtbar und furchtbar mit der wahren »Fides« ins Gespräch. Die Gebiete beargwöhnten sich seit der Patristik. Prinzipien und Methoden trennten sich. Die Lehrer der »septem artes«, aber auch die Lehrer der Theologie waren in erster Linie Hochschullehrer. Sie kämpften um die ganze Wahrheit und verfehlten sie im Streit. Die Quellenkenntnis wurde herrschend, die Lehre dogmatisch. Das Buch zählte vor der Erfahrung. Das führte zur Auseinandersetzung der verschieden gestimmten Lehrer. Lectio und Disputatio wurden nach dem Sic-et-non-Verfahren selbstherrlich, die Wissenschaft Schulwissenschaft, die Lehre geduldeter Kommentar der Autorität. Es wurde verlangt, daß sich die Vernunft als gläubig erweise, die Dialektik hatte Glaubensauftrag. So lag der Glaube mit der tiefen Bewunderung des Altertums im Wettstreit. Der Rektor hatte sich dem Kanzler, der den Papst vertrat, zu fügen.

In gemeinsamen Leidenschaften und trennendem Mißtrauen wurden nach Fès (859) und Kairo (970) die ersten abendländischen Universitäten um 1065 in Parma, 1119 in Bologna, 1175 in Modena und Paris, 1218 in Salamanca, 1222 in Padua, 1224 in Neapel, 1229 in Toulouse und Cambridge, 1240 in Siena, 1249 in Oxford, 1250 in Valladolid – sie alle also zur Zeit des großen Staufers – gegründet. Im 14. Jahrhundert folgten die deutschen Universitäten von Prag um 1348, Krakau 1364, Wien 1365 und unter dem Einfluß des Schismas, das zwischen 1378 und dem Konstanzer Konzil von 1417 zwei, ja drei Päpste kannte, Heidelberg 1386 und Köln 1388. Erst im 15. Jahrhundert wurden die Grundsteine von Freiburg 1457, Basel 1460, München 1472 und Tübingen 1477 gelegt. Sie alle standen mit eigenen Rechten außerhalb der landesfürstlichen oder der städtischen Körperschaften. Sie besaßen quer über die Länder hin ihre Standessprache Latein und wahrten eigene Bräuche. Die Freizügigkeit, die zwischen ihnen herrschte, zeichnete über allen Nationen ein europäisches Reich des Geistes aus.

In diesen Leib brach 1637 René Descartes ein. Er stammte aus einer mäßig begüterten Adelsfamilie, die ihre Söhne traditionsgemäß für die königlichen Kriegsdienste schulen ließ. René war das dritte und letzte Kind aus erster Ehe. Die Mutter starb wenige Tage nach seiner Geburt, und so wuchs das Kind unter einem besorgten Vater und einer erzählfreudigen Kinderfrau heran. Der Achtjährige wurde in das Jesuitenkolleg von La Flèche geschickt, wo sich der »junge Philosoph« mit dem um acht Jahre älteren Marin Mersenne (1588 bis 1648), der sich der »Harmonie universelle« verschreiben sollte, innig verbunden fühlte. Auch der Rektor nahm sich seiner mit rührender Neigung und mit seltenen Zugeständnissen an. So durfte er, zart wie er war, trotz der Härte der Schule, des Morgens ausschlafen und sinnieren. Diese Flucht in die Stille der Nachdenklichkeit wurde ihm zum Quell einer abgründigen Gedankenarbeit. Er bewältigte, seinem Auftrag entgegenreifend, Latein, Griechisch und Rhetorik leichten Geistes und wurde überdies zum Gentleman erzogen.

Im August 1612 ging Descartes von der Schule ab; er hatte in Pater Mersenne einen Freund gewonnen, der als überlegener Mathematiker und Naturwissenschaftler zum ständigen Begleiter und Betreuer seiner und seines Werkes werden sollte. Descartes verließ seine Lehrer mit der Einsicht, daß die humanistischen Fächer und die starren Regeln von Philosophie, Ethik und Moral keineswegs ausreichten, das Leben und dessen menschliche Aufgabe zu meistern. Er hatte begonnen, die fragwürdigen Vorschriften auf der Tafel seines Geistes zu löschen. Selbst die Logik, die Stütze der scholastischen Methode, müsse unausweichlich unfruchtbar bleiben, meinte er ebenso bestürzt wie befreit. Um die echte Wissenschaft zu gewinnen, benötige man der leeren Bereitschaft, der nüchternen Versuche und einer strengen mathematischen Beweisführung. Das aber bedeutete einen jähen Bruch mit der herrschenden Buchgläubigkeit und sollte eine neue Zeit begründen. War auch dieser Skeptizismus noch ratiogläubig, so war er doch bohrender Skeptizismus, voller Bereitschaft zur Absage.

Derart ernüchtert, zog Descartes vom väterlichen Landsitz nach Paris, wurde aber bald seiner wilden Freunde überdrüssig und floh nach Saint-Germain, wo er sich zwei Jahre lang in mathematische Probleme verbiß. Als ihn seine Freunde aufgestöbert hatten, wich er in Kriegsdienste aus und ging nach Breda in Holland, wo er bei der Armee des Prinzen Moritz von Oranien (1567–1625) das Kriegshandwerk erlernte. Auch dies bedeutete für den Jesuitenschüler einen Durchbruch. Gerade deshalb mißfiel ihm das untätige Lagerleben, und so brach er abermals aus und stellte sich der Truppe des Kurfürsten von Bayern, der gegen Böhmen Krieg führte. Vorerst jedoch lag die Einheit des Ausbrechers in der Nähe von Neuburg an der Donau im Winterquartier, wo er in der Nacht des 10. Novembers 1619 von drei Träumen heimgesucht wurde, die ihm in der Mathematik den einzigen Schlüssel zur Natur verhießen.

Der erste Traum trieb Descartes aus dem sicheren Hort in eine ringsum gesicherte Sturmstille, der zweite ließ ihn den entsetzlichen Sturm nüchtern beobachten, so daß ihm dieser nichts mehr anhaben konnte, und im dritten rezitierte er das Ausonius-Gedicht: »Quod vitae secatabor iter?« – Welchen Weg soll ich im Leben wählen? Die Traumfolge bedeutete für Descartes abermals eine Wende, eine ernüchterte Begeisterung nämlich. Der zweite Traum hatte ihm den Zauberschlüssel zu den Schatzkammern der Natur versprochen, weshalb man, ohne das Ereignis auszuschöpfen, den 10. November jenes Jahres zum Geburtstag der analytischen Geometrie erklärt.

Im Winter darauf lernte Descartes einige Brüder vom Rosenkreuz kennen, die ihm eine »wahrhaftige Wissenschaft« ankündigten. Adrien Baillet berichtet in seinem 1641 erschienenen Werk »La vie de Monsieur Descartes« davon. Descartes hat später bestritten, daß er den Rosenkreuzern je nahegestanden habe. Das gelte, auch wenn wir nicht verkennen, daß seine katholische Herkunft und seine Jesuitenfreundschaften eine solche Zurückhaltung geboten. Descartes erlebte aber die Umbrüche der Zeit mit geneigtem Verständnis. Deshalb ist es nicht ohne Gewicht, daß er im Juni 1620 und während des Sommers in Ulm war, wo er den Mathematiker, Feldmesser und Festungsbauer Johannes Faulhaber (1580–1635) kennenlernte. Dieser Freund einer paracelsischen Naturlehre und Astronomie hatte 1615 sein Werk »Mysterium Arithmeticum sive Cabalistica et Philosophica Inventio ... illuminatissimis laudatissimisque Fratribus R.C. ... dicta« veröffentlicht.

Im Herbst nahm Descartes an der Schlacht am Weißen Berge gegen den Winterkönig Friedrich V. von Böhmen (1596 [1619/20] bis 1632) teil und zog am 9. November unter frommen Gesängen in Prag ein. Unter den Flüchtlingen lebte damals die vierjährige Prinzessin Elisabeth, die Tochter des Winterkönigs und Enkelin Jakobs I. von England, die später zur Lieblingsschülerin von Descartes werden sollte.

Danach hielt sich Descartes im südlichen Böhmen auf; er reiste durch Mähren, Schlesien, Norddeutschland, entließ, bevor er das Schiff nach Ostfriesland bestieg, seine Diener bis auf einen. Die Besatzung beschloß den Wehrlosen zu erschlagen. Descartes aber, der ihre Sprache beim Ratschlag verstanden hatte, zog seinen Degen und zwang die Leute, ihn zum Pier zurückzurudern. Im folgenden Jahr besuchte Descartes Holland und Rennes, wo sein Vater lebte. Gegen Jahresende kehrte er nach Paris zurück, wo er als Rosenkreuzer verdächtigt wurde. Rosenkreuzergerüchte waren damals in Mode. Er verleugnete aber seinen Umgang mit den »Unsichtbaren«.

Nach einem Besuch in Rom trat Descartes wieder in kriegerische Abenteuer ein, diesmal unter dem Herzog von Savoyen. Hätte er sich nicht dem Heeresleben bald entzogen, so wäre er zum Generalleutnant befördert worden. Er kehrte aber in das Paris Richelieus zurück, wo er dem Beleidiger einer seiner Begleiterinnen mit dem Degen entgegentrat, den Unwürdigen aber verschonte. Er liebte den ungebundenen Umgang mit Frauen. Von einer von ihnen hatte er eine Tochter, deren früher Tod in tief traf. Er verstand sich aber während der nächsten drei Pariser Jahre jeder Ehe zu entziehen. Damals ging Descartes dem Prinzip der virtuellen Geschwindigkeiten in der Mechanik leidenschaftlich nach und förderte auch sein eigenstes Anliegen: die unfehlbare mathematische Methode. Pierre de Béralle (1575–1629), der Führer der Gegenreformation in Frankreich, der sich den Naturwissenschaften verschrieben hatte, schätzte ihn überaus. Er war es, der Descartes zu seinen epochemachenden Veröffentlichungen zu überreden vermochte.

Während der nächsten zwanzig Jahre erwanderte Descartes Holland. Gleichzeitig führte er eine umfassende Korrespondenz mit den führenden Geistern Europas. Er pflegte Optik, Chemie, Physik, Anatomie, Embryologie, Medizin, Meteorologie und Astronomie. Niedergeschmettert war er, als Galilei am 22. Juni 1633 gezwungen worden war, der kopernikanischen Lehre auf den Knien abzuschwören. Sein eigenes Weltbild vertraute Kopernikus (1473 bis 1543) rückhaltlos. So entschloß sich Descartes, sein lange vorbereitetes Werk »Le Monde« nicht zu veröffentlichen. Erst 1637 gab der Einundvierzigjährige dem Drängen seiner Freunde nach und willigte in den Druck des »Discours de la Méthode« ein. Entgegen allen Befürchtungen erteilte Kardinal Richelieu Descartes das Privileg, diesseits und jenseits der Grenzen alles Material einzusehen, das er verlange. Seit 1641 lebte Descartes in der Nähe von Den Haag, wo die verbannte Prinzessin Elisabeth mit ihrer Mutter auf Sommerfrische weilte. Sie wurde ihm zur verständigen und geliebten Schülerin. »Von allen meinen Schülern hat sie allein meine Werke ganz verstanden«, bekannte Descartes überzeugt.

Im Jahre 1646 finden wir Descartes inmitten seiner Briefwechsel im abgelegenen holländischen Egmond. Christine von Schweden (1626 [1632–1654]–1689), die Tochter Gustavs II. Adolf (1594 [1611]–1632), die 1654 zum Katholizismus übertreten und hernach in Rom leben sollte, berief ihn 1649 an ihren Hof und überforderte ihn so rücksichtslos, daß er am 11. Februar 1650 an einer Lungenentzündung starb.

Kurz nach seinem Tod kamen die Werke des Philosophen trotz des Zugeständnisses Richelieus auf den Index der Kirche, der Descartes treu angehangen hatte. Noch im Jahre 1644 hatte er die »Principia« ausdrücklich der Tochter des Königs von Böhmen gewidmet, ihr also den Rang gelassen, den ihr die Welt verweigerte. Er hatte wohl die Einladung nach Schweden nicht zuletzt deswegen angenommen, um dort die Sache Elisabeths und der Pfalz vertreten zu können. Das katholische Verdikt war aber tiefen Sinns: Descartes hatte der scholastischen Welt der Kirche abgesagt.

Das umwälzende Hauptwerk von Descartes trägt den Titel »Discours de la méthode pour bien conduire sa raison et chercher la vérité dans les sciences«. Es ist in sechs Teilen 1637 anonym erschienen und legte gleichzeitig in den Essays »La Dioptrique« und »Les Météores« sowie »La Géometrie« erste Anwendungen der neuen Arbeitsweise vor. Die Schrift stellte die gesamte überlieferte Philosophie und damit die Würde ihrer Träger in Frage; sie glich einer wahrhaften Revolution. Es ging um die kopernikanische Wende des abendländischen Geistes. Dies ist um so merkwürdiger, als sie nicht in einer wissenschaftlichen Gebärde vorgetragen wird, sondern ähnlich »De consolatione philosophiae« des Boethius (um 480–um 524) als persönliche Psychographie auftritt. Dieses »wunderbare und denkwürdige Ich« stellte sich titanisch dem Hochschulwissen gegenüber. Der »Discours« wurde damit neben der gedanklichen Leistung zum persönlichen Opfer des einzelnen, das alle fördern sollte.

Descartes bekennt sich einleitend zur Universalität des menschlichen Geistes. Für ihn ist die Vernunft »von Natur aus bei allen Menschen gleich«, Vernunft schlechthin also. Der methodische Einsatz des Geistes erst vermag die volle Wahrheit auszuschöpfen. Macht die Vernunft den Menschen zum Menschen, so muß die Denknotwendigkeit die Verschiedenheit der Meinungen ausgleichen und überragen. Vorbildlich ist dabei die reine Mathematik. Descartes bleibt dabei Berichterstatter seiner Erfahrung; er will »wie in einem Gemälde« darstellen, welchen Weg er zur Erforschung der Wahrheit eingeschlagen hat. So versucht er seine Schrift »lediglich als eine Geschichte, oder, wenn man will, als eine Fabel« darzubieten. Das war ebenso neu wie kühn.

Im zweiten Teil unternimmt es Descartes, den bestürzenden Umbruch, der ihn im Winterlager an der Donau heimgesucht hatte, zu erörtern. Es geht um jenen Vollzug, der ihn entgegen den starren Lehrgebäuden der Universitäten erkennen ließ, »daß ich nichts weiß«, wie er gesteht, so daß er sich dem Zweifel schlechthin überantworten mußte. Um den Weg aus dieser völligen Leere zu finden, nimmt er sich vier Regeln vor, seine »Regulae ad directionem in gentis«. Die erste fordert von der Wahrheit Evidenz; die zweite gebietet, jede Frage in Einzelfragen zu zerlegen, und die dritte, um förderlicher voranzuschreiten, die Schrittfolge vom Faßlichen zum Verwickelten, die vierte schließlich erwartet, daß der Arbeitsgang vollständig verfahre. Das Anliegen des Philosophen Descartes galt der Erforschung und Bewährung dieser Grundsätze.

Der dritte Teil untersucht den moralischen Grundbestand des menschlichen Verhaltens und Forschens, der in den Gesetzen des Landes, in der Religion der so belehrten Jugend zu pflegen ist, damit die Ansichten maßvoll bleiben; er gebietet aber auch die entschlossene Tat und vor der Ordnung der Welt die einsichtige Selbstbeschränkung. Es geht Descartes darum, einzugestehen, daß der Mensch nur seinen Gedanken in der Gewalt habe. Dabei bewundert er die Kunst einer Philosophie, die sich der Macht des Schicksals zu entziehen vermag und sich dem notwendigen Abenteuer des Geistes stellt. Nur dem völlig Entblößten gewährt sich die letzte Sicherheit.

Auf diesem Wege gelangt Descartes im vierten Teil zur totalen Blöße der einzigen Wahrheit, die jenseits der sinnlichen Wahrnehmung gilt, zu dem Satz nämlich, er könne nur daran nicht zweifeln, daß er selbst da sei: »Remarquant que cette vérité: je pense, donc je suis, était si ferme et si assurée que toutes les plus extravagantes suppositions des sceptiques n'étaient pas capables de l'ébranler, je jugeais que je pouvais la recevoir sans scrupule pour le premier principe de la philosophie que je cherchais.« So besteht das Ich dem Wesen nach »ausschließlich im Denken«. Nur der Geist ist erkennbar. Von ihm aus wird das Wahre einsichtig. Diese Evidenz der Wahrheit setzt der Skepsis Grenzen, die zur Gewißheit überführen. Das denkende Ich denkt das Vollkommene in Gott jedoch nur unvollkommen.

Der fünfte Teil des Werkes ergründet die Natur als gottgewiß. Gott existiert für Descartes demnach im reinen analytischen Urteil. Der Erkenntnisfortschritt erscheint im »cogito, ergo sum« selbst gegeben. Zum Schluß proklamiert die Schrift die unbedingte Geistesherrschaft. Es geht darum, uns »zu Herren und Besitzern der Natur« zu machen. Nur versteht Descartes dies so, daß es an die Stelle der spekulativen Schulphilosophie »eine praktische Wissenschaft«

zu setzen gelte. Diese müsse dem allgemeinen Wohl der Menschheit dienstbar sein. So versprach Descartes, »den ganzen Rest meines Lebens ausschließlich darauf zu verwenden, mir eine derartige Naturerkenntnisse zu verschaffen, daß sich daraus für die Medizin zuverlässigere Regeln gewinnen lassen als bisher«.

Damit war das neue Zeitalter sichtbar geworden. Der Erkenntnisfortschritt sah als Fortschritt auch die Natur evolutionär begabt. Die vernunfterfüllte Seele erschien so notwendig wie göttlich. Der Mensch vermag sich selbst zu schaffen, indem er sich tatsächlich zum »Herrn und Besitzer der Natur« macht. Allerdings blieb Descartes ein Zauberlehrling. Seine Vision war ebenso hybrid wie verheißungsvoll. Nicht alle begehrten die Natur zu heilen, wie er es erstrebte. Unsere Gegenwart ist Zeuge dafür.

So blieb der größte und verhängnisvollste Durchbruch des Werkes, daß der abendländische Mensch bis zum Cogito-Wort hin Geschöpf war. Von diesem Wort an wurde er für die nächsten Jahrhunderte ebenso hochgemut wie überheblich und damit zerrissen und so, sich selbst gefährdend, zum eigenen Schöpfer und dem seiner Welt. Dies war die zwielichtige Wende des abendländischen Geistes. Sie war als Denkweise fruchtbarer und furchtbarer denn als Philosophie. Die theologische Gewißheit des Mittelalters, die trotz aller Federkämpfe Bestand gehabt hatte, wurde nun der einzelnen Seele anheimgegeben, und da hierbei die Mathematik neue Sicherheiten zu schaffen verhieß, wurde sie vergöttert. Die göttliche Transzendenz schien in die rationale Notwendigkeit eingegangen zu sein. So konnten sich schließlich auch Usurpatoren des Geistes ihrer bedienen.

Die Leistung des Philosophen Descartes muß nach unseren Ergebnissen weniger fachwissenschaftlich als menschlich und geistesgeschichtlich verstanden werden. Schon seine stiftenden Anliegen der Einsamkeit, des Zweifels, der Evidenz und der Gewißheit belegen es. Er zieht sich in sich selbst zurück und wird sich selbst zum Gegenstand, der allem Wissen vorangeht. Er ergräbt sich die Leere in Zweifeln. Den Zweifel aber treibt er bis zum äußersten der unbezweifelbaren Gewißheit. In ihr erkennt sich der Denker als Selbstgewißheit der Reflexion, deren Gegenstand das Subjekt des Gewißseins ist.

Descartes unterscheidet zwischen dem Zweifel des Verstandes und dem Zweifel des Willens. Jener führt zur Einsicht, dieser zum Glauben. Der Glaube durchbricht den Zweifel an Gott und gelangt zum Heil. Der wahrhaft Zweifelnde nimmt demnach all das aus, »was zur Frömmigkeit und allgemein zu den Sitten« in Beziehung steht. So schließt Descartes den existentiellen Zweifel des Glaubens von seinem methodischen Zweifel des Verstandes aus. Die Existenz erfährt sich. Die theologische Evidenz bleibt unangetastet. Der Zweifel verharrt beim Gedankenversuch und entzieht sich der Verzweiflung. Total peilt er die absolute Wahrheit an, die dem Urteil die Erkenntnis schenkt.

Die wissenschaftliche Wahrheit ist in der Wahrheit der Existenz aufgehoben; der Weg wird Ziel. Sind alle philosophischen Sätze bestritten, so ist der Streit selbst wahr; er begibt sich der nach sich selbst fragenden Gewißheit. Für Descartes ist das Wahrsein selbstverständlich und Selbstverständnis. Der universale Zweifel gibt der Erkenntnis die totale Freiheit. Damit sichert er die Unbezweifelbarkeit der rationalen Gewißheit. Der methodische Zweifel, der über sich hinausstrebt, indem er sich selbst bezweifelt, gibt ihr Raum. Sie hält sich an ihr Ich, das sich selbst bewußt wird und gelangt so zum neuen Prinzip des unzweifelhaften Selbstbewußtseins; die Cogitatio ist auch Cogitatum, denkendes Etwas und All. »Je pense, donc je suis; ego cogito, ergo sum, sive existo.«

Auf diesen Wegen wird die Methode zum Hauptthema des Philosophen. Das begründet die echte Philosophie in der Evidenz. Zwar gebraucht Descartes die Begriffe »Evidentia« und »Evidens« selten, doch sind sie mit der »clara et distincta perceptio« eins und werden der Wahrheit als Prinzip vorgeordnet. Die Lichtmetaphorik der Wahrheit trägt die Erkenntnis als Schau. Die Evidenz wird dann später die Philosophie zum Erkenntnisgrund des Axioms führen. Sie ist für Descartes die Rechtsquelle der Erkenntnis.

Diese Gedankengänge geben dem Denken ein gewaltiges Reich anheim und fordern, daß man dessen Würde anerkenne. Das gelangte in der Folge in die Sackgasse der Welt Fichtes und trieb in die

Überheblichkeit des Geistes vor seiner machbaren Welt. Die Methode wurde größenwahnsinnig und nur durch die Verweigerungen des Experiments in Frage gestellt und begrenzt.

Der Mensch hatte nach Descartes zwei Wege. Beide führten in unsere Gegenwart. Der erste bedarf des Münchhausen-Tricks, der zweite der Selbstbeschränkung Allvermögender. Letztlich geht es Descartes darum, den Glauben an die Möglichkeit einer universalen Erkenntnis nicht fahren zu lassen. Ließe man ihn fahren, so gäbe sich die Philosophie selbst auf. Um sie aber rang Descartes. Er rang mittels des totalen Zweifels um die sichere Erkenntnis. So hatte denn die Methode Instinkt. In seinem stiftenden Rationalismus, der durch die Erfolge der Naturwissenschaften erhärtet wurde, ist »Descartes der Erzvater der Neuzeit«. So verstand ihn Edmund Husserl (1859–1938) in seiner umfänglichen und großartigen Arbeit über »Die Krisis der europäischen Wissenschaften«, die zu böser Zeit, 1936, in der Belgrader Zeitschrift Arthur Lieberts (1878–1946) »Philosophia« erschien, aber nie zum Tragen kam. Das macht unser Schicksal heute aus.

Die Fackel der Aufklärung

Man hat die Aufklärung allzu lang als vernünftige Ernüchterung von den mittelalterlichen Träumen verstanden. Solche aber gab es so vereinfacht nie. Schon die französische Aufklärung verehrte mit Montesquieu (1689–1755) und seinen »Persischen Briefen« von 1721, aber auch mit Voltaire John Locke und Francis Bacon so sehr, daß der Ruhm der nationalen Überlieferung verblaßte und die Auseinandersetzung mit ihnen eine vielschichtige Begriffswelt schuf, die nicht nur linear mit den scholastischen Lehren konfrontiert werden darf. Die »Enzyklopädie« gar, die Denis Diderot (1713–1784) zusammen mit seinen Freunden schuf, war von einem überaus hochgemuten Selbstbewußtsein. Zudem war, angesichts der Werte, die sie vertrat, die Abkehr von der kirchlichen und geistigen Tradition titanisch, so daß die Begriffe »Erfahrung« und »Vernunft« einem kämpferischen Pathos gehorchten, das zum Beispiel auch die Freimaurer gegen die Härte der Glaubenssätze zu einem neuen religiösen Kult von Herz und Phantasie versammelte. So wurde vor allem die deutsche Maurerei rastlos rührig. Dreizehn Logen wurden zwischen 1740 und 1760 gegründet, und von 1760 bis 1780 waren es nicht weniger als sechzig. Das muß als abendländische Wende gegen Rom und deutsche gegen Wittenberg verstanden werden. Da ihr Fürsten und Könige angehörten, war sie von unverkennbarem Einfluß.

Zu Ende der siebziger Jahre richtete sich dann der neue Illuminatenorden mit Härte gegen die Jesuiten, obwohl deren Orden 1773 aufgehoben worden war. Es ging um den überlebenden Geist einer starken Gemeinschaft. Stifter der Illuminaten war Adam Weishaupt (1748–1830), der als ehemaliger Jesuitenzögling seit 1772 als Kirchenrechtler in Ingolstadt wirkte, 1785 aus Bayern verbannt wurde und seit 1786 am Hofe von Gotha lebte. Er kannte die Macht der Genossenschaften, der er in seinem Illuminatenorden einen sinnvollen Ort geben wollte, um so mehr, als die Freimaurer von Betrügern aller Art durchsetzt waren. Jede laue Haltung widerte ihn an. Sein Bekenntnis »Mon but est faire valoir la raison« diente in streng gestuften Graden dem Aufstieg des Bruders und Menschen und erhob sich von Moral, Geschichte und Menschenkenntnis zu den höheren Graden der Staats- und Religionsweisheit. Um Ansehen zu erlangen, wurde die Ordensgeschichte verschleiert; sie arbeitete mit nebelhaften historischen und geographischen Vorstellungen, einem eigenen Kalender und verzwickten Riten. Doch überragt das epochemachende Werk des Freiherrn Adolf von Knigge (1751–1796) seit 1788 die besten Bestrebungen des Illuminatenordens. »Über den Umgang mit Menschen« brachte der Menschlichkeit der Zeit höfische Eleganz bei. Knigge wollte überdies die Gründung Weishaupts als »königliche Kunst der gereinigten alten Freimaurerei« mit dieser ausgleichen. War er auch ein großmannssüchtiger Schwärmer, so blieb doch seine Humanitätsbegeisterung so leitend wie gültig. Sie diente jenseits der hinfälligen Ordensschwärmerei im Glauben an den Fortschritt der Menschheit einem verbindlichen Humanum.

Die ganze Leidenschaft, die allen triftigen Bestrebungen der Zeit innewohnte, galt diesem wachsenden Menschentum. Die erleuchtetsten Geister der Zeit waren die besten Beiträger der Sache. Lessings Schrift »Die Erziehung des Menschengeschlechts« von 1780 muß als bedeutendstes Zeugnis dafür gewürdigt werden. Seine ersten dreiundfünfzig Paragraphen waren schon 1777 unter der »Herausgeberschaft« Lessings als vierter »Beitrag zu Geschichte und Literatur aus den Schätzen der Herzoglichen Bibliothek von Wolfenbüttel« erschienen und haben ihre eigene Geschichte.

Lessings dichte Arbeit leistet eine Entwicklungsgeschichte des sittlichen Bewußtseins der Menschheit. Hegel hat sie als echte Phänomenologie ihres Gegenstandes eingestuft. Dem Entwurf Lessings gemäß schreitet der Geist der Geschichte vom Judentum zum Christentum vor und verheißt als drittes Alter die völlige Aufklärung des reinen Herzens. Mit diesem neuen und letzten »ewigen

Evangelium« trifft Lessing mit der großen johanneischen Überlieferung zusammen. In ihm wird die Tugend nicht mehr durch die Seligkeit belohnt; sie ist selbst selig. Darin verwirklicht sich das reine Menschentum, in das Offenbarung und Christentum als geschichtliche Stufen eingehen.

Lessing sieht in allen Religionen den Entwicklungsgang des menschlichen Geistes als Offenbarung des Menschengeschlechts und Erziehungsgebot des einzelnen. Der Mensch, der »mit einem Begriffe von einem einigen Gotte sofort ausgestattet wurde«, meint Lessing, sei zur Vielgötterei, ja zur Abgötterei gelangt, indem er den »Einzigen, Unermeßlichen in mehrere Ermeßliche« zerlegt habe; deshalb habe Gott, diesen Irrweg zu kennzeichnen, ein einzelnes Volk erwählt, um die verirrte Welt wiederum »zu dem Begriffe des Einigen« zurückzuführen. Diesen Begriff nennt Lessing »transzendental«. Gott habe dann die »künftigen Erzieher des Menschengeschlechts« in diesem erwählten Volk herangebildet. Auf diesem Bildungswege der Menschheit habe die Offenbarung die Vernunft so lange geleitet, bis die Vernunft die Offenbarung zu erhellen vermochte. Dieses neue Evangelium sei gewissen Schwärmern des 13. und 14. Jahrhunderts zu verdanken. Es habe zwischen Offenbarung und Vernunft in wechselseitigem Ausgleich gestanden. Christus habe dann der jüdischen Vorstufe das »Elementarbuch aus den Händen« gerissen, so daß der Weg zum »zweiten großen Schritte der Erziehung« offenstand. Er sei zum ersten zuverlässigen Lehrer der Unsterblichkeit der Menschenseele geworden, zuverlässig, weil er seine Auferstehung gefunden habe. So seien die Jünger des Herrn als »Pfleger und Wohltäter des Menschengeschlechts« anzuerkennen. Das zweite »Elementarbuch«, das »Neue Testament«, sei in seine Rechte eingetreten.

Dann beginnt die dritte Zeit des Wissens und der Schau. Sie lasse beide Elementarbücher des geschichtlichen Auftrags zurück und führe die geoffenbarten Wahrheiten in Vernunftwahrheiten über und bilde sie um. Wurden jene früh offenbart, so um zum Geist zu gelangen. Das sei der einzige und sichere Weg zu Aufklärung und Reinheit; er geleite zum dritten, dem »neuen ewigen Evangelium« hin. Das »dreifache Alter der Welt« trage die Zeit der Erfüllung.

Der unmerkliche Fortschritt sei das Werk der ewigen Vorsehung, die das Menschengeschlecht der Vollkommenheit näherbringe. Lessing schließt sein Bekenntnis mit der »Hypothese« der Seelenwanderung.

Mit seiner Lehre hat Lessing Offenbarung und Vernunft gegen die stark nachwirkende mittelalterliche Trennung beider zusammengeschlossen. Die Erziehung des einzelnen Menschen entspricht der Offenbarung des Menschengeschlechts, wobei der menschliche Geist selbst offenbarungskräftig ist, denn geschaffen ist er schöpferisch. Die letzte Zeit des »neuen ewigen Evangeliums« ist die Verheißung des Menschen, die das Gute gut erreicht und dieses gut tut, weil es gut ist. Führend bleibt für Lessing der Gedanke des ebenso möglichen wie zwingenden Aufstiegs, der dem Geist innewohnt, den er verheißt. Damit geht die Vernunftspekulation in einen Geistbegriff über, der weit über die aufklärerische Epoche hinausgreifen sollte. Dazu gehört, daß Lessing seine Botschaft als Versuch verstanden hat; der Mensch ist der Versuch des Menschen. Er ist ewig unterwegs. Das ist trotz Lessings überaus bewußter Stilkunst keineswegs rhetorisch. Die Rhetorik seines Fragesatzes ist wesenseigen und wesensinnig. Die Menschenhoffnung ist Menschenwesen, gegenwartende Zukunft schlechthin.

Von solch freiem und weitem Geist ist auch Johann Gottfried von Herders Lebensanliegen, das er frühzeitig in seinem »Journal meiner Reise im Jahr 1769« festgehalten hat; es sollte aber erst 1846 erscheinen. Herder war seiner bedrückenden Alltagsverhältnisse in Riga, wo er seit 1764 als Lehrer und Geistlicher tätig war, überdrüssig, und so brach er am 23. Mai auf. Er wollte zu Schiff nach Frankreich gelangen. Er entfloh dabei sich selbst, einem »Repositorium voll Papiere und Bücher«, »das nur in die Studierstube gehört«. Angesichts der Meeresweite wurde er gelehrt, aber jenseits aller Gelehrsamkeit zum »Philosoph auf dem Schiffe«. »Was gibt ein Schiff, das zwischen Himmel und Meer schwebt, nicht für weite Sphären zu denken! ... Welch neue Denkart! aber sie kostet Tränen, Reue, Herauswindung aus dem Alten, Selbstverdammung!«

Unter wechselnden Eindrücken und Stimmungen entdeckte auch Herder Entwicklung und Bildung als die herrschenden

Grundkräfte von Natur und Geschichte. Er gelangte von der urschöpferischen Vielfalt der Erscheinungen zur befriedeten Totalität der geistigen Bewältigung durch eine »Unmittelbarkeit«, die ihm zuvor die Bücherwelt verbaut hatte. Die menschliche Seele wird ihm zur Keimzelle der evolutionären Bildungsstruktur als Menschheitsgeschichte. Das fordert eine Neukonzeption der Schulen; es bedarf der »lebendigen Begriffe«, die »aufs Ganze der Menschheit« hin ausgerichtet werden müssen.

Die »politischen Seeträume« Herders besitzen einen zukunftsträchtigen Enthusiasmus. Sie sind wissensdurstig. »Ist Norden oder Süden, Morgen oder Abend die vagina hominum gewesen?« Welches ist der Ursprung des Menschengeschlechts, der Erfindungen, der Künste und Religionen? Der eine der Ströme führe aus dem Orient über Griechenland und Italien ins südliche Europa, der andere über den Norden aus Asien nach Europa. »Großes Thema: das Menschengeschlecht wird nicht vergehen, bis daß es alles geschehe! bis der Genius der Erleuchtung die Erde durchzogen! Universalgeschichte der Bildung der Welt.«

Herder ruft sich zu, Prediger dieser Weisheit zu werden. Er plant ein »Jahrbuch der Schriften für die Menschheit«, ein »Buch zur menschlichen und christlichen Bildung«, einen Katechismus all dessen. Er denkt die Philosophie der Natur als offenbarungskräftig und spricht von den »Zeitaltern der Menschheit«, der »Bildung der Völker«, der »Natur- und Zivilgeschichte der Gesetze« und setzt bei dem Satze ein: »Schon als Tier hat der Mensch Sprache.«

Solche Gedankengänge konnten sich nur allmählich erhärten, bis zu seinem Hauptwerk »Ideen zur Philosophie der Geschichte der Menschheit«. Es erschien zwischen 1784 und 1791, dem Tode Diderots und der Geburt Franz Grillparzers also. Der Wurf ist jedoch so titanisch und allumfassend, daß er unvollendet bleiben mußte. Herder erfüllt mit ihm seine frühe Reisekonzeption, indem er der Lehre vom Menschen Psychologie, Astronomie, Völker- und Länderkunde, Geschichte, Ethik, Metaphysik, Religionswissenschaft anschließt und sie in der naturwissenschaftlichen Evolutionstheorie seiner Zeit vereint, wobei jeder der vielfältigen Aspekte von einer überlegenen Literaturkenntnis untermauert wird.

Herder versteht den Menschen als Mittelwesen auf dem »Mittelgeschöpf« Erde, in den Naturreichen von Pflanze und Tier verwurzelt. Selbst die Humanität ist natürliche »Organisation«. Alle Reiche zielen auf die Menschengeschichte hin, die »älteren Brüder« der Tiere auf das »Mittelgeschöpf unter den Tieren«, das sich von jenen durch den aufrechten Gang, die gestaltungsfreudigen Hände, die »geistigen Empfindungen« und die Sprache unterscheidet, in der die Vernunft »Gestalt gewinnt und sie fortpflanzet«. Die »lebendige organische Kraft«, die Mittelgattungen schafft, läßt die Fortpflanzung ausschließlich als »Effloreszenz des Wachstums« begreifen – ein Gedanke von größter Tragweite, den erst Rudolf Pannwitz 1936 in seiner Schrift über »Das Wesen der Geschlechter und der geschlechtlichen Fortpflanzung« zu Ende gedacht und begründet hat. In solchen Zusammenhängen spricht Herder – und die Naturwissenschaft unserer Tage bestätigt ihn, zumal am Beispiel der Euglenen – vom »Pflanzentier« als dem Mittelwesen der Lebensreiche. Davon angeregt, entdeckte Goethe den Zwischenkieferknochen.

Der aufrechte Gang macht den Menschen zur Vernunft fähig, das Gehirn vollkommen. Die Vernunft ist nach Herder »etwas Vernommenes, eine gelernte Proportion und Richtung der Ideen und Kräfte, zu welcher der Mensch nach seiner Organisation und Lebensweise gebildet worden« ist. Sie ist ein Ereignis der Daseinsnot, erreicht aber »Erfüllung und Beherrschung der Erde«, wobei der Mensch in jedem Sinne ein verbindendes Mittelglied ist. All dies ließe sich höchst sinnvoll in die Sprache der modernen Naturwissenschaften übersetzen. Herder sieht die Seelenwanderung in der »wahren Palingenesie«, der »Veredelung der Seele mit all ihren Trieben und Begierden«.

In Anschluß daran erörtert Herder den Einfluß der Klimata und der Traditionen auf den Menschen und seine Fortbildung. Sein Überblick reicht von den ältesten Kulturen und Staaten – von China, Japan, Tibet, Indostan – zu den persischen Reichen und den Hebräern. Die geschichtlichen Erscheinungen werden durch die geographische Lage, die Zeitumstände, die Volkscharaktere geprägt. Für Herder ist die Menschengeschichte Naturgeschichte »lebendiger Menschenkräfte«.

Daß in der Geschichtsfolge Herders die Griechen eine beherrschende Stellung innehaben, ist selbstverständlich. Fremder steht er den Römern gegenüber; er deutet sie als Werk eines »Gesetzes der Wiedervergeltung«. Doch hat die »echteste Humanität« Christi in der »geistlichen Eroberung« erst das Ideal der Humanität ermöglicht.

Nach einer Darstellung des christlichen Mittelalters bricht das ungeheure Unterfangen ab, das aus dem Grundsatz heraus geschaffen wurde: »Es gibt also eine Erziehung des Menschengeschlechts.« Aus diesem Keim hat Herder eine »Philosophie der Geschichte der Menschheit« entworfen, die von der Erde als Stern unter Sternen ausgeht und im zwanzigsten Buch mit der Erfindung der Magnetnadel, des Glases, des Schießpulvers, des Papiers endet, ja den Geist in die »spekulierende Vernunft« ausarten läßt. Er vertraut dabei im Fortgang der Erfindungen und der Künste der Natur, die »dem Menschengeschlecht wachsende Mittel in die Hand« gegeben habe, »das einzuschränken oder unschädlich zu machen, was die Natur selbst nicht auszutilgen vermochte«.

Die Humanität ist »Zweck der Menschennatur«, der Natur also, die in der Erziehung zur Humanität gedeiht. Die Humanität wird. Schelling hat diesen großartigen Gedanken weiterentwickelt. Während Johann Georg Hamann (1730–1788) rügte, daß Herder statt von Gott her von der Natur aus denke, beurteilte Goethe dieses Werk voller echter Gottesgedanken als liebenswertestes Evangelium. Beide Stimmen ordnen Herders Schaffen genau und würdig ein. Herder ist ein unvergleichlicher Künder der geschöpflichen Evolution des Geistes.

Johann Gottlieb Fichte maß diesen Weg in seiner Schrift »Die Bestimmung des Menschen« von 1800 weiter aus. Deren drei Bücher schreiten vom Zweifel über das Wissen zum Glauben vor. Auch er versucht zu zeigen, daß die Natur mitsamt dem Menschen durch die unabdingbarste Notwendigkeit bestimmt wird. Diese schafft die Welt innerhalb des Bewußtseins dialektisch, und innerhalb dieser Spiegelwelt von Bildern bedarf der Mensch eines neuen Organs. Die Selbstgewißheit wird dem Menschen zum Glauben, »ein Entschluß des Willens, das Wissen gelten zu lassen«. Der höchste Gedanke des Menschen ist die Tat, die von der Stimme des Gewissens angeleitet wird. Die Pflicht gibt der Bestimmung des Menschen Sinn. Ist »alles was da ist ... durchgängig bestimmt« und »durchschreitet die Natur alle möglichen Bestimmungen gesetzlich und auf bestimmte Weise«, so gibt es »eine ursprüngliche Denkkraft der Natur, wie es eine ursprüngliche Bildungskraft gibt«. Dabei erblickt sich die Natur in jedem Individuum, doch anders. Der Mensch ist eine »durch das Universum bestimmte Äußerung einer durch sich selbst bestimmten Naturkraft«. In ihm handelt die Natur denkend. Doch »ein Akt des Geistes, dessen wir uns als eines solchen bewußt werden, heißt Freiheit«.

Auf diese Weise geht Fichte ähnlich Descartes von dem Satze aus, der durch Kant allerdings einen neuen Sinn erhalten hatte: »Ich bin Ich, ich selbst.« »Bilder sind«, meint er nun. In der Folge muß die Bildung des Menschen von seinem Willen, nicht vom Verstand ausgehen. Damit wird der Mensch sein eigenes Geschöpf, weil er es »wollte«. Die Gebote des Gewissens geben den Vorstellungen »Wahrheit und Realität«. »Wir handeln nicht, weil wir erkennen, sondern wir erkennen, weil wir zu handeln bestimmt sind. So begehre ich die bessere Welt, ja ich fordere sie.« »Ich kann mir die gegenwärtige Lage der Menschheit schlechthin nicht denken, als diejenige, bei der es nun bleiben könne; schlechthin nicht denken, als ihre ganze, und letzte Bestimmung.« Ist auch der Mensch »des Menschen grausamster Feind«, so ist doch »die Bestimmung unseres Geschlechts, sich zu einem Ewigen, in allen Teilen durchgängig mit sich selbst bekannten, und allenthalben auf die gleiche Weise ausgebildeten Körper zu vereinigen«. Dies geschieht »in einem Staate, in welchem Alle gleich sind«. Dieser Fortschritt entspricht der menschlichen Natur, ihr Zweck »ist erreichbar im Leben und durch das Leben, denn die Vernunft gebietet mir zu leben; er ist erreichbar, denn – ich bin«. Durch das Vernunftgebot »erhalte ich ein neues Organ«: den Willen. »Ich stehe im Mittelpunkte zweier gerade entgegengesetzter Welten, einer sichtbaren, in der That, einer unsichtbaren und schlechthin unbegreiflichen, in der der Wille entscheidet; ich bin eine der Urkräfte für beide Welten. Mein Wille ist es, der beide umfaßt.« »Der Mensch muß so noch einen über dieses Leben hinausliegenden Zweck haben.« Dieser Zweck wird durch den guten Willen erreicht. Es zählt zur Weisheit, daß wir das vernünftige Leben im Glauben erreichen. »Wir müssen fort tätig sein.« »Der Wille ist das lebendige Prinzip der Vernunft, ist selbst die Vernunft, wenn sie rein und unabhängig aufgefaßt wird; die Vernunft ist durch sich selbst tätig, heißt: der reine Wille, bloß als solcher, wirkt und herrscht.« Demnach ist für Fichte der Wille die »Quelle des wahren Lebens, und der Ewigkeit«. Erst von den vorausgesetzten Gliedern des Denkens her »kam ich zum Glauben an eine übersinnliche, ewige Welt«. Es geht daher darum, seinen Willen zu verbessern; »nur durch die gründliche Verbesserung meines Willens geht ein neues Licht über mein Dasein, und meine Bestimmung mir auf«. Die Vielzahl der einzelnen Willen und ihrer Wechselwirkung ist unbegreiflich, aber Gemeinschaft des Erkennens und des Willens. In der endlichen Vernunft wirkt der ewige Wille des Schöpfers. »Alles, was in dieser Welt sich ereignet, dient zu Verbesserung und Bildung der Menschen, und vermittelst dieser zur Herbeiführung ihres irdischen Ziels.« Die Bestimmung des Menschen geht über Zeit, Raum, Sinnenwelt hinaus. Darin gleicht der Mensch dem Schmetterling, der die Raupenhülle abstreift. »Das Universum ist mir nicht mehr jener in sich selbst zurücklaufende Zirkel, jenes unaufhörlich sich wiederholende Spiel, jenes Ungeheuer, das sich selbst verschlingt, um sich wieder zu gebären, wie es schon war: es ist vor meinem Blick vergeistiget, und trägt das eigne Gepräge des Geistes; stetes Fortschreiten zum Vollkommnern in einer geraden Linie, die in die Unendlichkeit geht.«

Der Fortschritt zum vollkommeneren Reiche hin macht den großartigen Geist der Aufklärung aus; er stellt Lessing, Herder, Fichte und noch viele im Glauben an die Zukunft des Menschengeschlechts nebeneinander. Das ist wahrhaft europäisch und muß ohne Überheblichkeit hingenommen werden.

Die fortschrittlichsten Monarchen, die zuweilen noch Mitglieder einer Loge waren, fügten sich nach dem Vermögen ihrer Weltstunde dieser Gesinnung. Ursprünglich war die Aufklärung eine geistige, keine politische Bewegung, bis Montesquieu mit seinem Werk über den »Geist der Gesetze« von 1748, das die Theorie der Gewaltentrennung begründete und die Revolution vorbereitete, den geistigen Aufbruch der Zeit politisch faßte. Nun erst wandte sich die Leidenschaft der Epoche dem staatlichen Bereich zu. Die Physiokraten hatten an dieser Tendenz Anteil. Der aufgeklärte Absolutismus förderte die neue Sinngebung des Staates.

Die Aufklärung trachtete einerseits nach friedlichen Reformen, andererseits riß sie die Bollwerke gegen die Revolution nieder. Die Ideologien Ludwigs XIV., die in den Denkschriften für seinen halbwüchsigen Sohn niedergelegt waren und noch im Jahre 1700 seinem Enkel Philipp (1683 [1700]–1746) zur spanischen Königskrönung dienten, zerfielen. Nur die deutschen Kameralisten versuchten deren Staatsprinzipien durchzuhalten. So sprach Veit Ludwig von Seckendorff (1626–1692) im Jahre 1655 in seiner Abhandlung über die Staatsverwaltung zugunsten seines Herrn, des Herzogs Ernst des Frommen von Sachsen-Gotha-Altenburg (1601 [1640]–1675). Johann von Justi (1717–1771) erneuerte die Lehren seines Vorgängers, stellte aber als Ziel des Staates die Wohlfahrt der Gemeinschaft und das Glück der Untertanen hin. Sie nur vermöchten die Autorität des Herrschers zu gewährleisten. So bittet er die Regierenden, Gesetz und Eigentum zu achten, aber auch drückende Steuern zu vermeiden. Seine Losung »Alles für das Volk, aber nichts durch das Volk« wurde von den Untertanen – noch – als richtig anerkannt.

Friedrich der Große wurde dem Zeitgeist wie keiner gerecht. Er kam wie wenige Platons Philosophenkönig nahe. War er auch seiner Dynastie und der Machtpolitik Preußens treu, so muß man doch seine genialische Bildung bewundern. Der Alte Fritz war Philosoph, Geschichtsschreiber, Dramatiker und Komponist. Er schuf neben Lustspielen, die Voltaire nacheiferten, bezaubernde Flötenkonzerte. Schon sein Vater, der Soldatenkönig, hatte von seinem Nachfolger verlangt, daß er als Herrscher ein Beispiel gebe. »Die Regenten sind zur Arbeit erkoren.« So hatte Friedrich nach des Vaters Anweisung einmal im Jahr durch alle Provinzen zu fahren und zu prüfen, ob sie gedeihen. Dabei gab er sich als Hausvater und wußte in vielem sachkundigen Rat. Er wollte seit seinem neunzehnten Jahr »eine Hilfe für Witwen und Waisen, der Freund der

Armen und der Feind der Ungerechten« sein. Sieben Jahre später verfaßte der Kronprinz seine »Considérations sur l'état présent du corps politique de l'Europe«. Darin sagt er dem falschen Ruhm, Stolz, Ungerechtigkeit, Unmenschlichkeit, der Tyrannei ab. Es gehe immer um Schutzbefohlene, die er regiere. Breche ein Herrscher diesen »Contrat social«, sei das Volk berechtigt, sich zu erheben. Friedrich anerkannte die sittliche Verantwortung des Herrschers und hielt die Sittenlehre hoch. »Il se trouve, que le souverain, bien loin d'être le maître absolu des peuples, qui sont sous sa domination, n'en est en lui-même que le premier domestique.« Dieser aufgeklärte Despotismus war zum Humanum unterwegs. Der König fühlte sich für den Schutz und das Wohlergehen der Gemeinschaft verantwortlich. Nur war er noch steif der Meinung, daß der Fürst allein alles am besten wisse. Er verlangte von ihm aber auch, daß dem so sei.

Friedrichs politische Testamente von 1752 und 1768 sind reif und überlegen. Die Justiz bedürfe der Richter von lauterem Charakter; sie habe sich auch von allen Übergriffen fernzuhalten. Die Staatseinnahmen seien nicht durch neue Steuern, sondern durch die Verbesserung des Bodens und die Förderung der Industrie zu erhöhen. Die Privilegien des Adels sollten der Kriegsbereitschaft wegen erhalten bleiben. In religiösen Fragen gelte die Duldsamkeit. Nur wer zum Umsturz antreibe, solle zum Schweigen gebracht werden. Rom und Genf standen so für Friedrich nicht zur Frage. »Ein solches System kann nur von einem Kopf gelenkt werden, nämlich dem des Herrschers.« Das hätte Platon unterschrieben, und die Zeit hatte es noch nicht hinter sich gelassen. Solange Friedrich als König gebieten konnte, ging er über die Reden anderer Gesinnung hinweg.

Auch Katharina die Große (1729 [1762]–1796) las das Herrscherbrevier »Esprit des Lois«, und sie gestand herausfordernd zu, daß sie, wäre sie Papst, Montesquieu heiligsprechen würde. Nur war die Stunde kühner Neuerungen in einem Lande, das überwiegend aus analphabetischen Leibeigenen bestand, noch nicht fällig. An der Stelle der konstitutionellen Regierungsform arbeitete sie an den unvollendeten Gesetzesentwürfen Peters des Großen (1672 [1682]–1725) und dessen Tochter Elisabeth (1709 [1741]–1762) leidenschaftlich weiter. Sie versammelte 1767 Vertreter verschiedener Klassen und Bedürfnisse, um ihnen die Gedankengänge ihrer Denkschriften zu unterbreiten. Sie erlaubte den Widersprechenden jeden Eingriff in den Text und wollte, was verblieb, als Entwurf verstanden wissen. Im Jahre 1768 unterzeichnete sie dann sechshundertfünfundfünzig Artikel. Sie sollten zur Belehrung an die Schulen gehen. Daß ihr Herrschertum absolut blieb, ist selbstverständlich. Die Gesetze zu verwirklichen, wurde aber dem Senat übertragen. Die Reform des Strafgesetzes war eine echte Leistung.

Katharina sah wie Friedrich die Arbeitskraft als Grundlage der nationalen Macht. Um aber den Widerstand der Gutsbesitzer nicht herauszufordern, blieb die Leibeigenschaft, wie in andern Ländern, unangetastet. Als Diderot in Petersburg weilte, beharrte er darauf, daß die Nation der eigentliche Souverän sei, auf dessen Gesetz der Herrscher vereidigt werden müsse, doch er konnte in Rußland nicht erwarten, was seinem Frankreich noch nicht zugestanden war.

Auch Maria Theresia (1717 [1740]–1780) sah sich angesichts ihres ausgedehnten Völkerreiches ohne gemeinsame geschichtliche Ziele vor erschwerten Aufgaben. So vermochte selbst ihr guter Kopf, ihr weiches Herz, ihr unbedingtes Pflichtgefühl keinen Einheitsstaat zu stiften. Deutsche, Tschechen, Polen, Madgaren und Italiener waren wohl eine Lebensgemeinschaft, aber kein Staat. Doch diese Gesellung ließ die Wege zum Wohlfahrtsstaat offen. Es wurden die Zwangsarbeiten eingeschränkt; die Verwaltungsreform war durchgreifend; die Armee wurde durch die Wehrpflicht vergrößert, Schulen wurden errichtet. Die Reichskanzleien Böhmens und Österreichs wurden vereinigt und die Staatsämter überwacht. Die Steuerfreiheit des Adels wurde aufgehoben, die Binnenzölle wurden abgeschafft, und ein oberster Gerichtshof begann die Gesetze zu kodifizieren. Befugnisse der Stände gingen an Statthalter und Ortsbehörden über. Mit der Zentralisierung wurde auch die kirchliche Macht beschnitten. Es wurde verboten, Geld ins Ausland zu schicken und ausländische Visitationen der Jesuiten und anderer Orden zu dulden. Die Rechte der kirchlichen Gerichtshöfe wurden geschmälert, die Asylrechte der Stefans- und der Schottenkirche aufgehoben. Noch blieb die Zensur. Um 1760 wurde ein Staatsrat geschaffen, der allen Kronämtern und Staatsämtern vorstand. Was möglich erschien, wurde getan.

Maria Theresias Sohn Joseph II. (1741 [1765]–1790), den man als vornehmen Despot bezeichnet hat, nahm sich selbstlos der Wohlfahrt seiner Völker an. Er erstrebte den Einheitsstaat, den Rechts- und Wohlfahrtsstaat. Auf dem Wege dahin beschränkte auch er die Macht der Kirche und der Stände. Einheit, Tüchtigkeit und Duldsamkeit wurden ihm zu Lebenszielen. Er kämpfte gegen Vorurteile und Vorrechte, gegen Religionszwiste und wollte die Bürgerschaft brüderlich verbunden wissen. Die Zensur wurde auf Schriften, die Religion und Sitte gefährdeten, eingeschränkt. Autokratie und Bürokratie wurden liberalisiert, blieben aber geschützt. 1781 erließ Joseph II. sein Toleranzpatent, das allerdings erst 1861 zur vollen Wirkung kam. Als echter Aufklärer verachtete er Mittelalter, Mystizismus, Heiligenkulte, Pilgerfahrten, ja selbst Fasten und Prozessionen. Protestanten und Griechisch-Orthodoxe erhielten unbeschnittene Bürgerrechte und Kultfreiheit. Die Judenverfolgungen wurden eingestellt. Ein Drittel der Klöster wurde aufgehoben. Dorfgeistliche sollten Mönche ersetzen, die Kirche sollte Staatskirche werden. Im Jahre 1774 wurde festgelegt, daß die Erziehung von Knaben und Mädchen eine blühende Volksgemeinschaft anzustreben habe. Das setzte den Bruch mit vielen Überlieferungen, Bräuchen und Vorrechten voraus. Die Folter wurde abgeschafft, die Freiheiten der Bauern wurden gefördert.

Die Zeit war kühn unterwegs. Einzelne Fürsten waren – noch ringsum angefochten – echte Reformatoren im Dienste der Aufklärung, des Geistes also.

Der Vorgriff Napoleons

Das westliche Abendland vor Napoleon war staatlich so überaus vielfältig aufgefächert, daß es alle Möglichkeiten vertraglicher Zusammenschlüsse zuließ. Maria Theresia hatte 1763 Schlesien an Friedrich den Großen verloren; im selben Jahr schlossen England, Frankreich und Spanien den Frieden von Paris. Frankreich verlor Kanada und indischen Besitz an England, Louisiana an England und Spanien, während Spanien Florida an England abzutreten hatte. England weitete sein Weltreich aus. Die Kolonien bis zum Mississippi waren britisch geworden.

Drei Jahre danach fiel Lothringen durch Erbschaft an Frankreich, und 1768 kaufte Frankreich von Genua Korsika, so daß Napoleon ein Jahr später als Franzose geboren werden konnte. Um 1770 heiratete Ludwig XVI. von Frankreich (1754 [1774–1792]–1793) Marie-Antoinette von Österreich (1755–1793), und im Jahre 1772 teilten Österreich, Preußen und Rußland Polen ein erstes Mal unter sich auf. Da zehn Jahre schon die Zarin Elisabeth mit Friedrich II. Frieden geschlossen hatte, schienen Preußen und Rußland dem alten System gleichgewichtig eingeordnet zu sein. Die europäischen Bündnisbildungen aber hatten sich von 1763 an folgenreich umgelagert.

Seit 1789 zerfiel dann das innenpolitische Kräftefeld Frankreichs mit jähem Gefälle. Der Nachfolger Friedrichs II., König Friedrich Wilhelm II. (1744 [1786]–1797), widersetzte sich an der Seite der französischen Royalisten dem ideologischen Aufbruch antimonarchischer Umtriebe. Gleichzeitig aber schien sich der französische Nationalstaat, der sich seiner bewußt wurde, zu stärken, indem er 1791 sein Königreich konstitutionalisierte, das locker zugewandte Elsaß völlig eingliederte und damit Staatsverträge verletzte, welche die

Rechte der deutschen Reichsstände im Elsaß schützten. So sah sich der deutsch-römische Kaiser Leopold II. (1742 [1790]–1792) veranlaßt, in seinem Sendschreiben von Padua am 5. Juli 1791 die europäischen Mächte zum Schutz der gemeinsamen Belange aufzurufen. Wenn auch Leopold drei Wochen später auf Drängen Friedrich Wilhelms mit Preußen eine Defensivallianz einzugehen vermochte, so war doch dieser Schulterschluß den revolutionären Gärungen Frankreichs, das wenige Wochen zuvor Preußen und Österreich den Krieg erklärt hatte und nun mit dem Sturm auf die Tuilerien die Republik erklärte, nicht gewachsen. Die Kriegserklärung gehorchte den Umsturzparolen, die sich auch gegen Savoyen-Sardinien wandten und den Herzog von Braunschweig als Oberbefehlshaber Preußens in seiner konterrevolutionären Gesinnung bestärkten. Bei der Kanonade von Valmy sprach Goethe sein erstaunlich prophetisches Wort: »Von hier und heute geht eine neue Epoche der Weltgeschichte aus.«

Auch Katharina II. rief die deutschen Mächte unter antirevolutionären Zielsetzungen zum Kampf auf; sie gedachte aber, sich gleichzeitig erneut auf Kosten Polens zu stärken. Österreich war in seinen vorderösterreichischen Landen von Frankreich gefährdet und durch die polnischen Teilungen bedrängt. Im selben Jahr 1792 starb Leopold II., der Enkel Maria Theresias. Franz II. bestieg den deutschen Kaiserthron, dessen Krone er 1806 niederlegen und damit das »Heilige Römische Reich deutscher Nation« beschließen sollte.

So waren denn inmitten bestürzender Wirren und ihren unberechenbar entbundenen Kräften der Revolution die mittelalterlichen Herrschaftsformen in voller Auflösung. Dies um so mehr, als mit dem französischen Kampf der Stände Parolen aufgeflammt waren, die über die Grenzen hinweg zu zünden drohten und mottende Leidenschaften schürten. Im Jahre 1789 hatte die Nationalversammlung der Erklärung der Menschenrechte zugestimmt; 1793 wurden Ludwig XVI. und Marie-Antoinette guillotiniert. Die Ämterkäuflichkeit wurde aufgehoben, die Wahl der Beamten und Richter geregelt. Die Kirchengüter sollten eingezogen werden. Die Nationalgarde wurde geschaffen. Die Adelsvorrechte sollten fallen. In der Normandie, im Hennegau und im Oberelsaß verbrannten die

Bauern, um ihre Grundzinsbriefe zu vernichten, die Archive der Schlösser und Klöster. Die neue Verfassung von 1793 führte das allgemeine Wahlrecht ein. Junge Ordnungskräfte standen mit der Schreckensherrschaft des Konvents im Kampf, und die Kriege über die Grenzen hinweg überdauerten Herren und Ziele.

Die Hinrichtung des Königs hatte die Koalition zwischen Österreich und Preußen gefestigt, den Westfeldzug des Herzogs von Braunschweig ermöglicht. Mainz war belagert worden, die Garnison gefallen. Die Spanier hatten am Ostrand und am Westrand der Pyrenäen angegriffen. Die Briten trennten sich vom Herzog von Braunschweig und belagerten Dünkirchen, während Marseille, Toulon und Paoli auf Korsika die Engländer um Unterstützung angingen. So hatten die französischen Heere am 17. Juli 1793 in der Vendée eine Niederlage hinzunehmen.

Gleichzeitig unterlagen die Girondisten den Jakobinern. Jean Paul Marat (1743–1793) wurde im Bad erstochen. England, Holland und Spanien unterstützten Preußen und Österreich. Der Jakobiner Maximilien de Robespierre (1758–1794) wurde hingerichtet, weil er Georges Danton (1759–1794) dem Beil überantwortet hatte. Unter solchen Wettern wurde 1795 der Basler Frieden zwischen Preußen und Frankreich geschlossen und die dritte Teilung Polens durchgeführt. Spanien wandte sich auf der Seite des revolutionären Nachbarn gegen England. Die Hegemonie Frankreichs schritt bedrohlich voran; der Zusammenbruch Österreichs war besiegelt.

Nachdem im Oktober 1795 der Beschluß über die Entwaffnung der Schreckensmänner widerrufen worden war, erhoben sich die Royalisten abermals, so daß der Nationalkonvent Paul Vicomte de Barras (1755–1829) beauftragen mußte, ihn mit den wenigen Pariser Truppen zu verteidigen. Bonaparte war sein Stellvertreter. Die Nationalgarde wurde entwaffnet. Das Bürgertum hatte die staatliche Ordnung wiederum hergestellt, und es setzte einem großen Rat von fünfhundert und einem Rat der Alten von zweihundertundfünfzig Mitgliedern ein fünfköpfiges Direktorium vor. Barras wurde für die Polizei verantwortlich.

Napoleon hielt eine Landung der französischen Truppen in England für unmöglich. Er führte aber sein Heer über die Ostalpen und besiegte die Österreicher in Italien mehrmals. Wir finden ihn, der sich für Charles Maurice Herzog von Talleyrands (1754–1838) Ägypten-Expedition begeistert hatte, 1798 in Ägypten, dem er vor seiner Rückkehr nach Paris eine neue Verfassung geben sollte. Zurückgekehrt, stürzte er 1799 Barras und wurde 1802 lebenslänglicher Konsul, bevor er sich und seine Gemahlin Joséphine Beauharnais (1763–1814) am 2. Dezember 1804 in der Notre-Dame von Paris selbst krönte, nachdem Papst Pius VII. (1742 [1800]–1823) die Salbung vollzogen hatte. Er setzte sich die Krone mit anderen Ansprüchen auf, als sie der große Staufer in Jerusalem gestellt hatte, der sich einer Krone bemächtigte, die er schon besaß.

Napoleon hatte dem Papst in Fontainebleau einen eleganten Palast zur Verfügung gestellt und ihm monatlich hunderttausend Kronen ausgesetzt. »Fünfzehn Wagen standen für ihn und die Kardinäle bereit ... Zu eben der Zeit ... hatte ich die Absicht, ihm die weltliche Macht gänzlich zu nehmen, ihn zu meinem Almosenpfleger und Paris zur Hauptstadt der christlichen Welt zu machen«, gestand Napoleon auf Sankt Helena. Das war vorbereitet, da seit dem 12. Juli 1790 die Geistlichen als Staatsbeamte einen Eid auf die Verfassung zu leisten hatten, wenn dem auch die königs- und romtreue Geistlichkeit lange zu widerstehen vermochte.

Napoleon hatte sich als Erbe der Revolution angeschickt, das Reich Karls des Großen wiederherzustellen. Er dachte dabei unter Ausschluß von England kontinental. In diesem Geiste schlug er am 2. Dezember 1805 Österreich und Rußland, die mit England verbündet waren, bei Austerlitz. Der Habsburger Staat mußte auf Venetien, Tirol und Schwaben zugunsten Frankreichs und seiner deutschen Freunde verzichten. Napoleons Staatsideal, das den traditionellen Absolutismus durch die revolutionäre Ideologie zu beleben versuchte, schien siegreich geworden, die römisch-deutsche Kaiserkrone trotz des Widerstandes von Johann Philipp Graf von Stadion (1763–1824) erreichbar zu sein.

Napoleon verstand es, die Kräfte der Revolution – die fortschrittlichen Verheißungen – überlegen zu nutzen. Sein Staatsabsolutismus sollte über der soldatischen Begeisterung errichtet werden. Er setzte alle Volkswerte an die Stelle der Fürstenrechte. Dabei mußte er vielen als Usurpator erscheinen. Sicher war er ein korsisch verspäteter Condottiere. Bei seinem Rußland-Feldzug führte er aber siebenhunderttausend Männer aus zwanzig Nationen zusammen. Das hatte anderen Rang. Sein »Grand Empire« von 1812 umfaßte Frankreich, Belgien, die Niederlande, die linksrheinischen Gebiete Deutschlands, Katalonien, Norditalien, Rom, den Kirchenstaat und die illyrischen Provinzen.

Zudem gelang es Napoleon, die revolutionären Errungenschaften des Menschen einem vorbildlichen »Code civil« einzuschmelzen. Er tat es im Geiste der Toleranz. »Es gibt so viele verschiedene Religionen ... oder Modifikationen derselben, daß es sehr schwer ist, hier eine Wahl zu treffen. Hätte von Anfang der Welt her eine Religion bestanden, so würde ich glauben, diese sei die wahre. So wie es nun einmal ist, so glaube ich, sollte jeder bei der Religion bleiben, in der er erzogen wurde, in der seines Vaters.« »Vor meiner Regierung ... wurde den französischen Königen der Eid abgenommen, alle Ketzer zu vertilgen! Bei meiner Krönung habe ich geschworen, alle Arten von Gottesdienst zu beschützen.« »Wohlan ... ich glaube alles, was die Kirche glaubt.« In der Folge dessen machte er die Ehe zum »Civile-Contract«. Religiöse Zeremonien wurden den Gesetzen unterstellt, aber auch geschützt.

Napoleon hatte schon früh die revolutionäre Einheit Frankreichs in einer halbkonstitutionellen Verfassung der Verfügungsgewalt seines Konsulats unterstellt und 1801 die alte gallikanische Nationalkirche als Traditionsträger in einem Konkordat mit Pius VII. wieder hergestellt. Er schuf sich als Kaiser aus zurückgerufenen Emigranten, Revolutionsgenerälen und Beamten seinen eigenen Adel. Als neuer Charlemagne wollte er die Kontinuität Europas sichern, indem er in einem cäsarischen Feldzug das Abendland mit Rußland abzugrenzen gedachte. Das war mit dem Blick auf die wachsende englische Seemacht zu kurz gedacht und scheiterte am – Schicksal.

»Hätte ich gesiegt, so wäre ich mit dem Rufe des größten Mannes, der je gelebt hat, gestorben. Unter diesen Verhältnissen aber werde ich, obschon ich gefehlt habe, als ein außerordentlicher Mann betrachtet werden. Meine Erhöhung hat nicht ihresgleichen, weil sie von keinem Verbrechen begleitet war. Ich habe in fünfzig

Feldschlachten gefochten, die ich fast alle gewonnen habe. Ich habe ein Gesetzbuch entworfen und ins Leben geführt, das meinen Namen auf die späteste Nachwelt tragen wird. Aus dem Nichts schwang ich mich zu dem mächtigsten Monarchen der Welt auf. Europa lag zu meinen Füßen. Mein Ehrgeiz war groß, ich gestehe es, aber er war von kalter Art und durch die Ereignisse und die Meinung großer Massen hervorgebracht. Die kaiserliche Regierung war in der Tat eine Art von Republik. An der Spitze derselben durch die Stimme der Nation berufen, war mein Grundsatz, den Talenten offene Bahn, ohne Unterschied der Geburt und des Vermögens, und dieses System der Gleichheit ist der Grund, warum mich eure Oligarchie so sehr haßte«, erklärte Napoleon seinem Wundarzt auf Sankt Helena.

Wie also sah sich Napoleon im einzelnen selbst? Diese Frage zu beantworten, besitzen wir lautere Quellen: die des Kammerherrn und die des Wundarztes, die den Verbannten nach Sankt Helena begleitet haben.

Der Kammerherr, Emmanuel Augustin Dieudonné, Comte de Las Cases (1766–1842), veröffentlichte 1820 die »Maximes et Pensées du Prisonnier de Sainte-Hélène« und 1823 sein »Mémorial de Sainte-Hélène, ou Journal où se trouve consigné, jour par jour, ce qu'a dit et fait Napoléon durant dix-huit mois«. Er war dem Korsen nach der Niederlage von Waterloo vom 18. Juni 1815 in sein letztes Exil gefolgt und berichtet von seinen Gesprächen seit der Überfahrt von Rochefort nach England. Die Aufzeichnungen umfassen das erste und einen Teil des zweiten Haftjahres. Las Cases wurde im Dezember 1816 von der Insel entfernt.

Seine Berichte erweisen sich als verläßlich, weil sie, mit anderen Augenzeugenberichten verglichen, von bestätigtem Wortlaut sind. Die Texte der kaiserlichen Aussagen wurden dem Chronisten hier in die Feder gesprochen und dort aus der Erinnerung festgehalten. Sie bieten neben selbstsicheren Rechtfertigungen auch zahlreiche Zugeständnisse, die den Feldherrn als großartigen Imperator, glanzvollen Redner und zähen Vollzieher erscheinen lassen. Das Empire war für Napoleon die Krönung der Revolution, er selbst ihr Erbe.

Dabei gibt der Geschlagene seine Schicksalsverbundenheit eindrücklich zu. Er sieht sich in Aufstieg und Sturz auf das Rad geflochten: »Auch das Unglück hat seinen Heroismus und seinen Ruhm«, äußert er »unverhüllt«. Fehlurteile und Scharfblick werden gleichermaßen zugegeben und vermerkt. Auf diese Weise ist das »Mémorial« zur Legitimation der Beisetzung im Invalidendom geworden.

Der Wundarzt Barry E. O'Meara faßte die »Ansichten und Urteile Napoleons über die wichtigsten Ereignisse seines Lebens und seiner Regierung mit seinen eigenen Worten« unter dem Titel »Napoleon in der Verbannung oder eine Stimme aus St. Helena« zusammen. Das Buch lag 1822 in deutscher Übersetzung vor. O'Meara begleitete Napoleon auf der »Bellerophon« von Plymouth nach Sankt Helena, und er hält Hunderte von Begebenheiten und Aussprüchen vom August 1815 bis zum Abschiedswort 1818 fest. Der Berichterstatter erweist sich als sorgfältiger Tagebuchschreiber von »Longwood«, der sich für die Richtigkeit seiner Nachrichten ausdrücklich verbürgt.

Dem vergleichbar sind noch die Augenzeugenberichte »Sainte-Hélène. Journal inédit de 1815 à 1818« von G. de Gourgaud, die 1899 erschienen sind, und die erst 1959 zugänglich gewordenen »Cahiers de Sainte Hélène, 1816 à 1821«. Sie stammen von Henri Graf Bertrand (1773–1844), der als französischer General und Teilnehmer der napoleonischen Feldzüge seinem Kriegsherrn ebenfalls nach Sankt Helena folgte. Die Brückenschläge zwischen den Zeugnissen erhärten das Urteil, daß sie alle von hoher geschichtsbewußter Verantwortung getragen sind. Napoleon ist von so geschlossener und fester Eigenart, daß seine Worte weder geschönt noch gar gefälscht sein können. Sie gelten. Rudolf Pannwitz meinte 1917 dazu: »Hier an der lauterkeit zu zweifeln beweist nichts als die eigne unlauterkeit sei es nun die einer parteiischen befangenheit einer gemeinen psychologie oder des historischen sinnes.«

Nach diesen Quellen stellt sich Napoleon so dar: Er bekannte sich rückhaltlos dazu, daß der Menschengeist geschichtlich drei überaus gewichtige Eroberungen gemacht habe: jene des Rechts, die Gleichheit der bürgerlichen Auflagen und die Freiheit des Gewissens. Diese drei Errungenschaften müßten unangreifbar gewahrt werden. Napoleon maß dabei der Revolution den durchbrechenden Sieg dieses Fortschritts zu. Er selbst wollte vorerst nur Führer zum Triumph dieser Ideen sein. Er wurde aber, tatenfreudig wie er war, inne, daß er, weil er seinen Degen zu führen wußte, über dieses Ziel hinausgetragen wurde. Er verstand es, die Revolution in seinem persönlichen Aufbruch zu beenden, indem er ihr neue Parolen gab, unter denen er zum Erstaunen der Revolutionäre hochkam. So wie er sich auf diese Weise rückhaltlos den Forderungen seines Jahrhunderts verschrieb, wurde er Herr und Höriger der Zeitwende. Er wollte die republikanische Epoche Europas einleiten, nur wußte er, wie wenig der menschliche Geist reif war und daß die Regierenden tun würden, was sie zu tun vermögen, aber auch was sie wollen. So ging es ihm vorerst darum, zur Gerechtigkeit hin stark zu werden. »Unglücklicherweise waren die Umstände hart, ich wurde gezwungen zu wüten, Gericht zu halten. Die Rückschläge blieben nicht aus; ich konnte den Bogen nicht entspannen, und Frankreich ist der freien Ordnungen beraubt worden, die ich ihm zudachte.«

Die Französische Revolution hatte einen Herrscher erhoben, den nur eine verzweifelte Zeit ertragen konnte. Doch schuf er aus den Trümmern einer alten Welt unter Blutexzessen eine neue Gesellschaft, welche die Revolutionäre zu verraten unterwegs waren. Napoleon wurzelte ganz und gar in der Aufklärung; er erinnerte sich mit seinem Volk noch der Kulturherrschaft Ludwigs XIV. Er war überdies mit seinen korsischen Urzeittrieben cäsarenverwandt. Er stellte sich der Tatsache, daß »jede legitime Regierung ... die Rechte und Legitimität jener« vernichtet, »die ihr voranging«. »Der Hauptzweck der Revolution ging dahin ..., Privilegien und Mißbräuche zu zerstören, die Patrimonialgerichte aufzuheben, die Überreste der alten Sklaverei des Volkes zu vernichten, und jeden Staatsbürger gleichmäßig an den Lasten des Staates teilnehmen zu lassen.« »Die Prinzipien der Französischen Revolution haben die Bürgerrechte in Europa aufgegriffen; es geht nur darum, sie durchzusetzen. Ich besaß dazu Können und Kraft.« »Ich will eines Tages, mit Gottes Hilfe, daß ein Franzose, der in Europa reist, immer zu Hause zu sein glaube.«

Der »neue Zusammenschluß Europas« sollte den kontinentalen Frieden gewährleisten; das Meer sollte Besitz aller Völker bleiben. Dabei ging es um das europäische Gleichgewicht. Um es zu sichern, verweigerte Napoleon Rußland den Besitz Konstantinopels; es »ist ein zu kostbarer Schlüssel, es ist allein ein Kaiserreich wert. Wer es besitzen wird, wird die Welt regieren können.« So verstand er auch den russischen Feldzug als europäische Friedenstat und letzte abendländische Leistung Frankreichs. War Rußland die entscheidende Hilfsquelle Englands, so ruhte der »Frieden des Erdkreises« auf Rußland. Wäre er gestiftet, so hätte der Feldzug befriedend gewirkt und die Sicherheit aller geschaffen. »Sein Ausgang sollte eine Balance weihen, neue Kombinationen, welche die Gefahren der Zeit zum Verschwinden gebracht hätten, um sie zu ersetzen durch eine ruhige Zukunft, und der Ehrgeiz trat überhaupt nicht in meine Sichten.«

In solchen Zusammenhängen beharrte Napoleon darauf, das Königreich Polen wiederherzustellen. Es hatte drei Teilungen erlitten: eine erste 1772 zwischen Österreich, Preußen und Rußland, eine zweite 1793 zwischen Preußen und Rußland und die dritte 1795 nochmals zwischen Österreich, Preußen und Rußland. »Es hieß eine Schranke, einen Damm dem furchtbaren Reiche entgegenstellen, welches Europa zu überwältigen droht. Ich denke nicht, es zu erleben.« »Wäre meine Unternehmung nach Rußland gelungen ..., so hätte ich den Kaiser Alexander dahin gebracht, dem Kontinental-System gegen England beizutreten, und dadurch wäre letzteres zum Frieden gezwungen worden. Auch hätte ich aus Polen ein besonderes und unabhängiges Königreich gemacht.«

Auf die Frage, welche Art von Frieden er gestiftet hätte, antwortete Napoleon: »Einen recht guten ... Ich hätte nur darauf bestanden«, den englischen »Plackereien auf der See ein Ende zu machen«. Malta hätte er England gelassen, bestätigte er. Und bitter noch einmal: »Alles dieses habe ich vorausgesehen und wollte den Barbaren einen Damm entgegensetzen, durch die Wiederherstellung von Polen und indem ich Poniatowski an die Spitze des Reiches stellte.« Fürst Józef Poniatowski (1763–1813) stand ursprünglich in österreichischen Diensten und wirkte 1789 bei der Reorganisation des polnischen Heeres mit. Er verteidigte unter Tadeusz Kościusko (1746 bis 1817) nach der zweiten Teilung Polens Warschau gegen die preußischen und russischen Truppen und wurde 1807 Kriegsminister im Großherzogtum Warschau. Er kämpfte 1812 auch mit den Franzosen gegen Rußland.

Bei all dem war das Europa Napoleons durchaus französisch konzipiert. »Zuerst ist zu erwägen, daß Frankreich einer kräftigen Regierung bedurfte. Als ich an der Spitze derselben stand, befand sich Frankreich gerade in einem solchen Zustande, wie ehedem Rom, wenn es, zur Rettung des Staates, eine Diktatur für notwendig erklärte. Eine Reihe von Koalitionen der größten Mächte Europas bildete sich ... und bedrohte fortwährend die Existenz Frankreichs. Um diesen Feinden mit Erfolg widerstehen zu können, war es unerläßlich, daß die ganze Energie der Nation, daß alle Kräfte des Landes dem Chef zu Gebote stehen mußten. Ich eroberte nie, außer zur eigenen Verteidigung. Europa hörte nie auf, Frankreich und seine Grundsätze zu bekriegen. Wir mußten, unter der Drohung, geschlagen zu werden, zuschlagen.« »Seine Grundsätze« meinten die Früchte der Revolution.

Es ging Napoleon um ein Frankreich, das Christentum, Ritterschaft, Kreuzzüge, absolutes Herrschertum, Aufklärung und die soziale Revolution mit einem modernen Imperium krönen sollte. »Die Nation, das Volk, die Armee, die Franzosen insgesamt haben nicht nötig, die Vergangenheit zu vergessen; die Vergangenheit macht ihren Ruhm aus.« »Ich glaube nicht, daß Frankreich jemals das Gesetz besser kannte als unter meiner Herrschaft.«

Warum aber umgab sich Napoleon angesichts seines zukunftsweisenden europäischen Auftrags mit den Würden der alten Monarchien? Diese Frage stellt sich um so gebieterischer, als er selbst der Meinung war, die ererbten Königreiche würden nur so lange dauern, bis sich die Völker ihrer Kräfte bewußt seien. »Wissen Sie, daß meine Siege und meine Kraft mich in Europa ganz anders empfehlen, als es alle Ihre großen Namen tun könnten und daß innerhalb meine augenscheinliche Vorliebe dafür mir viel Schaden zufügt, mir unendlich viel Popularität nimmt. Sie teilen geringen Sichten zu, was zu gewaltig weiten gehört. Ich begründe eine Gesellschaft, ein Volk, und ich befinde mich unter der Hand von durchweg widerwilligen Elementen. Die Adeligen und die Emigranten sind nur ein Punkt in der Masse, und diese Masse ist ihnen feindlich ... Wenn ich's dabei belasse, daß sie eine Körperschaft bilden, können sie eines Tages dem Ausland dienen, uns schädlich werden und selbst große Gefahren laufen. Ich versuche also nur sie aufzulösen und sie zu isolieren. Wenn ich welche in meine Umgebung stelle, in die Verwaltungen, in die Armee, so ist das, um sie in der Masse zu inkrustieren. Also denn ... meine Sichten gehören alle der Menschlichkeit und der hohen Politik, keineswegs eitlen und dummen Vorurteilen ... Wenn Corneille lebte, würde ich ihn zum Fürsten machen.« »Die Assemblée constituante tat sehr schief, auch noch den rein titularen Adel abzuschaffen, was viele erniedrigte. Ich mach es besser, ich adle alle Franzosen, jeder kann stolz sein.« Dies galt um so mehr, als Napoleon inne wurde, daß sich die Völker und die Könige, diese unversöhnlichen Feinde, gegen ihn zu verbünden trachteten. Zudem gestand er sich, daß er sich stets weise der Mehrheitsansicht seines Ausschusses angenommen habe, dies sogar wenn sie nicht seiner persönlichen Einschätzung entsprach.

Im Netz seiner Gedankengänge fühlte sich Napoleon im Dienst Frankreichs verpflichtet, seine erste Ehe zu lösen, »als die größten Souveräne Europas sich um eine Verbindung mit mir bewarben. Sobald der Kaiser von Österreich hörte, daß eine neue Heirat im Werke sei«, bezeugte er »seine Verwunderung, daß man nicht an seine Familie gedacht habe. Zu dieser Zeit hatte man die Verbindung mit einer russischen oder sächsischen Prinzessin im Auge ... Vom französischen Botschafter aus Petersburg liefen ... Depeschen ein, die meldeten, daß der Kaiser Alexander willens sei, seine Schwester, die Großfürstin Anna, vorzuschlagen ... Ich ließ geheimen Rat über diese Angelegenheit halten; die Mehrheit der Stimmen erklärte sich für eine österreichische Prinzessin. Demzufolge bevollmächtigte ich den Prinzen Eugen, dem Fürsten Schwarzenberg die Eröffnung zu machen; und bald war der Heiratsvertrag nach denselben Artikeln, wie zwischen Ludwig XVI. und Marie-Antoinette unterzeichnet.«

Barry E. O'Meara hat Napoleon auch die Frage gestellt, ob er die

Universalherrschaft angestrebt habe. »Nein«, erwiderte Napoleon; »meine Absicht war, Frankreich größer als jede andere Nation zu machen; aber eine Universalherrschaft bezweckte ich nicht.« »Man verkündigte mich als den Tyrannen der Könige, mich, der ihre Existenz wieder erhärtet hatte.« Man schalt Napoleon »Zerstörer der Rechte der Völker«, ihn, so begehrte er auf, »der soviel getan hatte und so viel zu unternehmen im Begriff war für sie«. »Wenn die Masse eines Staates auseinanderbricht, sind die Gesetze ohne Despotismus beinahe nutzlos.« »Man hat gegen das, was man meinen Despotismus nennt, viel gewettert; während ich stets beteuert habe, daß die Nationen nicht dem Individuum, das sie beherrscht, gehören; dies aber gestehen die konstitutionellen Herrscher heute keineswegs zu.« Aber, so meinte er nicht ohne Stolz: »Die unerträglichste Tyrannei ist die Tyrannei der Minderwertigen.«

War Napoleon ein Usurpator? »Nach meinem Sturz haben mich die Schaumschläger, die in meinem Solde standen, als Usurpator bezeichnet; sie wissen nicht, daß ich mich hätte zum Herrn der anderen Herrscher aufschwingen können.«

Es kann nicht angezweifelt werden, daß sich Napoleon als echter Diener seines Volkes und des Volkes schlechthin sah. Es gibt viele unmißverständliche Äußerungen und Zeugnisse dieses Sinns. Napoleon erzählte O'Meara eine Anekdote, die festhält, wie ihn sein Volk mit Stolz und Selbstbewußtsein liebte. »Er stieg bei seiner Rückkehr aus Italien am Berge Tarare aus seinem Wagen und ging ohne Begleitung, wie er es oft tat, die Straße entlang. ›Ich sah eine alte, lahme Frau, die mit Hülfe einer Krücke den Berg zu ersteigen suchte. Ich war in einem Überrock und nicht zu erkennen. Ich trat mit ihr zusammen und sagte ihr: Nun, ma bonne, wohin so eilig bei einem so hohen Alter? Was habt ihr denn so dringendes? Ma foi, erwiderte die alte Dame, man sagt, der Kaiser sei hier, und ich möchte ihn gar zu gerne vor meinem Tode sehen. Nun, sagte ich, was wollt ihr an ihm sehen? Was habt ihr durch ihn gewonnen? Er ist ein Tyrann, wie die andern. Ihr habt einen Tyrannen mit dem andern gewechselt, statt eines Ludwigs einen Napoleon. Schon gut, mein Herr, aber bei allem dem ist er König des Volks, und die Bourbonen waren die Könige des Adels. Ihn haben wir gewählt, und wenn wir einen Tyrannen haben sollen, so laßt ihn von uns gewählt sein.‹ – Hier, sagte er, haben Sie die Meinung der französischen Nation von einer alten Frau ausgedrückt.« Napoleon liebte den »bon sens« der Straßen. »Der gesunde Menschenverstand macht die Menschen trefflich: Die Eigenliebe ist der Wind, der die Segel bläht und ihr Schiff in den Hafen führt.« »Wenn die Völker aufhören sich zu beklagen, hören sie auf zu denken.«

Napoleon sah in der Arbeit und im Fleiß eines Volkes den ganzen staatlichen Reichtum. Und: »Gott hat die Arbeit zur Schildwache der Tugend bestellt.« Deshalb: »Wenn man da angelangt ist ... sich um die Ämter zu bewerben des Geldes wegen, dann gibt es für ein Volk nicht mehr wirkliche Unabhängigkeit, Adel, Würde im Charakter.« »Die Hauptmasse des Volkes ... bildet die Nation.« Ihre Klasse trug für Napoleon den Geist der Nation. Deshalb sah er nach den Parolen der Revolution in der Gleichheit aller die Voraussetzung seiner Herrschaft. »Vorausgesetzt, das Recht sei allen Bürgern zurückgegeben, die ein Anrecht auf Förderung, Rang, Opfer und Belohnung haben, ist der Staat gut regiert.« Einem seiner Staatsräte gegenüber äußerte sich Napoleon so: »Belästigen Sie die Freiheit nicht, und viel weniger noch die Gleichheit. Denn, die Freiheit angehend, bei aller Strenge, es würde möglich sein, sie zu knittern: die Umstände wollen es und werden uns entschuldigen. Aber, die Gleichheit angehend, um keinen Preis. Gott bewahre mich davor! Sie ist die Leidenschaft des Jahrhunderts!« Daher galt für Napoleon: »Mein Erziehungsentwurf war allen Franzosen gemein; man schafft nicht die Gesetze für die Menschen, sondern die Menschen für die Gesetze.« »Mein ganzes Streben ging dahin, die Masse des Volkes aufzuklären; ich wollte sie nicht dumm machen, durch Unwissenheit und Aberglauben.«

Zu dieser Erziehung gehörte für Napoleon vor allem das Soldatentum. Die Aushebung war auf das Prinzip der gleichen Rechte Gleicher gegründet. »Jeder Eingeborene hat die Pflicht, sein Vaterland zu verteidigen ... Sie ist die gerechte Art Truppen auszuheben, weil sie auf gleiche Art gegen alle verfährt. Sie machte die französische Armee zur best organisierten in der Welt. Die Conscription war eine National-Institution, sie konnte nicht als Strafe oder Sklaverei angesehen werden. Die Menschen hätten ihre Ehre dareingesetzt, dem Vaterlande gedient zu haben.« »Bei dem Plane, der uns in diesem Augenblick beschäftigt, habe ich keine fürdere Sicht nach außen ... ich denke nur an die Sicherheit, an die Ruhe, an die Festigkeit Frankreichs drinnen. Ich werde ... diese Nationalgarde ebenso hoch wie die Linie stellen; die alten zurückgezognen Offiziere sollen ihre Führer und Väter werden ... weil ich der Mann des Volkes bin.« »In meinen Feldzügen – wie oft ging ich zu den Bivouacs, setzte mich zu dem gemeinsten Soldaten, schwatzte, lachte und scherzte mit ihm! Es war stets mein Stolz, der Mann des Volkes zu sein.« »Nicht meine Soldaten haben mich vermißt; ich bin es, der seine Soldaten vermißte.« »Es darf keine Söldnerheere mehr in Europa geben, seit sich die Nationen auf den Schlachtfeldern stellen.«

Napoleon wollte die Größe Frankreichs »avec des hommes nouveaux« erreichen. Diese Gesinnung prägte seine kleinste Gebärde. »Nach einer Schlacht versammelte ich die Soldaten und Offiziere und fragte, wer sich am besten gehalten habe; Quel sont les braves? und beförderte diejenigen, die schreiben und lesen konnten. Jene, die nicht in dem Fall waren, ließ ich fünf Stunden des Tags unterrichten, bis sie es hinreichend gelernt hatten und beförderte sie alsdann.«

Diese Haltung sicherte Napoleon unbeschränkte Führungskräfte. Die Anhänglichkeit seiner Armee schildernd, erzählte er seinem Wundarzt: »Fünf oder sechs Tage nach meiner Landung in Cannes begegnete der Vortrupp meiner kleinen Armee die Spitze einer Division, die von Grenoble gegen mich marschierte. Cambronne, der meine Truppen kommandierte, wollte sie anreden, sie weigerten sich aber, ihn anzuhören ... Als mir dies gemeldet wurde, ging ich selbst zu ihnen, von einigen Mann meiner Truppe begleitet, die ihre Waffen umgekehrt hatten. Ich redete sie an: ›Der erste Soldat, dem es beliebt, trete hervor und töte seinen Kaiser.‹ Dies wirkte wie ein elektrischer Schlag, und durch alle Reihen tönte es: Vive l'Empereur!«

Dies alles setzte einen eisernen Charakter voraus. Er war auch von sicherem Geschmack. Als Napoleon den Thron bestieg, schlug ihm der Papst eifrig vor, einen bisher unbekannt gebliebenen

Mönch Buonaventura Bonaparte heilig zu sprechen. »Heiliger Vater, ersparen sie mir um des Himmels willen diese Lächerlichkeit!«

Seine Lebenserfahrungen gelangten zur Reife der Einsicht: »Vom Augenblick an, als ich Chef des Gouvernements war, befand sich mein Rat in meinem Kopf: ich habe mich wohl gefühlt; ich habe mich nur getäuscht, wenn ich den Räten das Ohr lieh.« Napoleon beurteilte Machiavelli rückhaltlos als Ignoranten. »Der, der den Reichtum dem Ruhm vorzieht, ist ein Verschwender, der auf Wucher borgt und der seinen Nutzen preisgibt.« »Ich war der reichste Herrscher Europas. Der Reichtum besteht nicht im Besitz von Schätzen, sondern aus dem Gebrauch, den man von ihnen zu machen versteht.« »Der wahre Heldenmut besteht darin, daß man den Übeln des Lebens überlegen ist.« »Ich verabscheue die Illusionen; daher bestand die Welt für mich immer aus den Tatsachen, nicht aus dem Recht.« »Ein Herrscher darf nur versprechen, was er zu halten gedenkt.« »Rechtmäßiger Herrscher ist jener, der über Gunst und Ämter zu verfügen versteht.« »Die Zeit der Republiken ist erfüllt; es bleibt von ihnen bald nichts mehr in Europa.« »Die Prinzen, die sich Beichtväter halten, sind mit ihrer Würde im Widerspruch.« »Ein bemerkenswertes Buch wird jenes sein, in dem man keine Lügen findet.« »Eine schöne Frau gefällt den Augen, eine gute Frau gefällt dem Herzen; jene ist ein Edelstein, diese ein Schatz.«

Napoleon glaubte fest an sein geschichtsträchtiges Schicksal, und er beteuert immer wieder dankbar, daß er seinen Weg ohne jedes Verbrechen gegangen sei. »Ich hätte bei Waterloo sterben müssen. Das Unglück will aber, daß, wenn ein Mensch den Tod sehnlich sucht, er ihn nicht findet.« »Es muß eingeräumt werden, daß das Glück, das sich der Menschen bedient, die Ereignisse dieser Welt vergnüglich fügt.« »Wollen Sie Ihre Freunde zählen, stürzen Sie ins Unglück.« »Der Zufall ist der einzige legitime König im Universum.« »Der Zufall beherrscht die Welt.« »Nach meinem Sturz hatte mich das Glück zu sterben bestimmt, und die Ehre hieß mich leben.« »... die Franzosen haben in mir das Verhängnis geachtet.« »Das große Vorrecht ist, zu verstehen, das Unvermeidliche zu erleiden.« »In den letzten Ereignissen, scheint mir, waren die Katastrophen größer als die Menschen.« »Man muß dem Glück in seinen Launen gehorchen und es berichtigen, wenn man kann.«

Zuletzt habe ihn die Natur zu großen Unglücksfällen berechnet; er habe eine »Seele von Marmor«. Las Cases überliefert dasselbe Wort, das Napoleon noch einmal zu anderer Zeit gesprochen hat: »Ich glaube, daß mich die Natur für große Rückschläge bestimmt hat: Sie haben in mir eine Seele von Marmor vorgefunden. Der Blitzstrahl konnte nicht eindringen, er mußte abgleiten.«

Metternich (1773–1859) hat nach Napoleon ein zerrissenes kleinstaatliches Europa zurechtgezimmert. Er hatte nicht die Größe, die napoleonische Vision Europas zu seiner Geschichtsstunde in republikanischen Staatsverträgen zu ermöglichen und befriedende Mächtegruppierungen zu erwirken. Eigensucht, Gewinngier und ein unwürdiger Wettstreit waren die Folge, der nationalstaatliche Größenwahn das Ende. Ihm hatte Napoleon, dessen Werk zerfiel, die verfänglichen Begriffe der »Nation« und des »Vaterlandes« hinterlassen. Waterloo hatte Europa für lange Zeiten ein Ende gesetzt. Dessen Ziele sind im »Mémorial de Sainte Hélène« festgehalten. Das zählt und gibt dem Manne seinen Rang.

Napoleon wußte um sein Werk. »Ich habe Dörfer gebaut, Moore urbar gemacht, Häfen ausgebaggert, Städte wieder aufgebaut, Fabriken gegründet, die beiden Meere vereinigt, Straßen und Denkmäler entworfen; und man hat mich mit Attila, dem Haupt der Hunnen, verglichen!« Aber: »Man übernimmt meine Gesetze in Europa, man ahmt meine Einrichtungen nach, man vollendet meine Werke, man äfft meine Politik bis zum Stil meines Hofes nach; so war denn meine Herrschaft keineswegs so widersinnig und schlecht wie man sagt?« »Als ich die Ehrenlegion schuf, habe ich alle Schichten der Nation durch dasselbe Interesse geeint. Das ist eine lebenskräftige Einrichtung, die meine Herrschaft lange überleben wird.« »Wie dem auch sei, diese Verschmelzung ›der Völker‹ muß früh oder spät durch die Gewalt der Dinge gelingen; der Anstoß ist gegeben, und ich denke, daß nach meinem Fall und dem Verschwinden meines Systems in Europa kein anderes großes Gleichgewicht möglich ist, als durch die Verschmelzung und Konföderation der großen Völker.«

Kurz vor seinem Ende wünschte Napoleon, daß sein Körper geöffnet, das Herz herausgenommen und der Kaiserin Marie Louise überschickt werde. »Ich wünsche, daß meine Asche am Seine-Ufer inmitten dieses französischen Volkes, das ich so sehr geliebt habe, ruhe«, verfügte er am 16. April 1821 auf Longwood.

Das größte Testament Napoleons aber überlebt: der »Code Civil des Français«. Der erste Teil umfaßt das Personenrecht, der zweite das Sachenrecht und der umfangreiche dritte das Eigentumsrecht. Keiner der französischen Herrscher vor ihm hatte es verstanden, die Rechtsprechung zu ordnen. Sie alle, gingen sie die Aufgabe an, scheiterten mutlos und wenig willig. Doch schon der Erste Konsul wandte sich mit den besten Männern leidenschaftlich diesem Auftrag zu, und unter seinem durchhaltenden Willen konnte das Werk, das die Gewohnheitsrechte und das große römische Recht zu verschmelzen verstand, am 21. März 1804 Rechtskraft erlangen. Diese gewaltige Leistung wurde allen künftigen Rechtsentwürfen der ganzen zivilisierten Welt zum vorbildlichen Beispiel. In ihr hat das Jahrhundert des blutigen Übergangs eine unerhörte Krönung erfahren, in einer kristallklaren und damit ehrwürdigen Sprache. »Das Rechte ist das Antlitz Gottes auf Erden.«

Anregungen

Der unerhörte Mahner

Im dritten Jahr des Ersten Weltkrieges, 1917 also, veröffentlichte Rudolf Pannwitz sein bedeutendes Werk »Die Krisis der europäischen Kultur«. Der sechsunddreißigjährige Autor hatte zuvor schon vier dichterische und sechs pädagogische Bücher vorgelegt. Das neue Buch bezeugte den Durchbruch zu einer reiferen Schaffensstufe. Dem entsprach die offene Bereitschaft, mit der es aufgenommen wurde. Hugo von Hofmannsthal bewunderte es überaus.

Der Band bot angesichts der blutigen Zeitläufte eine ebenso ernste wie dichte und wissensreiche Darstellung und Einordnung der literarischen Zeugnisse, die den Einbruch der abendländischen Notjahre im Vorgriff angekündigt hatten, und er schloß mit den Verheißungen rettender Gebote. Hoffnungsvoll erschien Pannwitz inmitten aller Zusammenbrüche und Niederlagen, daß sich der Mensch als Erbe einer ungeheuer reichen Weltkultur zu erneuern vermöge, und so sprach er 1919 die Jugend als »die Erntenden der Jahrtausende« an. Er tat es in der »Deutschen Lehre«, einem Buche von gebieterischem Prophetenton, der den Jugendstil noch nicht überwunden hatte, aber dem Leben unverrückbare Gesetze zu geben versuchte. Das Werk liegt heute überarbeitet und erweitert im Deutschen Literaturarchiv Marbach am Neckar vor. Suchte die »Krisis« »an die Stelle philosophischer Phrasen historische Realitäten zu setzen«, so will die »Deutsche Lehre« dem verzweifelten Abendland, besonders aber der taumelnden deutschen Jugend hilfreich Ziele bieten. Das begann mit einem besonnenen Alltag und wollte ein unpolitisches Volk zu einer fruchtbaren Politik der verständigen Zugeständnisse hinführen. Diesem Auftrag blieb Pannwitz in der Folge fünfzig Jahre lang – lebenslang nämlich – treu.

Jenem literarischen Ereignis der »Krisis der europäischen Kultur«, das von den besten Geistern wach, von den verantwortlichen aber kaum wahrgenommen wurde, ist ein merkwürdiges Zeugnis vorangegangen: die kleine Schrift »Deutschland und Europa«, die Pannwitz als »Grundriß einer deutsch-europäischen Politik« angekündigt hatte. Diese Arbeit wurde im März des letzten Kriegsjahres 1918 abgeschlossen und lag im Oktober der Öffentlichkeit vor. Das Heft wurde also niedergeschrieben, als Deutschland seine Fliegerangriffe gegen England flog, den Friedensvertrag von Brest-Litowsk schloß und bevor Marschall Ferdinand Foch (1851–1929) seinen großen Gegenangriff bei Villers-Cotterêtes eingeleitet hatte. Bei Abschluß der Handschrift unternahm Deutschland seine erste Offensive in der Picardie.

Pannwitz sah in der frühen Schrift sein Land noch stark. Um so erstaunlicher mutete es an, daß er nunmehr seinem Staat geistige Mittel an die Hand geben wollte, »ein zukünftiges festes Europa aufzubauen«, und gerade deshalb am deutschen Menschen überaus ätzend Kritik übte: Es habe den deutschen Friedensangeboten jeder Takt gefehlt. Hochmut und Mißtrauen hätten diese geprägt; sie hätten »des Verständnisses für den andern und dessen Sache« ermangelt. Der Deutsche sei »sittlich maßlos eitel«; er verkomme in seinem schlechten Gewissen, sei Pharisäer und Schauspieler. Er verfalle der Gefahr unbeherrschter Triebe, handle gewaltsam, verliere jede Balance, sei Fanatiker und siele sich in verklemmten Innerlichkeiten.

Pannwitz ging von einer Grundeinsicht aus: »Die Politik jedes einzelnen europäischen Volkes, das nicht allein seinen Tages-Vorteil sondern sein wirkliches Wohl will, kann weder eine nurnationale sein, denn diese wäre zu eng, noch eine internationale sein, denn diese wäre ganz haltlos, sondern muß eine übernationale sein, das ist eine europäische.« Es gehe nämlich um das gemeinsame »Mutterland Europa, den Hort der großen historischen Kulturen«. Er fährt fort: »Eine europäische Politik, die zur Grundlage die Freiheit aller europäischen Völker und Staaten, zum Ziel den gemeinsamen Aufbau eines nach außen geschlossenen Europas habe, ist unerläßlich für jede Macht und Mächte-Gruppe, deren wirkliche Kräfte-Quelle in dem historischen und geographischen Europa enthalten ist. Es dürfte heute keine einzige europäische Macht geben, für welche dies nicht gilt oder gelten sollte.« Würde dies nicht zugestanden und das Abendland als Ganzes geordnet, so werde sich eines Tages Rußland »unter gewaltsamen Formen gegen uns vereinigen und, währe es auch lange, einmal doch unsere, das ist zuletzt ganz Westeuropas, bisherige Existenz in Frage stellen.«

Um zum Ziele zu gelangen, habe man sich solcher Schlagworte »wie Menschheit, Weltfrieden, Freiheit, Demokratie, Kapitalismus, Sozialismus, Parlamentarismus, Nationalismus, Militarismus, Imperialismus« zu entledigen und die komplexen Wirklichkeiten zu begreifen. Pannwitz hat es in seiner Schrift unternommen, diese Ideologien zu durchleuchten und an ihre Stelle Forderungen wie diese zu setzen: »Das Zusammenwachsen Europas ist nicht nur aus äußeren, sondern ebenso aus inneren Gründen für alle europäischen Staaten gleich notwendig. In einem nurnationalen oder Koalition- oder internationalen System werden sie die Folgen des Krieges nicht so rasch überwinden können, daß ihnen nicht die Hälfte der Erde und ihre Weltmacht-Stellung verloren gehe.« »Der Aufbau Europas kann keine plötzliche Gründung sein, sondern nur ein organischer, stetig seinem Ziele sich nähernder Prozeß. Er muß sich in der Form von freien Verträgen vollziehn.« »Nicht die Gründung eines europäischen Staatenbundes oder Bundesstaates, womöglich mit einer Machtzentrale und Mechanisierung, sondern die Ausbreitung und Durchsetzung der europäischen Idee ist der Weg zu Europa.« »Europa ist Kontinentalmacht. Europäische Politik ist Kontinentalpolitik.« »Jede große, jede Kulturpolitik ist kontinental.« »Es ist selbstverständlich und bedarf keiner Rechtfertigung, daß Europa das Recht, weil die Pflicht zusteht, im Interesse der Erhaltung, Fortführung, Vollendung der großen historischen europäischen Gesamtkultur die Vormacht auf Erden zu werden und zu bleiben.« »Der innere Aufbau und Ausbau Europas wird nur möglich sein, wenn man in der begonnenen Richtung einer neuen Art von Handelsverträgen stetig und auch kühn weiter schreitet.« »Europa kann nur ein Gesamtreich aus föderierten Reichen werden, die sowohl einzeln zu staatlicher Gestaltung vorschreiten wie miteinander staatliche Ordnungen ausbilden.« »Diese Gedanken sind nicht durchführbar wie eine Regierungs-Vorlage oder Reichstags-Resolution. Sie können nur nützlich werden, wenn sie als rein geistige Richtlinien gelten, in ihrem innern Zusammenhange eine Idee bildend, die, bei der praktischen Behandlung realer Fragen, im höheren Sinne orientiere, ohne jemals im gegebenen Falle so wie sie in sich steht realisiert zu werden.«

»Das Verhältnis zwischen Deutschland und England entscheidet über die Welt«, denn: »Das zukünftige Europa beruht einerseits auf dem praktischen Zusammenwirken zwischen Deutschland und England, andererseits auf der organischen Verbindung zwischen Deutschland und Österreich.« »Bleiben Deutschland und England getrennt, ohne sich entweder rasch zu verbünden oder stetig zu nähern, so werden sie auch ohne Krieg einander nur Feinde sein und als einander gewachsene Gegner einander aufs stärkste schädigen können... Wirken Deutschland und England zusammen, so sind sie unwiderstehlich und haben das Schicksal der Erde in ihrer Hand.« Es gälte also »England zu einer europäischen Politik zu überreden oder nötigen«. »England und Deutschland zusammen könnten ein Imperium Europaeum verwirklichen, dessen Charakter den äußersten Gegensatz eines Imperialismus darstellen würde.« »Es müssen führende Staatsmänner und wesentliche Geistige beider Völker sich bis aufs letzte und zwar ohne Programm miteinander aussprechen, die Staatsmänner und die Geistigen dauernd einander ergänzend. So muß in harter unnachläßlicher Arbeit die gemeinsame Sphäre geschaffen – nicht gefunden – werden, innerhalb deren erst alles im engern Sinn Politische ohne die gröblichsten gegenseitigen Mißverständnisse behandelt werden kann.«

Ähnlich forderte Pannwitz auch zwischen Deutschland und Österreich eine höhere Form des Zusammenschlusses, denn noch – 1918 – war Österreich ein Europa im Kleinen und mit seinen slawischen Völkern ein unmittelbarer Übergang nach Osten. War Deutschland ein nationaler Staat, so war Österreich »ein internationales Reich«, jenes nicht vorbildlich, dieses fast vorbildlich. Pannwitz stufte nämlich Deutschland selbst in der Stunde der Siege als »Parvenü« ein. Es ging ihm darum, wie auch der Krieg ende, in der deutschen Selbsterziehung das Imperium des Abendlandes zu retten und zu sichern. »Deutschland und Österreich dürfen weder getrennt bleiben noch vereinigt werden. Es muß also eine hinlängliche Verbindung gefunden werden.« »Denn eine richtige europäische Politik würde genau in der Mitte zwischen einer typisch reichsdeutschen und typisch österreichischen liegen.« »Es ist nichts grenzenlos Fernes und Utopisches gefordert, sondern das Allernächste und durchaus Mögliche: die treue Vorbereitung.«

Als Pannwitz 1919 sein Buch über den »Geist der Tschechen« schrieb, waren die Würfel gefallen. Deutschland hatte eine kaum zu bewältigende Niederlage erlitten. Es lag völlig danieder. Pannwitz hielt den tschechischen Raum für einen fruchtbaren Kulturwirbel Europas und damit, unfertig, wie die Tschechen als Volk waren, und unbekannt, wie sie anderen blieben, für stiftend und zukünftig. Er baute ihren Beitrag in seine europäische Konzeption ein, so wie seine Arbeit Teil eines umfänglichen Werkes »Europa« sein sollte. Es ging ihm um die Mittelstellung der Völker zwischen Westeuropa und Osteuropa. Dies um so mehr, als er in den Slawen archaisch-moderne Kräfte witterte, die den deutschen Nationalismus aufzuschließen vermocht hätten. Er ordnete Europa zwischen den englischen Primat im Westen und den slawischen im Osten ein. Von ihnen hätte die Integration des Abendlandes auszugehen. Europa sollte im freien Wachstum seiner Völker entstehen, wobei gerade den kleinen Völkern große Bedeutung zukomme. Unverbraucht und geschlossen, wie sie seien, vermöchten sie vorbildlich zu wirken. Dabei stünden die Slawen dem europäischen Geistzentrum Wien nahe.

Pannwitz war im Einverständnis mit Hugo von Hofmannsthal ein kühler Bewunderer von Tomáš Masaryk (1850–1937), der zusammen mit Eduard Beneš (1884–1948) als Philosoph, der er war, im Ausland für einen selbständigen tschechoslowakischen Staat gekämpft hatte und 1918 zum ersten Präsidenten seines Landes wurde. Wenn er sich auch gegen seine frühen Überzeugungen für die Auflösung der Habsburger Monarchie einsetzte, so versprach er doch bei den Pariser Verhandlungen aus dem tschechischen Staat eine zweite Eidgenossenschaft zu machen. Er schloß aber die Sudetendeutschen, die Slowaken und Magyaren von ihren Rechten aus. Das ließ ihn und Beneš scheitern.

Masaryk glaubte an die Sendung der Mittelstaaten. Diese besaßen, vermischt, wie sie waren, keine natürlichen Grenzen. Zudem hatten die Habsburger deutsche, vor allem schwäbische Siedler mit der Aufgabe betraut, einen Schutzwall für das Abendland zu errichten. Die Donau-Schwaben und die Siebenbürger Sachsen haben diese Aufgabe redlich wahrgenommen. Karpaten und Sudeten wachten von Süden her über Deutsche und Polen. Eroberungsgelüste Rußlands hat Habsburg jeweils durch das Aufgebot seiner Siebenbürger Truppen vereitelt.

Seit dem Sieg über die Türken 1683 bei Wien und den Befreiungszügen des Prinzen Eugen (1663–1736) wurde Österreich bis 1918 mit Böhmen und Ungarn vereinigt. Zweisprachige Länder wie Kärnten, die Steiermark, Schlesien, Mähren und Böhmen schlugen die Schicksalsbrücke zwischen dem wachsenden deutschen Nationalstaat und dem slawischen Hinterland. Das war westlich wirksam, wie der heilige Stephan (um 975 [997]–1038) die Krone von Byzanz ausgeschlagen hatte und sich in Rom salben ließ. Bei alledem sind die Slawen überaus vielfältig: Tschechen, Slowaken, Polen gehören zu ihnen, und Wasserpolaken, Ruthenen und Bulgaren fühlten sich stets eigenständig. Diese verzahnten Gebiete werden noch künftig das Schicksal Westeuropas erregen. Es ist seltsam genug, daß der Gründer der Pan-Europa-Bewegung, Richard Graf von Coudenhove-Kalergi (1894–1972), aus Böhmen kam.

Um seine Thesen zu stützen, schritt Pannwitz, auf die Anregung Hofmannsthals und eine Prag-Reise hin, die großartige Kulturgeschichte der Tschechen ab. Dabei maß er Österreich die geschichtliche Aufgabe zu, »die Slawen mit Westeuropa zu verbinden«. Darin sah er eines der Kristallisationszentren des europäischen Zusammenschlusses. Im »Europäischen Zeitgedicht« von 1919 hieß es:

»Europa! aller vaterländer land!
Du mutterland du kinderland daseiend
Nichtseiend aller unsichtbares Land!«

Im siebenten »Flugblatt« von 1920 wurde gefordert, daß die verstörte deutsche Jugend »den europäischen Menschen als den Erben der Christen und das europäische Reich als die Erbfolge des Imperium Romanum aufzubauen« habe. Es gehe entscheidend darum, daß England, das nicht zum Kontinent gehöre, endlich Frankreich und die Slawen verstehe. Die Weltstunde der abendländischen Gründung sei spät, denn: »Hätte Deutschland nicht Elsaß Lothringen genommen und keine Flotte gebaut, so hätte es die Welt in Frieden gewonnen.« »Frankreich und Deutschland sind die Vormächte des Kontinents, die Urmächte des zweiten Europas des christlichen Europas Karls des Großen. (Italien aber ist seine dritte Macht.) Sie werden die Schöpfermächte des dritten und dauernden Europa werden.« »Jedes Dorf und so aufwärts bis zum Staatenbund Europa muß sich selbst neu aufbauen als Zelle oder Körper.« »Die Nationen sollen sich von den Wurzeln herauf und im Stillen so regenerieren, daß sie nicht mehr von einem einzelnen aufgesogen werden, sondern nur in einem Chorus aufgehen können.« »Ein blockfestes Europa ist notwendig, um den Einbruch der Völkerwanderung und der Barbarei, welchen sowohl der imperialistische wie der sozialistische Internationalismus herbeiführen, wenn möglich aufzuhalten, wo aber nicht, dann aufzufangen und zu gestalten.«

In allen seinen Schriften sah Pannwitz den europäischen Menschen in der Erbfolge des christlichen römischen Reiches. Dieses gelte es ostenzu abzuschirmen. »Das wirkliche ostelbische Preußen muß sich, wie es slawisch ist, als slawisch erkennen und deutscher Übergang zu den Slawen werden, zu Tschechen, Polen und Russen. Es wird im Dienste Europas und im Bunde mit andern und ohne Staatsmachtwillen Bollwerk und Brücke gegen das Chaos Osteuropas werden müssen, wie Osteuropa gegen das Chaos Asiens.«

In diesem Sinne rief Pannwitz die hoffnungslose deutsche Jugend jener Jahre dazu auf, mit der ganzen sittlichen Tatkraft für Europa einzutreten. Dazu bedürfe es der Verständigungen aller Art und jeder Stufe. Gestalter zu werden, sei mehr, als Herrscher zu sein. Man habe das eben Vergangene zu vergessen und sich des lange Vergangenen anzunehmen. Das aber möge man eifrig und richtig, vor allem bescheiden tun. Denn: »Eine wirkliche Gemeinschaft kann nur eine Gemeinschaft wirklicher Menschen sein«, verkündete Pannwitz in seinem neunten »Flugblatt« von 1921 »Aus dem Chaos zur Gemeinschaft«. »Der eigentliche Aufbau ... ist nur durch die Verwandlung des Geistes und des Menschen durch den Geist möglich.« »Wer Gemeinschaft haben will, werde erst selber Mensch.«

Eine weitere entscheidende Schrift von Rudolf Pannwitz entstand zwischen dem 7. September und dem 22. Oktober 1931, an der Schwelle zur nationalsozialistischen Herrschaft also. Sie trug den Titel »Die deutsche Idee Europa«; sie sollte Wege weisen, keineswegs aber ein Programm anbieten. Eine letzte Entscheidung sei nunmehr unumgänglich, denn es stünden nur zwei Wege offen: der europäische oder der chaotische. Es gehe darum, daß man den Zuruf vernehme und ihn nicht mehr wie zuvor in den Wind schlage. Die früheren Schriften gälten noch.

»Der geschichtliche Augenblick ist da, wo Deutschland in Europa sich einfügen muß. Deutschland hat das nicht gewollt: es hat weltpolitisch und weltwirtschaftlich sich so unabhängig wie Amerika oder England halten wollen. Das ist unmöglich für einen Staat in der Mitte Europas ... Von dieser Verirrung aus hat Deutschland sich in eine antieuropäische Richtung verführen lassen, hat es sich und seine Aufgabe mißverstanden.« »Deutschlands antieuropäische Maßlosigkeit ist abgeschlossen und jede Rückkehr dahin ausgeschlossen. Der schwere Fehler entsprang letzten Endes dem Volkscharakter. Deutschland, nur auf Österreich und Italien gestützt, unterließ das Bündnis mit Frankreich, aber feierte Sedan-Feste, entschied sich nicht zum Bündnisse mit England, sondern begann eine Handels- und Flottenkonkurrenz ... Lieber Europa zertrümmert als Europa nachgegeben!«

Pannwitz forderte, daß Europa und Amerika zusammenzuwirken hätten, damit sie jenseits des Konkurrenzkampfes ihre gemeinsame Macht zu entfalten vermöchten. Dies allein rette den Frieden. »Europas und Amerikas Verhältnis zu Rußland, Deutschlands Verhältnis zu Rußland im besondern, ist der Angelpunkt der künftigen Geschichte.« »Radikalisiert sich nun Deutschland nach links und rechts, rückt die Volksmasse politisch zur revolutionären Rechten und ist diese zugleich die nationale Jugendpartei: so sieht sich Frankreich einer nicht zu berechnenden Gefahr gegenüber.« »Was blieb Frankreich übrig, als endlich so zu handeln, wie es handelte? Und wird es nicht begreiflich, daß es vorher die Rhein-Grenze befestigte und auf dem polnischen Korridor bestand und seine sogenannten Vasallenstaaten eng an sich schloß? Welcher ehrliche Deutsche unterfinge sich, für die nächsten zwei Generationen zu bürgen?« »Ein natürlicher Gang wäre es gewesen, wenn nach dem Kriege zuerst die westeuropäischen Großmächte Frankreich und England ein Bund geworden wären, zu dem dann Deutschland hinzugestoßen wäre, so daß Europa unzerreißbar sich verwoben hätte.« »Rußland ist nicht Asien, sondern Osteuropa; es ist Europa, aber Osteuropa.« »Denn Europa ohne Rußland und mit fließenden Grenzen gegen Rußland ist viel zu klein und preisgegeben... so müßte Europa alles daran setzen, daß es Europa werde.«

Dem innenpolitisch zu dienen, meinte Pannwitz: »Das Proletariat zu überwinden, nicht durch gerechtere Verteilung der Wirtschaftsgewinne, sondern durch Beschränkung oder Beseitigung unmenschlicher Arbeit: das war die nirgend verstandene Aufgabe.«

»Österreich war ein Völkerreich, ward aber zu seinem Verderben halb als Nationalstaat regiert. Es hat seine Völker und sein Reich verloren und ist Nationalstaat geworden.« »Das Anwachsen der völkischen, vorzüglich der nationalsozialistischen Bewegung hat die übernationale Verständigung verheert... Unsere völkische Bewegung aber wollte alles für sich, alles auf einmal, alles unbedingt, alles unmittelbar... Es ist nicht verantwortbar, mit einem Prozesse der nationalen Regeneration, der in Demut und zur Selbstverwandlung hin sich vollziehen müßte, in der Haltung eines nationalistischen Pharisäismus unverhältnismäßige Forderungen nach allen Weltteilen zu verknüpfen; dabei als korrupte Partei mit den gleichen Mitteln wie jede den Parteikampf bis in alle Macht- und Geldstellen und bis in die Seelen der Unschuldigen vorzustoßen. Es geht nicht an, ein religiöses Pathos mit der gewöhnlichen vaterländischen Heuchelei des Herzens zu verbinden.«

»Die nationalsozialistische Bewegung ist eine geschichtliche Tatsache; sie muß geschichtlich verstanden werden. Sie ist anders gearteten Ursprungs als der Sozialismus, auch als der Bolschewismus und der Fascismus. Sie hat nicht wie der Sozialismus zum Träger einen Stand, durch den und für den sie wirkt, dessen Organisation und Vertretung als Ideologie und Partei sie bleibt. Sie ist nicht wie der Bolschewismus eine unmittelbar aus dem Kriege hervorgegangene und verwirklichte siegreiche Revolution. Sie ist nicht wie der Fascismus eine unmittelbar aus dem Kriege hervorgegangene Idealität und Realität umschaffende Umwälzung. Sie ist vielmehr etwas Zusammengesetztes. Hinter ihr steht der ältere Nationalismus: außer der nationalen Partei die Bünde von Kriegsteilnehmern und Jüngeren, die den kriegerisch-vaterländischen Geist bewahren. Gemeinsam ist die Grundrichtung gegen Frankreich, die Wendung gegen den russischen Bolschewismus, der Antisozialismus, der Antisemitismus, die völkische Überhebung ... In der anwachsenden wirtschaftlichen Not wurde die Bewegung Volksbewegung, genauer: Mittelstandsbewegung mit der Leidenschaft und Stoßkraft einer Volksbewegung. Träume, Wünsche, Methoden und Sekten-Fanatismus, einer beschränkt-anmaßlichen aber ursprünglich begeisterten Halbbildung gemäß, emporgerissen durch das unnachahmbare Vorbild des italienischen Fascismus und Mussolini, unternahmen es verwegen, das deutsche Volk zu führen.« Genügt dies? Es wurde zwei Jahre vor der Machtübernahme dieser »Mittelstandsbewegung« in jedem Sinne gesagt.

Pannwitz war verzweifelt. Er wandte sich gegen die Masse an den einzelnen. »Der Einzelne und jeder einzelne Mensch ist nicht mehr zu umgehen, seit der Massenindividualismus die alten Blut- und Geistverbände atomisiert, die Atome zu subjektiven Personen gemacht hat.« »Der innere Bau wird ... von der Erneuerung des Einzelnen, der Familie, der Gemeinde, von der Erneuerung der ursprünglichen und unersetzlichen Gemeinschaften ausgehen und sich aufstaffeln« müssen. Es ginge um »eine Lebensform aus vielen Lebensformen«. »Ziel ist die Erringung hoher Stufen des Bewußtseins und von ihm aus des Daseins; dann die gegenseitige Durchdringung von Dasein und Bewußtsein zu immer höherer Potenz, zu Verwirklichungen.« »Bewährung des Menschen an der Welt.« »All das ohne Bruch, ohne Lärm, ohne Diskussion, ohne Außenwerk; deutlich in einer von Fall zu Fall veränderten Haltung ... Der Übergang überall durch einzelne Personen. Sie sind zu finden, zu bilden.« »Dafür gibt es nur noch einen einzigen Weg: das reine Sprechen von Mensch zu Mensch, aus liebevollstem Begreifen und zu innerlichstem Helfen. Ohne Organisation, ohne Partei- oder Sektenbildung ... aber so reichlich, reiflich, ernstlich als möglich.«

Pannwitz hatte schon längst in diesem Sinne gewirkt. Er besprach seine Anliegen seit Jahren mit dem großen Holländer Albert Verwey (1865–1937), einem Freund Stefan Georges, mit dem Tschechenfreund Hugo von Hofmannsthal, mit dem Wiener Juristen und Politiker Joseph Redlich (1869–1936), mit dem Dramaturgen und Schriftsteller Hermann Bahr (1863–1934), mit dem ersten tschechischen Ministerpräsidenten und Nationaldemokraten Karel Kramář (1860–1937), mit dem von ihm angeregten Gründer »Pan-Europas«, Coudenhove-Kalergi, mit dem Kronprinzen von Bayern, Rupprecht (1869–1955), und vielen, vielen noch. Er gab seinen gebieterischen Kampf nicht auf und schrieb immer wieder an seine Freunde, sie möchten als einzelne Hochgestellte für die »Deutsche Idee Europa« gewinnen. Es geschah. Doch waren die einzelnen in dieser Stunde schwach. Der Ixion war schon auf das Rad geflochten.

Im März 1933 wurde Pannwitz von der Preußischen Akademie der Künste »vertraulich« angefragt, ob er im Sinne der veränderten geschichtlichen Lage »loyal« mit den neuen Machthabern zusammenzuarbeiten gedenke. Er wies das Ansinnen mit dem Hinweis auf die »Deutsche Lehre« zurück und wurde am 8. Mai aus der Akademie ausgeschlossen.

Im Jahre 1945 gab Hitler den Befehl zur »Verbrannten Erde«, und am 9. Mai um Mitternacht trat die deutsche Gesamtkapitulation in Kraft. 1946 löste sich der Völkerbund auf. Rudolf Pannwitz blieb auch über diesen Zusammenbruch hinaus seinem Wort treu. Wo immer er seine Gedanken vertreten konnte, tat er es. Seine Werte kannten keine letzte Stunde. Sie meinten nichts anderes als einen neuen Menschen, nicht nur einen verwandelten europäischen Menschen. Die Welt war in ihre globale Stunde eingetreten. Auch Ernst Jünger hatte sie mit seiner »Friedensschrift« eingeleitet.

Pannwitz wandte sich 1951 in seinen gesammelten Aufsätzen und Vorträgen – »Der Nihilismus und die werdende Welt« – »Europas Beitrag zu einem allgemeinen Frieden« zu. Er hatte den Text am Basler Rundfunk gesprochen. Noch erfülle das europäische Schicksal seine Gedankenwelt. Es gehe nunmehr darum, daß Europa seinen Glauben an sich nicht verliere, um so mehr, als allzuviel von Mitteleuropa an Osteuropa gekommen sei. Seine unpolitische Herrschaft über die Politik sei ihm zum Verhängnis geworden. Der westlichen Schwäche wegen sei Rußland so stark. Es sei nun nach dem augenblicklichen Stande Westeuropas als Europa einzuschätzen. Es besitze immer noch »die längste und größte, vollbewußt gewordene Erfahrung des schöpferischen historischen Prozesses«. Diese habe Amerika nicht in demselben Maße, und Rußland ermangle dessen völlig. So müsse denn, um dieses hohe Bewußtsein zu verwirklichen, abermals und endlich »die größtmögliche Einheit Europas« erreicht werden. »Die selbstverständliche Voraussetzung aber ist der Zusammenschluß und die Rüstung Europas und seine engste Verbindung und Verbündung mit Amerika.« Der Defätismus habe aufzuhören und die Verteidigung sei ohne Vakuum zu schließen. Wohl sei Europa auf die Unterstützung durch Amerika angewiesen, »aber es muß so handeln, als stünde es allein«. »Je mehr es selber leistet, desto mehr kann Amerika ihm beistehn.« Dies und nichts sonst sei der Beitrag des Abendlandes an den Weltfrieden.

In den »Beiträgen zu einer europäischen Kultur« von 1954 hat Pannwitz den Schicksalsnexus »Amerika – Europa – Deutschland« ausgemessen. Er ging dabei davon aus, daß die Vereinigten Staaten heute Westeuropa so nahe stünden »wie die westeuropäischen Staaten einander«. Deshalb gehe es um das richtige Verhältnis der Partner. Dieses ermesse sich am Aufbau des Westens. Österreich, das Vorland des Westens, sei der Limes gegen die »Einströmung des Ostens in den Westen«, denn was dem Westen drohend gegenüberstehe, sei »nichts Geringeres als die Wiederkehr der alten oder eine neue Völkerwanderung«. Es müßten also die Hauptprobleme Westeuropas gelöst werden. »Das heißt, das kontinentale Westeuropa muß sich selbst zusammenschließen und eine Macht werden, durch die Amerika teilweise entlastet und ganz instand gesetzt ist, im Atlantikpakt und weiteren Pakten dem Osten eine Übermacht entgegenzustellen.« »Für Westeuropa ist das Verhältnis zwischen Deutschland und den Besatzungsmächten einesteils, Deutschland und Frankreich im besonderen andernteils ausschlaggebend ... Den größten Widerstand leistet Frankreich. Es fürchtet die politische Gefahr und die wirtschaftliche Konkurrenz.«

Tatsächlich hatte damals Frankreich den Plan seines Außenministers Aristide Briand (1862–1932), der die Räumung des Rheinlandes durchsetzte und in einer Völkerbundsrede am 5. September 1929 »eine Art föderatives Band« zwischen den westeuropäischen Völkern gefordert hatte, vergessen. Winston Churchill (1874–1965) hatte seine große Europa-Rede am 29. Januar 1946 gehalten, und er war von einer Zürcher Zeitung wenige Stunden vor Redebeginn englisch und deutsch voller Hoffnung angesprochen worden: »Was die Welt noch von Churchill erwartet: Die Verdienste, die Churchills Lebenswerk zur Geschichte verewigen, sind in der zeitgenössischen Welt ohne Vergleich. Der Zweiundsiebzigjährige hätte daher alles Recht, die Taten des Alltags andern zuzumuten und seine Leistungen in der Rückschau seiner ›Erinnerungen‹, die er zu schreiben unternommen hat, zu spiegeln.

Er, der am Tage der Kriegserklärung Großbritanniens dem Kabinett als Erster Lord der Admiralität beitrat, er, der am 10. Mai 1940 in der gefahrvollsten Stunde Englands unverzagt sein Amt als Premier übernahm, wurde durch seine zähe Ausdauer und seine Umsicht zum letzten Sieger von Dünkirchen, und er war es, der am 27. Januar 1942 der Welt mitteilen konnte, daß sich sechsundzwanzig Nationen unter dem gemeinsamen Ziele des Endsieges geschart hätten.

So ist Churchill für das Empire der Sieger dieses Krieges und für die Welt der Schöpfer der Vereinten Nationen. Wenn die Zürcher Bevölkerung ihn in diesen Tagen feiert, gilt die begeisterte Zustimmung den Taten dieser vergangenen ruhmreichen Arbeit – dem Manne, der in einer notvollen Vergangenheit mutig und zuversichtlich um den letzten Sieg gerungen.

Es ist aber nicht einzusehen, warum er, der Älteste, der als junger Offizier und Kriegskorrespondent an der Sudan-Expedition Kitcheners, am Spanisch-Amerikanischen Krieg auf Kuba und am

Burenkrieg teilgenommen, nicht immer noch der Jüngste sein solle – wegweisend.

Warum sollte er, der während des Krieges mit dem Beispiel seines festen Willens uns allen neue Hoffnung verliehen hat, nicht auch künftig dank dem klaren Urteil seiner Persönlichkeit die Ziele einer friedlichen Zukunft ausmessen? Warum sollte der berufene Leader des Krieges, der den glühenden Lebenswillen seiner Nation verkörperte, nicht auch dem Friedenswillen des Abendlandes, dem England künftig untrennbar verbunden sein wird, sein mahnendes Wort zu verleihen vermögen?

Churchills Werk ist noch nicht zu Ende. Ein Name wie der seine, dem in der Welt dieser Ruf und dieser Ruhm eigen sind, ist eine Waffe, die nicht ungeführt bleiben sollte.

Anläßlich der Wahlen des Jahres 1945 hat Churchill seinem Volke nicht nur eine Außenpolitik der nationalen Macht versprochen – er wies vielmehr darauf hin, daß der Friede noch nicht endgültig gewonnen und gesichert sei. Es gelte, das Werk des Friedens erst zu stiften! Der verelendete Kontinent, auf dem sich ein weiteres Mal das Schicksal der Welt entscheiden kann, hat seit mehr denn einem Jahre erfahren, daß der Waffenstillstand lediglich die Fronten der Machtkämpfe verschoben hat, so daß die Vereinten Nationen als das Werk Churchills gefährdet sind, während den zerschlagenen Völkern keine Ziele des Aufbaues gewiesen wurden. Die Zukunft ist gefährdet, und die Sieger haben heute nicht nur die Wunden des Krieges mitzuheilen – sie haben vielmehr noch die Irrtümer eines vertanen Nachkriegsjahres gutzumachen.

Churchill hat nie begriffen, warum sich auf innenpolitischem Gebiet die Parteien nur auf die Dauer von Kriegsjahren finden, und wir hoffen, daß er noch weniger begreift, wenn sich die Vereinten Nationen des Krieges nach dem gemeinsam errungenen Siege befehden.

Hier erwarten wir, daß Churchill mit der Waffe seines Ansehens zum Schlag ausholt. Es war ein Engländer, der nach dem Friedensschluß des ersten Weltkrieges ›The Economic Consequence of the Peace‹ der Welt warnend vorrechnete: Lord Keynes. Er war es, der als britischer Finanzvertreter und Vertreter des englischen Schatzkanzlers beim obersten Wirtschaftsrat an der Pariser Konferenz sein Amt niederlegte, als er über dem Friedensschluß einen neuen Weltkrieg heraufdämmern sah. Er umriß sein Erbe 1919 in jenem Werk, das heute noch als Biblion jedes europäischen Friedens zu gelten hätte.

Warum soll es nicht wiederum ein Engländer sein, der der zerfallenen Welt mit seinem Urteil und mit seiner Einsichtskraft eines achtunggebietenden Namens selbst dann die Wege weist, wenn sie mißachtet werden sollten?

Churchill ist durch ein Dekret vom vergangenen August der Amtsgeheimnispflicht entbunden – seine ›Erinnerungen‹ vermögen daher über die Geschehnisse der Vorkriegs- und Kriegsjahre lückenlos Auskunft zu geben; was aber mehr noch not täte, um das Werk der Vereinten Nationen seiner Bestimmung zuzuführen, wäre eine mutige Bilanz des ersten Jahres nach dem Siege. Es bedürfte auch dazu des Furchtlosen – Churchills!«

Doch waren auch diese Hoffnungen gefährdet. Charles de Gaulle (1890–1970) hat mit seinem Geist der Republik von 1958 bis 1969 alle europäischen Einigungsbewegungen gelähmt, da er in nationalistischen Erinnerungen engere Beziehungen zu den blockfreien Staaten und damit auch zu kommunistischen Ländern suchte, die der hegemonialen Stellung Frankreichs dienen sollten und die Vertiefung der westeuropäischen Verständigung ausklammerten. So brachte sein Veto 1963 die Verhandlungen über den Beitritt Großbritanniens zur Europäischen Wirtschaftsgemeinschaft zum Scheitern. Pannwitz hatte davor gewarnt. Europa dürfe trotzdem nicht am Ende sein. Es gelte jetzt nicht mehr zu erhoffen, »was nur getan werden kann«. »Ob es getan wird oder nicht, damit aber steht oder fällt Europa als Europa.«

Ein letztes Mal wandte sich Pannwitz diesen Fragen in seinem umfänglichen Alterswerk »Das Werk des Menschen« von 1968 zu. Er sprach wiederum »von Europa aus«. »Seine politische und historische Bedeutung wird weit unterschätzt, da es sie nicht auswertet, sondern ihr zuwiderdenkt und handelt. Es hätte die größte Möglichkeit. Seine Rolle würde nicht bloß die geistige Griechenlands im römischen Reiche sein, sondern eine zwar auch mit Ohnmacht verbundene, doch als zwischen Mächten vermittelnde und als Macht entscheidende ... Dieses ... als Flechtwerk von einzelnen Verträgen: Staatenbund ... keinesfalls als Staat, Großstaat, Überstaat.« »Am längsten haben die Institutionen gehalten, die keine waren: das Imperium Romanum, auch das englische Empire.« »Europa liegt zwischen Amerika und Asien (als Halbinsel Asiens). Es teilt sich in West- und Osteuropa. (Osteuropa: Rußland bis zum Kaukasus und Ural.) Zwischen West- und Osteuropa liegt ein nordsüdlich verlaufender Ländergürtel, dessen breiterer Teil bald dem Westen bald dem Osten gehört. Dieses eigentliche Mitteleuropa scheidet Rußland von Westeuropa und verbindet, vermittelt es mit ihm. Deutschland ist, ohne Übergang fließend, west- und mitteleuropäisch. Ohne daß ich noch einmal entwickele, was ich so oft ausgeführt habe, fasse ich zusammen: Die geographisch und historisch fundierte, organisch und logisch gebotene Politik für Europa und Deutschland ist eine einzige, unausweichliche. Europa ist die Schöpferin der europäischen Hochkultur, die nach zweieinhalb Jahrtausenden sich noch behauptet, und auch das Mutterland der posteuropäischen, mit der zusammen es die Erde kolonisiert hat und unaufhaltsam weiter kolonisiert (zivilisatorisch!). Es ist Okzident, nicht Orient. So ist sein Bündnis mit Amerika weltpolitisch selbstverständlich. Das um so mehr, da Rußland zum einen Teil europäisch, zum andern asiatisch ist: also, gefährlicher noch als ehedem England, antieuropäisch sich einstellen und auswirken kann. Da aber Ostasien mit dem osteuropäischen Rußland auch das westeuropäische und mit ihm zuletzt auch Westeuropa bedroht, ist eine Einigung zwischen Europa und Rußland über die mitteleuropäische Brücke hin für beide Teile unabweislich.« Das aber bedarf des engsten Bündnisses der westeuropäischen Staaten mit einem Frankreich, das seinen Nationalismus überwunden hat. »So allein kann ein kraftvoller europäischer Kern sich bilden und die Kristallisation des Erdteils einleiten.« Es gilt die europäischen Länder organisch zu ordnen. Das aber bedarf der Zeit, also des bewußt durchgehaltenen Willens.

Es bedarf, wie Pannwitz vertreten hat, des Übermenschen. Selbstverständlich, daß uns dieser vom Jugendstil geblähte Begriff anwidert. In der Sache gilt er dennoch. Nietzsche meinte, soweit er nicht seiner Zeit hörig war, wenig mehr als den Menschen, der sich selbst nach vorn entwirft, den Menschen, den es anzustreben gilt, wenn man nicht beim willenlosen »letzten Menschen« verkommen will. Das bleibende Geschenk Nietzsches an Europa war der Glaube an den Menschen der Zukunft, der sich selbst in den Griff bekommen hat. Dieser Mensch ist der Sinn der Erde: ihr Menschentum. Dieses überragt den gegenwärtigen Menschen. Der Mensch darf sich heute nicht mehr sehnsüchtig über sich hinaus denken; er hat sich vielmehr zu schaffen. Nur dies ist seiner würdig und rettend. Der gegenwärtige Mensch hat sich zu überwinden. Das gilt europäisch, wie es weltweit nottut. Die Größe des Menschen ist, daß er sich zu verwandeln vermag. Glaubte er nicht daran, so gäbe er sich preis. Es geht um die Verwandlung des Menschen, der sich seine niederen Triebe und seine Selbstsucht zum Opfer bringt. Auch seinen Stolz, also seine Nationalismen.

Die Zukunft muß errungen werden, wenn sie uns nicht umbringen soll. Sie führt über Europa und ist die Gabe Europas an die Welt. Europa sei die Revolution der Welt. Darin würde die stolze Überlieferung des europäischen Einigungsgedankens gekrönt, die um 1306 mit dem europäischen Plan von Pierre Du Bois (Petrus de Bosco; 1250–nach 1321) einsetzte und über Emeric Crucès, den Verfasser des »Nouveau Cynée ou discours d'Estat représentant les occasions et moyens d'établir une paix generalle et la liberté du commerce par tout le monde« von 1623, zu Comenius mit seiner »Panegersia« von 1666 und zu William Penns (1644–1718) »Essay« von 1692 bis 1694 hinführte.

Es ist bestürzend zu sehen, daß Pannwitz ein Menschenleben lang seine bedrängenden Gebote von Werk zu Werk vertrat, ohne daß sie fruchteten. Die Krankheit des Abendlandes besteht demnach in der lethargischen Ignoranz Europas. Sie ist nur als tätige Einsicht heilbar.

Dazu müßte man die europäische Geschichte voll ins Bewußtsein heben. Dies aber hieße, sie in ihrer Einheit zu sehen und sie zu bewältigen. Aber die abendländische Geschichte müßte erst geschrieben werden, noch ist, was sich für sie ausgibt, zumeist nationalistisch verfälscht.

Es gälte, eine europäische Volkshochschule zu gründen, an deren Landeskollegien die ausgetauschten Lehrkräfte aller Staaten den Beitrag ihres Vaterlandes an die gemeinsame europäische Geschichte darzulegen hätten. Die Lehrerfahrung aller würde dann in der Folge die verbindliche und verbindende »Geschichte Europas« erarbeiten, und so gerüstet, wäre ein erweiterter Lehrkörper der zweiten Generation in der Lage, europäisch geschulte und denkende Menschen heranzubilden. Europa wird nur durch ein ehrliches Geschichtsbewußtsein geschaffen. Denn es ist Geschichte und Zukunft.

Das Beispiel der Eidgenossenschaft

Rudolf Pannwitz schreibt in seinem Basler Rundfunkvortrag »Europas Beitrag zu einem allgemeinen Frieden«: »Die Schweiz wird oft zum Vorbilde herangezogen. Sucht man da das Wesentliche und den Kern, so findet man das schon in der Gründungssage, die weniger ungeschichtlich als übergeschichtlich ist. Worum handelt es sich genau bei dem Rütli-Schwur? Die wachsende Not fordert eine Abhilfe. Eine allgemeine Stimmung und die Einigung der besten Männer führen zu ihr. Der uneingeschränkte gute Wille und die Bereitwilligkeit, das Leben einzusetzen, das Bewußtsein, daß anders es gar nichts wäre: dieses Natürliche, Vernünftige, Herzliche, Herz- und Volkhafte schaffen eine unmittelbare Verbrüderung. Das Ziel ist begrenzt, kein Angriff, nur eine Abwehr, keine Ausdehnungen und Eroberungen. Das derart Begrenzte ist aber unabdingbar. Die verlangten Rechte sind nur die schlichten Menschenrechte in der Gestalt von Volks- und Heimatrechten. Nichts dabei ist zu problematisieren, nichts zu relativieren. So einfach und herrlich zwar ging und geht es nirgends in der wirklichen Welt zu. Der Grundsinn aber ist doch wahr, und er entspricht noch immer der Empfindungsweise der wirklichen Völker und des wirklichen Volkes. Also gilt er auch für ein zu gründendes Europa.«

Das bedarf der Erörterungen. Die Schweiz ist ein seltsamer Staat,
weil sie ohne Bodenschätze vor lauter Fleiß steinreich ist,
weil sie zweisprachig rittlings über den Gotthard hinweggreift und dennoch eine untrennbare Einheit bildet,
weil sie althochdeutsch und mittelhochdeutsch spricht und Neuhochdeutsch als Fremdsprache lernen muß,
weil wenige Schweizer ihre Landeshymne auswendig herzusagen vermögen und viele nicht wissen, welches Lied als solche gilt,

weil sie sich heute immer mehr scheut, Schillers »Wilhelm Tell« auf ihre städtischen Bühnen zu bringen,
weil sie dank der neugeschaffenen einheitlichen Schriftsprache Rumantsch grischun die gebräuchlichsten Formulare und Schriftstükke auch in Rätoromanisch vorlegt, was einer ungeschriebenen Anerkennung der vierten Landessprache als Amtssprache gleichkommt,
weil noch 1857 in Preußen eine Mobilmachung wider sie beschlossen worden war, ehe der König für sich und die Seinen für alle Zeiten auf sein Fürstentum Neuenburg verzichtete, so daß dieses zu einem Staat der Eidgenossenschaft werden konnte, obwohl der König nicht auf seinen Titel verzichtet hatte und Kaiser Wilhelm II. (1859 [1888–1918]–1941) als preußischer König und ehmals Fürst von Neuenburg noch 1912 anläßlich der Herbstmanöver die Stadt Zürich in der Uniform der Neuenburger Gardeschützen betreten konnte,
weil sie nicht nur die Legislative des Landes und die Legislativen und Exekutiven der Kantone und der Gemeinden durch das Volk unmittelbar bestellen läßt, sondern auch jedes Jahr in mehreren Urnengängen über alle entscheidenden Sachgeschäfte der Eidgenossenschaft, der Kantone und der Gemeinden befindet und meist mit einer geringen Stimmbeteiligung bezeugt, daß der Stimmbürger mit der Geschäftsführung seiner Behörden ohne Mißstimmung einig ist,
weil sie noch 1978 aus ihrem Bestande einen neuen Kanton auszuscheiden vermochte,
weil 1986 eine große Mehrheit der Schweizer zugunsten der vierhundertjährigen Neutralität gegen die Empfehlungen des Bundesrates und der beiden Kammern den Beitritt zur Ohnmacht der Vereinten Nationen untersagte,
weil die größte katholische Stadt des Landes reformiert ist.

Der Name der Eidgenossenschaft als Schweiz geht auf den Namen der Waldstatt Schwyz zurück. Es gehört zu den historiographischen Legenden, wenn das »Historisch-Biographische Lexikon der Schweiz« 1931 behauptet, daß sich der Name von dem Führer Suito einer alemannischen Hundertschaft herleiten lasse. Der Name ist trotz einiger keltischer Wünschelrutengänge noch keineswegs erklärt.

Die Eidgenossen wurden aber schon bald nach der Schlacht von Morgarten 1315 als »Switenses« bezeichnet. Johannes von Winterthur erwähnt die Urschweizer in der Übertragung des einen Waldstattnamens auf alle Innerschweizer, und zu Beginn des 14. Jahrhunderts tauchte in Franken und Österreich die diphtongierte Form »Sweiz« auf. Früh findet sich die Bezeichnung »Sweintz« für das gesamte eidgenössische Gebiet im Kalendarium von Zwettl zum Jahre 1352. Seit dem Siege von Sempach 1386 begriffen dann die deutschen Chronisten alle Eidgenossen ohne Unterschied als »Swizer« oder »Sweizer«. Johannes von Müller (1752–1809) führte dann die Unterscheidung des Kantons Schwyz von der Schweiz in der Schreibweise ein.

Während der Schwabenkriege, die der Deutsche als Schweizer Kriege verzeichnet, wurde der Name zum Schimpfwort. Er blieb noch lange nach 1499 Haßwort. Seit Johannes von Müller erscheint das Land als »Schweizerische Eidgenossenschaft«, und auf den Fünffrankenstücken wird sie als Confoederatio Helvetica, auf Autoschildern und vor Postleitzahlen als CH etikettiert.

Auch das Wappen der Eidgenossenschaft wiederholt mit einer Brisüre das Wappen des Kernlandes, das seinerseits mit der frühen Reichssturmflagge übereinstimmt und im linken Obereck das langschenklige weiße Kreuz in rotem Felde trägt. Ursprünglich und bis zum 17. Jahrhundert war das Feld ohne alle Heroldstücke völlig rot gewesen, ehe im 18. Jahrhundert das kleine weiße Eckkreuz üblich wurde. Geregelt wurden die schwankenden Bräuche aber erst 1815 bei der diplomatischen Übereinkunft über die zweiundzwanzig Kantonswappen und ihre Verwendung im Bundessiegel. Damals wurde das kleine Kreuz endgültig in der linken oberen Ecke geortet.

Mit all dem haben die wuchernden Chroniklegenden, die das Schwyzer Banner mit dem Papst Anstasius und den römischen Kaisern Honorius und Arkadios in den Zeiten des Urchristentums und der Völkerwanderung zusammenbringen, auch dann nichts zu schaffen, wenn Papst Julius II. in der Dezemberbulle von 1512 darauf Bezug nimmt. Doch hatte Sixtus IV. den Schwyzern 1479 gestattet, ihr Banner mit den Marterzeichen des Herrn, auch mit dem Kreuz zu mehren. Papst Julius II., der Neffe Papst Sixtus' IV. und der Förderer von Bramante, Raffael, Michelangelo, schenkte dann den Schwyzern, die in seinem Namen vierundzwanzigtausend Mann stark von Verona zur Eroberung des Herzogtums Mailand ausgezogen waren, neben dem Ehrentitel »Ecclesiasticae libertatis defensores« zwei große Banner und etwa vierzig kleinere Fähnlein für die beteiligten Orte, Städte und Landschaften, wobei das Julius-Banner auf rotem Seidendamast in der Mitte das Bild der Gottesmutter mit dem heiligen Kinde zeigt. Im oberen Stangeneck finden sich überragt von den päpstlichen Insignien die Leidenswerkzeuge des sixtinischen Zugeständnisses. Erst die sogenannte Schwedenfahne von 1634 wurde durch ein durchgehendes weißes Kreuz geviertelt. Neben diesem war die Grenadierfahne von 1798 in jeder Ecke von sieben dreifarbigen Flammen geschmückt.

Das weiße freischwebende Kreuz in Rot wurde eines Tagsatzungsbeschlusses zufolge 1815 von den vier Linienbataillonen der aus Frankreich zurückgekehrten Söldner geführt. Diese Erinnerungen spielten eine Rolle für die Fahnen der 1848 erneuerten Republik. Spät erst, 1815, hatte ein Armeebefehl angeordnet, daß alle Schweizer, um sich von anderen Truppen zu unterscheiden, zum Einmarsch in Burgund eine einheitliche Armbinde zu tragen hätten. Diese wurde über den linken Oberarm gestülpt und trug ihr weißes Kreuz auf scharlachrotem Tuch. Es wurde seltsamerweise als gemildertes achtzackiges Malteserkreuz vorgeschrieben. Solche Regelungen, die der verschiedenen Uniformen der Kantone wegen nottaten, wurden 1837 in das Dienstreglement aufgenommen und gingen 1850 in die erste eidgenössische Militärorganisation ein. Der vereinheitlichten Uniformen wegen, deren Kosten die Kantone zu tragen hatten, konnte dann 1914 die Armbinde den nichtuniformierten Hilfsdiensten übertragen werden, und schon 1864 wurde das Schweizer Wappen mit ausgetauschten Farben für die humanitären Institutionen verbindlich und 1910 durch Bundesbeschluß gesetzlich geschützt.

Zur mythischen Verwurzelung der Eidgenossenschaft gehört die Tell-Sage, in der einem Urner unter der Linde von Altdorf vom Vogt zugemutet wird, einen Apfel vom Haupt seines Kindes zu schießen, weil er sich vermessen hatte, den Herrschaftshut auf der Stange nicht zu grüßen. In der Folge erschießt er den Tyrannen.

Aegidius Tschudi (1505–1572) hat den chronikalischen Bericht darüber im »Weißen Buch zu Sarnen« aus dem Jahre 1470 unbefragt hingenommen; auf seiner Wiedergabe fußen Johannes von Müllers »Geschichte Schweizerischer Eidgenossenschaft« von 1786 und Schillers Drama von 1804. Dagegen meinte 1607 der Freiburger Historiker Franz Willimann, daß es sich um eine Fabel handle, die der Haß gegen Österreich gedichtet habe. Er höhnt, es seien sich die Urner anders als bei anderen angestammten Familien weder über seinen Wohnsitz einig, noch nennten sie Nachkommen Tells, und auch Jacob Grimm (1758–1863) war der Überzeugung, daß das Ereignis historisch unwahr sei. Im Jahre 1615 hatte aber der Zürcher Bürger Rudolf Weid, der Tell aus sittlichen Gründen einen Mörder gescholten hatte und daher wohl an den Befreier, wenn auch widerwillig, glaubte, vor einer eigens hergereisten Urner Gesandtschaft öffentlich Abbitte zu leisten.

Im Jahre 1760 erschien die Schrift des bernischen Pfarrers Ulrich Freudenberger (1705–1768) »Der Wilhelm Tell. Ein dänisches Mährgen«, die der voltaireschen Schule gemäß auf die Ähnlichkeiten der dänischen Toko-Geschichte hinwies. Auch der Luzerner Joseph Eutych Kopp (1793–1866) sagte sich von der Treuherzigkeit Tschudis los und zog sich auf die Urkunden zurück. Kopp, der sich auf die Seite der Habsburger schlug, hielt die Tell-Geschichte für eine uralte germanische Mythe oder dann eine selbstsüchtige Erfindung des 15. Jahrhunderts. Zur gleichen Zeit vermochte Robert Durrer (1836–1889), durch seine Ausgrabungen urschweizerischer Burganlagen bestärkt, die Glaubwürdigkeit des »Weißen Buches« zu erhärten. In seiner Erbfolge war man dann geneigt, den Bund, den Burgenbruch und die Vertreibung der Vögte als Tatsachen gelten zu lassen. Die Tell-Geschichte klammerte Durrer allerdings von diesem Zugeständnis aus. Auch August Bernoulli (1839–1921) zeigte sich einem echten Kern der Chroniken gewogen.

Conrad Englert-Faye, dessen leuchtendes Werk »Vom Mythus zur Idee der Schweiz« im Schicksalsjahr 1940 in Zürich erschienen ist, geht dann zugunsten seiner bildgläubigen Interpretation zur »Sublimation« Tells als historischer Persönlichkeit über. Es geht ihm darum, daß Tell »wahr« und nicht »wirklich« ist, um Geistesgeschichte und nicht um Historie also.

Karl Meyer (1885–1950), der bedeutende Schweizer Historiker der Urschweizer Befreiungstradition, vertrat die Meinung, daß die bisher in der Forschung willkürlich getrennten und hernach verkoppelten Überlieferungsstränge der Stauffacher-Rütli-Geschichte einerseits und der Tell-Geschichte andererseits eine unscheidbare Einheit bildeten. Er lehnte die Eselsbrücke von der Wandersage ab und setzte den Aufstand der Waldstätte und den Burgenbruch auf das Jahr 1291 an. Er hielt in der Vorarbeit zu weiteren Klärungen am Kern der Überlieferung fest und war gewillt, das Altdorfer Ereignis deshalb als echt hinzunehmen, weil es den urkundlichen Gegensatz zwischen den Waldstätten und den Erben König Rudolfs von Habsburg genau treffe. Echt sei auch die Überlieferung des Rütli-Schwurs und des Tell-Schusses in der Hohlen Gasse.

Der urkundentreue und scharfsinnige Historiker und Thurgauer Staatsarchivar Bruno Meyer dürfte die Frage der Historizität Tells in seinem umsichtigen Werk »Weißes Buch und Wilhelm Tell« von 1959 und 1985 schließlich gelöst haben. Die Anhänger der nordischen Sagenwanderungstheorie arbeiten, um die Textverwandtschaften zu ergründen, mit den literaturwissenschaftlichen Methoden der Motivvergleiche und der Motivverknüpfungen, die sich bei auseinanderliegenden zeitlichen Textfolgen als tragfähig erweisen, während sich Bruno Meyer bei zeitlich nahen Quellen, der ältesten selbständig Bericht erstattenden Vorlagen, einer historiographischen Methode bedient, die sprachliche Kriterien für die Verfasserschaft des »Weißen Buches« neben den Parallaxen verschiedener Dokumente und die sorgfältige Konfrontation des Urner Apfelschusses mit den andern vergleichbaren Schießproben einbezieht. Auf diese Weise gelangt er bei dem alten Handbuch der Landeskanzlei Obwalden, dem »Weißen Buch«, das neben den Abschriften der Bundesbriefe und anderer wichtiger Urkunden im erzählenden Teil die Gründungsgeschichte neben dem Bericht über den Schützen Tell enthält, zu Ergebnissen, die Zeit und Form der Tell-Überlieferung und der Schützentat darlegen und die letztlich zutage fördern, daß »tatsächlich ein Zusammenhang zwischen der dänischen Apfelschußüberlieferung und der ›Tat Tells‹ besteht, indem diese zur Gruppe der Wiederholungen des Schusses gehört«. So hätte denn der österreichische Vogt in Altdorf die Strafe des Auflüpfischen nach dem Vorbild eines nordischen Vorfalls, das ihn als Gerücht oder Erzählung erreicht hatte, befohlen. Daraus ergibt sich, daß die Tell-Geschichte einen historischen Vorgang festhält. Diese Darstellung gibt der Sagenwanderung, die im andern Falle nur bezeugen würde, daß der Geist weht, wo immer er will, genauen Sinn.

Eindeutiges Zeugnis der frühen Innerschweizer Geschichte ist der Bundesbrief von 1291, der kaum drei Wochen nach dem Tode Rudolfs von Habsburg vorsorglich niedergeschrieben worden war. Ein Beispiel bietet die Ahnentafel des Autors: Zu jener Zeit stand sein erster urkundlich lückenlos gesicherter bäuerlich-patriarchalischer Ahn der einundzwanzigsten Generation in frühen Jugendjahren, wobei anzumerken ist, daß unser abendländisches Geschichtsbewußtsein Europa entscheidend mitstiften wird; man sollte es also auch genealogisch pflegen. Setzte man das Urkundendatum auf den ersten Monatstag fest, während es auf dem Pergament lediglich heißt »in incipiente mensa augusto«, »zu Anfang des Monats August«, so dürfte es vielleicht in Erinnerung an die zweite hohe Lugfeier des Jahres geschehen sein. Der Bundesbrief ist so würdig wie nüchtern. Er trägt die Siegel der Täler Uri, Schwyz und Nidwalden und beteuert, daß er »mit der Hülfe Gottes ... ewiglich dauern« soll. Er wird, wie noch heute der Verfassungstext, im »Namen des Herrn« eröffnet und hält einleitend fest, daß es dem öffentlichen Nutzen diene, wenn man »Verträge der Sicherheit und des Friedens« festlege. Es gelte also zu wissen, daß die Landleute des Tales Uri, die Gemeinde des Tales zu Schwyz und die Gemeinden der Landleute des untern Tales von Unterwalden »in betracht der bösen Zeit«, sich selbst und das Ihrige besser zu schützen und in gutem Stande zu bewahren, sich »in guter Treue« gelobt hätten, »sich gegenseitig beizustehen«. Dies »mit Hilfe, mit Rat und mit gutem Willen, gegen alle und einen jeden, der ihnen oder einem der Ihrigen irgend welche Gewalte, Belästigung oder Unbild an Sachen oder Personen antun wollte«. In solchen Fällen gelobte jede Gemeinde der andern beizuspringen, und dies »in eigenen Kosten«. Es gelte den Angriffen Übelwollender zu widerstehen und Unbilden zu rächen. Das hätten die Landleute »mit einem Eide mit aufgehobenen Händen« gelobt. Damit sei ihr uralter Bund erneuert und bestärkt worden. Es sei »ein jeglicher Mensch nach seinem Stande« dazu angehalten, »seinem Herrn geziemend untertan zu sein und zu dienen«. Dabei sei aber mit gemeinsamem Rat einmütig beschlossen worden, »daß wir in den vorgenannten Tälern niemalen einen Richter annehmen oder annehmen werden, der sein Amt um Gunst oder Geld irgendwie erworben« habe und »der nicht unser Einwohner und Landsmann« wäre. »Sollte aber unter eint oder andern der Verbündeten ein Zerwürfnis entstehen, so sollen die Einsichtigern aus den Verbündeten zusammentreten, um den Streit zwischen den Parteien gütlich beizulegen ... und welche Partei ihrem Spruche sich nicht fügen wollte, gegen die sollen die übrigen Verbündeten sich stellen.«

In der Folge dieser grundsätzlichen Vereinbarung wird dann das Verfahren gegen Meuchelmörder, Brandstifter, Diebe geregelt und überdies das Pfandrecht umrissen. Jeder habe sich dabei seinem Richter zu fügen, täte er es nicht, so sei er dazu anzuhalten. Dies möge ewiglich gelten und sei deshalb verbrieft und besiegelt worden.

Schiller hat den Grundgedanken dieser Übereinkunft wohl erhöht, aber trefflich gefaßt:

»Wenn der Gedrückte nirgends Recht kann finden,
Wenn unerträglich wird die Last – greift er
Hinauf getrosten Mutes in den Himmel
Und holt herunter seine ew'gen Rechte,
Die droben hangen unveräußerlich
Und unzerbrechlich wie die Sterne selbst!«

Der Bundesbrief der Eidgenossen will vor allem den inneren Frieden des Landes, wie dies früher schon bestimmt worden war, erhalten. Daß dies geschieht, setzt eigene Rechte voraus und will die Gemeinschaft erneut bestärken. Daß es besiegelt wurde, nimmt der Vereinbarung jeden aufständischen Geist. Es sollte die Selbstverwaltung im Rahmen der Rechte gelten. Doch wird dies alles an der Schwelle möglicher Wirren eingegangen, so daß sich die Ansprüche ihrer Rechte versichern. Es will Sonderrechte der kleinen Gemeinschaft am Rande des fürstlichen Expansionswillens sichern. Das galt für alle Fälle und war keineswegs gezielt. Doch machten die Gaugrafen von Habsburg seit 1173 ihre erblichen Rechte geltend.

Was die »älteren« Urkunden betrifft, wissen wir wenig Bescheid. Ob der Brief von 1291 eine ältere Vereinbarung zu erweitern strebte, ist ungewiß. Doch kannte man etwa bei den deutschen Städten am Rhein und in Süddeutschland ähnliche Bündnisbestrebungen. Sie wurden jeweils von Habsburg anerkannt.

Rudolf von Habsburg hatte 1274 den Urnern die überkommene Reichsfreiheit erneuert, während er das Privileg der Schwyzer, das ihnen der gebannte Friedrich II. verliehen hatte, nicht bestätigte. Dagegen gestand er ihnen 1282 zu, daß ihre Rechtshändel nur von Richtern des Tales oder vom König und seinen Söhnen abgeurteilt werden dürften. Noch wenige Monate vor seinem Tod gewährte er den Schwyzern, die sich zwei Jahre zuvor bei der Belagerung von Besançon ausgezeichnet hatten, das Vorrecht, daß keine Unfreien über sie richten sollten. In beiden Ländern hatten einheimische Ammänner die Verwaltung inne. Waren auch diese Übereinkünfte zwischen der Innerschweiz und Habsburg friedlich, so müssen doch wohl zuvor, läßt man sich die Regelung der Gerichtsmänner verbriefen, ähnliche Verstöße vorgekommen sein oder gedroht haben. Deshalb dürfte der Richterartikel in den Bundesbrief von 1291 aufgenommen worden sein. Im ganzen ging es aber um ein Landfriedensbündnis.

Die Waldstätte waren recht abgelegene Talschaften, die erst halbwegs erschlossen waren. Spät gerodet wurde etwa das untere und mittlere Schächen-Tal. Rodungen mit Eisen oder Feuer wurden in Gemeinschaftsarbeit und Werkzusammenschlüssen unternommen. Das führte zur gemeinsamen Nutzung von Wald, Weide und Alp. Sie prägten Leute und Recht. Deshalb waren sie auch politischen Geistes und dachten in Freiheiten und Zugeständnissen. Besondere Verhältnisse erzwangen eigene Rechtsbedürfnisse. Diese besiegelten die Gemeinschaft. Der Kampf gegen die Wüstenei bedurfte des Schulterschlusses und stärkte Ledige.

Dieser Geist zeichnete die Wohngemeinde und das Senntum auf der Alp aus. Er stand unter den Geboten der Allgemeinbedürfnisse und bat um den gemeinsamen Segen. Zeuge dessen ist heute noch der abendliche Alpsegen, den der Rufer nach einem herausfordernden Jauchzer in feierlich-langhallendem Tone durch die Volla, einen hölzernen Trichter, singen läßt:

»Im Anfange war das Wort,
und das Wort war bei Gott,
Und Gott war das Wort.
Und das Wort ist Fleisch geworden
und hat unter uns gewohnt,
und wir haben seine Herrlichkeit gesehen,
voll der Gnade und Wahrheit!«

Beim Anruf des Glaubensgeheimnisses beugen alle, die es hören, das Knie. Nach dem englischen Gruß fährt der Senn fort:

»Har Chuoli zuo lobä,
All Schritt und Tritt; Gottes Namä lobä!
Und in aller Heiligä Gottes Namä lobä.
Hier auf dieser Alp ist ein goldner Ring,
Darin wohnt die lieb Muetter Gottes mit ihrem
herzallerliebsten Kind.«

Der Alpsegen geht dann in einen Abgesang über, der die Heiligen zum Schutz um »ä güeti glickhaftigi Nachtherbrig« bittet. »Lobä« ist der Lockruf und der Kosename für das Rind. Dieser Alpsegen wurde uns vorab durch Eduard Renners Buch von 1941 »Goldener Ring über Uri« vermittelt.

Ein Geist solcher Art ist stark und eigenständig. Er zählte vor den Interessen des eben erschlossenen Gotthard-Saumwegs. Doch wuchs auch dessen Bedeutung. Er wurde – wir wissen es nicht verläßlich – zwischen den letzten Zähringern und 1231 wegbar gemacht, doch schon um 1234 als seit vielen Jahren begehbar und begangen geschildert. Die Zähringer haben wohl burgundische Gefolgsleute an der Route angesiedelt. Doch hatte diese vorerst örtlichen Rang. Mögliche Gewinne begannen aber zu locken. Auch konnte die Schöllenen erst angemessen unterhalten werden, wenn die vorgelagerten Städte ihre Verkehrswirtschaft ausbauten, umlagerten und mittels der Transiteinnahmen den Unterhalt berappten. In diesen Zusammenhängen erscheint die Paßpolitik Friedrichs II., die durch den päpstlichen Gegensatz bestimmt wurde. Beim Wiederausbruch des alten Kampfes zwischen Kaiser und Papst 1239 wurde der Paß unter dem Gewicht der kaiserlichen Mailand-Politik von beherrschender Geltung.

Die waldstättische Politik der Bündnisbereitschaft war keineswegs von einem Volksaufstand getragen. Sie war vielmehr das Werk bedachter Persönlichkeiten, die an der Spitze ihrer Talschaften standen. Es handelte sich dabei um einige wenige Dynasten- und Ministerialenfamilien mit ausgreifendem Grundbesitz. Unter ihnen finden sich die Attinghusen, die Meier von Silenen, die Grünenberg, Uzingen in Uri, die Ritter von Malters und Schrutan von Winkelried in Unterwalden neben den von Wolfenschießen und der Ödisriet, wie die Urner Schüpfer und Fürst, der Hunno und der Ab-Yberg. Sie waren die Bürgen eines unbeugbaren Willens und setzten die Landrechte gegen angemaßte Fürstenrechte.

Das bäuerliche Wesen hatte seine herrische Gebärde. Der Selbsthilfetrieb aller war patriarchalisch gebunden und ruhte vorab auf den Schultern Reichsfreier. Nur Männer solcher Art konnten Eide eingehen und für sie mit Würde geradestehen. Die Eidesübereinkunft ist durchaus in echtem Sinne männlich und adelig. Karl Meyer hielt dafür, daß nur die Kraft von Persönlichkeiten den kleinen Verband wirksam mache. Sie schweißte die Freiheit zur Ordnung zusammen und schuf den Bund, der föderativ dachte und den partikularen Eigenwillen zu bündeln verstand. Sie gab Gleichgesinnten Atemraum und der Autonomie Macht. Das war langehin – stets – wirksam. Noch 1872 verwarf das Volk unter der Wortführung der welschen freisinnigen Föderalisten die Vorlage einer revidierten Bundesverfassung, die eine vollständige Zentralisation des Militär- und des Rechtswesens vorsah.

Unter den Männern der eidgenössischen Verbündung ragten – wohl auch der Aktenlage wegen – die Attinghusen, die in vielen Innerschweizer Ahnentafeln erscheinen, hervor. Sie bilden eine Seitenlinie der Signau. Ihre Umsiedlung dürfte sich so vollzogen haben, daß ihnen der Herzog von Zähringen nach der Übernahme der Reichsvogtei Uri und in der Folge des erschlossenen Gotthard-Wegs 1173 Grundbesitz im Reuß-Tal übertrug. So ist wohl ein Werner von Signau, der das Kloster St. Urban begabte, oder sein Sohn in die Waldstatt übergesiedelt.

Die Attinghusen saßen auf der Burg dieses Namens im unteren Reuß-Tal. Wenige Steinwürfe davon entfernt fand sich als Vorwerk der Turm der Dienstmannen von Schweinsberg. Diethelm Freiherr von Attinghusen und seit 1299 auch von Schweinsberg, der in Uri saß und noch 1313 urkundlich bezeugt ist, war der Bruder Werners (1264–1321/22), der 1291 in seiner Burg Attinghusen seit 1290 das Siegel des Landes Uri verwahrte. Er siegelte seit 1294 als Landammann bis zu Beginn der zwanziger Jahre. So stand er denn in den wetterleuchtenden Zeiten unter den Königen Adolf von Nassau (um 1255 [1292]–1298), Albrecht I. von Habsburg (1255 [1298]–1308), Heinrich VII. von Luxemburg und zum Teil noch unter Ludwig dem Bayern (1283?/1287 [1314]–1347) an der Spitze seines Landes. Während seiner Amtszeit ereignete sich auch die Schlacht am Morgarten. Wir begegnen Werner von Attinghusen von 1264 bis 1321 in fünfundzwanzig Urkunden. Er ist Nobilis, Freier, Edler, Ritter und Landammann und wurde im Oktober 1291 auch Bürge der Urner beim Bund mit Zürich. Als Ritter trat er 1315 erstmals auf. Um 1309 war er Richter der Urner im Alpstreit mit Engelberg. Es sind von ihm fünf Kinder bezeugt.

Art und Ansehen dieses Mannes stehen auch für andere der Genannten ein. So war Conrad Ab-Yberg, der Sohn eines Schwyzer Landammanns, um 1291 erster Landammann zu Schwyz und Mitbegründer der Eidgenossenschaft wie auch des Bündnisses mit Zürich. Arnold Meier von Silenen, der für die Zürcher Fraumünsterabtei amtete, war ebenfalls Miteidgenosse von 1291.

Während der Jahre des eidgenössischen Bündnisses war die Zeit im Umbruch. Der Kaiser und die Waldstätte hatten den Gotthard erschlossen. Die Macht der Staufer war zusammengebrochen. Das Interregnum, das auf den Tod Konrads IV. (1228 [1250]–1254) folgte und bis 1273 dauerte, ließ den Schutzherrn der Innerschweizer vermissen, und Rudolf von Habsburg, der den Reichsgedanken zu hüten willens war, war eben gestorben. Der jähe Niedergang der Staufer hatte die Aussichten der Dynasten gestärkt. Selbst die Habsburger befehdeten ihre jüngere Linie. Zürich sah sich gezwungen, seine Bürger schwören zu lassen, daß sie nur jenen König anerkennen dürften, den die Gesamtbürgergemeinde bestimme. In diese Unsicherheiten hinein wurden die Landfriedensbündnisse geschlossen, zumal man nach dem Tode Rudolfs abermals Wirren befürchtete.

Auf lange Sicht gesehen, drängte sich die Loslösung vom Reich auf. Das hatte staatsbildende Kraft, wenn es sie auch noch nicht schürte. Der taleigene Ammann zog die Steuern ein und waltete als Rechtsstellvertreter, während die Reichsvögte wechselten. Zudem erwirkten die Habsburger 1311 von Heinrich VII. die beunruhigende Zusicherung, daß sie die Rechtsverhältnisse in den Waldstätten überprüfen könnten. Schwyz war zuzeiten an Habsburg verpfändet, und Habsburg-Laufenburg verkaufte die Rechte an Habsburg-Österreich. Selbst juristische Fragen, ob Schwyz und Unterwalden zu Habsburg oder zum Reich gehörten, blieben strittig. So waren die laufenburgischen Güter zu Schwyz, Stans, Buochs zusammen mit anderen Gebieten 1273 an die habsburgische Dynastie übergegangen, und 1283 war die Reichsvogtei Urseren den eigenen Söhnen des Hauses verliehen worden. Überdies war Luzern an Habsburg gekommen; so war denn die Gotthard-Route in einer Hand. Im Blick auf diese wurden die benötigten Verwaltungen gestrafft und ausgebaut. Mit der Beamtenherrschaft wuchs aber auch die Willkür. All dies drängte den Waldstätten auf, sich vorzusehen. Auch konnten die Ärgernisse bei einem künftigen Kronstreit nicht ausbleiben. Also hieß es, sich für alle Anfechtungen Habsburgs vorzusehen. Ferner war die Einwohnerschaft der Täler keineswegs einheitlich.

Uri erschien als Kern der Eidgenossenschaft. Die Bodenverhältnisse hatten früh zur Marktgenossenschaft gezwungen. Das etwa war der Sinn des stolzen Spruchs, der den Schutzwall der Berge rühmte:

»Das land ist wol beschlossen yn,
dann Gott ist selbst der murer gsin.«

Uri stützte sich seit 1231 auf einen Freiheitsbrief, der ihm die Reichsunmittelbarkeit zugestand und die Unveräußerlichkeit zusagte. Als Friedrich II. die Vogtei über Uri an seinen Kampfgenossen Rudolf von Habsburg verpfändete, brachten die Urner, die Pfandsumme auszukaufen, eine schwere Steuer auf. Deshalb konnte Friedrichs Sohn Heinrich 1231 zu Hagenau jenen Brief ausfertigen, der sie allein zu sichern vermochte. Rudolf von Habsburg bestätigte diesen Rechtsverhalt, obwohl das Bündnisbegehren der Urner eine Spitze gegen sein Haus trug.

Damals war das Land noch recht abgelegen; der einzige Verbindungsweg war langehin der See. Das zeichnete den Urner. Erst als der »stiebende Steg« der Schöllenen-Schlucht geschlagen war, begann das Land zu atmen, ein Land, das sich über Jahrhunderte hin als großmütig erweisen sollte, wenn man sich dessen erinnert, daß sein Volk noch im 19. Jahrhundert dem Bau des Gotthard-Tunnels zustimmte, obschon damit dem Urseren-Tal der Lebensunterhalt entzogen wurde. Das verstand sich als echt eidgenössisch, wie der Urort eidgenössisch war.

In Uri besaß das von Ludwig dem Deutschen (um 806 [833–837, 843–876]–876) 853 gestiftete Zürcher Fraumünster wesentliche Hoheitsrechte. Doch wurden die erblichen Abteiämter von einheimischen Geschlechtern ausgeübt. Diese verwalteten die Stiftsgüter. Zudem bildete Uri schon während der Zürcher Reichsvogtei einen einheitlichen Hochgerichtsstand, der seine Urteile unter der Altdorfer Linde fällte, während für die Gotteshausleute, etwa jene

Wettingens, zusätzliche Niedergerichte amteten. Uri siegelte seit 1243 als »Vallis Vranie« und wurde um 1308 zugunsten seiner eigenen Bedürfnisse und denen des Reiches vom Fraumünster befreit.

Schwyz war von anderer Art. Es gehörte mit seinem alemannischen Wesen zum Zürichgau und war dichter besiedelt als Uri. Marcca Tuccunia hieß sein Tuggener Ried. Der Name der Markgenossenschaft stammt von diesem Wort her, das im Gotischen noch nicht bezeugt ist, aber gemeingermanisch auftaucht. Der Begriff dürfte von der grenzsetzenden Rodung geprägt worden sein und haftet in der Form der Markgenossenschaft der zweiten Waldstatt mit besonderem Sinn an.

Die Kernlandschaft Schwyz war schon früh vom Besitz geistlicher und weltlicher Grundherrschaften eingefaßt: Gersau, die March, Einsiedeln, die Höfe und Küßnacht gehörten dazu. Das Tal von Arth kam erst nach der Schlacht am Morgarten zum alten Land. Urkundlich wird Schwyz erstmals bei einer Besitzbestätigung Ottos II. im Jahre 972 genannt, und zwar in bezug auf Einsiedeln. Weltliche Grundherren des Ortes waren die Grafen von Lenzburg und deren Erben. Der Arther Hof kam beim Aussterben des Hauses Lenzburg an die Habsburger. Andere Höfe fielen den Kyburgern und den Frohburgern zu. Ludwig der Bayer bestätigte 1316, daß Heinrich VII. 1310 den um 1269 von den Laufenburgern losgekauften Leuten im Tal Schwyz die Gnade, wie andere des Tales gefreit zu sein, zugestanden habe, wobei jener Loskauf die Waldleute der ehemaligen Kyburger und Frohburger Höfe betraf.

Anläßlich eines Schiedsspruches von 1217 nannte sich Graf Rudolf II. »von rechter Erbschaft rechter Vogt und Schirmer der Leute von Schwyz«, wobei er dies in seiner Eigenschaft als erblicher Landgraf des Zürichgaus, keineswegs aber als Inhaber einer hauseigenen Vogtei verstand. Sein Sohn Rudolf III., der Stifter der Laufenburger Linie, der ihm als Landgraf folgte, schrieb die Leute von Schwyz »nach erblichem Recht« seinem Hause zu.

Nachdem die Urner durch den Freibrief von 1231 reichsunmittelbar und der Habsburger Vogtei ledig geworden waren, schickten die Schwyzer im Winter 1240 Boten ins Lager des gebannten Friedrich II. zu Faenza im Kirchenstaat und baten ihn um einen ähnlichen Freibrief. Einige hundert Mann an Hilfstruppen gaben dem Wunsch Nachdruck. Noch im Dezember willfahrte der Kaiser dem Begehren, doch entbehrt der Brief der ausdrücklichen Klausel, daß mit ihm die gräflich habsburgischen Rechte getilgt seien. Die Schwyzer aber verweigerten dem Grafen Rudolf III. den Gehorsam. Demnach tat ein engerer Zusammenschluß not. So setzt man die heimlichen Treffen an der »Trenki« und im Rütli in diesem Zusammenhang fest, und es ist durchaus glaubwürdig, daß gerade die Schwyzer zum Bund von 1291 drängten.

Die drei Waldstätte, von denen die eine einen unbestrittenen, die zweite einen zweifelhaften und die dritte keinen Freiheitsbrief besaß, sahen sich unmittelbar nach dem Tode Rudolfs I. von Habsburg gezwungen, ihre Ansprüche vorsorglich zu schützen und zu behaupten. Sie wollten die Freiheiten, die »vor des Künges ziten« geherrscht hatten, wahren. Die unsicheren Schwyzer schlossen sich dabei gern den selbstbewußten Urnern an.

Bei all dem fällt in Betracht, daß Rudolf III. zwischen 1332 und 1338 oberhalb Stans die Loppburg angelegt hatte, die den Eingang nach Nidwalden sperren sollte. Auf dem Landenberg herrschte die Feste Sarnen, und eine ähnliche Anlage auf dem Rotzlag, die den inneren See überblickte, war im Bau. Die Inselburg Meggenhorn bedrohte den Verkehr mit Luzern. Zudem war der Laufenburger Gefolgsmann der päpstlichen Partei, während die Waldleute zum großen Teil kaisertreu blieben, selbst wenn die Urner der Äbtissin des Fraumünsters Schutz gewährten, die auf ihren Innerschweizer Besitz geflüchtet war.

Der Vierwaldstätter See verband Innozenz IV. mit seinen deutschen Freunden. So ist es nicht verwunderlich, daß der Papst 1247 im Sinne der Laufenburger den Schwyzern, Obwaldnern und Luzernern den Bann samt Interdikt angedroht hatte, weil sie die habsburgische Dienstbarkeit angefochten hätten und Friedrich II. beigestanden seien. Die päpstliche Partei war an der Reuß und in Nidwalden stark.

Solche Kämpfe prägten die Schwyzer Art mit, und durch sie geschult, übernahmen die Schwyzer nach 1291 bald die Führungsrolle. Sie wurden zu den Sprechern der Eidgenossenschaft und stellten in der Folge ihr Feldzeichen. Der zweite Bund von 1315 wurde im schwyzerischen Brunnen beschworen und besiegelt. Die Schwyzer wurden zu Anwälten des eidgenössischen Gedankens. Persönlichkeiten von Rang wie die beiden Stauffacher bezeugen es. Einsiedeln aber sah die wachsende Selbstsicherheit ungern und verschrie die Schwyzer als »wilde Tiere«. »Dieses Volk kennt weder König noch Gesetz, sondern es mißt nach Willkür und nach Art der Tyrannen an, was ihm behagt«, beteuert ein lateinisches Gedicht des Magisters Rudolf von Randegg »Capella heremitorum«.

Sicher waren die Schwyzer »zäch wie buechi chnebel«, zäh wie buchene Knüppel, und sie sind es noch. Ital Reding, der Landammann, Tagsatzungsbote, Schiedsrichter, der 1415 von König Sigismund für Schwyz den Blutbann zu erwirken vermochte, zeugt dafür. Er war einer der Waldstätter, die 1444 die grausame Hinrichtung der Besatzung von Greifensee erzwangen. Selbst der einzige Schwyzer Wein, der Klosterwein ab der Leutschen, hat einen ebenso gekanteten wie würzigen Charakter.

Die dritte der Waldstätte war Unterwalden ob und nid dem Kernwald, »inter silvas« oder »in intramontanis« also. Ihre Bewohner hießen im 13. Jahrhundert »Waldlüte«. Die deutsche Form Unterwalden, die die Bedeutung von »Zwischenwalden« hat, findet sich erstmals 1304. Schon zu römischer Zeit war der Brünig-Paß offen. Um das 10. Jahrhundert ist die teilweise Neubesiedlung durch die Landgrafen des Zürichgaus mit Hörigen nachgewiesen. Das Kloster Engelberg wurde noch 1124 – obwohl das burgundische Reich schon seit drei Generationen untergegangen war – als »in der Provinz Burgund, im Gau Zürichgau gelegen« bezeichnet. Kirchlich gehörte die Waldstatt unter dem Dekanat Luzern zu Konstanz. Im Jahre 1241 unterstellte der Abt von Engelberg das Kloster und seine Güter der Protektion des ghibellinisch gesinnten Heinrich von Konstanz. Unterwalden stand damals auch im Bündnis mit dem ghibellinischen Luzern. Die Habsburger waren Guelfen. Nach dem Tode Friedrichs II. wechselten aber viele ihre Haltung.

Der Beitritt von Schwyz zum Dreiländerbund wurde bekräftigt, indem die Umschrift des Stanser Siegelstempels um die Worte »et vallis superioris« ergänzt wurde, der Text des Bundesbriefes, der ausdrücklich nur die Unterwaldner des unteren Teiles erwähnte, aber bestehen blieb. Zur Zeit König Albrechts war das Land geeinigt; an seiner Spitze stand 1304 Rudolf von Ödisried, ein Obwaldner Freier aus Sachseln, als Landammann, der von einem Kollegium beraten wurde, das aus Schöffenkreisen hervorgegangen war. Unter König Ludwig dem Bayern verfügte 1316 ein Nürnberger Hofgerichtsentscheid, daß alle habsburgisch-österreichischen Güter in den drei Ländern zugunsten des Reiches eingezogen würden, so daß nunmehr die Untertanen und Eigenleute zu freien Reichsleuten erhoben wurden. Das verstand Unterwalden als Freiheitszugeständnis, auch wenn dem zwischen den beiden Landeshälften Zwiste folgten. Obwalden hatte lange Zeit die auflüpfische eidgenössische Entwicklung Nidwaldens umgangen. In Giswil etwa herrschte eine eigene Hochgerichtsbarkeit, die dem Landammann als dem Inhaber des königlichen Blutbannes zu zwei Dritteln entzogen blieb. Es war eigener, selbständiger Staat. Händel zwischen den Landesteilen waren an der Tagesordnung. Auch wenn sie zusammengesehen wurden, waren sie ihrer eigenen Geschichte bewußt. Hierin wurzelt die seltsame schweizerische Institution der Halbkantone. Zwar gab es dennoch eine Zusammengehörigkeit, wenn die alten Geschlechter des einen Halbkantons jeweils auch auf dem Bürgerrecht des anderen beharren konnten, ohne indes als Mitbürger zu gelten. Unterwalden ist demnach in der Eidgenossenschaft eine besondere Genossenschaft.

Unter solchen Umständen wuchs der Obwaldner Bürger von Sachseln Nikolaus von der Flüe heran. Er war als Sohn eines Landammanns und Ratsherrn geboren worden und zeugte mit seiner Gattin Dorothea Wiss von der Schwändi zehn Kinder. Er wurde im Jahre 1443 Venner und Rottmeister im Alten Zürich-Krieg und amtierte 1459 als Ratsherr und Richter; 1462 war er Tagsatzungsgesandter. Er verzichtete aber auf das Amt eines Landammanns von Obwalden und zog sich 1467 in eine mystische Welt von strenger Askese zurück. Zuerst wanderte er – sein jüngstes Kind war sechzehn Wochen alt, während einige der Söhne schon einen eigenen Hausstand führten – ins »Elend«. Trieb ihn auch die mystische Bewegung im Elsaß dazu an, so wurde er doch schon bei Liestal von jenem Heimweh überfallen, von dem der bedeutende Zürcher Essayist Fritz Ernst (1889–1958) im Jahre 1949 ebenso innig wie glanzvoll handeln sollte. Er wurde nach Wochen auf einer einsamen Alp im Melchtal von Jägern entdeckt. Hernach zog er sich nach dem Gebot nächtlicher Visionen in die Ranftschlucht seines Stammgutes zurück. Hier lebte er als Einsiedler, der »ein brueder was, der, als man sagt, nichts trangk noch asz«.

Damit wurde Bruder Klaus ebenso abgründig Mystiker von eigener Ausdrucksart wie politischer Berater und Helfer von Gnade. Er wirkte 1473 beim ewigen Frieden mit Österreich mit und sorgte sich lebenslang um das Wohlergehen der Eidgenossenschaft, nachdem diese durch die Siege über Burgund eine Großmachtstellung erlangt hatte, die ihr loses Gefüge bedrohte. Im Jahre 1481 vermochte er auf der Tagsatzung von Stans einen Bürgerkrieg zu verhindern und den Städten Freiburg und Solothurn den Eintritt in die Eidgenossenschaft zu ermöglichen. 1480 hatten sich österreichische Unterhändler um ihn bemüht, und Kaiser Sigismund begabte seine Kapelle. Im Jahre 1482 beriet er Ludovico il Moro Sforza (1401–1466), und in einem Schriftwechsel mit Konstanz wird er angerufen, bei der Schlichtung der Zwiste mit den Eidgenossen über die Mitherrschaft der Landvogtei Thurgau zu helfen. Die Gebete des Bruders Klaus hatten Segenskraft; sein Ratschlag war von versöhnender Weisheit. Er war ein demütiger Sachwalter der Gerechtigkeit, warnte vor jeder Art Reisläuferei, vor jeder Einmischung in fremde Händel. Die Eidgenossenschaft war sein irdisches Vaterland.

Nach seinem Tod wurde die Erinnerung an den Bruder Klaus zum weithin leuchtenden guten Geist der wachsenden friedlichen Gemeinschaft. Bei Streiten wurde er von beiden Parteien angerufen. Das einte sie oft. Sein Fünfhundertjahrtag wurde mitten im Kriege von der ganzen Schweiz mit Glockengeläute begangen. Im Jahre 1669 wurde dem Klausner die päpstliche Beatificatio aequipollens zuteil, und am 15. Mai 1947 wurde er von Papst Pius XII. (1876 [1939]–1958) heiliggesprochen.

Wir müssen bei all dem zugestehen, daß die Gründungsgeschichte der Eidgenossenschaft, die wir vorwiegend dem 15. Jahrhundert verdanken, Wahrheit und Legende seltsam vermischt. Das gehorcht weder einer überbordenden Erzähllust noch einem tückischen Fälscherwillen. Es versucht vielmehr, der jeweiligen Quellenkenntnis gerecht, den Geist des Bundes zu wahren. Die Forschung ist im Fluß. Was heute gesichert erscheint, bietet sich morgen inmitten neuer Quellen anders dar. »Man muß eingestehen, daß einfach keine Sicherheit zu erlangen ist«, meinte 1972 der Zürcher Historiker Hans Conrad Peyer (geboren 1922).

Diese Unsicherheit, die unserer vaterländischen Geschichtsarbeit über große Strecken hin nur zeitweilige Gültigkeit zugesteht, ist der Schweiz wesenseigen. Sie muß als fortschreitender Prozeß der Geschichtsbewältigung hingenommen werden und räumt jedem Eidgenossen seinen eigenen Zugang zum gemeinsamen Besitz ein. Der großgebärdige Patriotismus der Wandmalereien Ernst Stückelbergs (1831–1903) in der Tell-Kapelle und Ferdinand Hodlers (1853–1918) »Tell« im Schweizerischen Landesmuseum sind ebenso echt, wie die »geistige Landesverteidigung« der schlimmen dreißiger Jahre es war, von der noch die Landesausstellung von 1939 zeugte, ebenso echt auch, wie es die Ernüchterungen unserer Tage sind.

Bis 1501 stießen fünf weitere Orte – Bern, Zürich, Luzern, Zug und Glarus – zum Bund der Waldstätte, so daß man sie alle unter dem Namen der Acht alten Orte zusammenschließt. Mit Zürich kam ein wachsender Stadtstaat unter einer strengen Zunftherrschaft 1351 zu den Innerorten. Bern war eine oligarchisch geführte Bürgerstadt, Luzern, als es sich zum Bund entschloß, Transitplatz der Herzöge von Österreich. Zug diente dem Haus Österreich in allen Streitigkeiten mit den Waldstätten als Ausgangs- und Zufluchtsstätte. Glarus war 1352 ein österreichischer Flecken, wobei es bei seinem Bündnisbeitritt halben Herzens die Rechte Säckingens und Österreichs von der Vereinbarung ausschloß, soweit diese Vogtei und Meieramt berührten. Es versprach aber Schwyz, sich an keinem österreichischen Unternehmen gegen die Waldstätte zu beteiligen.

Zwischen 1501 und 1798 erweiterte sich die Eidgenossenschaft zum Bestand der Dreizehn Orte. Freiburg und Solothurn wurden 1586 aufgenommen, ohne daß die Acht alten Orte ihre Vormachtstellung preiszugeben gedachten. Sie wollten sich ihr freies Kriegs- und Bündnisrecht nicht nehmen lassen. Die alte Römerstadt Basel wurde bei Beginn des Schwabenkrieges reichsabtrünnig. Auch Schaffhausen trat angesichts der schwäbischen Truppen, in denen Götz von Berlichingen (1480–1562) stand, 1501 zu den Eidgenossen über. Das ländliche Appenzell kam 1513 als dreizehnter Ort zum Bunde.

Unter den Dreizehn alten Orten waren um die Hälfte Landsgemeindestände: Uri, Schwyz, Ob- und Nidwalden, Glarus, Zug und Appenzell, wobei Appenzell seit 1597 zwei gesonderte Landsgemeindestände umfaßte. Im Jahre 1623 kannte Glarus neben der allgemeinen Landsgemeinde eine evangelische und eine katholische, also drei verfassungsmäßige Organe. Um die Mitte des 18. Jahrhunderts zählte man neun souveräne Demokratien und siebzehn abhängige Landschaften mit einer Landsgemeindeverfassung.

Die Landsgemeinde erneuerte auf eigenständige Weise das archetypische Gauding, das da und dort noch im Gerichtsding überlebt hatte. Die Marchgenossenschaften kamen dem entgegen. Die Landsgemeindeverfassung galt für die Urorte seit 1309, also den Reichsunmittelbarkeitszugeständnissen durch Heinrich VII., für Glarus seit der Lossage von der habsburgischen Vogtei um 1387, für Zug seit dem Frieden von 1389, für Appenzell seit der Schlacht von Vögelinsegg des Jahres 1403.

Im Jahre 1294 tagte in Schwyz die erste gesetzgebende Landsgemeinde, die mit der alten Marchgemeinschaft zusammenfiel. Seit dieser Zeit besaßen noch manche anderen Orte bis 1798 Landsgemeinden, die eine beschränkte Selbstverwaltung ausübten. Darunter finden wir Urseren, die March, den Hof Küßnacht, Einsiedeln, Gaster, Uznach, aber auch die tessinischen Vogteien Bellinzona, Riviera, Bleniotal und andere noch.

Eine merkwürdige Sonderstellung nahm die kleine Republik von Gersau ein, das zuvor unter den Habsburger Kastvögten dem Kloster Muri gehört hatte, ehe es an Habsburg überging, wie das Urbar der Dynastie bezeugt. Dieses verpfändete dann die Gersauer Güter an die Edeln von Mos in Luzern. Dennoch haben die Gersauer nach dem Zeugnis von 1359 den Bund von 1332 mitbeschworen. Sie kämpften auch bei Sempach mit. Im Jahre 1390 kauften sie sich von den von Mos los und wurden dadurch als freies Gemeinwesen selbständig. Erst in der Helvetik wurde die Republik Gersau dem Distrikt Schwyz zugeschlagen. Ein Versuch auf dem Wiener Kongreß, die Selbständigkeit wiederzuerlangen, mißriet, und so sprach sich denn die Tagsatzung 1817 endgültig für die Vereinigung des Ortes mit Schwyz aus. Napoleon hatte bei der Mediation die unabhängigen Demokratien, mit Ausnahme Gersaus, wiederhergestellt, weil er anerkannte, daß dies im Interesse der Schweiz not tue.

Die Landsgemeinden betreuten und betreuen die Wahlen des Landammanns, des Landesstatthalters, des Landeshauptmanns, des Landesfähnrichs, der Seckelmeister, der Zeugherren, der Unterbeamten und der Gerichte. Sie geben Gesetze und ordnen Verwaltung und Gerichtsbarkeit. Stimmrechtsalter war das zurückgelegte sechzehnte Jahr. Bis zum Ende der alten Eidgenossenschaft traten die Bürger bewaffnet zusammen. Die Tagungseröffnungen werden nach einem geregelten feierlichen Ritus vorgenommen.

Nach der Helvetik von 1801 kamen mit der Mediation sechs Kantone zu den Dreizehn Orten: Aargau, Graubünden, St. Gallen, Thurgau, Tessin und Waadt. Es handelte sich um bisherige gemeine Herrschaften der Orte, Zugewandte und Untertanen. Mit Graubünden trat 1803 der Freistaat der Bundesländer des Zehngerichtenbundes, des Grauen Bundes und des Gotteshausbundes – die »dry Pünt in Churwalchen« – der Eidgenossenschaft bei. Bei den Wahlen für die helvetische Tagsatzung hatte Graubünden fünf erklärte Anhänger Österreichs, also Gegner Frankreichs, gewählt. Der Dichter Johann Gaudenz von Salis-Seewis (1762–1834) war unter ihnen anschlußfreudig. Im Jahre 1814 wurde die Schweiz um die letzten bisher Zugewandten – Wallis, Neuenburg und Genf – erweitert, wobei Neuenburg preußisches Fürstentum blieb. Damit umfaßte die Eidgenossenschaft des 19. Jahrhunderts zweiundzwanzig Kantone. Der Begriff des Kantons für die Stände tauchte in den Freiburger Ratsmanualen von 1475 erstmals auf und wurde in Frankreich üblich. Endgültig wurde die Bezeichnung anläßlich der helvetischen Verfassung von 1798 übernommen.

Unser Geschichtsbild ließe sich zweifellos ausgewertet auf eindeutige Begriffe und gar Anweisungen und Ratschläge bringen. Das ginge aber über die gebotene Bescheidenheit hinaus. Die Eidgenossenschaft erwies sich letztlich im bereitwilligen Geist einer notwendenden Gemeinschaft verschieden Gearteter als Beistandsgelöbnis. Lassen wir die Darstellung, wie wir sie boten, auch dann stehen, wenn sie in Einzelheiten umstritten wäre. Nur der völkerrechtliche Begriff der »ewigen Neutralität« bedarf eines besonderen Hinweises.

Bis zum 16. Jahrhundert kannte die Eidgenossenschaft, die aus Kämpfen hervorgegangen ist, die Neutralität nicht. Sie trat nach der Niederlage Karls des Kühnen im Schwabenkrieg von 1499 abermals als siegreiche Streitmacht auf. Die blutigen Niederlagen zu Marignano von 1515 und Pavia von 1525 zwangen aber die Einsicht zur Wende. Auch die innenpolitischen Verhältnisse, vor allem die Gegensätze der Konfessionen, ließen die Eidgenossenschaft von den neu hinzugekommenen Orten Schaffhausen, Appenzell und Basel bei allfälligen Fehden das Neutralitäts- und Vermittlergebot fordern. Im Dreißigjährigen Krieg verstand es denn auch der Schaffhauser Bürgermeister Rochus Goßweiler (1564–1632) der innenpolitischen Konfessionslage wegen mit warmherzigem Geschick ein Bündnis Schaffhausens mit Gustav Adolf, der die Besetzung der Bündner Pässe anstrebte, abzulehnen und mit Rücksicht auf den inneren Frieden die Neutralität der Eidgenossenschaft zu wahren. Auf kirchlichem Gebiet uneins, ist es dem Bund seither gelungen, das Neutralitätsprinzip zu festigen, und auf die Erklärung zu Wien vom 20. März 1815 hin folgte am 20. November die Akte der Anerkennung und Garantie der schweizerischen Neutralität und die Unverletzlichkeit ihres Gebietes. Diese Urkunde wurde von Österreich, Frankreich, Großbritannien, Portugal, Preußen und Rußland feierlich anerkannt und gewährleistet. Die so erhärtete Regelung ermöglichte dann der Schweiz während zweier Weltkriege die allgemeinen Interessen der Menschlichkeit wahrzunehmen. Die Gewinne der Sonderstellung waren nicht Zweck, sondern Nebenerscheinungen der Übereinkunft.

Unser Bild von der Eidgenossenschaft bleibt, unvergleichlich, wie es ist, unvergleichbar. Die Eidgenossenschaft lebt. Europa kann keine Eidgenossenschaft werden, deren Geist kann es aber fördern. Wir Europäer hätten es nur mit jenen Katalanen zu halten, von denen Otto von Habsburg (geboren 1912) in seinem überlegenen Buch »Die Reichsidee« von 1986 Zeugnis ablegt, indem er anläßlich der Erweiterung der Europäischen Gemeinschaft um Spanien und Portugal festhält: »Eine Delegation von Katalanen unter der Führung des Regierungspräsidenten dieser spanischen Region, Jordi Pujol, besuchte zu politischen Gesprächen Brüssel und Straßburg. Vor den Verhandlungen waren die Katalanen aus allen Parteien jedoch gemeinsam nach Aachen gereist, um im Dom Karls des Großen zu beten. Diese Geste schien ihnen selbstverständlich, denn Europa ist für sie nicht nur ein großer Markt oder eine internationale Bürokratie, sondern das historische Vaterland, in das sie zurückkehrten. Die Sozialisten unter den Katalanen reagierten empört, als sie für ihren symbolischen Antrittsbesuch beim Kaiser des Abendlandes auf der Linken des Europäischen Parlamentes nur Spott und Gelächter ernteten. Ihr Geschichtsbewußtsein war noch überparteilich und prägte sie alle.«

Dies ist im besten Sinne eidgenössisch. Will man zu später Stunde Europa bauen, so müssen Spott und Gelächter verstummen.

Nachwort

Wir haben im Dienst unseres Grundgedankens auf zu engem Raum so viele Fachgebiete durchschritten, daß es unvermeidlich war, zuweilen den neuesten Stand der Forschung zu verfehlen. Selbstverständlich, daß, ihn zu würdigen, stets Ziel blieb, doch sind Tausende von neuen Funden, Einsichten und verschobenen Wertungen so entlegen im Druck erschienen, daß sie zu erreichen, schon der heutigen Belastungen der Büchereien wegen, ohne andere Verluste unmöglich war. Die so noch bedrängendere Zeit hätte das späte Unterfangen gefährdet. Das möge der Fachmann hinnehmen, weil wir stets seine Arbeit mit Achtung nützten und all jenen zu ihr hin Wege wiesen, die mit engerer Aufgabe derer bedürfen. Der unvermeidliche Mangel wäre nur mit einer lebenslangen Titanenarbeit zu mindern, aber auch dann nicht zu beheben. Es bleibt indessen gewiß, daß unser Ungenügen den Gedankenkörper als solchen nicht betrifft. Er bleibt. Er aber muß als unsere eigenste Aussage genommen werden. Das zu verstehen, verzeiht.

Wenn ich das Buch dem Gedenken des Prinzen zu Löwenstein widme, so geschieht es, weil es ein Gespräch abschließt, das von uns mehrmals leidenschaftlich geführt worden ist und das die beiden Widmungen seiner »Deutschen Geschichte« an mich bezeugen. Deren erste lautet: »Meinem lieben und hochverehrten Freunde Erwin Jaeckle – im gemeinsamen Glauben an eine in Freiheit geordnete Menschheit. Weihnachten 1972, Hubertus Friedrich.« Sie ist mit dem Zitat bekräftigt: »Praeterea, mundus optime dispositus est, quum institutia in eo potissima est ... et humanum genus, potissime liberum, optime se habet; ergo ad optimam mundi dispositionem sequiritur esse Monarchiam sive IMPERIUM. (Dante, De Monarchia, Liber Primus, cap. XI et XII)« – Die zweite: »Für Erwin

Jaeckle – aus eidgenössischem Erbe – Vertreter der übernationalen Reichsidee, Hubertus Löwenstein, Weihnachten 1978.« Sie endet mit dem Zitat: »Frei wählten wir des Reiches Schutz und Schirm. / So steht's bemerkt in Kaiser Friedrichs Brief. (Rösselmann, in der Rütli-Szene)«

Hans Jenny, der umsichtige Leiter seiner »Stiftung für abendländische Besinnung«, regte mich zu dieser Arbeit an. Das ist viel. Ich bin ihm dafür von Herzen dankbar.

Der Verfasser

Personenregister

Register und Datenerfassung: Klaus-Dieter Schmidt
Satz: Fotosatz-Service Weihrauch, Würzburg
Druck und buchbinderische Verarbeitung: May & Co., Darmstadt
Printed in Germany 1988
ISBN 3 549 06684 8

CIP-Titelaufnahme der Deutschen Bibliothek

Jaeckle, Erwin:
Die Idee Europa / Erwin Jaeckle. – Frankfurt am Main ; Berlin :
Propyläen, 1988
ISBN 3-549-06684-8